职业教育·道路运输类专业教材
全国交通运输职业教育教学指导委员会路桥专指委规划教材

道路养护技术与管理

王东博　主　编
杨东涛　李书艳　任桂娇　副主编
王　斌　欧阳伟　主　审

人民交通出版社股份有限公司
北　京

内容提要

本书为全国交通运输职业教育教学指导委员会路桥专指委规划教材，职业教育道路运输类专业教材。教材根据高职学生的认知特点，以实际工作任务为引领，按照知识传授与技术技能培养并重的原则，根据道路养护工作中路基、路面、桥梁、涵洞、隧道、附属设施、绿化等知识应用顺序构建教学模块，内容共分11个模块42个单元，主要讲述了道路养护的基本知识，道路的调查与评定，路基养护，路面养护，桥梁、涵洞养护，隧道养护等内容。

本教材可作为高等职业教育道路与桥梁工程技术、道路养护与管理、市政工程技术及相关专业教学用书，亦可作为公路养护技术及管理人员的培训教材。

本书配有教学课件，教师可通过加入职教路桥教学研讨群（QQ:56146324）索取。

图书在版编目(CIP)数据

道路养护技术与管理 / 王东博主编. — 北京：人民交通出版社股份有限公司，2022.6
ISBN 978-7-114-17733-0

Ⅰ.①道⋯ Ⅱ.①王⋯ Ⅲ.①公路养护—高等职业教育—教材 Ⅳ.①U418

中国版本图书馆 CIP 数据核字（2021）第 247414 号

职业教育·道路运输类专业教材
全国交通运输职业教育教学指导委员会路桥专指委规划教材
Daolu Yanghu Jishu yu Guanli

书　名：	道路养护技术与管理
著 作 者：	王东博
责任编辑：	岑　瑜
责任校对：	孙国靖　魏佳宁
责任印制：	刘高彤
出版发行：	人民交通出版社股份有限公司
地　　址：	（100011）北京市朝阳区安定门外外馆斜街3号
网　　址：	http://www.ccpcl.com.cn
销售电话：	（010）59757973
总 经 销：	人民交通出版社股份有限公司发行部
经　　销：	各地新华书店
印　　刷：	北京武英文博科技有限公司
开　　本：	787×1092　1/16
印　　张：	25
字　　数：	607 千
版　　次：	2022年6月　第1版
印　　次：	2022年6月　第1次印刷
书　　号：	ISBN 978-7-114-17733-0
定　　价：	59.00元

（有印刷、装订质量问题的图书由本公司负责调换）

前言

交通强国,匠心筑梦,筑路育人,架桥兴邦,养路为国,护路利民。

"道路养护技术与管理"是道路与桥梁工程技术、市政工程技术等专业的专业核心课程。其培养学生所具备的职业能力是掌握完成道路桥梁养护工作岗位任务所需的核心技能,具有较强的综合性和实践性。在教学过程中应突出重点,以使学生掌握基本概念及其实践应用。教材在编写前通过多家企业调研,对道路养护工作所涵盖的岗位群进行了任务和职业能力分析,确定了道路养护的主要工作任务,并紧紧围绕完成工作任务的需要来制定教材内容。通过"**工程解析、知识重构、案例精选、规范对接、数字呈现**"的方式,让学生了解道路养护工作中所涉及的道路、桥梁、隧道、附属设施等病害的调查与评定、病害识别与分析、道路技术指标检测、养护技术分析等,培养学生在具备道路桥梁养护的基本知识、基本理论和实践技能的条件下,结合道路桥梁养护检测相关执业资格证书、1+X 职业技能等级证书的内容要求,利用新技术、新材料、新工艺、新设备解决道路养护问题的能力,以及运用国家现行的城市及公路养护规范、规程、标准的能力,为后续课程学习奠定良好的基础。

教材在编写过程中力求突出以下特色:

1. 知识技能并举,职教特色鲜明

教材编写团队根据高职学生的认知特点,以实际工作任务为引领,按照知识传授与技术技能培养并重的原则,根据道路养护工作中路基、路面、桥梁、涵洞、隧道、附属设施、绿化等知识应用顺序构建教学模块。**教材内容共分 11 个模块 42 个单元,内容难度逐级递进,遵循技术技能人才成长规律。依据模块及单元的知识技能重难点,单独设计电子活页式工作页,便于授课时直接打印使用。**各院校可根据该课程教学要求与实际教学条件合理安排,进行选择性讲授。

2. 项目导向教学,课程思政融合

由于专业及课程实训条件等实际情况,传统课堂授课难于让学生有较好的感性认识,**编者建议结合本课程在线开放课中课程改革成果、项目化课程设计及课程整体课程思政设计,以项目化教学为导向,融入课程思政元素**。授课中以典型养护工程案例为导入,引导学生进入情境,再对学生采取分组教学,学生以本教材为学习资料,以在线开放课程为资源,依托所在院校内或外道路桥梁等设施(或虚拟仿真软件)来模拟实际养护工程项目。此外,教师带领学生到户外真实道路或桥梁构造物上开展实战教学,通过实践出真知,在完成工作任务环节中巧妙融入交通强国、劳动精神、精益求精等思政元素,使学生既掌握养护技术核心技能,又培养工匠精神、家国情怀,做到知行合一。

3. 四维目标一体,教学设计创新

课程目标确立时注重思政教育与专业教育的有机融合。将理论知识的传授、专业能力的培养和价值观的塑造紧密结合起来,**课程目标包含知识目标、能力目标和素质目标、思政目标四个维度,四个维度通过模块导读、模块任务、能力目标、思政目标有机融为一体**。依托教材及在线开放课,创新"**创、领、操、练、算、案**"教学模式:"**真实案例创情景、任务引领定方向、外业实操先准备、分组实践练技能、内业复核巧计算、养护维修定方案**"。通过不同模块内容,同种教学模式实践达成四维目标要求。同时全书模块任务均制作思维导图,便于学生记忆联想,把握主体要求与技术细节。依据在线开放课程的项目任务制作"课程宝典",把每个任务的核心内容借助名言警句高度概况,凝练内涵,润物细无声。

4. 校企双元开发,产教深度融合

教材主编为辽宁城市建设职业技术学院道桥专业带头人,从教前有多年企业工作经历和省级公路桥梁养护工作经验,并参与多项辽宁省交通厅公路养护相关课题;从教后先后获得辽宁省职业院校教师教学能力大赛一等奖,辽宁省课程思政典型案例收录,多次省级信息化大赛获奖,主持《道路养护与管理》省级精品在线开放课程建设。

副主编杨东涛为辽宁省内道路交通行业领军企业的一线技术专

家、企业优秀工匠,长期从事公路桥梁养护工作。

本教材还吸纳多位行业专家、企业能工巧匠参与编写和审核。选取典型工程案例与技术资料,将真实数据、报告、新型检测技术与养护决策技术等内容融入教材之中,使授课内容与时俱进,更贴近工程实际,让学生掌握核心技能,满足典型工作岗位要求,缩小了教学与实践的距离,最大程度上保证了教材的先进性、针对性和适用性。

5. 职业标准对接,"岗课赛证"融通

紧跟产业发展趋势和行业人才需求,引入道路养护最新技术标准,病害维修处治"四新"技术,使课程内容更符合生产要求。教材对照《公路沥青路面养护技术规范》(JTG 5142—2019)、《公路技术状况评定标准》(JTG 5210—2018)、《城镇道路养护技术规范》(CJJ 36—2016)、《公路桥涵养护规范》(JTG 5120—2021)等最新标准规范来编写相应内容。以往城镇道路养护与公路养护因部分规范差异与常见病害不同而分别编著教材,但实际工作内容与施工技术确有许多相通之处,所以团队采取求同存异的原则将两部分内容汇编于一本教材,便于专业教师教学与学生课外拓展之用。

充分考虑 1+X 证书制度试点工作需要,将 1+X 建筑信息模型 BIM 职业资格证书内容实际应用于教材素材制作与展示,让学生深刻理解 BIM 技术优势与应用点。在桥梁及隧道养护部分创新结合 1+X 路桥无损检测职业资格证书考核内容,系统化设计任务,创设工作情境,在外业实践环节利用证书考核内容开展养护调查与病害分析,以此为基础进行全国无损检测职业技能大赛人员选拔,真正实现"岗课赛证"融通。

6. 数字资源丰富,线上线下互通

围绕深化教学改革和"互联网+职业教育"发展理念,开展课程建设、教材编写、配套资源开发、信息技术应用、在线开放课开发统筹推进的新形态一体化教材建设工作。教材原创多种信息化素材,将全部核心知识点与技能点制作成微课及虚拟仿真动画资源,团队利用 1+X 建筑信息模型 BIM 技术,将教材中传统图例进行了 3D 建模后展示,让隐蔽、难于理解的构筑物结构及其细节清晰呈现。

团队依托省级示范校及高水平专业群建设成果"国家级市政工程技术教学资源库"、超星学习通等平台建立了在线开放课程,课程配套课程思政设计、考核评价设计,以及微课、教案、课件、练习题、互联网+拓展资源、参考规范、工作页、VR展示、线下课程实录、学生成果展示等资源。使用者通过手机移动端及PC端扫描轻松入课学习,资源开放,实时更新,利用平台数据统计与管理功能轻松实现信息化课程管理,便于教师线上线下混合教学,读者线上线下自学使用,教学效果好,课程资源利用率高。

  本教材由辽宁城市建设职业技术学院王东博主编,辽宁奥路通科技有限公司技术总工杨东涛担任副主编,辽宁城市建设职业技术学院李书艳、任桂娇担任副主编,辽宁城市建设职业技术学院王斌、辽宁省交通高等专科学校欧阳伟担任主审。具体编写分工如下:第1、3、4、5、6模块由王东博编写,第2、11模块由杨东涛编写,第8、9模块由李书艳编写,第7、10模块由任桂娇编写。

  再次感谢在编写过程中提供宝贵意见及技术支持的沈阳建筑大学张敏江教授、于保阳副教授,辽宁省交通运输事业发展中心高级工程师焦兴华,抚顺市交通运输发展服务中心高级工程师李佳,辽宁省交通科学研究院有限责任公司科研开发中心教授级高级工程师朱建平。

  限于编者水平有限,疏漏与错误之处在所难免,恳请读者提出宝贵意见,我们将认真听取,不断完善,十分感谢!

编 者
2021 年 10 月

本教材配套资源介绍

依托所在专业的国家级专业教学资源库、超星泛雅平台"一平三端"智慧教学系统,教学团队建设开发了与教材配套的在线开放课程。在线课程配套丰富的原创信息化教学资源,既可辅助教学,又可激发学生的学习兴趣和积极性,有助于学生更好地理解和掌握相关知识,同时还可以为教师组织和实施教学服务。

本教材配套在线开放课程依据辽宁省职业教育精品在线开放课程建设技术要求及国家级教学资源库标准示范课程建设要求而建。满足本课程在线学习要求即可发放电子证书。

1. 课程内容方面

能够涵盖课程标准规定内容,覆盖该课程所有知识点和技能点,包含完整的教学内容和教学活动,适合网络传播和在线自主学习,支持面向职业教育技能型人才培养的混合式教学改革。推进专业技能与职业岗位相衔接,课程内容与职业标准相融合。把课程思政建设作为落实立德树人根本任务的关键环节,将思想政治教育贯穿课堂教学过程,充分发掘各类课程和教学方式中蕴含的思想政治教育资源,引导学生学习知识、锤炼心志、涵养品行。

2. 课程资源方面

结合实际教学需要,以服务自主学习和课程教学改革为建设依据,以课程教学资源的系统完整为基本要求,以资源充分开放共享为目标,做好课程基本资源、拓展资源和生成资源建设,注重课程资源的适用性和易用性。

3. 资源使用方法

(1)移动端:打开微信—扫一扫资源展示页(下页)中"**在线开放课**"二维码,即可登录超星在线开放课程自由查看资源。社会学员注册个人账号或全日制在校生只需授课教师导入学生名单即可创建独立班课开展教学与学习,网课平台具备学期统计分析等全套功能,学生学习痕迹全记录。

(2)PC端:浏览器登录链接 https://mooc1.chaoxing.com/course-ans/ps/218878623 即可登录网课开展教学与自学。

欢迎各位使用,并提出宝贵建议,如有相关问题,可联系主编(王东博,15802460732)

超星在线开放课程具体资源展示与介绍如下图所示。

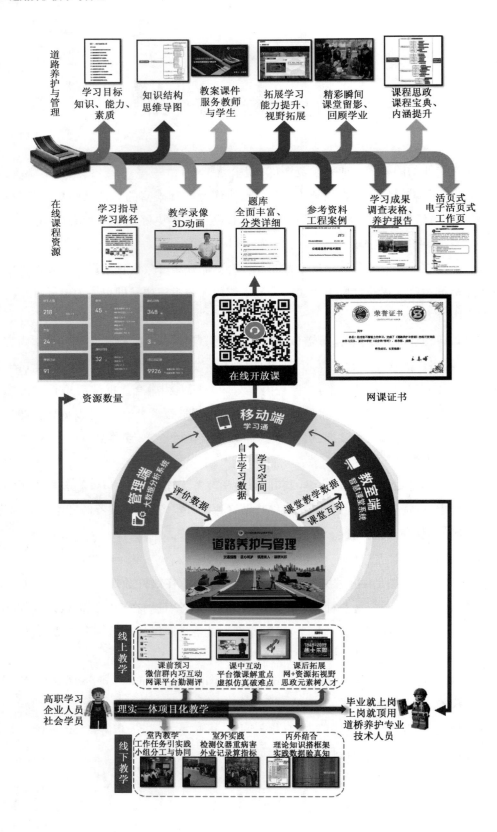

目 录
Contents

导学 ·· 001

模块 1 道路养护的基本知识 ·· 005
 单元 1-1 道路养护认知 ·· 006
 单元 1-2 道路分类与道路养护工程分类 ··· 008
 单元 1-3 道路养护机械 ·· 015
 模块练习 ·· 032

模块 2 道路的调查与评定 ·· 033
 单元 2-1 公路技术状况评定 ·· 034
 单元 2-2 城镇道路技术状况调查与养护状况评定 ································ 059
 模块练习 ·· 069

模块 3 路基养护 ·· 070
 单元 3-1 路基养护的基础知识 ··· 071
 单元 3-2 路基的日常养护与维修 ·· 076
 单元 3-3 路基排水设施和防护工程的养护 ·· 082
 单元 3-4 特殊地区的路基养护 ··· 089
 单元 3-5 典型路基病害的处理 ··· 097
 模块练习 ·· 110

模块 4 路面养护 ·· 111
 单元 4-1 路面养护的基础知识 ··· 112
 单元 4-2 沥青混凝土路面养护 ··· 117

单元 4-3　水泥混凝土路面养护 …………………………………………………… 157

单元 4-4　路面基层的改善 ………………………………………………………… 172

单元 4-5　公路路面技术状况检测网级项目实例 ………………………………… 174

模块练习 ……………………………………………………………………………… 192

模块 5　桥梁、涵洞养护 …………………………………………………………… 193

单元 5-1　桥梁检查、评价与检验 ………………………………………………… 195

单元 5-2　桥梁上部结构的养护 …………………………………………………… 215

单元 5-3　桥梁下部结构的养护 …………………………………………………… 238

单元 5-4　涵洞的养护 ……………………………………………………………… 247

单元 5-5　桥梁养护检测工程实例 ………………………………………………… 251

模块练习 ……………………………………………………………………………… 258

模块 6　隧道养护 …………………………………………………………………… 259

单元 6-1　隧道检查 ………………………………………………………………… 260

单元 6-2　隧道保养维修 …………………………………………………………… 267

单元 6-3　隧道防护与排水 ………………………………………………………… 275

单元 6-4　隧道附属设施养护 ……………………………………………………… 277

模块练习 ……………………………………………………………………………… 281

模块 7　公路防灾与突发事件处置 ………………………………………………… 282

单元 7-1　水毁预防、抢修 ………………………………………………………… 283

单元 7-2　公路冰害防治 …………………………………………………………… 290

单元 7-3　公路雪害防治 …………………………………………………………… 293

单元 7-4　公路沙害防治 …………………………………………………………… 300

模块练习 ……………………………………………………………………………… 304

模块 8　交通工程及沿线设施与人行道养护 ……………………………………… 305

单元 8-1　交通工程设施损坏及评定 ……………………………………………… 306

单元 8-2　交通安全设施的养护 …………………………………………………… 308

单元 8-3　公路机电系统与服务设施的养护 ……………………………………… 317

单元 8-4　人行道及附属设施的养护 ……………………………………………… 319

模块练习 ……………………………………………………………… 324

模块 9　道路绿化与环境保护 ……………………………………………… 325
　　单元 9-1　公路绿化 ……………………………………………………… 326
　　单元 9-2　环境保护 ……………………………………………………… 330
　　单元 9-3　市政道路绿化 ………………………………………………… 333
　　模块练习 ……………………………………………………………… 338

模块 10　高速公路养护技术与安全作业 …………………………………… 339
　　单元 10-1　高速公路养护的基本知识 ………………………………… 340
　　单元 10-2　高速公路的养护与维修 …………………………………… 343
　　单元 10-3　养护作业的安全管理 ……………………………………… 347
　　模块练习 ……………………………………………………………… 353

模块 11　公路养护的管理 …………………………………………………… 354
　　单元 11-1　公路养护管理的组织机构 ………………………………… 355
　　单元 11-2　公路养护的技术管理 ……………………………………… 357
　　单元 11-3　公路养护的生产管理 ……………………………………… 362
　　单元 11-4　公路养护管理系统 ………………………………………… 371
　　模块练习 ……………………………………………………………… 387

参考文献 …………………………………………………………………… 388

导学
PREAMBLE

一、道路养护与管理的研究对象

道路养护与管理是以道路、桥梁、涵洞、隧道,以及道路沿线设施等工程病害调查与维修为主要研究对象。道路作为重要的基础性设施,如何使用、保护这一重要资产,是摆在道路管理者和养护者面前的首要问题。我们应该依据新技术、新规范、新工艺合理有效地开展道路养护旧路调查与评定、维修方案分析与决策、养护工程施工与检验等工作,统筹养护工作全流程实施,实现养护效益的最大化,提高道路的养护质量及管理水平,使其更好地服务于人民与国家发展。

二、道路养护与管理研究内容与学习任务

道路养护与管理主要以道路桥梁等工程在建成通车的运行过程中所产生各种病害的调查、检测与维修技术方法为主要研究内容。学生经过本课程的学习应具备利用最新养护技术规范及养护技术工艺来解决道路养护工作中实际工程问题的能力,因此需要开展以下学习任务的学习。

(1)道路养护的基本知识,道路的调查与评定的内容与检测方法。

(2)路基、路面旧路病害的调查与评定,日常养护要求与不同路面结构类型病害专项养护维修处置方法、养护维修决策及养护报告编写等内容。

(3)桥涵隧道工程外观及结构检查与评价,不同结构类型桥涵隧道病害维修与养护技术要点。

(4)道路沿线设施及人行道的病害调查与维修处置,道路绿化与环境保护的技术要求。

(5)高速公路养护技术与安全作业内容,公路养护管理的组织机构、技术生产管理、路政管理及公路养护管理系统认知等专业内容。

三、本课程的学习要求

作为道路养护工程技术人员,需具备必要的道路养护与管理基础知识,对道路养护工程的

工作任务、内容和方法有全面的了解与认知,才能正确参与或组织道路养护工作。开展旧路旧桥调查与技术状况评定,主要病害成因分析与养护方案比选,最终依据合理的养护方案进行养护工程施工。

　　鉴于本课程理论与实践并重,实操性与教学环境要求较高,为了增加学生感性认识,本书中的图片都有彩色高清图,学生可以通过扫描下方二维码观看。同时配套开发《道路养护与管理》在线开放课程,便于学生线上线下混合式学习。针对课程主要模块单元特制作教材总体思维导图,并依据理论与实践学习出学习路径建议。

　　教材总体思维导图见图0-1。

　　课程学习路径建议见图0-2。

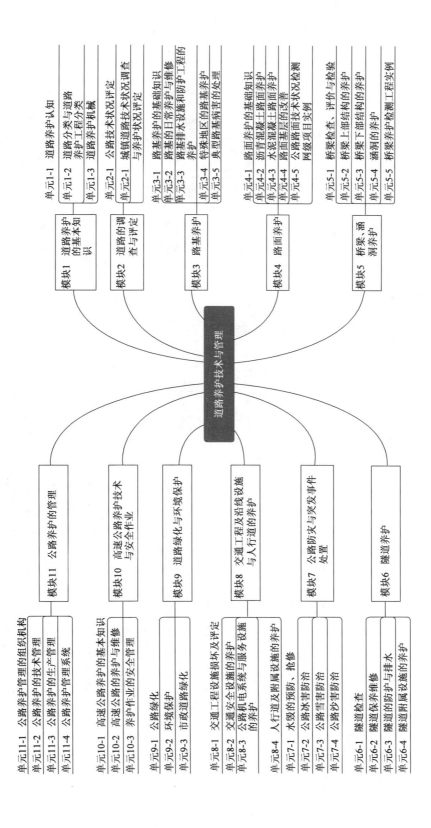

图0-1 教材总体思维导图

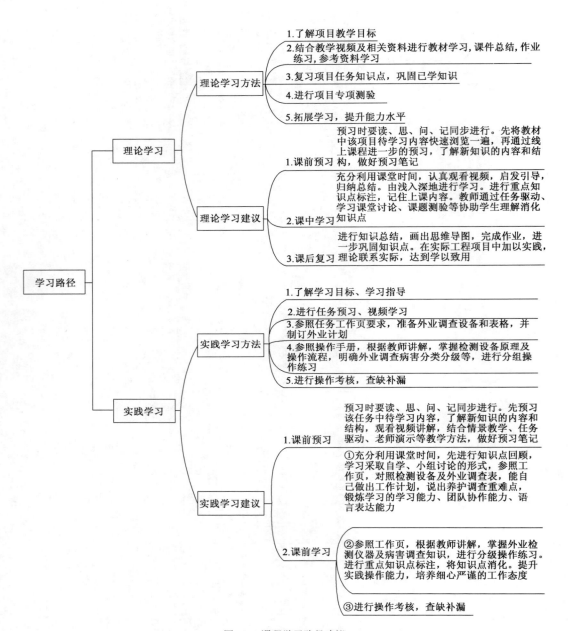

图 0-2　课程学习路径建议

模块 1
UNIT ONE
道路养护的基本知识

 模块导读

故不积跬步,无以至千里;不积小流,无以成江海。

"道路养护"即对道路的保养与维护,其中保养侧重于从建成通车开始的全过程养护,维护侧重于对被破坏的部分进行修复。

本模块从道路的基本概念入手,分别介绍了道路的养护指导方针政策,养护目的和任务,公路与城市道路的分类及分级,进而介绍道路养护工程的分类原则,以及道路养护施工机械基础知识。本模块思维导图如图1-1所示。

 模块任务

(1)多方式收集并了解道路养护的指导方针和技术政策;
(2)掌握道路养护工程的分类;
(3)编制道路养护施工机械清单。

 能力目标

(1)能叙述道路养护的指导方针和技术政策;
(2)能叙述道路养护的目的和任务;
(3)能叙述道路养护工程的分类原则;
(4)能编制道路养护施工机械清单。

 思政目标

(1)通过道路养护的目的和方针政策解读,理解交通强国战略思想与本专业职业使命与职业规划;
(2)通过道路分类与养护工程的分类学习,结合家乡的道桥项目,体会家国情怀、敬业乐业;

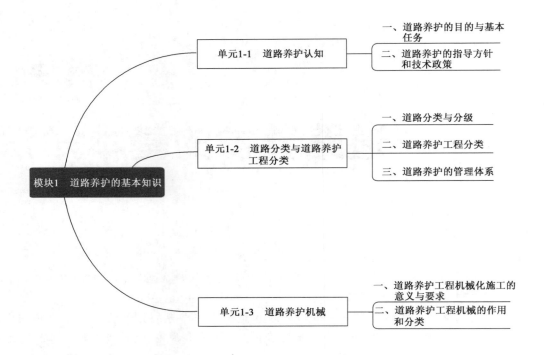

图 1-1　模块 1 思维导图

单元 1-1　道路养护认知

　　道路在建成投入使用后,由于反复承受车轮的磨损与冲击,遭受暴雨、洪水、风沙、冰雪、日晒、冻融等自然环境因素的影响,以及设计、施工中遗留的缺陷,将造成道路使用功能和行车服务质量的日趋退化,以至于不能满足运营需求甚至中断交通。为延长道路的使用周期,保障运行畅通,尽量减少和避免由于上述原因给道路使用者带来损失,以适应交通量增大、重型车增多等发展趋势,必须本着"预防为主、防治结合"的原则,采取相应的工程技术措施,坚持日常保养,及时修复损坏部分,保持道路完好、畅通、整洁、美观,周期性地进行预防性大、中修,逐步改善技术状况,提高道路的使用质量和抗灾能力。因此,道路养护是保证汽车高速、安全、舒适行驶不可缺少的经常性工作,加强道路养护、维修和改善具有十分重要的意义。

一、道路养护的目的与基本任务

道路养护与管理的目的是运用先进的技术和科学的管理方法,合理地分配和使用养护资金,通过养护维修使道路在设计使用年限内经常保持完好状态,并有计划地改善道路的技术指标,以提高道路的服务质量,最大限度地发挥道路的运输经济效益。道路养护的基本任务如下:

(1)贯彻"预防为主、防治结合"的方针,加强预防性养护,提高道路的抗灾害能力。

(2)加强道路及沿线设施的基本技术状况调查,及时发现和消除隐患。

(3)保持道路及其沿线设施良好的技术状况,及时修复损坏部分,保障道路行车安全、畅通、舒适。

(4)吸收和采用新技术、新工艺、新材料、新设备,采取科学的技术措施,不断提高道路养护工程质量,有效延长道路的使用寿命,降低路桥设施的全寿命周期成本,提高养护资金使用效益。

(5)对原有技术标准过低的路段和构造物以及沿线设施进行分期改善和增建,逐步提升道路的使用质量和服务水平。

二、道路养护的指导方针和技术政策

道路养护工作现阶段的指导方针是:"全面规划、加强养护、积极改善、重点发展、科学管理、保证畅通,普及与提高相结合,以提高为主"。在整个道路养护工作中,应把现有道路的养护和技术改造作为首要任务。

道路养护工作的技术政策如下:

(1)根据积累的技术经济资料和当地具体情况,通过科学分析,预做防范,消除导致道路损毁的因素,增强道路设施的耐久性和抗灾能力,特别要做好雨季的防护工作,以减少水毁损失。

(2)因地制宜,就地取材,尽量选用当地天然材料和工业废渣;充分利用原有工程材料和原有工程设施,以降低养护成本。

(3)推广应用先进的道路养护技术和科学的管理方法,改善养护生产手段,提高养护技术水平。

(4)重视综合治理,保护生态平衡、路旁景观和文物古迹,防止环境污染,注意少占农田。

(5)全面贯彻执行《公路桥梁养护管理工作制度》《公路桥梁技术状况评定指南》《公路桥涵养护规范》《城市桥梁养护技术标准》等,加强桥梁的检查、维修、加固和改善,逐步消灭危桥。

(6)道路养护工程设计应符合现行《公路工程技术标准》《公路养护技术规范》《城市道路设计规范》等规定,道路施工时应注重社会效益,保障公路畅通。

(7)加强以路面养护为中心的全面养护。

(8)大力推广和发展道路养护机械化。

单元 1-2　道路分类与道路养护工程分类

一、道路分类与分级

道路按其使用特点可分为公路、城市道路、乡村道路及专用道路等。下面主要来讲述公路与城市道路的分类与分级。

1. 公路分类与分级

1）公路分类

公路是指连接城市与乡村的、主要供汽车行驶的、具备一定技术条件和设施的道路。

公路按其行政区划分可分为国家干线公路（以下简称国道）、省级干线公路（以下简称省道）、县级公路（以下简称县道）和乡级公路（以下简称乡道）。

国道是指在国家干线网中，具有全国性的政治、经济和国防意义，并经确定为国家级干线的公路。

省道是指在省公路网中，具有全省性的政治、经济和国防意义，并经确定为省级干线的公路。

县道是指具有全县性的政治、经济意义，并经确定为县级的公路。

乡道是指修建在乡村、农场，主要供行人及各种农业运输工具通行的道路。

2）公路等级

根据公路的使用任务、性质、交通量和地形等因素，我国公路可分为高速公路、一级公路、二级公路、三级公路和四级公路五个等级。具体公路的分级见表 1-1，各等级公路示意图如图 1-2 所示。

公路的分级　　　　　　　　表 1-1

公路等级	车道数	适应的交通量（辆）	功　能
高速公路	4	25000～55000	专供汽车分向、分车道行驶并应全部控制出入的多车道公路
	6	45000～80000	
	8	60000～100000	
一级公路	4	15000～30000	供汽车分向、分车道行驶，并可根据需要控制出入的多车道公路
	6	25000～55000	
二级公路	2	5000～15000	供汽车行驶的双车道公路
三级公路	2	2000～6000	主要供汽车行驶的双车道公路
四级公路	1	＜2000	供汽车行驶的双车道或单车道公路
	2	＜4000	

2. 城市道路分类与分级

按城市道路在道路系统中的地位、交通功能及服务功能，我国目前将城市道路划分为快速路、主干路、次干路、支路四大类，如图 1-3 所示。

图 1-2　各等级公路示意图

（1）快速路。快速路又称城市快速交通干道，主要为城市中大量、长距离、快速交通服务，属于城市交通主干道。快速路既是大城市交通运输的主动脉，也是城市与高速公路联系的通道。

（2）主干路。主干路又称城市主干道，是城市中起骨架作用的道路，为连接城市各主要分区的干线道路，以交通功能为主。

（3）次干路。次干路是城市道路网中的区域性干道，与主干路结合组成城市道路网，起集散交通的作用，兼有服务功能。

（4）支路。支路又称城市一般道路或地方性道路，为次干路与居民区、工业区、市中心区的连线，用于解决局部区域的交通，以服务功能为主。

除快速路外，其余各类道路按城市规模、设计交通量、地形情况等还可划分为Ⅰ、Ⅱ、Ⅲ三个级别。

a)快速路　　　　　　　　　　　　b)主干路

c)次干路　　　　　　　　　　　　d)支路

图1-3　各等级城市道路示意图

3. 公路与城市道路的差异性

由于公路与城市道路的功能和作用不同，存在以下差异性：

（1）交通服务对象不同。

公路是连接各城市、城市与乡村和厂矿之间的道路，主要为客户长距离运输的道路。主要考虑机动车辆的行驶安全、畅通。

城市道路位于城市规划区范围之内,主要承担城市自身交通服务功能。城市道路服务对象除机动车外,还涉及非机动车及行人。当城市道路交通量较大时,考虑设置专用的非机动车道和人行道,将它们隔离、分流,减少干扰,以保障各自安全、便捷行驶。此外,城市道路还具有市政公用设施载体的功能。例如,给水、排水、燃气、热力、消防等管路,电力、电信等线路和其他配套的市政公用设施。所以,城市道路具有交通服务与市政设施载体这两方面的功能。

(2)规划建设管理机构不同。

公路的规划建设原则是根据国民经济和社会发展及国防建设的需要进行,与城市建设发展和其他交通运输的发展相协调。公路的建设管理工作统一由当地交通运输部门负责。

城市道路建设是按照"统一规划、配套建设、协调发展"的方针和"建设、养护、管理"并重的原则,进行城市供水、排水、燃气、供热、供电、通信、消防等依附于城市道路的各种管线及杆线等设施的建设,与该城市道路的发展建设计划相协调,坚持"先地下、后地上"的施工原则,与城市道路同步建设。城市道路的建设管理由当地建设局或建委负责。

(3)设计要求不同。

公路设计主要依据公路、桥涵设计相关技术标准、规范,其由交通运输部颁布。城市道路在设计时,其道路周围建筑物、构造物成为道路线形的控制要素,因此城市道路的竖向设计、市政管线设计与用地衔接要求更密切,其相关技术标准由住房和城乡建设部颁布。

由于公路的服务对象主要是机动车,其分级首先考虑交通量的大小,而技术指标选用主要考虑汽车荷载与动力特性,而公路的通行能力与服务水平应满足汽车安全行驶要求。而城市道路位于人口集中、密集地区,其服务对象包括机动车、非机动车和行人,所以要综合考虑三方面的交通安全、畅通、舒适要求,同时城市道路必须与城市总体规划以及城市给排水、电力、电信、燃气、热力、消防等设施紧密结合,并服从于道路沿线土地开发,强调景观与行人便利。

(4)分级标准不同。

城市道路按其在道路系统中的地位、交通功能及服务功能,分为快速路、主干路、次干路、支路四类;公路按其在公路网中所处的地位以及在政治、经济上所起的作用,分为国道、省道、县道、乡道、村道五个级别;公路根据其使用任务、使用性质和交通量,我国公路工程技术标准将公路分为高速公路、一级公路、二级公路、三级公路和四级公路五个等级。

二、道路养护工程分类

道路养护工程分为公路养护工程和市政道路养护工程。

1. 公路养护工程分类

公路养护工程按其工程性质、规模大小、复杂程度,各国通常有不同的分类方法:苏联分为保养、小修、中修和大修四类;日本分为保养和维修两大类,其中维修还包括更新和改善的内容;英、美等国则分为具体养护和交通服务两类(不包括改善工作)。国际道路会议常设协会于1983年建议,公路养护统一划分为日常养护、定期养护、特别养护和改善工程四类。

1)《公路养护技术规范》(JTG H10—2009)中的分类

公路养护按其工程性质、技术复杂程度和规模大小,可分为小修保养、中修工程、大修工程和改建工程四类。

(1)小修保养。小修保养是指对管养范围内的公路及其沿线设施经常进行预防性保养和修补其轻微损坏部分的作业。它通常是由养护工区(站)在年度小修保养定额经费内,按月(旬)安排计划,经常进行的工作。

(2)中修工程。中修工程是指对公路及其沿线设施的一般性磨损和局部损坏部分进行定期的修理加固,以恢复公路原有技术状况的工程。它通常是由基层公路管理机构按年(季)安排计划并组织实施的工作。

(3)大修工程。大修工程是指对公路及其沿线设施的较大损坏进行周期性的综合修理,以全面恢复到原技术标准的工程项目。它通常是由基层公路管理机构或在其上级机构的帮助下,根据批准的年度计划和工程预算来组织实施的工作。

(4)改建工程。改建工程是指对公路及其沿线设施因不适应现有交通量增长和载重需要而提高技术等级指标,通过改善显著提高其通行能力的较大工程项目。它通常是由省级公路管理机构或地(市)级公路管理机构根据批准的计划和设计预算来组织实施或招标完成的工作。

对于当年发生的较大水毁等自然灾害的公路抢修和修复工程,可列为专项工程办理。对当年不能修复的项目,视其规模大小,列入下年度的中修、大修或改善工程计划内完成。具体的公路养护工程分类见表1-2。

公路养护工程分类　　　　　　　　表1-2

工程项目	小修保养	中修工程	大修工程	改善工程
路基	保养: (1)整理路肩、边坡,修剪路肩、中央分隔带草木,清除杂物,保持路容整洁; (2)疏通边沟,保持排水系统畅通; (3)清除挡土墙、护坡上生长的有碍设施功能发挥的杂草,修理伸缩缝、疏通泄水孔及松动石块; (4)路缘带的修理。 小修: (1)小段开挖边沟、截水沟或分期铺砌边沟; (2)清除零星塌方,填补路基缺口,轻微沉陷翻浆处理; (3)修理挡土墙、边坡、护坡道、泄水槽等局部损坏; (4)局部加固路肩	(1)局部加宽、加高路基,或者改善个别急弯、陡坡、视距; (2)全面修理、接长或个别添建挡土墙、护坡、护坡道、泄水槽、护栏及铺砌边沟; (3)清除较大塌方,大面积翻浆、沉陷处理; (4)整段开挖边沟、截水沟或铺砌边沟; (5)透水路面的处理; (6)平交道口的改善; (7)整段加固路肩	(1)在原路技术等级内整段改善线形; (2)拆除重建或增建较大挡土墙、护坡等防护工程; (3)大塌方的清除及善后处理	整段加宽路基,改善公路线形,提高技术等级

续上表

工程项目	小修保养	中修工程	大修工程	改善工程
路面	保养： (1)清除路面泥土、杂物，保持路面整洁； (2)排出路面积水、积雪、积冰、积砂，铺防滑料、灭尘剂或压实积雪维持交通； (3)砂土路面刮平，修理车辙； (4)碎砾石路面匀扫面砂，添加面砂，洒水润湿，刮平波浪，修补磨耗层； (5)处理沥青路面的泛油、拥抱、裂缝、松散等病害； (6)水泥混凝土路面日常清缝、灌缝及堵塞裂缝； (7)路缘石的修理和刷白。 小修： (1)局部处理砂石路的翻浆变形，添加稳定料； (2)碎砾石路面修补坑槽、沉降，整段修理磨耗层或扫浆铺砂； (3)桥头、涵顶跳车的处理； (4)沥青路面修补坑槽、沉陷，处理波浪、局部龟裂、啃边等病害； (5)水泥混凝土路面板块的局部修理。	(1)砂土路面处理翻浆，调整横坡； (2)碎砾石路面局部路段加厚、加宽，调整路拱，加铺磨耗层，处理严重病害； (3)沥青路面整段封层罩面； (4)沥青路面严重病害处理； (5)水泥混凝土路面严重并发处理； (6)水泥混凝土路面接缝材料的整段更换； (7)整段安装、更换路缘石； (8)桥头搭板或过渡路面的整修。	(1)整段用稳定材料改善土路； (2)整段加宽、加厚或翻修重铺碎砾石路面； (3)翻修或补强、重铺或加宽高级、次高级路面。	(1)整线整段提高公路技术等级，铺筑高级、次高级路面； (2)新铺碎砾石路面； (3)水泥混凝土路面病害处理后，补强或改造为沥青混凝土路面。
桥涵、涵洞、隧道	保养： (1)清除污泥、积雪、积冰、杂物，保持桥面的整洁； (2)疏通管涵，疏导桥下河槽； (3)伸缩缝养护，泄水孔疏通，钢支座加润滑油，栏杆刷油漆； (4)桥涵的日常养护； (5)保持隧道内及洞口清洁。 小修： (1)局部修理、更换桥栏杆和修理泄水孔、伸缩缝、支座和桥面的局部轻微损坏； (2)修补墩、台及河床铺底的防护圬工的微小损坏； (3)涵洞进出口铺砌的加固修理； (4)通道的局部维修和疏通修理排水沟； (5)清除隧道洞口碎落岩石和修理圬工接缝，处理渗漏水。	(1)修理、更换木桥的较大损坏构件及防腐； (2)修理、更换中小桥支座、伸缩缝及个别构件； (3)大中型钢桥的全面油漆除锈和各部件的检修； (4)永久性桥墩、台侧墙及桥面的修理和小型桥面的加宽； (5)重建、增建、接长涵洞； (6)桥梁河床铺底或调治构造物的修复和加固； (7)隧道工程局部防护加固； (8)通道的修理与加固； (9)排水设施的更新； (10)各类排水泵站的修理。	(1)在原技术等级内加宽、加高、加固大中型桥梁； (2)改建、增建小型桥梁和技术简单的中桥； (3)增建、改建较大的河床铺底和永久性调治构造物； (4)吊桥、斜拉桥的修理与个别索的调整更换； (5)大桥桥面铺装的更换； (6)大桥支座、伸缩缝的修理更换； (7)通道改建； (8)隧道的通风、照明和排水设施的大修或更新； (9)隧道的较大防护、加固工程。	(1)提高公路技术等级，加宽、加高大中型桥梁； (2)改建、增建小型立体交叉桥； (3)增建公路通道； (4)新建渡口的公路接线、码头引线； (5)新建短隧道工程。

续上表

工程项目	小修保养	中修工程	大修工程	改善工程
沿线设施	保养：标志牌、里程碑、百米桩、界碑、轮廓标等埋置、维护或定期清洗。 小修： (1)护栏、隔离栅、轮廓标、标志牌、里程碑、百米桩、防雪栏栅等修理、油漆或部分添置更换； (2)路面标线的局部补划	(1)全线新设或更换永久性标志牌、里程碑、百米桩、轮廓标、界碑等； (2)护栏、隔离栅、防雪栏栅的全面修理更换； (3)整段路面标线的划设	(1)护栏、隔离栅、防雪栏栅的增设； (2)通信、监控设施的更新	(1)整段增设防护栏、隔离栅等； (2)整段增设通信、监控设施
绿化	保养： (1)行道树、花草的抚育、抹芽、修剪、治虫、施肥； (2)苗圃内幼苗的抚育、灭虫、施肥、除草。 小修： (1)行道树、花草缺株的补植； (2)行道树冬季刷白	更新、新植行道树、花草、开辟苗圃等		

2)《公路养护工程管理办法》(交公路发〔2018〕33 号)中的分类

公路养护应包括日常养护和养护工程。其中,养护工程可分为预防养护、修复养护、专项养护和应急养护。

(1)预防养护。预防养护是指当公路基础设施尚未发生损坏、有轻微损坏或病害迹象时,为预防病害的发生或延缓病害的发展或恢复其服务功能而采取的主动养护措施。

(2)修复养护。修复养护是指当公路基础设施局部出现明显损坏或者其局部丧失服务功能时,为恢复良好技术状况而进行的功能性、结构性修复或定期更换。

(3)专项养护。专项养护是指当出现下列情况时,应实施完善增设、加固改造、拆除重建、灾后恢复重建等专项养护工程。

(4)应急养护。应急养护是指当公路基础设施因突发自然灾害和事故灾难等造成损毁或引发重大安全隐患时,为恢复通行、消除安全隐患而实施的应急抢通、抢修和保通工程。

2. 市政道路养护工程分类

市政道路的养护包括市政道路设施的检测评定、养护工程和档案资料存管。市政道路设施应包括车行道、人行道、路基、停车场、广场、中央分隔带及其他附属设施。

1)市政道路养护工程分类

市政道路养护根据其工程性质、技术状况、工程规模、工程量等内容划分,可分为保养小修、中修工程、大修工程和改扩建工程等四个工程类别。市政道路养护工程分类具体内容见表1-3。

2)市政道路养护分级

根据各类市政道路在城市中的重要性,宜将市政道路分为Ⅰ、Ⅱ、Ⅲ等养护3个养护等级,见表1-4。

市政道路养护工程分类　　　　　　　　　　　　　表1-3

内容	保养小修	中修工程	大修工程	改扩建工程
规范要求	为保持道路功能和设施完好所进行的日常保养以及对路面轻微损坏的零星修补	对一般性磨损和局部损坏进行定期的维修工程，以恢复道路原有技术状况	对道路较大损坏进行的全面综合维修、加固，以恢复到原设计标准或进行局部改善以提高道路通行能力的工程	对道路及其设施不适应交通量及载重要求而需要提高技术等级和提高通行能力的工程
工程量要求	工程数量不宜大于400m²	工程数量宜大于400m²，且不宜超过8000m²	工程数量宜大于8000m²，含基础施工的工程宜大于5000m²	

市政道路养护分级　　　　　　　　　　　　　　表1-4

Ⅰ等养护	Ⅱ等养护	Ⅲ等养护
快速路、主干路、次干路和支路中的广场、商业繁华街道、重要生产区、外事活动及游览路线	次干路及支路中的商业街道、步行街、区间联络线、重点地区或重点企事业所在地	支路、社区及工业区的连接主次干路的支路

三、道路养护的管理体系

（1）目前，我国公路系统基本上采用省公路管理局、地市公路管理局、县（市）公路管理分局的三级公路养护管理体制，负责对国家干线、省级干线及重要县级公路的养护管理，并对地方交通部门养护的一般县、乡公路进行业务指导。

对于高速公路的养护，各省市一般都设立了高等级公路管理局（公司），在高等级公路管理局（公司）下设立专门的养护单位。

（2）市政道路养护的管理体系大体为"市建委→城建局→市政工程管理处→管理所→工区"，进行分层管理。

以上海市市政工程管理局为例。上海市市政工程管理局是上海市建设和管理委员会管理的负责全市市政工程建设和管理的行政机构，其下设有上海市市政工程管理处、上海市公路管理处、上海市燃气管理处、上海市道路管线监察办公室、上海市贷款道路建设车辆通行费征收管理办公室、上海市公路养路费征收管理办公室和上海市市政工程质量监督站。其中上海市市政工程管理处（上海市城市路政管理大队）是受市政局委托行使部分政府管理职能的行政性事业单位，主要承担对城市道路桥梁的建设规划、建设管理、养护维修、运行管理、路政管理，履行对行业的业务指导、专业管理等职能。

单元1-3　道路养护机械

一、道路养护工程机械化施工的意义与要求

1. 道路养护工程机械化施工的意义

现代化施工建设是当今工程建设的发展主流，而机械化施工是道路养护工程的重要措施

与手段,是道路建设发展的必然趋势。道路养护工程的特点是建设周期短、质量要求高、施工难度日趋复杂,在实行招标、投标制的今天,企业更加注重施工质量与经济效益。机械化施工是通过合理地选用施工机械、科学地组织施工来完成工程作用的全过程。机械化施工的评定是以施工的机械化程度来衡量,即

$$机械化程度 = \frac{机械设备完成的实际工作量(或实物工作量)}{全部工程量} \times 100\% \qquad (1-1)$$

机械化程度越高,工程施工中机械完成的实际工作量占总工程施工量的比例就越大。机械化施工程度的高低,在一定程度上反映出工程施工周期的快慢、施工质量的高低和施工效益的好坏。施工机械图标如图1-4所示。

图1-4　施工机械图标

2. 道路养护工程机械化施工的要求

机械化施工是提高工作效率、保证施工质量、加快施工建设速度、减轻施工强度、降低施工成本和提高施工效益的重要手段。机械化施工在技术、组织与管理上具有更高的要求。

首先,机械化施工要有严密的施工组织与管理,需要配备具有一定业务专长的技术人员、较为熟练的技术工人、良好的维修设备、高素质的维修人员、完善的附属设施、充足的燃料能源和零配件供应及相应的运输条件等。

其次,为了在整个施工过程中均衡协调各个作业和各道工序,需要有足够数量、种类和规格的机械施工设备及管理人员、操作人员与维修人员。

机械化施工程度在很大程度上决定了工程施工质量的好坏、施工效率的高低、工期的快慢,以及施工成本和效益的多少。但是,机械化施工程度高也不完全能说明机械施工的优越性,即使是机械化程度一定时,由于施工技术、管理水平和施工组织的差异,完成相同的工程量,在施工进度、技术经济效果和节约劳动力等方面会出现较大的差别。因此,机械化施工不是仅仅为了替代人的劳动或完成人工无法完成的施工作业。机械化施工有着自己更为广泛的

内涵,它不仅体现在机械化程度上,更注重在机械化施工水平上,体现在机械化设备利用程度与利用率上。机械化施工应该是涉及施工机械、施工技术、施工组织和施工管理等学科的现代施工技术,是施工技术与管理技术的结合,是技术经济在工程施工中的体现。

二、道路养护工程机械的作用和分类

道路养护工程机械的使用,可节省大量人力,降低劳动强度,完成靠人力难以承担的高强度工程施工;能大幅度提高工作效率和经济效益,降低成本;为加快工程建设速度,确保工程质量提供了可靠保证。

公路养护机械的分类：

(1)按工程性质可分为小修机械、中修机械、大修及技术改造机械等。

(2)按工程项目可分为路基养护机械、路面养护机械、桥涵养护机械等。

(3)按养护作业可分为材料制备机械、清扫机械、铲挖机械、喷洒机械、压实机械。

我们按养护工程将工程机械分五部分:①日常养护机械,②路基养护机械,③沥青路面养护机械,④水泥路面养护机械,⑤路面压实和破损机械。主要部分如图1-5所示。

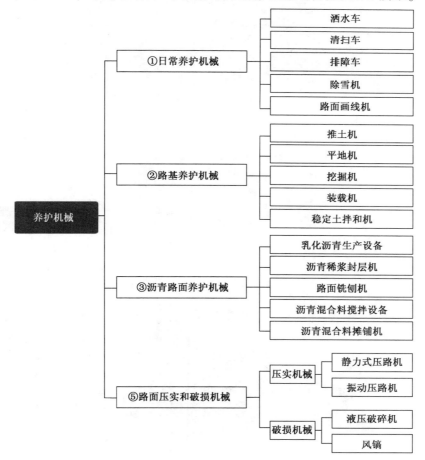

图1-5　养护机械主要部分分类图

各类养护机械外观、用途、分类详见表 1-5 所示。

养护机械分类表　　　　　　表 1-5

类别	工程机械名称	外观	作用/用途	分类
日常养护机械	洒水车	（洒水炮、花洒、罐体、底盘、后洒、泵的主管路系统、前冲）	（1）洒水车是用于道路建设、工程建设、道路养护及环境保护等吸洒水的专用汽车，也可用于生产供应、浇灌、城市绿化等。 （2）随着道路建设的发展，道路工程及养护作业等对洒水车不断提出新的要求，如前喷、后喷、自动浇灌、冲洗路面及绿化等多种功能，洒水车功能的增加，扩大了洒水车的使用范围	（1）按类型分：喷洒式、冲洗式、喷洒冲洗式。 （2）按用途分：绿化洒水车、多功能洒水车、随车吊洒水车、运水车洒水车、消防洒水车。 （3）按容量分：$3\sim8m^3$ 洒水车、$10\sim12m^3$ 洒水车、$13\sim15m^3$ 洒水车、$18\sim20m^3$ 洒水车、$20m^3$ 以上洒水车。 （4）按底盘分：汽车式、半拖挂式、拖挂式洒水车
	清扫车	（清水箱、罩壳、污水箱、前冲（高压）、前冲（低压）、扫盘、吸盘、后喷雾（高压）、侧喷（高压）、中喷（高压）、自洁（高压））	（1）清扫车是集路面清扫、垃圾回收和运输为一体的新型高效清扫设备，是一种适合工厂、公路、公园、广场等路面全方位清扫工作的车型设备。 （2）目前新的车型可一次完成地面清扫、路缘石边清扫、路缘石清洗及清扫后对地面的洒水等工作，适用于各种气候和不同干燥路面的清扫作业	一般以行走方式、作业方式或除尘方式来进行分类，通常多以作业方式分类： ①手推式清扫车和手扶式清扫车； ②自行式清扫车； ③纯扫式清扫车； ④吸扫式清扫车； ⑤纯吸式清扫车（多功能全吸式扫路车）； ⑥干式清扫车（吸尘车）； ⑦湿式清扫车； ⑧全吸式清扫车

续上表

类别	工程机械名称	外 观	作用/用途	分 类
日常养护机械	排障车	 	排障车是城市、公路交通工程的重要装备之一。它的主要功能是将城市道路上发生故障而不能行驶的车辆、发生肇事而损坏的车辆及违章停放的车辆等拖运移离现场，排除路障，疏畅交通，保证车辆正常运行	排障车按类别主要分为： ①拖吊连体型； ②拖吊分离型； ③一拖一型； ④平板一拖二型； ⑤多功能排障车； ⑥液压自动夹紧型
	除雪机	 	我国北方冬季普遍降雪，特别是一些高寒地区，降雪期长达5~6个月。积雪给道路、机场及人们出行带来极大的灾害，甚至造成交通中断，屡屡发生事故。为此我国北方，冬季除雪是机场、公路等交通运输管理部门，甚至是政府部门一项重要的工作任务，采用除雪机除雪是有效方式之一	从国内外来看，除雪的方式很多，如：机械除雪、融雪除雪、综合式除雪等。 ①机械除雪是通过机械设备清除积雪的方法； ②融雪除雪是利用热能或撒布化学药剂而使积雪融化的一种方法； ③综合式除雪是机械除雪与融雪除雪相结合的一种除雪方法

续上表

类别	工程机械名称	外观	作用/用途	分类
日常养护机械	路面画线机	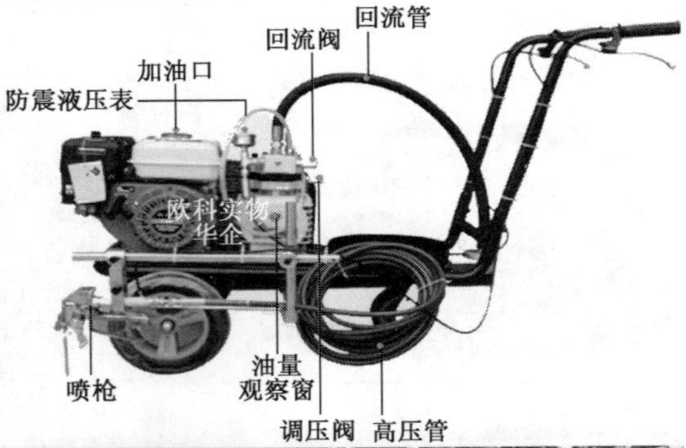  (图示：防震液压表、加油口、回流阀、回流管、喷枪、油量观察窗、调压阀、高压管)	画线机为将不同的道路涂料在路面上通过滚涂、刷涂、刮涂或喷涂划出各种交通标线的作业机械。路面画线机是在城市街道、公路等路面上画出各种交通标线的机械，还可在厂矿道路、机场、公园、广场、体育场等画停车线、分区线等其他标线	(1) 常温漆画线机：按作业方式分为手推式画线机和车载式画线机；(2) 加热溶剂型画线机；(3) 热熔型涂料画线机，分为涂料预热釜、手动涂料敷车、大型机动涂敷车、配套施工机械
路基养护机械	推土机	  (图示：履带式推土机与轮胎式推土机)	(1) 推土机是路基施工中的主要机械之一，由于推土机具有构造简单、操作灵活、移动方便、行驶速度快、所需作业面小，既可挖土又可用作短距离运土等优点，所以广泛用于土方工程的施工中。(2) 在道路路基养护工程中，推土机主要用于路基修筑、基坑开挖、填筑堤坝、平整场地、清除树根、填平壕堑、堆积石渣及其他辅助作业，并可为铲运机与挖装机械送土和助铲及牵引各种拖式工作装置作业	(1) 按行车方式分类，推土机可分为履带式和轮胎式两种。①履带式推土机附着牵引力大，接地比压小（0.04～0.13MPa），爬坡能力强，但行驶速度低。②轮胎式推土机行驶速度高，机动灵活，作业循环时间短，运输转移方便，但牵引力小，适用于需经常变换工地和野外工作的情况。(2) 按用途分类可分为通用型及专用型两种

续上表

类别	工程机械名称	外观	作用/用途	分类
路基养护机械	平地机	 	（1）平地机是铲土、移土和卸土同时进行的连续作业式机械。 （2）刮刀是它的主要工作装置，通过对刮刀的水平回转、左右升降、左右侧伸和机械外倾斜四种基本动作的调整，采用合理的施工方法，可以完成开挖沟槽、平整场地、回填沟渠、清除积雪、铺散或路拌路面材料及修筑路基路堑的边坡作业	（1）平地机有拖式和自行式两种。 ①拖式平地机由拖拉机来牵引，以人力操纵其工作装置； ②自行式平地机的分类方法较多，按操纵方式的不同，可分为机械操纵式和液压操纵式两种。 （2）按车轮数目的不同，可分为四轮式和六轮式两种。 （3）按车轮驱动情况的不同，可分为后轮驱动式和全轮驱动式两种。 （4）按车轮转向情况的不同，可分为前轮转向式和全轮转向式两种。 （5）按发动机功率和刮刀长度的不同，可分为轻型、中型和重型三种

续上表

类别	工程机械名称	外 观	作用/用途	分 类
路基养护机械	挖掘机	 	（1）挖掘机是用铲斗挖掘土，并把土卸到运输车上，由运输车运到卸料处，或将挖出的土直接卸在附近弃土场的土方工程机械。 （2）挖掘机挖掘的物料主要是土壤、煤、泥沙以及经过预松后的土壤和岩石	（1）常见的挖掘机按驱动方式有内燃机驱动挖掘机和电力驱动挖掘机两种。 （2）按照规模大小的不同，挖掘机可以分为大型挖掘机、中型挖掘机和小型挖掘机。 （3）按照行走方式的不同，挖掘机可分为履带式挖掘机和轮式挖掘机。 （4）按照传动方式的不同，挖掘机可分为液压挖掘机和机械挖掘机。机械挖掘机主要用在一些大型矿山上。 （5）按照用途来分，挖掘机又可以分为通用挖掘机，矿用挖掘机，船用挖掘机，特种挖掘机等不同的类别。 （6）按照铲斗来分，挖掘机又可以分为正铲挖掘机、反铲挖掘机、拉铲挖掘机和抓铲挖掘机

续上表

类别	工程机械名称	外观	作用/用途	分类
路基养护机械	装载机	 	装载机是一种广泛用于公路、铁路、建筑、水电、港口、矿山等建设工程的土石方施工机械,它主要用于铲装土壤、砂石、石灰、煤炭等散状物料,也可对矿石、硬土等作轻度铲挖作业。换装不同的辅助工作装置还可进行推土、起重和其他物料如木材的装卸作业	常用的单斗装载机按发动机功率,传动形式,行走系结构,装载方式的不同进行分类。 ①发动机功率: a.小型装载机。 b.中型装载机 c.大型装载机 d.特大型装载机。 ②传动形式: a.液力—机械传动;b.液力传动;c.电力传动。 ③行走结构: a.轮胎式;b.履带式。 ④装卸方式: a.前卸式;b.回转式;c.后卸式
	稳定土拌和机	 	(1)稳定土拌和机是一种在行驶过程中,以其工作装置对土壤就地松碎,并与稳定剂(石灰、水泥、沥青、乳化沥青或其他化学剂)均匀拌和,以提高土壤稳定性的机械。 (2)使用这种方法获得稳定混合料的施工工艺习惯上称为路拌法,而稳定土拌和机又称为稳定土路拌机	根据结构特点,稳定土拌和机可以按以下几个方面进行分类: ①按行走部分不同,分为履带式、轮胎式和复合式(履带和轮胎结合)。 ②按移动方式不同,分为自行式、半拖式和悬挂式。 ③按动力传动的方式不同,分为机械式、液压式和混合式(机液结合)。 ④按其工作装置(铣刀式拌和机的工作装置称为铣削筒,又称为转子)在机器上的位置不同,分为中置式和后置式两种。 ⑤按拌和转子旋转方向不同可分为正转和反转两种

续上表

类别	工程机械名称	外观	作用/用途	分类
沥青路面养护机械	乳化沥青生产设备		乳化沥青设备是用来生产乳化沥青的专用设备，其特点是在乳化剂的作用下通过机械力将沥青破碎成微小的颗粒，并均匀地分散在水中，形成稳定的乳液，即乳化沥青。乳化沥青主要用于公路、城市道路工程中作透层、黏结层及面层结合料，也适用于建筑行业配制防水涂料和防水卷材	（1）乳化沥青设备按照工艺流程分类，可以分为间歇作业式、半连续作业式、连续作业式三种。①间歇式改性乳化沥青生产设备，生产时将乳化剂、酸、水和胶乳改性剂等在皂液掺配罐中掺配，然后将其于沥青泵送到胶体磨中。②半连续式乳化沥青生产设备，实际上是将间歇式的乳化沥青设备多配备了皂液掺配罐，从而可以交替掺配皂液，保证不间断地将皂液送入胶体磨。③连续式乳化沥青生产设备，将乳化剂、水、酸、胶乳改性剂、沥青等分别用计量泵直接泵送到胶体磨中。（2）按照设备的配置、布局和机动性，沥青乳化设备可以分为移动式、可搬移式和固定式三种

续上表

类别	工程机械名称	外观	作用/用途	分类
沥青路面养护机械	沥青稀浆封层机	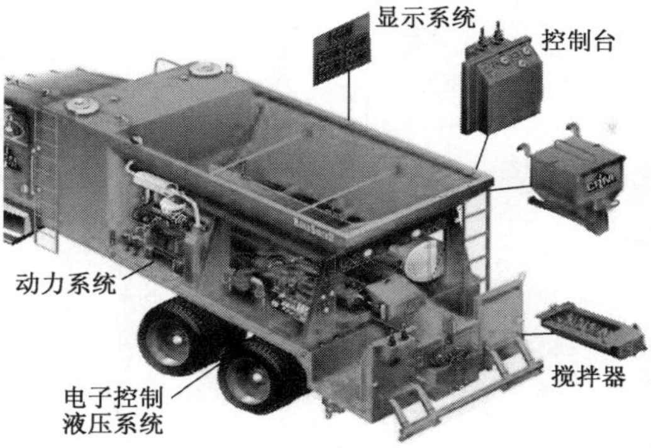  （显示系统、控制台、动力系统、搅拌器、电子控制液压系统）	稀浆封层车是欧美发达国家20世纪80年代后期，根据道路维修养护的需要而逐步发展起来的一种路面养护设备。这种专用车可依据老旧路面的表面纹理，浇注耐用的沥青混合料，可有效地封闭路面，使表层的裂缝与水和空气隔绝，防止路面老化进一步加深。由于使用的集料、乳化沥青和添加剂似稀浆一般，所以叫稀浆封层车	根据地盘车、功率、拌和功能等，各生产厂家有不同的分类
	路面铣刨机	 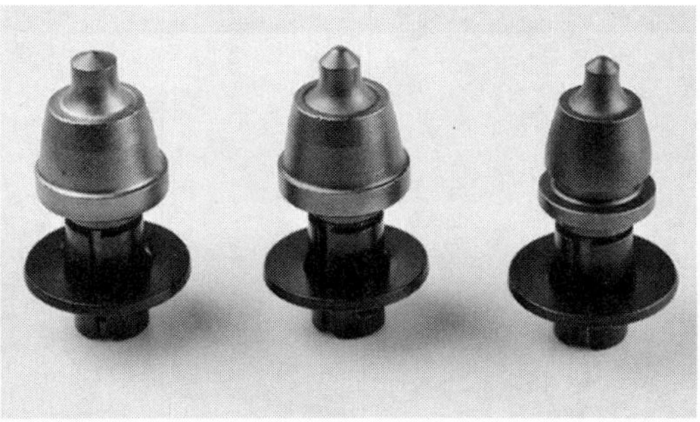	路面铣刨机是沥青路面养护施工机械的主要机种之一，主要用于公路、城镇道路、机场、货场等沥青混凝土面层的开挖翻新，也可以用于清除路面拥包、波浪、网纹、车辙等缺陷，还可用来开挖路面坑槽及沟槽，以及水泥路面的拉毛及面层错台的铣平	路面铣刨机械主要有热铣刨和冷铣刨两种。①热铣刨机是在铣刨前先用液化气或丙烷气或红外线燃烧器将路面加热，然后进行铣刨。这种铣刨方式切削阻力小，但消耗能量较大。热铣刨机多用于沥青路面养护及再生作业中。②冷铣刨机是直接在旧路上或需要养护的路段上进行铣刨的。该机切削的料粒较均匀，适应性广，但切削刀齿磨损较快。冷铣刨机多用于铣刨沥青路面隆起的油包及车辙等

续上表

类别	工程机械名称	外观	作用/用途	分类
沥青路面养护机械	沥青混合料搅拌设备	 	沥青混凝土搅拌设备,是指将砂石料烘干、加热、筛分、计量,并加入适量的填充料(石粉),与热沥青液按一定配合比均匀搅拌成沥青混合料的设备	(1)按工艺流程分:强制搅拌的间歇式和连续式,连续搅拌的滚筒式。①间歇式沥青混凝土搅拌设备:砂石料的供应和烘干加热是连续进行的,而与热沥青液的拌和是分批间歇的。②连续式沥青混凝土搅拌设备其主要特点是热砂石料和热沥青液是连续计量供应,不断搅拌并卸出。③滚筒式沥青混凝土搅拌设备20世纪70年代发展起来的,其特点是砂石料的烘干、加热和混合料的搅拌在一个滚筒内连续进行。(2)按其安装情况,又可分为固定式和移动式

续上表

类别	工程机械名称	外观	作用/用途	分类
沥青路面养护机械	沥青混合料摊铺机	 	沥青混合料摊铺机是将沥青混合料按技术要求迅速均匀地摊铺在筑成的路基上，并保证摊铺层厚度、宽度、路面拱度、平整度和密实度等。它广泛用于公路、城市道路、大型货场、停车场、机场和码头等工程中的沥青混合料摊铺作业	（1）按摊铺宽度分类沥青混凝土摊铺机可分为小型、中型、大型、超大型等四类。 ①小型机的最大摊铺宽度一般小于3600mm，用于路面养护和城市道路的修筑工程。 ②中型机的摊铺宽度为4000～6000mm，用于一般公路路面的修筑和养护工程。 ③大型机的摊铺宽度为7000～9000mm，主要用于高等级公路路面施工。 ④超大型机的摊铺宽度大于12000mm，主要用于高速公路、机场、码头、广场等大面积沥青混凝土路面施工。 （2）按行走方式，沥青混合料摊铺机分为拖式和自行式两类，其中自行式又分为履带式和轮胎式两种

续上表

类别	工程机械名称	外观	作用/用途	分类
水泥混凝土路面养护机械	混凝土搅拌机	 	混凝土搅拌机是把水泥、砂石骨料和水混合并拌制成混凝土混合料的机械。主要由拌筒、加料和卸料机构、供水系统、原动机、传动机构、机架和支承装置等组成	（1）按工作性质分间歇式（分批式）和连续式。 （2）按搅拌原理分自落式和强制式。 （3）按安装方式分固定式和移动式。 （4）按出料方式分倾翻式和非倾翻式。 （5）按拌筒结构形式分梨式、鼓筒式、双锥、圆盘立轴式和圆槽卧轴式等
	混凝土搅拌运输车		（1）混凝土搅拌运输车或称搅拌车，是用来运送建筑用预拌混凝土的专用卡车。 （2）卡车上装有圆筒型搅拌筒用以运载混合后的混凝土，在运输过程中会始终保持搅拌筒转动，以保证所运载的混凝土不会凝固	（1）按运载底盘结构形式可分为自行式和拖挂式混凝土搅拌车。 （2）按搅拌筒驱动形式可分为集中驱动和单独驱动的混凝土搅拌车。 （3）按搅拌装置传动形式可分为机械传动、全液压传动和机械-液压传动的混凝土搅拌车。 （4）按搅拌容量大小可分为小型（搅拌容量为 $3m^3$）、中型（搅拌容量为 $3\sim 8m^3$）和大型（搅拌容量为 $8m^3$ 以上）

续上表

类别	工程机械名称	外观	作用/用途	分类
水泥混凝土路面养护机械	小型混凝土路面施工机械	插入式振捣器 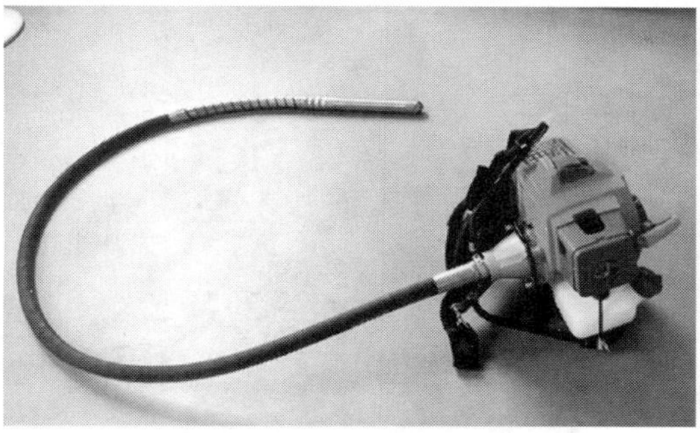	插入式振捣器的振动部分插入浇灌后的混凝土内部，直接把振动传给混凝土，所以产生效率较高，是混凝土路面翻修不可缺少的设备	
		平板振动器 	平板振动器是在混凝土的表面施加振动而使混凝土捣实的机械。它的作用深度一般约为18~25cm，工作部分是一钢质或木质平板	
		振动梁 	振动梁是在平板振捣器全面的覆盖性振捣之后进一步对振捣密实的混凝土整平、抹光的机械，主要由振动器和横梁组成	

续上表

类别	工程机械名称	外观	作用/用途	分类
水泥混凝土路面养护机械	小型混凝土路面施工机械	抹光机 	抹光机也称为收光机，它的主要结构是一个汽油机驱动的抹刀转子，在转子中部的十字架底面装有抹刀，其中一种混凝土表面粗、精抹光机具，能大大提高混凝土表面的密实性及耐磨性	
		路面切割机 	切割机是切割混凝土伸缩缝的机械。由于切割机能连续进行施工，所以能加快施工进度，提高伸缩缝的质量，保证接缝的平整度	
路面压实和破损机械	静力式压路机		静力式压路机与振动压路机相比，压实功能有一定的局限性，压实厚度也受到一定限制，一般不超过20~50cm，且光面静力式压路机在压实作业中容易产生"虚"压现象	（1）两光轮静碾压路机。（2）三光轮静碾压路机。（3）拖式光轮压路机。（4）拖式凸块压路机。（5）拖式羊角压路机。（6）拖式格栅压路机

续上表

类别	工程机械名称	外观	作用/用途	分类
路面压实和破损机械	振动压路机		振动压路机是利用其自身的重力和振动压实各种建筑和筑路材料。在公路建设中,振动压路机最适宜压实各种非黏性土壤、碎石、碎石混合料以及各种沥青混凝土而被广泛应用	(1)两轮串联振动压路机。(2)两轮并联振动压路机。(3)两轮铰接振动压路机。(4)四轮振动压路机。(5)轮胎驱动光轮振动压路机。(6)轮胎驱动凸块振动压路机。(7)钢轮轮胎组合振动压路机。(8)手扶式振动压路机。(9)拖式振动压路机
	液压破损机		液压破碎锤简称"破碎锤"或"破碎器",液压破碎锤的动力来源是挖掘机、装载机或泵站提供的压力,它在工程施工中能更有效地破碎石块和岩石,提高工作效率	
	风镐	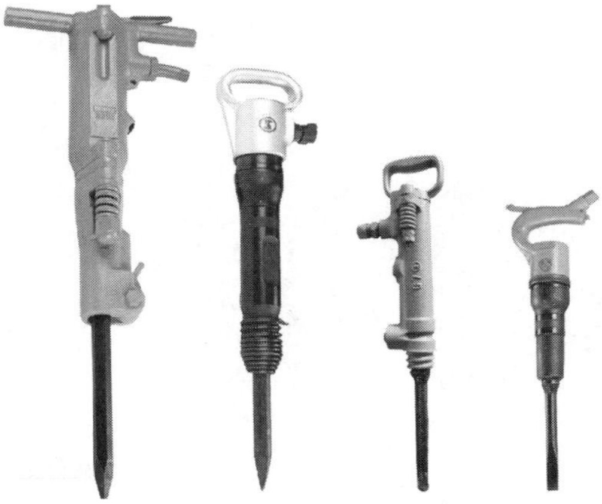	风镐是利用压缩空气作动力进行开凿和破损的一种风动机械。它主要用于施工现场破碎坚固的或冻结的地层、水泥混凝土结构物和板块、沥青混凝土的路基和面层,是道路养护工程中常用的破损机械	

1. 简述公路养护的基本任务是什么?
2. 简述公路分级与城市道路分类。
3. 简述公路养护工程分类与城市道路养护工程分类。
4. 道路养护工程机械分为哪几大类?各有哪些设备?

模块 2
UNIT TWO
道路的调查与评定

 模块导读

没有调查,就没有发言权。

道路的调查与评定的目的是为公路管理部门编制公路养护年度计划和维修对策提供依据;同时,为方便日常养护和维修工作内容的确定也应进行路况调查和评定。相关部门应按要求的调查频率对路面状况各项评价标准进行调查,采集路况数据,通过路况数据评定路面状况并充实、完善数据库,并对路面使用性能进行长期观测和调查,研究其变化规律,分析路面产生病害的原因,拟订处治方案。

公路养护管理部门在制订资金需求和资金分配计划、制订公路养护工作计划,以及确定大修、中修、小修及保养对策和方案决策时,宜使用路面管理系统,以提高养护工作和管理决策的科学性。

本模块分别从《公路技术状况评定标准》(JTG 5210—2018)和《城镇道路养护技术规范》(CJJ 36—2016)中关于道路外业检测调查与评定入手,分别介绍各自体系的区别与共性,进而介绍普通公路与城市道路的养护状况评定与养护对策分析知识。

本模块思维导图如图 2-1 所示。

 模块任务

(1)编制公路技术状况评定体系框图;
(2)编制城市道路养护计划与评定计算流程。

 能力目标

(1)能叙述公路技术状况评定体系内容;
(2)能叙述城市道路检测评价和养护对策内容;
(3)能进行养护评定基本公式计算。

 思政目标

通过本模块学习,掌握道路检测新技术,理解规范内容,同时结合本省及全国道路"国检"项目发展历程来领会严守规范、精益求精、思维缜密、开拓创新的精神。

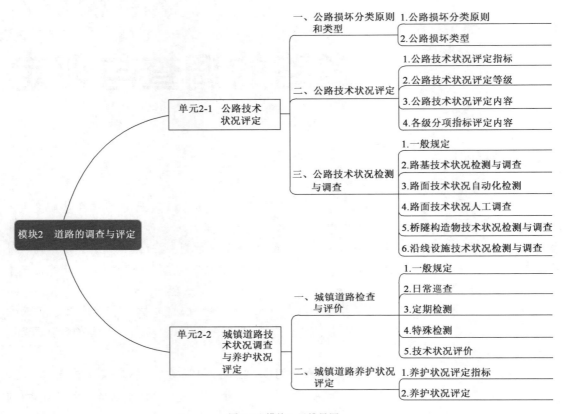

图 2-1　模块 2 思维导图

单元 2-1　公路技术状况评定

公路在自然环境影响下及长期承受车辆荷载反复作用便会出现各种病害及破损,如果发现及时,提早处治可延长公路的使用寿命。公路技术状况评定相当于给公路做了一次"体检",利用现代化检测技术检查公路的"指标"如何,病因所在及发展趋势,再利用科学化决策手段选取适合的"治疗方案",方可"药到病除",维护公路正常服役。

当前,我国公路养护管理正朝着检测自动化、决策科学化、养护专业化、施工机械化的方向发展。图 2-2 为现代化养护企业代表之一——路面检测及诊治大数据工程技术研究中心。

图 2-2　路面检测及诊治大数据工程技术研究中心

一、公路损坏分类原则和类型

1. 公路损坏分类原则

公路使用性能的衰变一般会通过可见的、不同形式的损坏表现出来,反过来不同形式的损坏对公路使用性能也有不同程度的影响。因此,公路损坏的调查是公路技术状况评定的重要内容和养护对策的重要依据。公路损坏所表现出的形态和特征是多种多样的,造成公路损坏的原因也是多方面的,有行车荷载因素、环境因素及施工和材料的因素等。目前,公路损坏的调查主要依靠人工目测或手工丈量,公路损坏原因复杂、形式多样,不同的调查者可能对同一处损坏有不同的判别结果,为了使调查结果有一致含义及可比性,需要根据损坏的形态特征、严重程度和损坏原因,对公路损坏进行分类。

为使公路损坏调查具有可操作性和实用性,公路损坏分类应遵循一定的原则:

(1) 分类定义明确,形式上易于区分。

(2) 在一定程度上考虑路面损坏的原因,方便公路管理部门的养护决策。

(3) 在充分描述公路使用性能的基础上,尽可能减少损坏类型数量,减少调查项目。

2. 公路损坏类型

《公路技术状况评定标准》(JTG 5210—2018),通过对专家和对各地公路管理技术人员的咨询和调查,结合道路试验,在 2007 版规范基础之上,进行了部分修改和完善,以求符合目前我国公路的技术现状和管理水平,并易于被广大公路管理人员接受。规范主要详细地介绍了包括路基、沥青路面、水泥混凝土路面和沿线设施等公路各组成部分的损坏分类及识别方法。

1) 路基损坏(分 7 类 18 项)

路基损坏包括路肩损坏、边坡坍塌、水毁冲沟、路基构造物损坏、路缘石缺损、路基沉降、排水不畅。路基病害如图 2-3 所示。

2) 沥青路面损坏(分 11 类 21 项)

沥青路面损坏包括龟裂、块状裂缝、纵向裂缝、横向裂缝、沉陷、车辙、波浪、拥包、坑槽、松散、泛油、修补。沥青路面病害如图 2-4 所示。

图 2-3　路基病害

图 2-4　沥青路面病害

3）水泥混凝土路面损坏（分 11 类 20 项）

水泥混凝土路面损坏包括破碎板、裂缝、板角断裂、错台、拱起、边角剥落、接缝料损坏、坑洞、唧泥、露骨、修补。水泥混凝土路面病害如图 2-5 所示。

4）沿线设施损坏（分 5 类 6 项）

沿线设施损坏包括防护设施缺损、隔离栅损坏、标志缺损、标线缺损、绿化管护不善。沿线设施损坏如图 2-6 所示。

图 2-5　水泥混凝土路面病害

图 2-6　沿线设施损坏

5）桥隧构造物

桥隧构造物包括桥梁、隧道、涵洞三类。由于桥梁有不同的结构形式类别，且修筑材料多样，所以病害特征及分布因桥而异，涵洞同理，具体桥涵病害内容参见模块 5 桥梁涵洞养护中的内容。桥梁维修现场如图 2-7 所示。

各部分具体损坏类型及识别内容将在后续模块中逐一讲解。

二、公路技术状况评定

1. 公路技术状况评定指标

《公路技术状况评定标准》（JTG 5210—2018）要求公路技术状况评定应采用公路技术状

况指数 MQI 和相应分项指标(路基技术状况指数 SCI、路面技术状况指数 PQI、桥隧构造物技术状况指数 BCI 和沿线设施技术状况指数 TCI)4 部分来进行评定。其中,路面技术状况评定应采用 PQI 和相应分项指标(路面损坏状况指数 PCI、路面行驶质量指数 RQI、路面车辙深度指数 RDI、路面跳车指数 PBI、路面磨耗指数 PWI、路面抗滑性能指数 SRI 和路面结构强度指数 PSSI)来进行评定。MQI 体系如图 2-8 所示。

图 2-7　桥梁维修

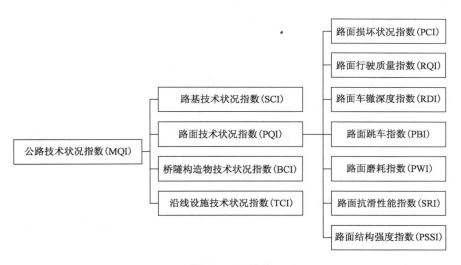

图 2-8　MQI 体系

2. 公路技术状况评定等级

MQI 和相应分项指标的值域为 0 ~ 100,公路技术状况分为优、良、中、次、差 5 个等级。公路技术状况等级划分标准见表 2-1。

公路技术状况等级划分标准　　　　　　表 2-1

评定指标	优	良	中	次	差
MQI	≥90	≥80,<90	≥70,<80	≥60,<70	<60

公路技术状况各分项指标应分为优、良、中、次、差5个等级。各分项指标的等级划分标准应符合表2-2。

公路技术状况等级划分标准　　　　　表2-2

评定指标	优	良	中	次	差
SCI、PQI、BCI、TCI	≥90	≥80，<90	≥70，<80	≥60，<70	<60
PCI、RQI、RDI、PBI、PWI、SRI、PSSI	≥90	≥80，<90	≥70，<80	≥60，<70	<60

注：1. 高速公路 PCI 等级划分标准："优"应为 PCI≥92，"良"应为 80≤PCI<92，其他保持不变。
　　2. 水泥混凝土 RQI 等级划分标准："优"应为 RQI≥88，"良"应为 80≤RQI<88，其他保持不变。

3. 公路技术状况评定内容

1）一般规定

公路技术状况评定应以1000m路段长度为基本评定单元。在路面类型、交通量、路面宽度和养管单位等变化处，评定单元的长度可不受此规定限制。公路技术状况评定应计算优等路率、优良路率和次差路率三项统计指标。

2）公路技术状况（MQI）评定

（1）公路技术状况应采用 MQI 评定。MQI 应按下式计算：

$$MQI = w_{SCI}SCI + w_{PQI}PQI + w_{BCI}BCI + w_{TCI}TCI \tag{2-1}$$

式中：w_{SCI}——SCI 在 MQI 中的权重，取值为 0.08；

w_{PQI}——PQI 在 MQI 中的权重，取值为 0.70；

w_{BCI}——BCI 在 MQI 中的权重，取值为 0.12；

w_{TCI}——TCI 在 MQI 中的权重，取值为 0.10。

（2）对于长度小于或大于1000m的非整千米评定单元，除PQI外，SCI、BCI和TCI 3项指标的实际扣分应换算成基本评定单元的扣分[实际扣分×基本评定单元长度(1000m)/实际评定单元长度]。桥隧构造物评价结果(BCI)应计入桥隧构造物所属评定单元。

（3）存在5类桥梁、5类隧道、危险涵洞及影响交通安全的重度边坡坍塌的评定单元，MQI值应取0。

（4）进行路线公路技术状况评定时，应采用路线内所有评定单元 MQI 的算术平均值作为该路线的 MQI。

（5）进行公路网公路技术状况评定时，应采用公路网内所有路线 MQI 的长度加权平均值为该公路网的 MQI。

（6）MQI 及各级分项指标评价结果应保留两位小数。

4. 各级分项指标评定内容

1）路基技术状况（SCI）评定

路基技术状况应采用 SCI 评定。SCI 应按下式计算：

$$SCI = \sum_{i=1}^{i_0} w_i (100 - GD_{SCI}) \tag{2-2}$$

式中：GD_{SCI}——第 i 类路基损坏的累计扣分，最高扣分为100，路基损坏扣分标准见表2-3；

w_i——第 i 类路基损坏的权重；

i——路基损坏类型;
i_0——路基损坏总数,取 7。

路基损坏扣分标准　　　　　　　　　　　　　　　　表 2-3

类型 i	损坏名称	损坏程度	计量单位	单位扣分	权重 ω_i	备注
1	路肩损坏	轻	m²	1	0.1	
		重		2		
2	边坡坍塌	轻	处	20	0.25	当边坡坍塌为重度且影响交通安全时,该评定单元的 MQI 值应取 0
		中		50		
		重		100		
3	水毁冲沟	轻	处	20	0.15	
		中		30		
		重		50		
4	路基构造物损坏	轻	处	20	0.1	当路基构造物损坏为重度时,该评定单元的 SCI 值应取 0
		中		50		
		重		100		
5	路缘石缺损		m	4	0.05	
6	路基沉降	轻	处	20	0.25	
		中		30		
		重		50		
7	排水不畅	轻	处	20	0.1	
		中		50		
		重		100		

2) 路面技术状况(PQI)评定

(1) 沥青路面技术状况评定应包括路面损坏、路面平整度、路面车辙、路面跳车、路面磨耗、路面抗滑性能和路面结构强度七项内容。

(2) 水泥混凝土路面技术状况评定应包括路面损坏、路面平整度、路面跳车、路面磨耗和路面抗滑性能五项内容。有刻槽的水泥混凝土路面不应作路面磨耗评定。

(3) 路面技术状况应采用 PQI 评定,PQI 各分项指标权重见表 2-4。PQI 应按下式计算:

$$\mathrm{PQI} = w_{\mathrm{PCI}}\mathrm{PCI} + w_{\mathrm{RQI}}\mathrm{RQI} + w_{\mathrm{RDI}}\mathrm{RDI} + w_{\mathrm{PBI}}\mathrm{PBI} + w_{\mathrm{PWI}}\mathrm{PWI} + w_{\mathrm{SRI}}\mathrm{SRI} + w_{\mathrm{PSSI}}\mathrm{PSSI} \qquad (2\text{-}3)$$

式中:w_{PCI}——PCI 在 PQI 中的权重,按表 2-4 的规定取值;
　　　w_{RQI}——RQI 在 PQI 中的权重,按表 2-4 的规定取值;
　　　w_{RDI}——RDI 在 PQI 中的权重,按表 2-4 的规定取值;
　　　w_{PBI}——PBI 在 PQI 中的权重,按表 2-4 的规定取值;
　　　w_{PWI}——PWI 在 PQI 中的权重,按表 2-4 的规定取值;
　　　w_{SRI}——SRI 在 PQI 中的权重,按表 2-4 的规定取值;
　　　w_{PSSI}——PSSI 在 PQI 中的权重,按表 2-4 的规定取值。

PQI 各分项指标权重 表2-4

路面类型	权重	高速公路、一级公路	二、三、四级公路
沥青路面	w_{PCI}	0.35	0.60
	w_{RQI}	0.30	0.40
	w_{RDI}	0.15	—
	w_{PBI}	0.10	—
	w_{SRI}、w_{PWI}	0.10	—
	w_{PSSI}	—	—
水泥混凝土路面	w_{PCI}	0.50	0.60
	w_{RQI}	0.30	0.40
	w_{PBI}	0.10	—
	w_{SRI}、w_{PWI}	0.10	—

注:采用式(2-3)计算 PQI 时,SRI 和 PWI 应二者取一。

(4) PSSI 应依据抽检数据单独评定,不参与 PQI 计算。

(5) PCI 应按下式计算:

$$PCI = 100 - a_0 DR a_1 \tag{2-4}$$

$$DR = 100 \times \frac{\sum_{i=1}^{i_0} w_i A_i}{A} \tag{2-5}$$

式中:DR——路面破损率,%;

a_0——沥青路面采用 15.00,水泥混凝土路面采用 10.66;

a_1——沥青路面采用 0.412,水泥混凝土路面采用 0.416;

A_i——第 i 类路面的损坏的累计面积,m^2;

A——路面检测或调查面积,m^2;

w_i——第 i 类路面的损坏的权重或换算系数,见表2-5、表2-6;

i——路面损坏类型,包括损坏程度(轻、中、重);

i_0——损坏类型总数,沥青路面取 21,水泥混凝土路面取 20。

沥青路面损坏类型、权重及换算系数 表2-5

类型 i	损坏名称	损坏程度	计量单位(m^2)	权重 w_i(人工调查)	换算系数 w_i(自动化检测)
1	龟裂	轻	面积	0.6	1.0
2		中		0.8	
3		重		1.0	
4	块状裂缝	轻	面积	0.6	1.0
5		重		0.8	

续上表

类型 i	损坏名称	损坏程度	计量单位（m²）	权重 w_i（人工调查）	换算系数 w_i（自动化检测）
6	纵向裂缝	轻	长度×0.2m	0.6	2.0
7		重		1.0	
8	横向裂缝	轻	长度×0.2m	0.6	2.0
9		重		1.0	
10	沉陷	轻	面积	0.6	1.0
11		重		1.0	
12	车辙	轻	长度×0.4m	0.6	—
13		重		1.0	
14	波浪拥抱	轻	面积	0.6	1.0
15		重		1.0	
16	坑槽	轻	面积	0.8	1.0
17		重		1.0	
18	松散	轻	面积	0.6	1.0
19		重		1.0	
20	泛油		面积	0.2	0.2
21	修补		面积或长度×0.2m	0.1	0.1(0.2)

注：1. 人工调查时，应将条状修补的调查长度(m)乘以影响宽度(0.2m)换算或面积。
2. 自动化检测时，块状修补的换算系数 w_i 为0.1，条状修补的换算系数 w_i 为0.2。

水泥混凝土路面损坏类型、权重及换算系数　　表2-6

类型 i	损坏名称	损坏程度	计量单位（m²）	权重 w_i（人工调查）	换算系数 w_i（自动化检测）
1	破损板	轻	面积	0.8	1.0
2		重		1.0	
3	裂缝	轻	长度×1.0m	0.6	10
4		中		0.8	
5		重		1.0	
6	板角断裂	轻	面积	0.6	1.0
7		中		0.8	
8		重		1.0	

续上表

类型 i	损坏名称	损坏程度	计量单位（m²）	权重 w_i（人工调查）	换算系数 w_i（自动化检测）
9	错台	轻	长度×1.0m	0.6	10
10		重		1.0	
11	拱起		面积	1.0	1.0
12	边角剥落	轻	长度×1.0m	0.6	10
13		中		0.8	
14		重		1.0	
15	接缝料损坏	轻	长度×1.0m	0.4	6
16		重		0.6	
17	坑洞		面积	1.0	1.0
18	唧泥		长度×1.0m	1.0	10
19	露骨		面积	0.3	0.3
20	修补		面积或长度×0.2m	0.1	0.1(0.2)

注：1. 人工调查时，应将条状修补的调查长度（m）乘以影响宽度（0.2m）换算或面积。
2. 自动化检测时，块状修补的换算系数 w_i 为0.1，条状修补的换算系数 w_i 为0.2。

(6) 自动化检测时，A_i 应按式(2-6)计算：

$$A_i = 0.01 \times GN_i \tag{2-6}$$

式中：GN_i——含有第 i 类路面损坏的网格数；

0.01——面积换算系数，一个网格的标准尺寸为 $0.1m \times 0.1m$。

(7) RQI 应按式(2-7)计算：

$$RQI = \frac{100}{1 + a_0 e^{a_1 IRI}} \tag{2-7}$$

式中：IRI——国际平整度指数（International Roughness），m/km；

a_0——高速公路和一级公路采用0.026，其他等级公路采用0.0185；

a_1——高速公路和一级公路采用0.65，其他等级公路采用0.58。

(8) RDI 应按式(2-8)计算：

$$RDI = \begin{cases} 100 - a_0 RD & (RD \leq RD_a) \\ 90 - a_1(RD - RD_a) & (RD_a \leq RD \leq RD_b) \\ 0 & (RD > RD_b) \end{cases} \tag{2-8}$$

式中：RD——车辙深度，mm；

RD_a——车辙深度参数，采用10.0；

RD_b——车辙深度参数，采用40.0；

a_0——模型参数，采用1.0；

a_1——模型参数，采用3.0。

(9) PBI 应按式(2-9)计算：

$$PBI = 100 - \sum_{i=1}^{i_0} a_i PB_i \tag{2-9}$$

式中：PB_i——第 i 类程度的路面跳车；
　　　a_i——第 i 类程度的路面跳车单位扣分，按表 2-7 规定取值；
　　　i——路面跳车类型；
　　　i_0——路面跳车类型总数，取 3。

路面跳车扣分标准　　　　　　　　　　　表 2-7

类型 i	跳车程度	计量单位	单位扣分
1	轻度		0
2	中度	处	25
3	重度		50

(10) PWI 应按式(2-10)、式(2-11)计算：

$$PWI = 100 - a_0 WR^{a_1} \tag{2-10}$$

$$WR = 100 \times \frac{MPD_C - \min\{MPD_L, MPD_R\}}{MPD_C} \tag{2-11}$$

式中：WR——路面磨耗率，%；
　　　a_0——模型参数，采用 1.696；
　　　a_1——模型参数，采用 0.785；
　　　MPD——路面构造深度，mm；
　　　MPD_C——路面构造深度基准值，采用无磨损的车道中线路面构造深度，mm；
　　　MPD_L——左轮迹带的路面构造深度，mm；
　　　MPD_R——右轮迹带的路面构造深度，mm。

(11) SRI 应按式(2-12)计算：

$$SRI = \frac{100 - SRI_{min}}{1 + a_0 e^{a_1 SFC}} + SRI_{min} \tag{2-12}$$

式中：SFC——横向力系数(Side-way Force Coefficient)；
　　　SRI_{min}——标定参数，采用 35.0；
　　　a_0——模型参数，采用 28.6；
　　　a_1——模型参数，采用 -0.105。

(12) PSSI 按式(2-13)、式(2-14)计算：

$$PSSI = \frac{100}{1 + a_0 e^{a_1 SSR}} \tag{2-13}$$

$$SSR = \frac{l_R}{l_O} \tag{2-14}$$

式中：SSR——路面结构强度系数(Pavement Structure Strength Ratio)，为路面容许弯沉与路面实测代表弯沉之比；
　　　l_R——路面容许弯沉，mm；
　　　l_O——路面实测代表弯沉，mm；
　　　a_0——模型参数，采用 15.71；
　　　a_1——模型参数，采用 -5.19。

3) 桥隧构造物技术状况(BCI)评定

(1) 桥隧构造物技术状况应采用 BCI 评定。BCI 应按式(2-15)计算:

$$BCI = \min(100 - GD_{iBCI}) \tag{2-15}$$

式中:GD_{iBCI}——第 i 类构造物的累计扣分,最高扣分为 100,按表 2-8 的规定取值;

i——构造物类型(桥梁、隧道、涵洞),共 3 类。

桥隧构造物扣分标准　　　　表 2-8

类型 i	构造物名称	评定等级	计量单位	单位扣分	备 注
1	桥梁	1	座	0	采用现行《公路桥梁技术状况评定标准》(JTG/T H21)的评定方法,5 类桥梁所属评定单元的 MQI 值应取 0
		2		10	
		3		40	
		4		70	
		5		100	
2	隧道	1	座	0	采用现行《公路隧道养护技术规范》(JTG H12)的评定方法,5 类隧道所属评定单元的 MQI 值应取 0
		2		10	
		3		40	
		4		70	
		5		100	
3	涵洞	好	道	0	采用现行《公路桥涵养护规范》(JTG H11)的评定方法,危险涵洞所属评定单元的 MQI 值应取 0
		较好		10	
		较差		40	
		差		70	
		危险		100	

(2) 不含桥隧构造物的评定单元,BCI 值应取 100。

4) 沿线设施技术状况(TCI)评定

(1) 沿线设施技术状况应采用 TCI 评定。TCI 应按式(2-16)计算:

$$TCI = \sum_{i=1}^{i_0} w_i (100 - GD_{iTCI}) \tag{2-16}$$

式中:GD_{iTCI}——第 i 类设施损坏的累计扣分,最高扣分为 100,按表 2-9 的规定取值;

w_i——第 i 类设施损坏的权重,按表 2-9 的规定取值;

i——损坏类型;

i_0——沿线设施损坏类型总数,取值为 5。

沿线设施扣分标准　　　　表 2-9

类型 i	损坏名称	损坏程度	计量单位	单位扣分	权重(ω_i)	备 注
1	防护设施缺损	轻	处	10	0.25	
		重		30		
2	隔离栅损坏		处	20	0.10	
3	标志缺损		处	20	0.25	

续上表

类型 i	损坏名称	损坏程度	计量单位	单位扣分	权重(ω_i)	备注
4	标线缺损		m	0.1	0.20	每10m扣1分,不足10m计10m
5	绿化管护不善		m	0.1	0.20	

三、公路技术状况检测与调查

1. 一般规定

公路技术状况检测与调查应包括路基、路面桥隧构造物和沿线设施4部分内容。路面检测与调查应包括路面损坏、路面平整度、路面车辙、路面跳车、路面磨耗、路面抗滑性能和路面结构强度7项内容。

公路技术状况检测与调查应以1000m路段长度为基本检测(或调查)单元。在路面类型、交通量、路面宽度和养管单位等变化处,检测与调查单元的长度可不受此规定限制。

公路技术状况检测与调查应按上行(桩号递增方向)和下行(桩号递减方向)两个方向分别实施,二、三、四级公路可不分上、下行检测与调查。养护设计数据采集流程如图2-9所示。

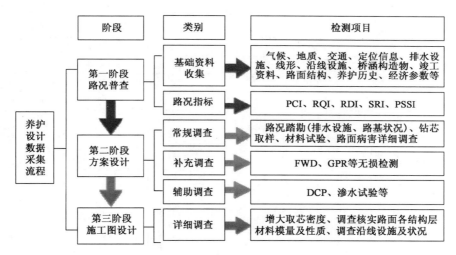

图2-9 养护设计数据采集流程

公路技术状况检测与调查的频率应按表2-10的规定执行。

公路技术状况检测与调查频率　　　　表2-10

检测与调查内容		沥青路面		水泥混凝土路面	
		高速、一级公路	二、三、四级公路	高速、一级公路	二、三、四级公路
PQI	路面损坏	1年1次	1年1次	1年1次	1年1次
	路面平整度	1年1次	1年1次	1年1次	1年1次
	路面车辙	1年1次			

续上表

检测与调查内容		沥青路面		水泥混凝土路面	
		高速、一级公路	二、三、四级公路	高速、一级公路	二、三、四级公路
PQI	路面跳车	1年1次		1年1次	
	路面磨耗	1年1次		1年1次	
	路面抗滑性能	2年1次		2年1次	
	路面结构强度	抽样检测	抽样检测		
SCI		1年1次			
BCI		按现行标准规范的有关规定执行			
TCI		1年1次			

注：路面结构强度为抽样检测指标，抽样检测的路线或路段应按路面养护管理需要确定，最低抽样比例不得低于公路网所列养护里程的20%。

对于不具备自动化检测条件的路线或路段可采用人工调查方式，人工调查宜采用便携设备。

2. 路基技术状况检测与调查

路基技术状况可采用人工调查和自动化检测方式。路基各类损坏调查应以100m为单位，按损坏程度，每100m计1个扣分，每一个调查单元计算1个合并累计扣分。路基技术状况应按规范规定的损坏类型调查。路基损坏调查表的格式如表2-11所示。

路基损坏调查表 表2-11

调查时间：　　　　调查人员：

路线编码名称：　　调查方向：　　起点桩号：　　单元长度：　　路面宽度：

损坏类型	程度	单位扣分	权重 w_i	单位	百米损坏										累计损坏
					1	2	3	4	5	6	7	8	9	10	
路肩损坏	轻	1	0.10	m²											
	重	2													
边坡坍塌	轻	20	0.25	处											
	中	50													
	重	100													
水毁冲沟	轻	20	0.15	处											
	中	30													
	重	50													
路基构造物损坏	轻	20	0.10	处											
	中	50													
	重	100													
路缘石缺损		4	0.05	m											
路基沉降	轻	20	0.25	处											
	中	30													
	重	50													
排水不畅	轻	20	0.10	处											
	中	50													
	重	100													

3.路面技术状况自动化检测

(1)路面技术状况自动化检测指标应包括路面破损率 DR、国际平整度指数 IRI、路面车辙深度 RD、路面跳车 PB、路面构造深度 MPD、横向力系数 SFC 和路面弯沉 l_0。其中,MPD 和 SFC 应为二选一指标。

路面技术状况自动化检测应符合现行《多功能路况快速检测设备》(GB/T 26764)和《公路路面技术状况自动化检测规程》(JTG/T E61)的规定,应采用自动化检测设备。每个检测方向应至少检测一个主要行车道。二、三、四级公路的路面技术状况检测宜选择技术状况相对较差的方向。

(2)路面损坏自动化检测应满足下列要求:

①检测指标应为 DR,每 10m 应计算 1 个统计值。

②路面损坏应纵向连续检测,横向检测宽度不应小于车道宽度的 70%。检测设备应能分辨约 1mm 的路面裂缝,检测数据宜采用机器自动识别,识别准确率应达到 90% 以上。

路况快速检测系统(CiCS)由交通运输部公路科学研究院公路养护管理研究中心研究开发,是我国第一套具有完全自主知识产权和世界先进水平的路况快速检测设备。路面损坏自动化检测设备展示如图 2-10、图 2-11 所示。

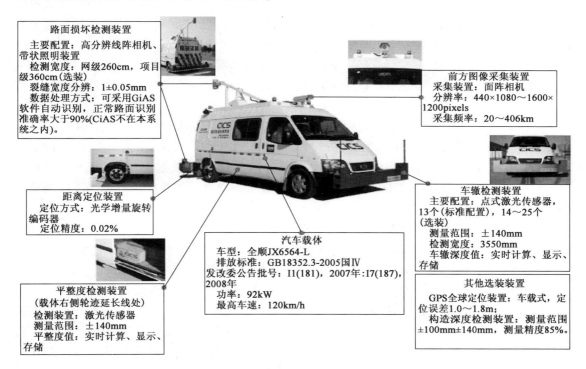

图 2-10　路面损坏自动化检测设备展示

该设备能以行车速度(0~100km/h)检测道路平整度、前方图像、路面车辙、纹理深度、路面几何线形、桥头跳车等多项路面状况技术指标,其检测精度和范围弥补了当前快速检测装备在路面养护设计中应用的不足,可为路面大、中修养护设计提供可靠的数据来源。

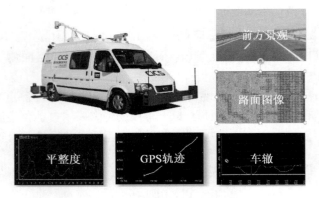

图 2-11 路面损坏自动化检测设备

（3）路面平整度自动化检测应满足下列要求：

①应采用断面类检测设备。

②检测指标应为 IRI，每 10m 应计算 1 个统计值。

③超出设备有效检测速度或有效减速度范围的数据应为无效数据。

道路平整度描述的是道路路面纵向的高程变化情况，它从行车舒适性、安全性和车辆运营经济性等方面影响路面行驶质量和服务水平。路面平整度属于功能性指标，利用该指标可对道路进行功能性评价，评价结果可作为设计对象划分的依据之一。

道路平整度检测时，可按照管理需求以及损坏分布情况，根据不同的公路技术等级，分全幅、上下行或车道进行调查。养护设计时可利用网级平整度检测数据，若时间间隔较长，需重新进行检测。

路面平整度检测数据应以 100m（人工检测）或 20m（快速检测）为单位长期保存。

道路平整度的检测指标采用世界银行制定的 IRI。IRI 被定义为：模拟 1/4 车在 80km/h 速度下，车身悬挂系总位移与行驶距离之比（单位为 m/km）。同时，世界银行还发布了通过路面纵断面高程数据计算 IRI 的标准计算程序。IRI 作为道路平整度检测的标准尺度已经被世界各国广泛采用。

（4）路面车辙自动化检测应满足下列要求：

①应采用断面类检测设备。

②检测指标应为 RD，每 10m 应计算 1 个统计值。

③当横断面数据出现异常或横断面数据不完整时，该检测断面应为无效数据。

近年来，由于交通量的迅速增长，车辆渠道化行驶及重载、超载问题凸显，车辙已经成为我国高速公路沥青路面的一种主要损坏形式，车辙的存在严重缩短了路面的使用寿命，降低了高速公路的服务质量，构成了交通运输的安全隐患，所以《公路技术状况评定标准》（JTG 5210—2018）规定，对于高速公路和一级公路，采用 RDI 指标对其进行单独评定。

车辙检测可与平整度、破损检测可同时进行。

（5）路面跳车自动化检测应满足下列要求：

①应采用断面类检测设备。

②检测指标应为 PB，每 10m 应计算 1 个统计值。

(6) 路面磨耗自动化检测应满足下列要求：
① 应采用断面类检测设备。
② 检测位置应为车道的左轮迹带、右轮迹带和无磨损的车道中线。
③ 检测指标应为 MPD，每 10m 应计算 1 个统计值。
(7) 路面抗滑性能自动化检测应满足下列要求：
① 应采用横向力系数检测设备或其他具有有效相关关系的自动化检测设备，相关系数不应小于 0.95。
② 检测指标应为 SFC，每 10m 应计算 1 个统计值。

路面抗滑性能检测建议采用路面横向力系数检测车（RiCS），如图 2-12 所示。RiCS 的工作原理是：设定测试轮与行车方向成一定偏角，当车辆前进时就会产生一个同测试轮平面垂直的横向摩阻力，该横向摩阻力与测试轮承受垂直荷载的比值为 SFC。

a)

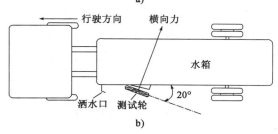

b)

图 2-12 路面横向力系数检测车

公路行车安全性与路面抗滑性能密切相关。目前，路面抗滑性能下降已成为车辙之外另一典型的路面病害类型，而抗滑专项处治也成为一种常规养护策略，在养护设计中占有重要的地位。对路面抗滑性能的详细调查可作为均匀路段划分及项目级路段筛选的依据，为制订养护方案提供数据支撑。

养护设计时，该项性能不需要进行独立检测，可直接利用网级抗滑性能检测数据，若时间间隔较长，需重新进行检测。如果抗滑性能不满足要求，需对面层材料进行特殊抗滑设计。

路面摩擦系数是表征路面抗滑性能的安全指标，即路面能否提供防止车辆轮胎滑动和减小制动距离的能力。根据摩阻力检测方式的不同，摩擦系数分为制动力系数和 SFC 两种。制动力系数只能表明车辆制动距离的长短,而 SFC 不仅能够体现车辆制动距离的长短,还能够表征路面防止车辆侧滑的能力。《公路技术状况评定标准》(JTG 5210—2018)建议采用 SFC 作为检测指标,并通过 SFC 计算 SRI。

(8)路面结构强度自动化检测应满足下列要求:

①应采用与贝克曼梁具有有效相关关系的高效自动化弯沉检测设备,相关系数不应小于 0.95。

②检测指标应为路面弯沉 l_0,每 20m 应计算 1 个统计值。

③路面弯沉检测应满足现行《公路路基路面现场测试规程》(JTG 3450)的规定。

《公路技术状况评定标准》(JTG 5210—2018)对路面结构强度规定采用抽样检测与评定的方法,检测范围控制在养护里程的 20% 以内。对于养护设计工程,路面结构状况评价结果在养护方案制订中所占得比重最大,其可直接影响路段养护性质的判断。因此,在项目级的养护设计中,对路段弯沉指标应按照管理需求及损坏和平整度分布情况,根据不同的公路技术等级,分全幅、上下行或车道进行连续调查。

弯沉检测设备多样化,其检测原理也不相同。其中,利用贝克曼梁和自动弯沉仪等静态加载试验方法得到的是静态弯沉;利用落锤式弯沉仪、稳态动力弯沉仪和激光弯沉仪等动态加载试验方法得到的是动态弯沉。静态弯沉根据峰值数据采集方式的不同又分为回弹弯沉和总弯沉。我国路面设计和养护标准所使用的弯沉指标为静态回弹弯沉,采用贝克曼梁或自动弯沉仪进行弯沉检测。

沥青路面的弯沉检测以沥青面层平均温度 20℃ 时为准,当路面平均温度在 20℃ ±2℃ 以内可不修正;在其他温度测试时,对沥青层厚度大于 5cm 的沥青路面,弯沉值应予温度修正。

利用 FWD 对路面结构进行检测时,应与探地雷达(GPR)相互配合,通过 GPR 精确测定的路面结构层厚度,从而反算路面各层弹性模量。FWD 检测频率应视公路等级及养护需求确定,一般情况下可采用 5~10m/测点。对于项目级养护设计,应分车道进行连续检测,若条件不具备,可仅对行车道进行连续检测。记录数据应包括测点位置、弯沉值、弯沉盆曲线等路面信息。落锤式弯沉仪如图 2-13 所示。

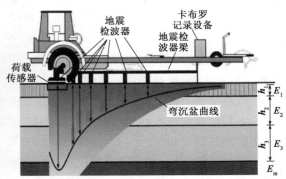

图 2-13 落锤式弯沉仪

(9)路况调查辅助内容

①路面厚度检测。雷达检测技术采用车载式多天线探地雷达,可快速、准确地采集面层与基层厚度数据设备及数据如图 2-14 所示。

 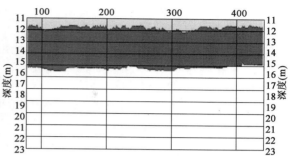

图 2-14　探地雷达检测路面结构层厚度

探地雷达属于路面内部结构快速检测设备,主要通过电磁波的反射来识别路面内部缺陷,其具体的工作原理为:地下结构为层状体系,由于地下不同结构层材料不同,其电性存在差异;相同深度处,病害部位与正常部位其电性也存在差异。利用这一特性,探地雷达将高频电磁波以宽频带脉冲形式,通过发射天线定向送入地下。电磁波在介质中的传播路径、电磁场强度与波形将随着通过介质的电磁性质及几何形态的变化而变化。反射回地面的电磁波信号在接收机经过整形和放大等处理后,经电缆传输到主机。在微机中对信号按幅度大小进行编码,利用灰阶度、等色谱等方式对不同电性部位进行复原,从而得到地下结构的二维图像,并可据此判断地下目标的深度、大小和方位等特性参数。

②路面钻芯取样检测。钻芯检测技术采用车载钻芯机,针对钻取出来的结构芯样进行检测。路面钻芯取样现场如图 2-15 所示。

图 2-15　路面钻芯取样现场

钻芯取样是路况检测常用的手段之一,其为路况原位检测,可以直观地反映路面病害的发展层位及发展方向,是路面病害成因诊断最主要的数据来源。该项检测适用于各种不同等级公路的路面养护设计项目,可根据公路等级及养护需求的不同,确定钻芯取样的数量及位置。路面钻芯取样主要检测指标及分级方法见表 2-12,沥青路面钻芯取样评价标准图例见表 2-13。具体应用如下:

a. 直观量取各结构层厚度。

b. 为探地雷达的厚度检测进行标定。

c. 为弯沉计算提供厚度 H 值。
d. 记录破坏发展层位。
e. 层间黏结情况。
f. 下部结构完整性。
g. 由芯样得到的沥青各层材料进行相关材料试验等作用。

路面钻芯取样主要检测指标及分级方法　　　　表2-12

序　号	检测指标	指标分级
1	病害所处位置	轮迹带处
2		非轮迹带处
3		结构拼接处
4	病害发展层位	上面层
5		中面层
6		下面层
7		上基层
8		下基层
9	病害发展方向	自下而上
10		自上而下
11	结构层厚度	均匀
12		变异性大
13	沥青针入度	严重老化
14		一般老化
15	沥青含量	偏少
16		正常
17		偏多
18	级配状况	偏细
19		正常
20		偏粗
21	层间黏结状态	完整
22		不良
23		完全脱离
24	各层材料空隙率	偏小
25		正常
26		偏大
27	芯样抗剪强度	足够
28		不足
29	芯样无侧限抗压强度	足够
30		不足

沥青路面钻芯取样评价标准图例

表 2-13

钻芯取样评价等级	养护对策	钻芯取样主观评价标准	芯样图片样例	芯坑图片样例
优	日常养护、预防性养护	基层芯样完整,芯样强度高;芯坑内壁光滑,层间黏结较好		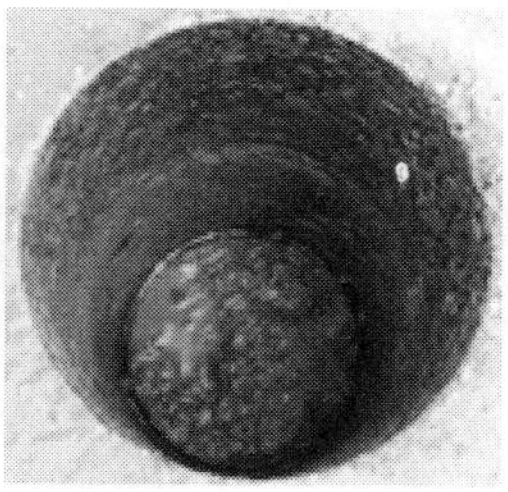
良	小修保养、预防性养护	基层芯样断裂,沿着裂缝断裂或断裂成几部分;芯坑内壁比较光滑,层间黏结一般		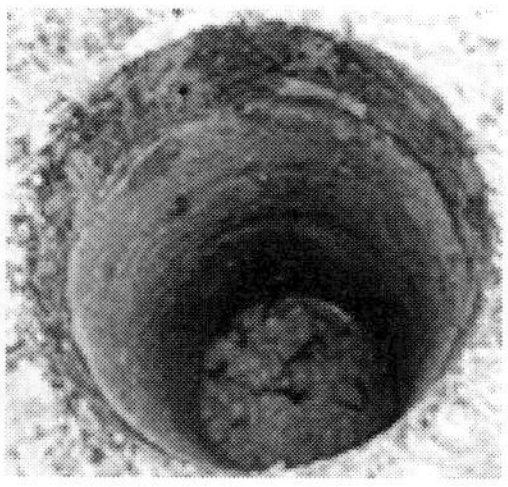
中	小修保养、中修工程	基层芯样碎裂,芯样裂成多块,结块部分有一定强度,层间黏结差	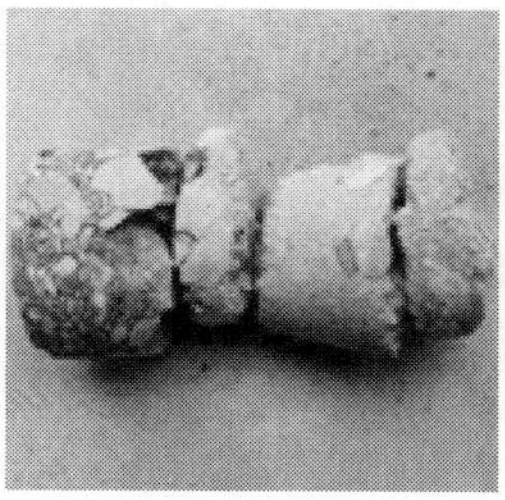	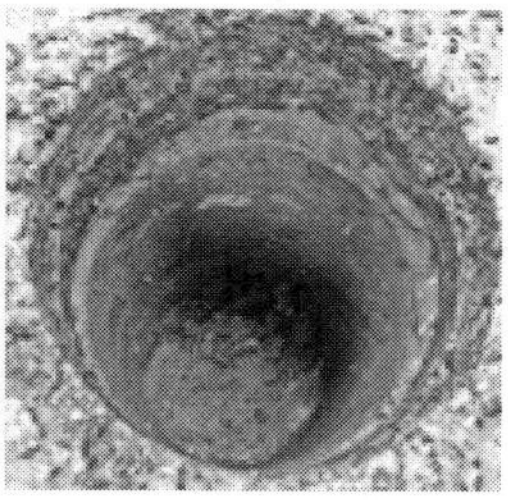
次	中修、大修工程	基层芯样粉碎,但仍有部分结块;芯坑内壁粗糙或部分掏空,基本不存在层间黏结	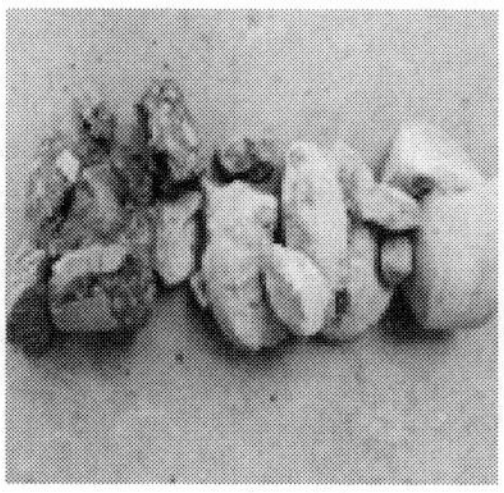	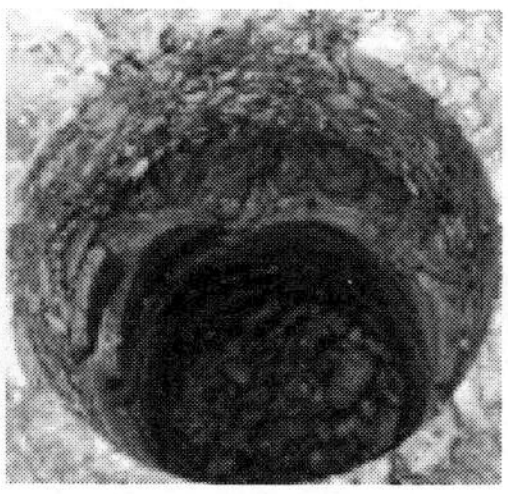

续上表

钻芯取样 评价等级	养护对策	钻芯取样 主观评价标准	芯样图片样例	芯坑图片样例
差	改建、专项 工程	基层芯样完全松散,芯样材料几乎没有黏结;芯坑内壁掏空,不存在层间黏结		

4. 路面技术状况人工调查

(1) 路面损坏人工调查应满足下列要求:

①人工调查的路面损坏类型应满足规范规定。当同一位置存在多类路面损坏时,应计权重最大的路面损坏。人工调查如图2-16所示。

图2-16 路面损坏外业调查

②各类路面损坏应以100m为单位,按损坏程度,每100m计1个损坏,每一个调查单元计算1个累计损坏面积。

③路面损坏人工调查应包含所有行车道,紧急停车带应按路肩处理。沥青路面和水泥混凝土路面损坏调查表的格式如表2-14、表2-15所示。

(2) 路面结构强度人工调查应满足下列要求:

①应采用贝克曼梁。贝克曼梁弯沉检测现场如图2-17所示。

②检测指标应为 l_0。

③检测方法应满足现行《公路路基路面现场测试规程》(JTG 3450)的规定。

路况调查指标体系如图2-18所示。

5. 桥隧构造物技术状况检测与调查

(1) 桥隧构造物技术状况可采用人工调查和自动化检测方式。桥梁检测车如图2-19所示。

(2)桥梁技术状况检测与调查应满足现行《公路桥梁技术状况评定标准》(JTG/T H21)的规定;隧道技术状况检测与调查应满足现行《公路隧道养护技术规范》(JTG H12)的规定;涵洞技术状况检测与调查应满足现行《公路桥涵养护规范》(JTG 5120)的规定。

(3)桥隧构造物检测与调查应以100m为单位,按评定等级,每100m计1个扣分,每一个调查单元计算1个合并累计扣分。桥隧构造物损坏调查表的格式如表2-16所示。

沥青路面损坏调查表 表2-14

调查时间: 　　调查人员:

路线编码名称: 　　调查方向: 　　起点桩号: 　　单元长度: 　　路面宽度:

损坏类型	程度	权重 (w_i)	单位	百米损坏										累计损坏
				1	2	3	4	5	6	7	8	9	10	
龟裂	轻	0.6	m²											
	中	0.8												
	重	1.0												
块状裂缝	轻	0.6	m²											
	重	0.8												
纵向裂缝	轻	0.6	m											
	重	1.0												
横向裂缝	轻	0.6	m											
	重	1.0												
沉陷	轻	0.6	m²											
	重	1.0												
车辙	轻	0.6	m											
	重	1.0												
波浪拥包	轻	0.6	m²											
	重	1.0												
坑槽	轻	0.8	m²											
	重	1.0												
松散	轻	0.6	m²											
	重	1.0												
泛油		0.2	m²											
修补		0.1	块状 m²											
			条状 m											

6. 沿线设施技术状况检测与调查

(1)沿线设施技术状况可采用人工调查和自动化检测方式。前方景观采集路况信息如图2-20所示。

水泥混凝土路面损坏调查表　　　　　　　表 2-15

调查时间：　　　　调查人员：

路线编码名称：		调查方向：		起点桩号：		单元长度：			路面宽度：				
损坏类型	程度	权重 (w_i)	单位	百米损坏									累计损坏
				1	2	3	4	5	6	7	8	9	10	
破碎板	轻	0.8	m²											
	重	1.0												
裂缝	轻	0.6	m											
	中	0.8												
	重	1.0												
板角断裂	轻	0.6	m²											
	中	0.8												
	重	1.0												
错台	轻	0.6	m											
	中	1.0												
拱起	重	1.0	m²											
边角剥落	轻	0.6	m											
	中	0.8												
	重	1.0												
接缝料损坏	轻	0.4	m											
	重	0.6												
坑洞		1.0	m²											
唧泥		1.0	m											
露骨		0.3	m²											
修补		0.1	块状m²											
			条状m											

图 2-17　贝克曼梁弯沉检测现场

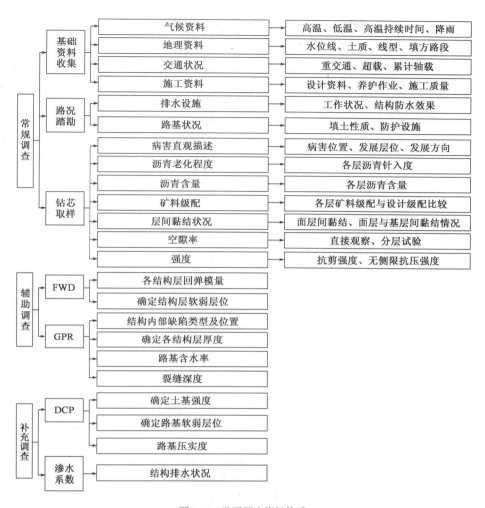

图 2-18　路况调查指标体系

图 2-19　桥梁检测车

桥隧构造物损坏调查表　　　　　　　　　　　表 2-16

调查时间：　　　　调查人员：

路线编码名称：		调查方向：		起点桩号：			单元长度：				路面宽度：		
构造物类型	评定等级	单位扣分	计量单位	百米扣分									累计扣分
				1	2	3	4	5	6	7	8	9	10	
桥梁	1	0	座											
	2	10												
	3	40												
	4	70												
	5	100												
隧道	1	0	座											
	2	10												
	3	40												
	4	70												
	5	100												
涵洞	好	0	道											
	较好	10												
	较差	40												
	差	70												
	危险	100												

图 2-20　前方景观采集路况信息

（2）沿线设施的各类损坏应以 100m 为单位，按损坏程度，每 100m 计 1 个扣分，每一个调查单元计算 1 个合并累计扣分。沿线设施损坏调查表的格式如表 2-17 所示。

沿线设施损坏调查表　　　　　　　　表 2-17

调查时间：　　　　调查人员：

路线编码名称：　　调查方向：　　起点桩号：　　单元长度：　　路面宽度：

损坏类型	程度	单位扣分	权重(w_i)	计量单位	百米损坏扣分										累计扣分
					1	2	3	4	5	6	7	8	9	10	
防护设施缺损	轻	10	0.25	处											
	重	30													
隔离栅损坏		20	0.10	处											
标志缺损		20	0.25	处											
标线缺损		0.1	0.20	m											
绿化管护不善		0.1	0.20	m											

单元 2-2　城镇道路技术状况调查与养护状况评定

一、城镇道路检查与评价

1. 一般规定

对使用中的城镇道路必须按规定进行检测和评价，及时掌握道路的技术状况，并应采取相应的养护措施。城镇道路检查和评价的对象应包括沥青路面、水泥混凝土路面和砌块路面等类型的机动车道、非机动车道，以及沥青类、水泥类和石材类等铺装类型的人行道。城镇道路检查应分为日常巡查、定期检测和特殊检测，宜建立信息管理系统。城镇道路的技术状况应根据检测和评价结果，按《城镇道路养护技术规范》（CJJ 36—2016）规定评定等级，并应根据评定等级制定养护对策。

2. 日常巡查

（1）日常巡查应由经过培训的专职道路管理人员或养护技术人员负责。

（2）巡查应对路面外观变化、结构变化、道路施工作业情况及附属设施等状况进行检查。

（3）巡查宜以目测为主，并应做好相关记录。

（4）巡查应按道路养护等级分别制定巡查周期。Ⅰ等养护的道路宜每日一巡，Ⅱ等养护的道路宜二日一巡，Ⅲ等养护的道路宜三日一巡。日常巡查记录应定期整理归档，并提出处理意见。如遇自然灾害或突发事件应适当增加巡查频率。

（5）在巡查过程中，对发现设施明显损坏或影响车辆和人行安全的情况，应及时采取相应养护措施。特殊情况可设专人看护，并应按《城镇道路养护技术规范》（CJJ 36—2016）规范附录 A 填写设施损坏通知单。

（6）日常巡查应包括下列内容：

①路面外观情况。路面主要损坏类型按表 2-18 分类。

②路基情况。主要包括路基、路肩、边坡、挡土墙等。路基的主要损坏类型包括翻浆、沉陷、空洞、塌陷、滑移等。

③附属设施情况。主要包括声屏障、标志牌、中央分隔带、护栏和隔离墩、涵洞、边沟、排水沟、截水沟、检查井、雨水口等。

④道路范围内的施工作业对道路设施的影响。

⑤道路积水及其他不正常损坏现象。

路面主要损坏类型 表2-18

部 位		主要损坏类型
车行道	沥青路面	线裂、网裂、龟裂;拥抱、车辙、沉陷、翻浆;剥落、坑槽、啃边;路框差、唧浆、泛油
	水泥混凝土路面	线裂、板角断裂、边角裂缝、交叉裂缝、破碎板;接缝料损坏、边角剥落;坑洞、表面纹裂、层状剥落;错台、拱胀、唧浆、路框差、沉陷
人行道		裂缝、松动或变形、残缺

（7）在日常巡查中发现下列情况之一时，巡查人员应立即设置警示防护标志并上报，在现场监视直至应急处置人员到场;相关部门应立即启动应急预案。

①道路出现异常沉陷、空洞。

②路面出现大于100mm的错台。

③井盖、雨水口箅子丢失。

④路面出现严重积水、结冰等严重影响道路正常使用的现象。

3. 定期检测

1）定期检测的评价单元

（1）道路的每两个相邻交叉口之间的路段应作为一个单元，交叉口本身宜作为一个单元;当两个相邻交叉口之间的路段大于500m时，应每200～500m作为一个单元，不足200m的路段应按一个单元计。如图2-21所示。

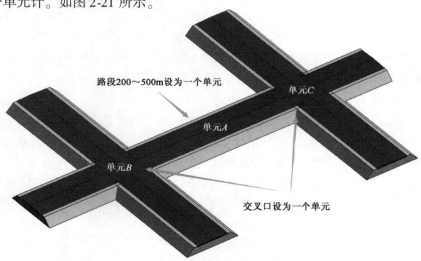

图2-21　定期检测评价单元设置

(2)每条道路应选择总单元数的30%及以上进行检测和评价,应采用所选单元的使用性能的平均状况代表该条道路路面的使用性能。当一条道路中各单元的使用性能状况差异大于两个技术等级时,应逐个单元进行检测和评价;对总单元数小于5的道路,应进行全部检测和评价。

(3)历次检测和评价所选取的单元应保持相对固定。

2)定期检测的内容

定期检测应分为常规检测和结构强度检测。

(1)常规检测

常规检测应每年一次。

常规检测应由具有5年以上道路养护工作经验的专业技术人员负责或由有资质的检测机构承担。

常规检测应符合下列规定要求:

①对照城镇道路资料卡的基本情况,现场校核城镇道路的基本数据。

②应检测损坏情况、判断损坏原因,并应确定养护范围和方案。

③对难以判断损坏程度和原因的道路,应提出进行特殊检测的建议。

常规检测应包括下列内容:

①车行道、人行道、广场铺装的平整度。

②车行道、人行道、广场设施的病害与缺陷。

③基层损坏状况。

④附属设施损坏状况。

(2)结构强度检测

结构强度检测,Ⅰ等养护的道路应2~3年1次,Ⅱ等、Ⅲ等养护的道路宜3~4年1次。

结构强度检测应由具有相应检测资质的检测单位承担,并应由具有城镇道路养护、管理、设计和施工经验的技术人员参加,检测负责人和参加人员应具有5年以上城镇道路专业工作经验。

结构强度检测宜以路面回弹弯沉值表示。检测设备宜采用落锤式弯沉仪、贝克曼梁或自动弯沉检测仪等检测设备。

4. 特殊检测

特殊检测单位及人员要求同结构强度检测。

(1)当出现下列情况之一时,应进行特殊检测:

①道路进行改扩建前。

②道路发生不明原因的沉陷、开裂或冒水。

③在道路下进行管涵顶进、降水作业或隧道开挖等工程施工完成后。

④存在影响道路使用功能和结构安全的施工。

⑤道路路面及附属设施超过设计使用年限时。

(2)特殊检测应包括下列内容:

①收集道路的设计和竣工资料;历年养护、检测评价资料;材料和特殊工艺技术、交通量统计等资料。

②检测道路结构强度,必要时钻芯取样进行分析。

③调查道路破坏产生的原因。

④对道路结构整体性能、功能状况进行评价。
⑤提出维护或加固建议。

5. 技术状况评价

(1) 评价内容和指标要符合下列规定:

①沥青路面技术状况评价内容应包括路面行驶质量、路面损坏状况、路面结构强度、路面抗滑能力和综合评价,相应的评价指标为路面行驶质量指数(RQI)、路面状况指数(PCI)、路面回弹弯沉值、抗滑系数(BPN、TD 或 SFC)和路面综合评价指数(PQI)。

沥青路面技术状况评价体系如图 2-22 所示。

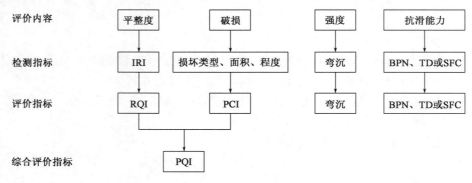

图 2-22 沥青路面技术状况评价体系

②水泥混凝土路面技术状况评价内容应包括路面行驶质量、路面损坏状况和综合评价,相应的评价指标为 RQI、PCI 和 PQI。

水泥混凝土路面技术状况评价体系如图 2-23 所示。

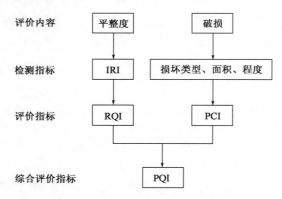

图 2-23 水泥混凝土路面技术状况评价体系

③人行道铺装技术状况评价内容应包括平整度评价和损坏状况评价,相应的评价指标为人行道平整度和人行道状况指数(FCI)。

(2) 路面行驶质量和人行道平整度评价应符合下列规定:

①路面行驶质量指数(RQI)应按式(2-17)计算:

$$RQI = 4.98 - 0.34 \times IRI \tag{2-17}$$

式中:IRI——国际平整度指数;

RQI——路面行驶质量指数,数值范围为 0~4.98;如果计算值为负值,则 RQI 取为 0。

②沥青路面和水泥混凝土路面行驶质量评价应根据 RQI、IRI 或平整度标准差(σ),将城镇道路路面行驶质量分 A、B、C 和 D 4 个等级,相应的评价标准符合表 2-19 的规定。

沥青路面和水泥混凝土路面行驶质量评价标准　　　　表 2-19

评价指标	A			B			C			D		
	快速路	主干路、次干路	支路	快速路	主干路、次干路	支路	快速路	主干路、次干路	支路	快速路	主干路、次干路	支路
RQI	[4.10, 4.98]	[3.60, 4.98]	[3.40, 4.98]	[3.60, 4.10)	[3.00, 3.60)	[2.80, 3.40)	[2.50, 3.60)	[2.40, 3.00)	[2.20, 2.80)	[0, 2.50)	[0, 2.40)	[0, 2.20)
IRI	[0, 2.60]	[0, 4.10]	[0, 4.60]	(2.60, 4.10]	(4.10, 5.70]	(4.60, 6.60]	(4.10, 7.80]	(5.70, 8.30]	(6.60, 20.00]	(7.30, 20.00]	(7.80, 20.00]	(8.30, 20.00]
平整度标准差 σ(mm)	[0, 3.20]	[0, 4.20]	[0, 4.70]	(3.20, 4.50]	(4.20, 5.20]	(4.70, 5.50]	(4.50, 5.80]	(5.20, 6.20]	(5.50, 6.70]	(5.80, 10.00]	(6.20, 10.00]	(46.70, 10.00]

③人行道平整度评价应根据平整度标准差(σ)或间隙度平均值,将人行道质量分为 A、B、C 和 D 4 个等级。相应的评价标准应符合表 2-20 的规定。

人行道平整度评价标准　　　　表 2-20

评价指标	A	B	C	D
平整度标准差 σ(mm)	[0, 6.00]	(6.00, 7.00]	(7.00, 8.00]	(8.00, 10.00]
间隙度平均值(mm)	[0, 5.00]	(5.00, 6.00]	(6.00, 7.00]	(7.00, 10.00]

(3)路面损坏状况评价应符合下列规定:

①沥青路面和水泥混凝土路面损坏状况的评价指标应以路面状况指数(PCI)表示,PCI 应按下列公式计算:

$$\text{PCI} = 100 - \sum_{i,j=1}^{n} \text{DP}_{ij} \times w_{ij} \tag{2-18}$$

$$w_{ij} = 3.0\, u_{ij}^3 - 5.5\, u_{ij}^2 + 3.5\, u_{ij} \tag{2-19}$$

$$u_{ij} = \frac{\text{DP}_{ij}}{\sum_{i,j=1}^{m} \text{DP}_{ij}} \tag{2-20}$$

式中:PCI——路面状况指数,数值范围为 0~100,如出现负值,则 PCI 取为 0;

　　　n——单类损坏类型数,对沥青路面,n 取值为 4,分别对应裂缝类、变形类、松散类和其他类;对水泥混凝土路面,n 取值为 4,分别对应裂缝类、接缝破坏类、表面破坏类和其他类;

　　　m——某单类损坏所包含的单项损坏类型数,对沥青路面的裂缝类损坏,m 取值为 3,分别对应线裂、网裂和龟裂;其他单类损坏所包含的单项损坏类型数根据损坏类型表依此类推;

　　　DP_{ij}——第 i 单类损坏中的第 j 单项损坏类型的单项扣分值,具体数值根据损坏密度,由损坏单项扣分表中的值内插求得;

w_{ij}——第 i 单类损坏中的第 j 单项损坏类型的权重，其值与该单项损坏扣分值和该单类损坏所包含的所有单项损坏扣分值总和之比或与该单类损坏扣分值和所有单类损坏扣分值总和之比有关。

②路面损坏状况评价标准应根据 PCI，将道路路面损坏状况分为 A、B、C 和 D 4 个等级，相应的评价标准应符合表 2-21 的规定。

沥青路面和水泥混凝土路面损坏状况评价标准　　　　　　　　　　表 2-21

评价指标	A			B			C			D		
	快速路	主干路、次干路	支路	快速路	主干路、次干路	支路	快速路	主干路、次干路	支路	快速路	主干路、次干路	支路
PCI	[90,100]	[85,100]	[80,100]	[75,90)	[70,85)	[65,80)	[65,75)	[60,70)	[60,65)	[0,65)	[0,60)	[0,60)

③人行道损坏状况评价指标应以 FCI 表示，FCI 应按下列公式计算：

$$FCI = 100 - \sum_{i=1}^{n} DP_i \times w_i \qquad (2-21)$$

$$w_i = 3.0 u_i^3 - 5.5 u_i^2 + 3.5 u_i \qquad (2-22)$$

$$u_i = \frac{DP_i}{\sum_{i=1}^{n} DP_i} \qquad (2-23)$$

式中：FCI——人行道状况指数，数值范围为 0~100，如出现负值，则 FCI 取为 0；

n——损坏类型总数，对人行道，n 取值为 3，分别对应裂缝、松动或变形、残缺 3 种损坏；

DP_i——第 i 类损坏的单项扣分值，具体数值根据损坏密度，由损坏单项扣分表中的值内插求得；

w_i——第 i 类损坏的权重，其值与单项扣分值和所有单项扣分值总和之比有关。

④人行道损坏状况评价标准应符合表 2-22 的规定。

人行道损坏状况评价标准　　　　　　　　　　表 2-22

评价指标	A	B	C	D
FCI	[80,100]	[65,80)	[50,65)	[0,50)

(4) 沥青路面结构强度评价应根据沥青路面回弹弯沉值，将不同基层类型和交通量等级的沥青路面结构强度分为足够、临界和不足 3 个等级，并应符合下列规定：

①结构强度评价标准应符合表 2-23 的规定。

结构强度评价标准（单位：0.01mm）　　　　　　　　　　表 2-23

交通量等级	基层评价（弯沉值）					
	碎砾石基层			半刚性基层		
	足够	临界	不足	足够	临界	不足
很轻	<98	98~126	>126	<77	77~98	>98
轻	<77	77~98	>98	<56	56~77	>77
中	<60	60~81	>81	<42	42~59	>59
重	<46	46~67	>67	<31	31~46	>46
特重	<35	35~56	>56	<21	21~35	>35

②交通量等级划分标准应符合表 2-24 的规定。

交通量等级划分标准（单位：pcu） 表 2-24

交通量等级	很轻	轻	中	重	特重
交通量（AADT）	<2000	2000~5000	5000~10000	10000~20000	>20000

③道路断面的年平均日交通量可按下式计算：

$$AADT = \sum N_i J_i \qquad (2-24)$$

式中：AADT——年平均日交通量；
  N_i——实测交通量；
  J_i——交通量换算系数，应按表 2-25 规定选用。

交通量换算系数 表 2-25

车辆类型	小客车	中客车、大客车	铰接车	平板车	货 3~10t	货 12~15t	挂 7~8t
J_i	0.5	1.0	2.0	4.0	1.0	1.5	1.0

（5）沥青路面抗滑能力评价应以 BPN、TD 或 SFC 表示。根据 BPN、TD 或 SFC，可将沥青路面抗滑能力分为 A、B、C 和 D 4 个等级，相应的评价标准应符合表 2-26 的规定。

沥青路面抗滑能力评价标准 表 2-26

评价指标	A		B		C		D	
	快速路	主干路、次干路	快速路	主干路、次干路	快速路	主干路、次干路	快速路	主干路、次干路
BPN	≥42	≥40	37≤BPN<42	37≤BPN<42	34≤BPN<37	32≤BPN<35	<34	<32
TD(mm)	≥0.45	≥0.45	0.42≤TD<0.45	0.42≤TD<0.45	0.40≤TD<0.42	0.42≤TD<0.42	<0.40	<0.40
SFC	≥42	≥40	37≤SFC<42	35≤SFC<40	34≤SFC<37	32≤SFC<35	<34	<32

（6）沥青路面和水泥混凝土路面的 PQI 应按式（2-25）计算，并应符合下表规定。

$$PQI = T \times w_1 \times RQI + PCI \times w_2 \qquad (2-25)$$

式中：PQI——路面综合评价指数，数值范围为 0~100，综合评价标准见表 2-27；
  T——RQI 分值转换系数，T 取值为 20；
  w_1、w_2——分别为 RQI、PCI 的权重；对快速路或主干路，w_1 取值为 0.6，w_2 取值为 0.4；对次干路或支路，w_1 取值为 0.4，w_2 取值为 0.6。

综合评价标准 表 2-27

评价指标	A			B			C			D		
	快速路	主干路、次干路	支路	快速路	主干路、次干路	支路	快速路	主干路、次干路	支路	快速路	主干路、次干路	支路
PQI	[90,100]	[85,100]	[80,100]	[75,90)	[70,85)	[65,80)	[65,75)	[60,70)	[60,65)	[0,65)	[0,60)	[0,60)

二、城镇道路养护状况评定

1. 养护状况评定指标

城镇道路养护状况评定指标应由车行道完好率(C_L)、人行道(含路缘石)完好率(P_L)、路基与排水设施完好程度评分(SD_L)和其他设施完好程度评分(Q_L)构成。评定指标体系如图 2-24 所示。

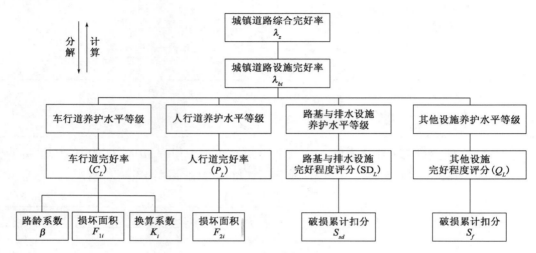

图 2-24 评定指标体系

(1)城镇道路各设施合格率(λ_{bi})按式(2-26)计算:

$$\lambda_{bi} = \frac{m_i}{n_i} \times 100\% \tag{2-26}$$

式中:λ_{bi}——道路各设施合格率,%,其中 i 取值为 1~4,分别表示车行道、人行道、路基与排水、其他设施;

m_i——各类设施的优、良、合格单元数;

n_i——各类设施总检查单元数。

(2)城镇道路综合完好率(λ_z)按式(2-27)计算:

$$\lambda_z = \sum_{i=1}^{4} \lambda_{bi} \mu_i \tag{2-27}$$

式中:λ_z——城镇道路组合完好率,%;

μ_i——各类设施综合比例系数,i 取值 1~4,宜按表 2-28 确定。

各类设施综合比例系数 表 2-28

设 施 种 类	综合比例系数	设 施 种 类	综合比例系数
车行道设施	$\mu_1 = 0.35$	路基与排水设施	$\mu_3 = 0.25$
人行道设施	$\mu_2 = 0.25$	其他设施	$\mu_4 = 0.15$

(3)车行道养护状况的检查评定应将所调查车行道单元破损状况,记录于《城镇道路养护

技术规范》(CJJ 36—2016)中附录 F 表 F-1 中,然后应按式(2-28)计算车行道完好率:

$$C_L = \frac{F_1 - \beta \sum F_{1i} K_i}{F_1} \times 100\% \tag{2-28}$$

式中:C_L——车行道完好率,%;

F_1——检查单元车行道总面积,m^2;

F_{1i}——检查单元车行道各类破损的实际面积,m^2,同一地点有两种以上病害时只记一次严重者(K_i 取大者);

K_i——车行道各类破损换算系数,按表 2-29 取值;

β——路龄系数,按表 2-30 取值。

车行道各类破损换算系数 K_i 值　　　　表 2-29

破 损 类 型	沥 青 路 面	水泥混凝土路面
裂缝	0.5	3
碎裂(网、龟裂)	1	3
断裂	—	10
松散	1	—
脱皮、泛油、露骨	1	1
坑槽、啃边	3	3
井框高差	3	3
车辙	0.5	—
沉陷	3	3
拥包	2	—
搓板或波浪	2	—
翻浆	6	—
唧浆	6	6
缝料散失	—	2
错台	—	6

路 龄 系 数 β 值　　　　表 2-30

路 龄		路龄系数 β
设计年限内		1.0
超设计年限(年)	1~5	0.9
	6~10	0.8
	11~15	0.7

注:路龄为该路建成年与检查年之差值。

(4)人行道养护状况的评定应将所调查人行道单元(单元划分与车行道相同,含路缘石)破损状况,记录于《城镇道路养护技术规范》(CJJ 36—2016)中附录 F 表 F-2 中,并应按式(2-29)计算人行道完好率:

$$P_L = \frac{F_2 - \sum F_{2i}}{F_2} \times 100\% \tag{2-29}$$

式中：P_L——人行道完好率，%；

F_2——检查单元人行道总面积，m^2；

F_{2i}——检查单元人行道各类破损的实际面积，m^2。

（5）路基与排水设施养护状况的检查评定应按所调查路基与排水设施单元（单元划分与车行道相同）破损状况，记录于《城镇道路养护技术规范》（CJJ 36—2016）中附录 F 表 F-3 中，进行累积扣分后，应按式（2-30）计算路基与排水设施完好程度得分值：

$$SD_L = 100 - S_{sd} \tag{2-30}$$

式中：SD_L——路基与排水设施完好程度，单位为分；

S_{sd}——路基与排水设施破损扣分累积分值，单位为分。

（6）其他设施养护状况的调查评定应按所调查其他设施单元（单元划分与车行道相同）破损状况，记录于《城镇道路养护技术规范》（CJJ 36—2016）中附录 F 表 F-4 中，进行累积扣分后，应按式（2-31）计算其他设施完好程度得分值：

$$Q_L = 100 - S_f \tag{2-31}$$

式中：Q_L——其他设施完好程度，单位为分；

S_f——其他设施破损扣分累积分值，单位为分。

2. 养护状况评定

城镇道路养护状况评定等级按车行道、人行道、路基与排水、其他设施 4 类设施单元分别确定优、良、合格、不合格 4 级，以优、良、合格单元数占总检查单元数的百分比为该类设施的合格率（λ_{bi}），对每条城镇道路的 4 类设施合格率的加权平均值为该路养护状况综合完好率（λ_z）。车行道、人行道、路基与排水设施、其他设施养护状况及道路综合完好率的评定等级应符合表 2-31～表 2-35 的规定。当出现结构强度不足时，设施养护状况评定等级不得为优、良。

车行道养护状况评定等级标准　　表 2-31

养护状况等级	完好率 C_L（%）			
	快速路	主干路	次干路	支路及其他
优	≥99	≥98.5	≥98	≥95
良	$98 \leq C_L \leq 99$	$97 \leq C_L \leq 98.5$	$96 \leq C_L \leq 98$	$90 \leq C_L \leq 95$
合格	$95 \leq C_L \leq 98$	$93 \leq C_L \leq 97$	$91 \leq C_L \leq 96$	$85 \leq C_L \leq 90$
不合格	<95	<93	<91	<85

人行道养护状况评定等级标准　　表 2-32

养护状况等级	完好率 P_L（%）	养护状况等级	完好率 P_L（%）
优	≥98	合格	$91 \leq P_L \leq 96$
良	$96 \leq P_L \leq 98$	不合格	<98

路基与排水设施养护状况评定等级标准　　　　　　　　　　表 2-33

养护状况等级	完好程度 SD_L（%）	养护状况等级	完好程度 SD_L（%）
优	≥90	合格	$60 \leq SD_L \leq 75$
良	$75 \leq SD_L \leq 90$	不合格	<60

其他设施养护状况评定等级标准　　　　　　　　　　表 2-34

养护状况等级	完好程度 Q_L（%）	养护状况等级	完好程度 Q_L（%）
优	≥90	合格	$60 \leq Q_L \leq 75$
良	$75 \leq Q_L \leq 90$	不合格	<60

城镇道路养护状况评定等级标准　　　　　　　　　　表 2-35

养护状况等级	完好率 λ_z（%）			
	快速路	主干路	次干路	支路及其他
优	≥95.5	≥95	≥94.5	≥94
良	$88.5 \leq \lambda_z < 99$	$88 \leq \lambda_z < 95$	$87.5 \leq \lambda_z < 94.5$	$85.5 \leq \lambda_z < 94$
合格	$80 \leq \lambda_z < 88.5$	$79 \leq \lambda_z < 88$	$78.5 \leq \lambda_z < 87.5$	$76.5 \leq \lambda_z < 85.5$
不合格	<80	<79	<78.5	<76.5

　　城镇道路养护状况检查评定原始资料与评定结果应整理造册,收入城镇道路养护管理档案,宜建立电子文档,具备条件的城镇应建立城镇道路养护管理系统,应采用电子文档形式将各条道路历年养护状况评定结果保存,并应保存原始数据。

1. 公路损坏的类型有哪些?
2. 公路技术状况指标体系都有哪些指标?
3. 公路技术状况检测的内容有哪些?调查的要求是什么?
4. 城市道路检测与评定工作包括哪些内容?
5. 城市道路养护状况评定的流程是什么?

模块3
UNIT THREE
路基养护

合抱之木,生于毫末;九层之台,起于累土;千里之行,始于足下。

公路路基是路面的基础,与路面共同承受车辆荷载,是保证路面强度与稳定性的重要条件之一。路基是公路的重要组成部分,包括路肩、边坡、路基排水系统及路缘石、挡土墙等部分。为了保持路基的良好状态,确保路基在行车作用和自然因素的影响下不发生过大的变形,保持完整无损,必须加强路基的养护工作。

本模块从公路路基养护工作入手,从开展实际养护项目所需基础知识梳理开始,逐步介绍路基养护的基本知识,路肩及边坡、路基排水设施、路基防护工程路等养护工程具体要求和方法。再通过特殊地区的路基养护介绍来深化路基养护内涵。

本模块思维导图如图 3-1 所示。

(1)掌握路基养护的基本知识;
(2)掌握路肩及边坡的养护;
(3)掌握路基排水设施的养护;
(4)掌握路基防护工程的养护;
(5)掌握特殊地区的路基养护;
(6)掌握典型路基病害的处理。

(1)能叙述路基常见病害及原因;
(2)能把握路基养护工作的内容及要求;
(3)能叙述路基各部分的具体养护要求及措施;
(4)能把握特殊地区的养护重点;
(5)能编制典型路基病害处治方案。

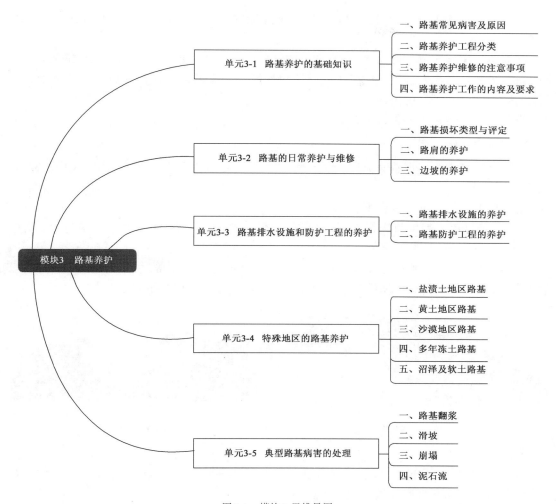

图 3-1　模块 3 思维导图

 思政目标

通过一般路基养护内容的学习与实践,在此过程中结合典型路基养护案例中优秀的企业能工巧匠事迹,培养沟通协作、开拓创新、吃苦耐劳的精神。

单元 3-1　路基养护的基础知识

一、路基常见病害及原因

由于自重、行车荷载和水、温度等各种自然因素的作用,路基的各部分会产生可恢复的变形和不可恢复的变形,那些不可恢复的变形,将引起路基高程和边坡坡度、形状的改变,甚至造成土体位移和路基横断面几何形状的改变，危及路基及其各部分的完整和稳定，形成路基病害。

路基病害主要涉及土质与水，土质的工程性质好坏直接决定了路基内部结构的稳定性，而水的间接影响可以很大程度上改变土质的工程性质。两者共同作用决定路基的工程状况，因此路基病害的调查研究可由此处着手。

路基常见的病害主要有以下几种。

1. 路基的沉陷

路基沉陷是指路基在垂直方向产生较大的沉落。路基的不均匀下陷，将造成局部路段破坏，影响交通安全。

路基的沉陷有以下两种情况：

（1）路基沉落。因填料选择不当，填筑方法不合理，压实不足，在荷载和水温综合作用下，堤身可能向下沉陷，如图3-2所示。

（2）地基沉陷。原地面为软弱土层，如泥沼、流沙或垃圾堆积等，填筑前未经换土或压实，造成承载力不足，发生侧面剪裂凸起，地基发生下沉，引起路堤堤身下陷，如图3-3所示。

图3-2　路基沉落　　　　　　图3-3　地基沉陷

路基的沉陷防治方法：

（1）注意选用良好的填料，严禁用腐殖土或有草根的土块，应分层填筑、分层夯实，并及时排除流向路基的地面水或处理好地下水。

（2）填石路堤自上而下，应用由大到小的石块认真填筑，并用石渣或石屑填空隙。

（3）当原地面为软弱土层，路堤高度较低且可中断行车时，应挖除换上良好的填料，然后按原高度填平夯实；路堤高度较高且不能中断行车时，可采用打砂桩、混凝土桩或松木桩等方法。

2. 路基边坡的塌方

路基边坡的塌方是最常见的路基病害，也是水毁的普遍现象。按其破坏规模与原因的不同，路基边坡塌方可分为剥落、碎落、滑坡、崩塌等。路基病害示例如图3-4所示。

剥落是指边坡表土层或风化岩层表面，在大气的干湿或冷热的循环作用下，表面发生胀缩现象，使表层土呈片状从坡面上剥落下来。在土体不均匀和易溶盐含量大的土层（如黄土）及泥灰岩、泥质岩、绿泥岩等松软岩层较易发生这种破坏现象。路堑边坡剥落的碎屑堆积在坡脚，堵塞边沟，妨碍交通并影响路基的稳定。

碎落是岩石碎块的一种剥落现象，其规模与危害程度比剥落严重。碎落产生的主要原因是路堑边坡较陡（大于45°），岩石破碎和风化严重，在胀缩、振动及水的侵蚀与冲刷作用下，块状碎屑沿坡面向下滚落。如果落下的岩块较大（直径在40cm以上），以单个或多块落下，这种碎落现象称为落石或坠落。落石的石块较大,降落速度极快,所产生的冲击力可使路基结构物遭到破坏,威胁行车和行人的安全,有时还会引起其他病害。

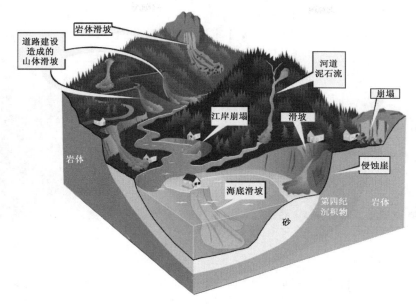

图 3-4　路基病害示例图

边坡剥(碎)落如图 3-5 所示。

滑坡是指路基边坡土体或岩石,沿着一定的滑动面整体向下滑动,如图 3-6 所示。其规模与危害程度较碎落更为严重。有时滑体可达数百万方以上,严重阻害道路。产生滑坡的主要原因是边坡较高(大于 10~20m,视不同土质而定),坡度较陡(陡于 50°),填方不密实,缺少应有的支撑与加固。此外,挖方的岩层倾向公路路基,岩层倾角为 25°~70°,夹有较弱和透水的薄层或岩石严重风化等,在水的侵蚀和冲刷作用下,形成滑动而致使土石失去平衡产生滑坡。

图 3-5　边坡剥(碎)落

图 3-6　滑坡

崩塌的规模与产生原因与滑坡有相同之处,也是比较常见且危害较大的路基病害之一。崩塌与滑坡的主要区别就在于崩塌无固定滑动面,也无下挫现象,即坡脚线以下地基无移动。崩塌体的各部分相对位置,在移动过程中完全打乱,其中较大石块翻滚较远,边坡下部形成乱石堆或岩堆。崩塌所产生的冲击力,常使建筑物受到严重破坏,经常阻断交通,并给行车安全带来很大威胁,如图 3-7 所示。

坍塌(又称堆塌)主要是由于土体或土石混杂的堆积物遇水软化,在 45°~60° 的较陡边坡无支撑情况下,自身重量所产生的剪力超过了黏结力和摩擦力所构成的抗剪力,因而土体沿松动面坠落散开,其运动速度比崩塌慢,很少有翻滚现象,如图 3-8 所示。

图 3-7　崩塌　　　　　　　　　　　　图 3-8　坍塌

3. 路基沿山坡滑动

在较陡的山坡填筑路基,如果原地面较光滑,未经凿毛或人工挖筑台阶,或丛草未清除,坡脚又未进行必要的支撑,特别是在受到水的浸润后,填方路基与原地面之间摩阻力减小,在荷载及自重作用下,有可能使路基整体或局部沿地面向下移动,使路基失去整体稳定性,如图 3-9 所示。

图 3-9　路基沿山坡滑动

4. 不良地质水文条件造成的路基破坏

公路通过不良地质水文地区,或遭遇较大的自然灾害作用,如巨型滑坡、塌落、泥石流、雪崩、溶洞陷落、地震及特大暴雨等,均会导致路基的大规模毁坏。为此,要求在路线勘测设计过程中,力求避开这些地区或采取相应的技术措施,以保证公路的正常使用。路基破坏的原因是多方面的,各种病害既有各自特点,又往往具有共同的原因,可归纳为以下几个方面:

(1)不良的工程地质与水文条件,如地质构造复杂,岩层走向及倾角不利,岩性松散,风化严重,土质较差,地下水位较高及其他特殊不良地质灾害等。

(2)不利的水文与气候因素,如降雨量大、洪水、干旱、冰冻、积雪或温差过大等。

(3)设计不合理,如断面尺寸不符合要求,其中包括边坡坡度不当、边坡过高、挖填布置不符合要求、路基处于潮湿或过湿状态、排水不良、防护与加固不妥等。

(4)施工不符合有关规定,如填筑顺序不当,土基压实不足,盲目采用大型爆破,以及不按设计要求和操作规程进行施工,工程质量没有达到应有的标准。上述原因中,地质条件是影响路基工程质量和产生病害的基本前提,水是造成路基病害的主要原因。

二、路基养护工程分类

路基养护工程分类可见表1-2中的"路基"。

三、路基养护维修的注意事项

在路基养护维修的过程中,应注意以下事项:

(1)在修复路基过程中,不论是何种损坏现象,均应及时查明原因,作出相应的措施,及时排除,防患于未然。

(2)要尽早找出道路的缺陷及损坏部分,根据需要进行应急处理,同时及时采取修复措施。

(3)进行养护及维修作业时,需要注意的是,不要对交通造成障碍及对沿线生活环境造成影响。

四、路基养护工作的内容及要求

路基养护应通过对公路各部分的日常巡视和定期检查,发现病害,及时查明原因,采取有效措施进行修复或加固,消除病害根源。其作业范围应包括下列内容:

(1)维修、加固路肩和边坡。

(2)疏通、改善排水设施。

(3)维护、修理各种防护构造物。

(4)清除塌方、积雪,处理塌陷,检查险情,防治水毁。

(5)观察预防或处理翻浆、滑坡、泥石流等病害。

(6)有计划、有针对性地对局部路基进行加宽、加高,改善急弯、陡坡等视距不良地段,使之逐步达到所要求的技术标准。

为保证路基各部分完整,使路基发挥正常有效的作用,路基养护工作必须符合下列基本要求:

(1)保持路基土密实,排水性能良好,各部分尺寸和坡度符合规定并及时消除不稳定因素。

(2)路肩无车辙、坑洼、隆起、沉陷、缺口、横坡适度,边缘顺适,表面平整、坚实、整洁,与路面接茬平顺。

(3)边坡稳定、坚固、平顺,无冲沟、松散,坡度符合规定。

(4)边沟、排水沟、截水沟、跌水井、泄水槽等排水设施无淤塞、高草,纵坡符合要求,排水畅通,进出口维护完好,保证路基、路面及边沟内不积水。

(5)挡土墙、护坡及防雪、防砂等设施保持完好无损坏,泄水孔无堵塞。

(6)做好翻浆、塌方、山体滑坡、泥石流等病害的预防、治理和抢修,尽力缩短中断交通时间。

单元 3-2　路基的日常养护与维修

一、路基损坏类型与评定

路基的日常养护与维修要根据路基的主要损坏类型进行。根据《公路技术状况评定标准》(JTG 5210—2018),将路基损坏类型分为 7 类,包括路肩损坏、边坡坍塌、水毁冲沟、路基构造物损坏、路缘石缺损、路基沉降、排水不畅。

1. 路肩损坏

路肩是位于行车道外缘至路基边缘,具一定宽度的带状结构部分。路肩通常包括路缘带(高速公路和一级公路设置)、硬路肩、土路肩三部分。

路肩损坏是指土路肩、硬路肩或紧急停车带表面出现各种损坏,如龟裂、坑槽、松散等。硬路肩损坏按同类型路面的损坏判断,土路肩损坏主要指路肩出现沉陷、坑槽等损坏。造成路肩损坏的主要原因包括横坡不顺、雨水冲刷、施工不规范或材料不符合要求及外力作用等。此外,车辆在紧急停车带,检查修理时,也会给路肩留下千斤顶痕迹及油污,形成路肩坑槽等损坏,如图 3-10 所示。

图 3-10　路肩损坏

路肩损坏将所有形式的损坏按面积累加,以平方米(m^2)为计量单位,累计面积不足 $1 m^2$ 的按 $1 m^2$ 计。路肩损坏分为轻、重两个等级,其中,按路面损坏分类标准为轻和中的损坏都归为轻度路肩损坏,按路面损坏分类标准为重度的损坏归为重度路肩损坏。沥青路面损坏参考沥青路面损坏调查要求,水泥混凝土路面损坏参考水泥混凝土路面损坏调查要求。

2. 边坡坍塌

边坡包括路堑边坡和路堤边坡,其中路堤边坡对路肩有重要的保护作用。边坡坍塌是指边坡发生岩石塌落、缺口、冲沟、沉陷和塌方等,如图 3-11 所示。引起边坡坍塌的主要原因包括边坡设计坡度过大、切坡过多、岩石风化、洪水冲刷以及春融等。严重的边坡坍塌会堵塞路面、边沟,威胁交通安全。

边坡坍塌按处为单位进行记录和统计。根据坍塌边坡的长度将损坏程度分为轻、中和重 3 个等级,其中坍塌长度小于或等于 5m 的为轻度损坏,坍塌长度在 5~10m 范围内的为中度损坏,坍塌长度大于 10m 的为重度损坏。边坡坍塌的长度按沿行车方向的长度实地丈量或目测估计。

3. 水毁冲沟

水毁冲沟是另一种形式的边坡损坏,它是指边坡出现冲沟和缺口,因水冲蚀而引发的局部沉陷等损坏,如图 3-12 所示。水毁冲沟损坏会严重影响路基的稳定性。路基压实不够、工程地质不良、路基填料土质差、路基排水不畅或缺乏防护等都会造成水毁冲沟损坏。

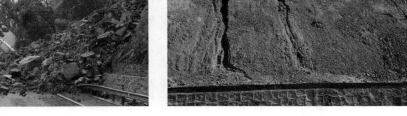

图 3-11　边坡坍塌　　　　　　　　　图 3-12　水毁冲沟

水毁冲沟损坏按处为单位进行记录和统计。按冲沟的深度将损坏分为轻、中和重 3 个等级,其中冲沟深度小于或等于 0.2m 的为轻度损坏,冲沟深度介于 0.2~0.5m 的为中度损坏,冲沟深度大于 0.5m 的为重度损坏。测量冲沟深度时,采用直尺架于冲沟两侧,然后测定直尺与冲沟底部的最大距离。

4. 路基构造物损坏

路基构造物损坏是指路肩、边坡、挡土墙等圬工砌体出现断裂、沉陷、倾斜、局部坍塌松动、较大面积勾缝脱落等损坏,如图 3-13 所示。路基本身不稳定或构造物施工不良是造成路基构造物损坏的主要原因。

路基构造物损坏以处为计量单位,分为轻、中、重 3 个等级。轻度表征为勾缝损坏、沉降缝损坏、表面破损、钢筋外露和锈蚀等,每 10m 计 1 处,不足 10m 按 1 处计算;中度表征为局部基础淘空、墙体脱落、轻度裂缝、鼓肚、下沉等,每 10m 计 1 处,不足 10m 按 1 处计算;重度表征为整体开裂、倾斜、滑移、倒塌等。

5. 路缘石缺损

路缘石包括中央分隔带和路肩边侧的缘石和挡水带的缘石。路缘石缺损是指路缘石损坏或缺少，如图 3-14 所示。路缘石损坏按长度测量和统计，以米（m）为单位，损坏不分轻重。测量时按损坏沿行车方向的长度进行实地丈量或目测估计。

图 3-13　路基构造物损坏　　　　　　　　　图 3-14　路缘石缺损

6. 路基沉降

路基沉降是指路基出现深度大于 30mm 的整体下沉，如图 3-15 所示。路基沉降易发生在高填方路段，严重时会直接影响公路的正常使用，并导致路面损坏。路面标线扭曲通常是路基发生整体沉降的标志之一。路基施工时压实不足、填筑方案不合理以及路基承载力不足是造成路基沉降的主要原因。

路基沉降损坏按处为单位进行记录和统计。按路基沉降的长度分为轻、中和重 3 个等级，其中损坏长度小于或等于 5m 的为轻度损坏，长度介于 5～10m 的为中度损坏，损坏长度大于 10m 的为重度损坏。损坏长度按沉降部分沿行车方向的长度实地丈量或目测估计。

7. 排水不畅

路基排水系统包括边沟、排水沟、截水沟及暗沟等。排水不畅是指各种排水设施发生淤塞或堵塞，如图 3-16 所示。排水系统淤塞导致水无法从路面或路基及时排出，会加剧水对公路的损坏。沟内杂草未能及时清除或有垃圾、碎砾石、土等堆积是造成排水系统淤塞的主要原因。

图 3-15　路基沉降导致路面下沉　　　　　　图 3-16　排水不畅

按淤积程度及排水情况将损坏分为轻、中、重3个等级。轻度损坏是指边沟、排水沟、截水沟等排水系统存在杂物、垃圾，每10m计1处，不足10m按1处计算；中度损坏是指边沟、排水沟、截水沟等排水系统全截面堵塞，出现衬砌剥落、破损、圬工体破裂、管道损坏等，每10m计1处，不足10m按1处计算；重度损坏是指路基排水系统与外部排水系统不连通。

二、路肩的养护

路肩是保证路基、路面有整体稳定性和排除路面水的重要结构，也是为保持临时停车所需两侧余宽的重要组成部分。路肩的养护情况直接关系到路基路面的强度、稳定性和行车的畅通。此外，路肩和边坡应与环境协调，并尽可能使之美观化。

路肩的养护应达到以下基本要求：

(1) 路肩的横坡应平整、顺适，硬路肩应与路面横坡相同，土或植草的路肩应比路面横坡坡度大1%~2%。若路肩横坡坡度过缓，不利于排水，影响路基稳定；若路肩横坡坡度过大，又易被雨水冲刷成沟槽。

(2) 路肩的宽度应符合现行《公路工程技术标准》(JTG B01—2014) 的规定。

(3) 路肩应经常保持平整坚实，不应积水、积淤泥和出现坑槽、车辙和缺口。

(4) 路肩上严禁种植农作物和堆放任何杂物。

(5) 路肩应尽量与环境协调，尽可能使之美观化。

路肩的养护措施如下。

1. 土路肩

(1) 当土路肩上出现车辙、坑洼或与路面产生错台现象时，必须及时整修，并用与原路基相同的土填平夯实，使其顺适。

(2) 当土路肩过高，妨碍路面排水时，应铲削整平，宜在雨后土壤湿润状态下，结合清理边沟同时进行。

(3) 当土路肩横坡坡度过大时，宜用良好的砂土及其他合适的材料填补压实，不得用清沟挖出的淤泥或含有草根的土壤填补。当填补厚度大于15cm时，应分层夯压密实。在砂性土或粉性土地段，还应掺拌黏性土加固表面，以提高路肩的稳定性。

(4) 当土路肩横坡过小时，应削高补低整修至规定坡度。土或有草的路肩应满足其横坡坡度比路面坡度大1%~2%的要求，以利排水。

2. 陡坡路段(纵坡大于5%)的路肩

陡坡路段由于纵坡大，易被暴雨冲成纵横沟槽，甚至冲坏路堤边坡。一般可根据路基排水系统的情况与需要，综合改善，可采取下述措施。

自纵坡破顶起，每隔20m左右两边交错设施宽30~50cm的斜向截水明槽，并用砾(碎)石填平；同时在路肩边缘处设置高10cm、上宽10cm、下宽20cm的拦水土埂。在每条截水明槽处，留一淌水口，其下面的边坡用草皮或砌筑加固，使水集中由槽内流出，如图3-17所示。

在暴雨中，可沿路肩截水明槽下侧临时设置阻水埂，迫使雨水从草内排出，但雨后应立即铲除。中、低级路面的路肩上自然生长的草皮也应予以保留。植草皮应选择适宜于当地土壤的种子，成活后需加以维护和修整，使草高不超过15cm，丛集的杂草应铲除重铺，以保持路容美观。如路肩草中淤积砂土过多妨碍排水时,应立即铲除,恢复路肩应有的横坡度。当使用除草剂消灭杂草时,应注意对沿线环境的影响。路肩外侧易被洪水冲缺或牲畜踩踏形成缺口处,可以用石块、水泥混凝土预制块或草皮铺砌宽20cm左右的护肩带,既消除病害,又美化路容。

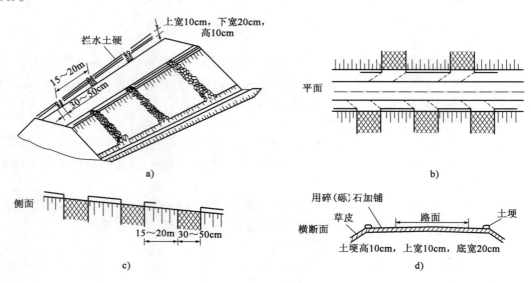

图3-17 路肩截水明槽

3. 路肩的加固和改善

公路上的路肩通常不供行车之用,但从功能上要求应能承受汽车荷载。为减少路肩养护工作量,对于行车密度大的路线,应有计划地将土路肩改铺成硬路肩。

硬路肩的类型大体上有以下几种:

(1)砂石加固的硬路肩,如泥结碎(砾)石、烧陶粒。

(2)稳定类路肩,如石灰土、二灰碎石、泥结碎(砾)石、水泥土等。

(3)综合结构硬路肩,如在基层上做沥青表面处治的综合结构路肩。

(4)草皮加固路肩,但草高不得高于10cm,否则应进行修剪。

硬路肩的横坡坡度应与路面的横坡坡度相同。

为了防止雨水冲刷和雨中会车时泥泞陷车,应对路肩进行加固。加固的方法是:用粗砂、小砾石、风化石、炉渣、碎砖、砂浆、贝壳等粒料掺拌黏土,铺筑加固层,加固厚度不小于5cm,应尽量采用挖槽铺压;或者在雨后路肩湿软时,直接将粒料撒铺到路肩上,并进行碾压。采用这种方法应注意路肩与路面衔接处的平顺,并保持适当的横坡度。

4. 设置堆料坪

对养护材料,应在公路以外相连路肩之处,根据地形情况,选择适宜地点,设置堆料坪,如图3-18所

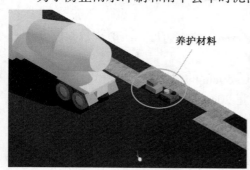

图3-18 堆料坪示意图

示。堆料坪的间距以 200~500m 为宜;堆料坪长约 5~8m,宽约 2m;机械化养路或较高级路面,可以不设堆料坪。

三、边坡的养护

边坡包括路堤填土坡面及山体天然状态的坡面。不论是路堤边坡还是路堑边坡,都有不设防护和已设防护之分。

1. 不设防护的边坡养护

不设防护的边坡是指没有铺设防护或加固设施的边坡。对于不设防护的边坡,应经常保持边坡适宜的坡度。边坡上除个别高出的部分应加以铲平维修外,不准随便挖动,更不能在坡脚处垂直挖坑取土,要保持边坡的坡度稳定一致。路堤边坡如有坍塌,应自上而下先挖成台阶,再分层填土夯实,夯实后宽度要稍超出原来坡面,以便最后整修切平,不能在边坡上贴土修补。另外,还应保护好边坡上的长草。

对于山岭的路堑边坡,要经常检查,如有坡顶出现裂缝等可能坍塌的迹象时,应及时查明原因,采取相应的预防措施,以免突然下塌,伤害行人和阻断交通。对已堆积在路上的塌方,应先及时清除再处治边坡。

在各种自然因素(如风化作用)和违反规定的行为(如在路基坡脚、边坡护坡道上挖土、取料或种植农作物等)的作用和影响下,不设防护的边坡常常会出现岩层风化崩塌、土体失稳坍塌等情况,边坡、碎落台、护坡道等出现缺口、冲沟、沉陷、塌落等现象,或受洪水、边沟流水冲刷及浸水影响而引起破损,这时必须加设防护加固工程措施,以消除危岩、浮石,防止冲刷,保持稳定状态。

2. 已设防护的边坡养护

对于已经设置了防护与加固设施的边坡,应经常检查这些防护加固设施,针对不同情况,采用不同的养护维修措施。

(1)植被护坡。植被护坡有种草及铺草皮两种方法。养护时应经常检查植被的发育状态,地下水及地表水流出状况;草皮护坡有无局部的根部冲空现象;坡面及坡顶有无裂缝、隆起等异常现象;坡面及坡顶的尘埃、土砂等堆积状况,针对不同情况,采取措施。植被护坡如图 3-19 所示。

(2)砌石护坡。养护时应检查护坡有无松动现象,有无局部脱落及陷没现象;护坡工程有无滑动、下沉、隆起、裂缝等现象;检查是否有涌水及渗水状况,泄水孔是否起作用,基础是否受到冲刷。针对上述现象找出原因,应及时填补,进行维修,以保证边坡稳定。砌石护坡如图 3-20 所示。

(3)抛石加固边坡。养护时应检查抛石有无空缺或冲失,若有则应及时添补填实,或者选用大块石压铺在表面。抛石加固边坡如图 3-21 所示。

(4)石笼加固边坡。养护时应检查笼框、铁丝是否出现腐蚀或断开,填石有无脱落现象;若有上述情况应及时修换笼框;笼中石料若不足,应予以添满,封闭笼框。石笼加固边坡如图 3-22 所示。

图 3-19　植被护坡

图 3-20　砌石护坡

图 3-21　抛石加固边坡

图 3-22　石笼加固边坡

四、路基技术状况评定与养护决策

路基养护工程在经过外业病害调查与分析后，利用公路技术状况评定标准中路基技术状况指数（SCI）及路基损坏扣标准（具体内容参见 P44）开展计算，根据 SCI 计算结果确定路基技术状况属于优、良、中、次、差中的何种等级，并结合本单元讲述的路基损坏类型及路基养护措施综合判定，选择或设计适合的路基养护维修方案。

单元 3-3　路基排水设施和防护工程的养护

一、路基排水设施的养护

水通过吸能，不断改变形态，循环于自然界中（图 3-23），其是影响路基稳定的重要因素。路基排水系统具有拦截、汇集、排除地面和地下水，降低地下水位的功能，能使路基免受水的侵害，保证路基的强度和稳定性。路基排水系统能否正常工作，直接影响到路基的稳定性。因此，加强对各排水设施的日常养护与维修、加固，是确保路基稳定的关键环节。

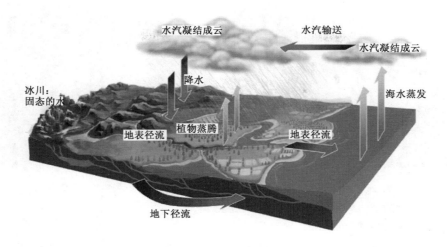

图 3-23 大自然水循环图

1. 路基排水设施

路基排水设施分为地面排水设施和地下排水设施。

1）地面排水设施

地面排水设施一般应包括边沟、截水沟、排水沟、跌水、急流槽等。

（1）边沟是设在路基边缘的水沟，主要用于汇集和排除路基范围内和流向路基的少量地面水，它是矮路堤和路堑不可缺少的排水设施，如图 3-24 所示。

（2）截水沟又称天沟，当路基上侧山坡汇水面积较大时，应在挖方坡顶以外或填方路基上侧适当距离设置截水沟，用于拦截山坡流向路基的水流，如图 3-25 所示。

图 3-24 边沟

图 3-25 截水沟

（3）排水沟的作用是将边沟、截水沟、取土坑或路基附近的积水通过排水沟排至桥涵处或路基以外的洼地或天然河沟，以防水流停积于路基附近，危害路基，如图 3-26 所示。

（4）当地形险峻、水流湍急，排水沟渠的纵坡较陡时，为降低流速、消减能量、防止冲刷，可设置跌水和急流槽（图 3-27），以防止水流对路基与桥涵结构物的危害。

图 3-26 排水沟

图 3-27 急流槽

2)地下排水设施

地下排水设施有暗沟、渗沟和渗井。

(1)暗沟是设在地面以下引导水流的沟渠,如图 3-28 所示。暗沟本身不起渗水和汇水作用,而是把路基范围内的泉水或渗沟汇集的水流排到路基范围以外,使之不致在土中扩散,危害路基。

(2)渗沟又分盲沟、管式渗沟、洞式渗沟 3 种,用于吸收、降低、汇集和排除地下水,或用于拦截流向路基的地下水,并把它排出路基范围以外。

(3)当路线经过地区地形平坦,地面水无法排除时,可以修建像竖井或吸水井形式一样的渗井,将地面水通过渗井渗入地下予以排除,如图 3-29 所示。

图 3-28 暗沟

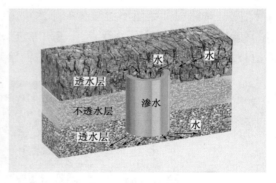
图 3-29 渗水井

2.路基排水设施的养护与维修

1)地面排水设施的养护与维修

(1)除坚持日常检查外,应加强汛前、雨中、暴雨后的检查,及时发现问题并加以清除,保证路基各排水设施的正常工作。

对边沟、截水沟、排水沟及暗沟(管)等排水设施,在春融前,特别是汛前,应全面地进行检查疏浚,保证各排水沟渠完好无损,水流畅通无阻。

雨中必须上路巡查,及时排除堵塞、疏导水流,保持水流通畅,并防止水流集中冲坏路基。

暴雨后应进行重点检查,如有冲刷、损坏,必须及时修理加固,如有堵塞应立即清除。

(2)对各类地面排水沟渠,应经常保持设计断面形状和尺寸,满足排水要求。

一般情况下,边沟的横断面形式,土质边沟宜采用梯形,石质边沟宜采用矩形,流线型边沟适合积雪或积砂路段,三角形边沟适用于矮路堤或机械施工时,边沟的底宽一般不应小于0.4m,深度也不宜小于0.4m。

截水沟和排水沟的断面形式一般都采用梯形,底宽不小于0.5m;深度按设计流量确定,也不宜小于0.5m。

若发现边沟、截水沟、排水沟内有淤泥或边坡剥落的土块,或沟壁损坏,造成沟渠断面形状改变,应及时清淤和修复。

(3)对各类地面排水沟渠,还应经常保持沟外边坡的坡度,以防塌堤,阻塞边道。当发现排水沟渠的边坡特别是土质边坡松散滑塌时,应立即修复。

(4)为了保证沟渠迅速排水,应经常疏通,一般使沟底保持不小于0.5%的纵坡,在平原地区排水有困难的地段,应使沟底保持不宜小于0.3%的纵坡。当纵坡大于0.3%时,则需要进行加固。当纵坡等于或大于7%时,宜设置跌水或急流槽。

(5)保证排水沟的水流在注入河流或其他沟渠时,成锐角相交,且不大于45°,使水流顺畅,避免冲淤。

(6)农业灌溉用水应经由涵管、倒虹吸管及渡槽等流过公路。

2)地下排水设施的养护和维修

(1)应经常进行检查,如发现堵塞、淤积,应进行清除冲洗,尤其是在雨季,应保证流水畅通。

(2)应经常注意保持地下排水设施排水口的排水能力,防止堵塞。如发现沟口长草堵塞,应及时清理和冲洗。

(3)如碎(砾)石层淤塞不通时,应翻修并剔除颗粒较小的砂石。

(4)地下排水设施的其他部位,由于平时不便于检查,可以在降雨之后调查,看其功能是否正常。如果地下排水设施的功能显著降低,或者可以断定排水设施的排水能力不足时,应该考虑新设或增设地下排水设施。

(5)如发现排水口的流量变化有异常,如路面出现裂缝或凸凹,经检测是由于地下排水设施的破坏而引起的,则应维修或重修地下排水设施。

二、路基防护工程的养护

1. 挡土墙的养护

挡土墙是用来支撑天然边坡或人工填土边坡,以保持土体稳定的建筑物,是公路的重要组成部分,其技术状况的好坏对公路的影响比较大,除需经常检查外,每年还应在春秋两季各进行一次定期检查。在北方冰冻严重地区尤其应注意,主要检查挡土墙在冰冻融化后墙身及基础的变化情况。在通过重车的异常情况下,应进行特殊检查,若发现裂缝、倾斜、鼓肚、滑动、下沉、表面风化、泄水孔不通、墙身后积水、地基错台或空隙等情况。应查明原因,并观察其发展情况,然后根据结构种类,针对损坏实情,采取合理的修理加固措施;对检查和修理加固情况,应做好工程施工档案备查。其工程技术措施如下:

(1)圬工或混凝土砌块石挡土墙的裂缝、断缝的处理。对已停止发展的挡土墙裂缝、断缝,应立即进行修理、加固,其方法是将缝隙凿毛,清除碎渣和杂物,然后用水泥砂浆填塞;对混凝土或钢筋混凝土挡土墙裂缝,可采用环氧树脂黏合。

(2)挡土墙倾斜、鼓肚或滑动、下沉的处理。

①锚固法。锚固法适用于水泥混凝土或钢筋混凝土挡土墙。采用高强钢筋做锚杆,穿入预先钻好的孔内,用水泥砂浆灌满锚杆插入岩体部位,固定锚杆,待砂浆达到一定强度后,对锚杆进行张拉,然后用锚头固紧,如图 3-30 所示。

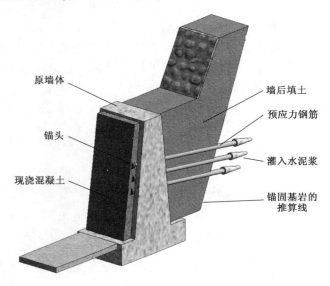

图 3-30 锚固法加固挡土墙

②套墙加固法。在原墙外侧加宽基础,加厚墙身。施工时,应挖除一部分墙后填土,减少压力,同时应注意新旧基础和墙身的结合。方法是凿毛旧基础和旧墙身,必要时设置钢筋锚栓或石榫,以增强连接。墙后回填土必须分层填筑并夯实。套墙加固法挡土墙如图 3-31 所示。

③增建支撑加固法。在挡土墙外侧,每隔一定的间距,增建支撑墙。支撑墙的基础埋置深度、尺寸和间距应通过计算确定。增建支撑加固法挡土墙如图 3-32 所示。

当原挡土墙损坏严重,采用以上加固方法不能达到设计强度要求时,则应考虑将损坏部分拆除重建。为防止不均匀沉降,新旧挡土墙之间应设置沉降缝,并应注意新旧挡土墙接头协调。

(3)挡土墙的泄水孔应经常保持畅通。泄水孔如有堵塞,应设法疏通。如疏通工程艰巨或冻胀困难,应针对墙后土体含水情况,另行选择适当位置增设泄水孔,或者在墙背后沿挡土墙加做墙后排水设施,一般可增设盲沟将水引出路基以外,以防止墙后积水,引起土压力增加,造成土壤膨胀,将墙体挤裂、挤倒。

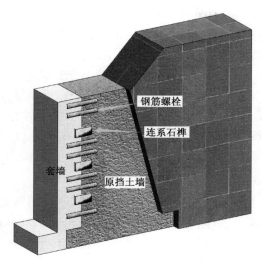 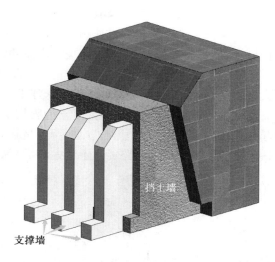

图 3-31　套墙加固法挡土墙　　　　　图 3-32　支撑墙加固法挡土墙

(4)砖石、混凝土或钢筋混凝土挡土墙表面如出现风化剥落,应将风化表层凿除,喷涂水泥砂浆保护层,防止剥落恶化。当风化剥落严重时,应将风化部分拆除重砌。

(5)添建或接长挡土墙应与线路或原挡土墙协调,对挡土墙两端连接的边坡,若被水流冲成槽或缺口,应及时填补、夯实,恢复原状。

(6)锚杆式或加筋土挡土墙应做好顶面和墙外的防水、排水。如发现变形、倾斜或肋柱、挡板断裂,应及时修理、加固或更换。对出露式的锚头螺母和垫板,要定期涂刷防锈漆,以防锈蚀。如锚头用砂浆或沥青麻絮包裹,要注意是否紧密,若发现脱落,应及时修补。

(7)浸水挡土墙除平时经常检查其是否损坏外,应在洪水期前后详细观察、检查。汛前检查的目的是确定其作用、效果是否稳定,能否承受洪水的袭击,同时采取相应的防护、加固措施;汛后检查的目的是观察其是否损坏,如有损坏,应及时修理和加固。浸水挡土墙受洪水冲刷,出现基础被掏空,但未危及挡土墙本身时,可采取抛石加固或用块(片)石将淘空部分塞实并灌浆,当挡土墙本身出现损坏,如松动、下沉、倒塌、开裂等,应按原样修复。

2. 护岸的养护

沿河公路路基直接受到水流侵害。为了防止水流危害岸坡,除了可以采用植物防护、石砌防护、抛石与石笼防护等直接防护措施以外,还可采用间接防护方法,即修筑调治结构物等各类护岸设施来改变水流方向,消除和减缓水流对堤岸的直接破坏。这类调治结构物主要指堤坝。按其与河道的相对位置,堤坝一般可分为丁坝、顺坝或格坝。

(1)丁坝,也称挑水坝,指坝根与岸滩相接,坝头伸向河槽,坝身与水流方向成某一角度,能将水流挑离河岸的结构物。丁坝一般用于束水归槽,改善水流状态,保护河岸。

(2)顺坝,也可称作导流坝或顺流坝,为坝根与岸滩相接,坝身大致与堤岸平行的结构物。顺坝主要用于导流、束水、调整河道曲度,改变流态。

(3)格坝,建于顺坝与河岸之间,其一端与河岸相连,另一端为与顺坝坝身相连的横向调治结构物。格坝的作用是将水流导入主河床,同时防止洪水溢入顺坝,冲刷坝后河床与河岸,增加其间的淤积。

在洪水期前后,应密切注意各类护岸设施,检查其是否完整稳固,观察其作用和效果是否正常。当护岸设施受到洪水冲刷或波浪、漂浮物等的冲击而损坏时,应采取抛石防护或石笼防护措施,加固河床,防护护岸设施免受水流冲刷和淘刷。

土工模袋护岸是近几年来出现的一项新技术。土工模袋就像一个中间带有许多节点的超大型塑料编织袋,其规格可按工程要求加工。施工时,将模袋平铺于岸坡上,从袋口连续灌注流动性良好的混凝土,则充满混凝土的膜袋紧贴在岸坡上,形成一个稳固的大面积混凝土壁,起到护岸的作用。土工模袋护岸的特点是施工速度快、简便、经济,而且可省去养管工作,尤其适用于冲刷严重的沿河路堤。土工模袋护岸如图 3-33 所示。

3. 透水路堤的养护

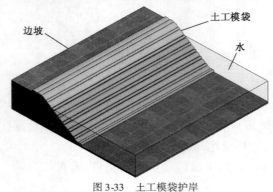

图 3-33 土工模袋护岸

受季节性或长期浸水的路堤、沿河路堤和桥头引道等,其路堤下部每年遭受短期或长期的淹没,这些路堤称为透水路堤,如图 3-34 所示。当河中水位上升时,水从边坡的一侧或两侧渗入路堤内;当水位降落时,水又从堤内向外渗出。因此,透水路堤除承受车辆荷载和自重外,还要受水的浮力和渗透动水压力的作用。当堤外水位下降时,渗透动水压力指向土体外面,此时会破坏边坡的稳定性,产生边坡凸起或滑坡现象。

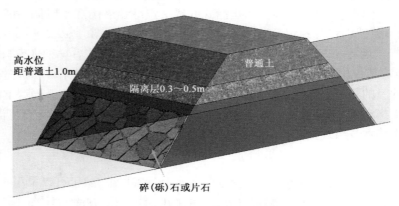

图 3-34 透水路堤

透水路堤的边坡应保持稳定和完好,若有损坏,应及时按原样修复。透水路堤伸出路基坡脚以外部分应保持完好,并经常清理路基边坡碎落的泥土杂物,防止淤塞缝隙,影响透水。

设置于透水层内的泄水管应经常清除淤泥和杂物,保持良好的泄水性能。在北方严重冰冻地区,冬季封冰前应在管内无水时采用不透水材料将泄水管两头堵塞封闭,防止因积水冰冻膨胀而损坏泄水管,待春季融冻时再开通。

透水路堤上游一侧的路基护坡,应高出最高洪水位不小于 1m,并保持其完好的稳定状态。如有损坏,应及时修复。

透水路堤的上下游护底铺砌，必须保持平顺密实无淤泥。如有淤泥杂物沉积，必须及时清除，以防止淤泥杂物堵塞路堤而影响透水效果；护底铺砌层如有损坏，应及时修复。

透水路堤顶面与路基之间应设置厚 30~50cm 的隔离层，以防止毛细水上升而软化上部路基。如上部路基发软变形，说明隔离层失去作用，应及时进行修理。

透水路堤如失去透水作用，则应改建桥涵。

单元 3-4　特殊地区的路基养护

一、盐渍土地区路基

当地表以下 1m 内含有易溶解的盐类，如 $NaCl$、$MgCl_2$、$CaCl_2$、Na_2SO_4、$MgSO_4$、Na_2CO_3、$NaHCO_3$（氢碳酸氢钠）等超过 0.3%（除特别说明外，均为质量分数）时即属盐渍土。青海省察尔汗盐湖万丈盐桥如图 3-35 所示。

图 3-35　青海省察尔汗盐湖万丈盐桥

在我国西北、东北的干旱气候地区及沿海平原地区分布有大面积的盐渍土。其含盐量通常是 5%~20%，有的甚至高达 60%~70%。由于土中含有易溶盐，土的物理、力学性质和筑路性质发生变化，引起许多路基病害。盐渍土在干旱季节和干旱地区，因盐类的胶结和吸湿、保湿作用，有利于路基稳定，但一旦受到雨水、冰雪融化的淋湿，含水率急增，出现湿化塌堤、沉陷、路基发软，致使强度降低、丧失稳定，甚至失去承载力，导致路基易出现病害，如道路泥泞、路基翻浆及冻胀病害加重等；受水浸时，强度显著下降，发生沉陷；硫酸盐发生盐胀作用，使土体表层结构破坏和疏松，以致产生路面被拱裂及路肩、边坡被剥蚀等现象。针对上述情况，主要采用下列措施加以防治：

（1）加密排水沟，排水沟底要保持 0.5%~1% 的纵坡；在低矮平坦排水困难的地段应加宽、加深边沟，或者在边沟外增设横向排水沟，其间距不宜大于 500m，沟底应有向外倾斜 2%~3% 的横坡，如图 3-36 所示。

（2）对加深、加宽边沟的弃土，可堆筑在边沟外缘，形成护堤，以保护路基不被水淹。

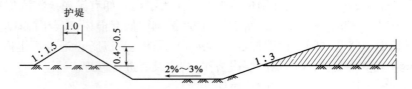

图 3-36　加大排水沟及护堤(尺寸单位:m)

（3）在盐湖地区采用盐晶块修筑的路基表面，原来没有覆盖层或覆盖层已失散的，宜用砂土混合料进行覆盖和恢复。路肩出现车辙、坑凹、泥泞，应先清除浮土，泼洒盐水湿润，再填补碎盐晶块整平夯实，仍用砂、土混合料覆盖压实。

（4）秋冬季节或春融季节，路肩容易出现盐胀隆起，甚至翻浆，对隆起应予以铲平。使地面水及时排除。

（5）边坡经雨水或雪融水冲蚀后出现的沟槽、溶洞、松散等，可采用盐壳平铺或黏土掺砂铺土压密，防止疏松。

（6）为防止边坡水土流失，在坡脚处增设各宽 2m 的护坡道，护坡道高出常水位 20cm 以上。护坡道上可选择种植一些耐盐性的树木或草本植物(如红杨、甘草、白茨等)以增强边坡稳定，如图 3-37 所示。

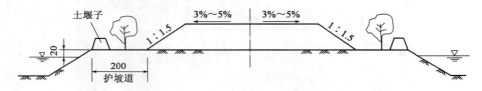

图 3-37　设置护坡道并植树(尺寸单位:cm)

（7）在过盐地区，对较高等级的道路，为防止路肩风蚀、泥泞以及防止水分从路肩部分下渗，而造成路面沉陷，其路肩可考虑采取下列措施：

①用粗粒渗水材料掺在当地土内封闭路肩表层。

②用沥青材料封闭路肩。

③就地取材，用 15cm 厚的盐壳加固。

（8）对硫酸盐渍土路基，为处治边坡疏松、风蚀和人畜踩踏而造成的破坏，可根据需要和可能，采取把卵石、砾石、黏土和盐壳平铺在路堤边坡上等措施。

二、黄土地区路基

黄土主要分布在昆仑山、秦岭、山东半岛以北的干旱和半干旱地区，其中以黄土高原的黄土沉积最为典型，如图 3-38 所示。

1. 常见病害

黄土具有疏松、湿陷、遇水崩解、膨胀等特性，易出现以下病害：

（1）坡面在多次干湿循环后，出现裂缝、小块剥落、小型塌方、大小沟槽、陷穴等病害。

（2）边沟被水冲深、蚀宽，使路肩、边坡脚受到破坏。

图 3-38 黄土高原(山西)

(3)边坡土体受积水浸泡后发生滑塌,或者在地下水及地面水的综合作用下,形成泥流。

2.病害的治理

(1)对疏松的坡面,宜拍打密实,或者用轻碾自坡顶沿坡面碾实,如果坡度缓于 1∶1,雨量适宜草类生长的,可采用种草、铺草皮等方法加固。

(2)在雨量较小,冲刷不严重的地区,采用黏土掺拌,锄草后进行抹面,并每隔 30~40cm,打入木楔,增强草泥与坡面的结合。

(3)在雨、雪量较大的地区,无论坡度大小,宜用石灰、黄土、细砂三合土或加炉渣的四合土进行抹面加固,对高路堤可采取葵花拱式砌块铺砌。

(4)对坡脚易受雨水冲刷或坡面剥落严重地段应进行修理加固。

(5)对路基上出现的陷穴,首先要查清造成陷穴的水的来源、水量、发展情况等,可采用灌砂、灌泥浆填塞或挖开填塞孔道后再回填夯实,设地下暗管、盲沟等。

(6)公路通过纵横向沟壑时,沟壑边坡疏松土层,应采用挖台阶办法清除,台阶宽度不小于 1m,如图 3-39 所示。

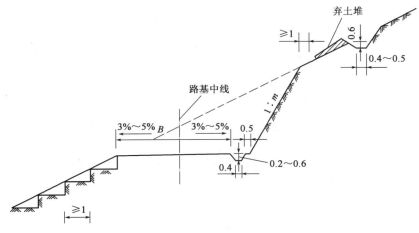

图 3-39 边坡疏松土挖台阶(尺寸单位:m)

(7)因地表水侵蚀,路肩上出现坑凹,可用砂土混合料改善表层。采用无机结合稳定类半刚性基层、沥青表处面层或其他硬化结构硬化路肩时,在路肩尚未硬化路段,为防止地表水渗入路面底层中,应每隔2~3m设盲沟一处。盲沟口与边坡急流槽相接,盲沟与盲沟之间铺设土工布防水层,如图3-40所示。

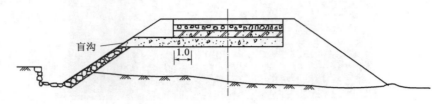

图3-40　路肩未硬化,设施盲沟与铺塑料薄膜(尺寸单位:m)

(8)在高路堤(大于12m)地段,为防止路基下沉,应在垫层下铺设塑料薄膜防水层(塑料薄膜厚度不小于0.14mm),并必须设盲沟。

(9)通过沟壑时,如未设置防护工程,应在上游一侧路基边坡底部先铺设塑料薄膜或其他隔水层上铺砌片石坡脚,铺砌高度高于水位20~50cm,如图3-41所示。

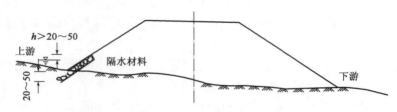

图3-41　坡脚铺设塑料薄膜及片石铺砌(尺寸单位:m)

三、沙漠地区路基

我国沙漠地区主要分布在北方干旱和半干旱地区。由于沙漠地区的气候比较干燥、雨量稀少、风沙大,地表植被均较稀疏、低矮,容易发生边坡或路肩被风蚀、整个路基被风沙掩埋等情况。沙漠地区路基的养护往往需要大量的防护材料,因此,在养护时要把备料工作做好。"固、阻、输、导、综合治理"是沙漠地区筑路的基本方针。公路养护也应遵循此方针。塔克拉玛干沙漠公路如图3-42所示。

1.沙漠路基病害的防护措施

(1)对路基两侧原有的沙障、石笼、风力加速堤、用黏土覆盖的植被、防沙栅栏及防沙设置等采取防护措施,如有被掩埋、倾倒、损坏和失效的,应拔高、扶正或修理补充。

(2)对路基的砌石护坡或草格防沙设施,如有塌方破坏,应及时修理,保持完好状态。

(3)必须维护路基两侧现有植物的正常生长,并有计划地补植防沙树木和防护林。

(4)路基边坡上,出现的风蚀、空洞、塌缺应予以填实并加做护坡。

(5)路肩上严禁堆放任何材料或杂物,以免造成沙丘。

(6)对公路上的积沙,应及时清除运到路基下风侧20m以外的地形开阔处摊撒平顺。

图 3-42　塔克拉玛干沙漠公路

2．砂质路基的防护措施

1）柴草类防护

（1）层铺防护。层铺防护是指采用麦草、稻草、芦苇、沙蒿、野麻或其他草类，将其基杆砍成 30~50cm 的短节，从坡脚开始向上每层按 5~10cm 厚度层铺捣实。如果采用沙蒿等带有根系的野生植物时，可将其根茎劈开，并使根篆向外，按上述方法进行层铺。沙蒿可用 10 年以上，其他草类多为 3~5 年，材料用量大，如图 3-43 所示。

图 3-43　柴草类防护

（2）平铺植物束成笆块，采用各种枝条、芦苇、苡苡草等，扎成直径为 5~10cm 的束把，或编织成笆块，沿路基坡脚向上平铺，以桩钉固定，可用 5~10 年，但材料用量大。

（3）平铺或叠铺草皮，以 40~50cm 为一块挖取草皮，其厚度约 10~15cm，沿路基坡脚向上错缝平铺或叠铺，一般可用 3~5 年，如能成活，可起永久稳固边坡作用。

2）土类防护

（1）黏土防护。采用塑性指数大于 7 的黏土，用于边坡防护时，厚为 5~10cm；用于路肩防护时，厚为 10~15cm。为增加抗冲蚀强度和避免干裂，可掺 10%~15% 的砂或 20%~30% 的砾石(体积分数)。

(2)盐盖防护。可将盐盖打碎为5cm的碎块,予以平铺(松软的盐盖可直接平铺而形成硬壳)。

3)砾、卵石防护

(1)平铺卵石防护。用于边坡防护时,厚5~10cm;用于路肩防护时,厚为10~15cm,分平铺、整平、夯实几步进行。

(2)格状砾卵石防护。用于边坡防护时,厚5~7cm;用于路肩防护时,厚为10~15cm,先用10cm以上的卵石在边坡上做成1m×1m或2m×2m并与路肩边缘成45°角的方格,格内平铺粒径较小的砾石;路肩平铺砾石,应进行整平并夯(或拍)实。

4)沥青防护

(1)平铺沥青砂。采用10%~20%热沥青与80%~90%的风积沙混合,直接平铺、拍实。

(2)直接喷洒沥青或渣油。采用低标号沥青、渣油,熬热后洒在边坡上,然后撒一薄层风积沙。

四、多年冻土路基

年平均气温在0℃的条件下,地下形成一层能长期保持冻结状态的土,这种土叫作多年冻土。在我国的东北、西北及青藏高原的高寒地区,分布有成片的多年冻土,如图3-44所示。低温地带的多年冻土往往含有大量水分或夹有冰层,并有一些不良的物理地质现象,易引起的路基病害主要包括:路堑边坡坍塌、路基底发生不均匀沉陷;由于水分向路基上部积聚而引起冻胀、翻浆;路基底的冰丘、冰堆往往使路基鼓胀,引起路基、路面的开裂与变形,而融化后又发生不均匀沉陷等。

图3-44 青藏铁路冻土路基

针对其病害的不同情况,可以采取以下措施:

(1)多年冻土地区的路基养护,应遵守"保护冻土"的原则,做到"宜填不挖"。除满足不同地区、气候、水文、土壤等路基填筑的最小高度外,另加50cm保护层。路基填方高度不宜小于1m。

（2）养护材料尽量选用砂砾等非冻胀性材料，不适宜用黏土、重黏土等毛细作用强、冻胀性大的养护材料。

（3）加强排水，防止地表积水，保持路基干燥，减少水融，最大限度地保护冻土。应完善路基侧向保护和纵横向排水系统，地表径流应分段截流，通过桥涵排出路基下方坡脚20m以外。路肩坡脚20m以内不得破坏地貌，不得挖除原有草皮；取土坑应设在路基坡脚20m以外；路基上侧20m处应开挖截水沟，防止雨雪水沿路基坡脚长流或向低处汇积，造成地表水下渗，路基下冻土层上限下降。疏浚边沟、排水沟时，应防止破坏冻土层，导致冻土融化，产生边坡坍塌。

（4）当受地形限制，路基填筑高度不够时，应铺筑保温隔离层，隔温材料可采用泥炭、炉渣、碎砖等，防止热融对冻土的破坏。

（5）防护构造物应选用耐融性材料。选用防水、干硬性砂浆和混凝土时，在冰冻深度范围内，其强度等级应提高一级。

（6）流冰的治理宜采用下列方法：将路基上侧的泉水、夹层和透水层的渗水，从保温暗沟（或导管）导流出路基外，如含水层下尚有不冻结的下层含水层，则可将上层水引入下层含水层中排出。具体做法是，将泉水源头至路基挖成1m深沟，上面覆盖柴草保温材料，再修一小坝积水井（观察眼），路基下放导管（直径30cm），管的周围用保温材料包裹，防止结冰，避免冰丘的形成。

（7）提高溪旁路基的高度，使其高于流冰面60cm以上。当因受地形或纵坡限制不能提高路基时，可在临水一侧路外筑堤坝或从中部凿开一道水沟，用树枝杂草覆盖加铺土保温，使水流沿水沟流动，避免溢流上路。如地形许可，可将溪流改至远离公路处通过。

在多年冻土区，可存路上侧10~15m以外开挖与路线平行的深沟，以截断活动层泉流，在冬季使涎流冰聚集在公路较远处，保证公路不受涎流冰的影响。根据涎流冰的数量，在公路外侧修筑储冰池，使涎流冰不上公路，如图3-45所示。

图3-45　涎流冰病害

五、沼泽及软土路基

我国东北的大小兴安岭、长白山、三江平原、松辽平原及青藏高原和西北地区的湖盆洼地和高寒山地均分布有泥沼；在湖塘、盆地、江河湖海沿岸和山河洼地，则分布有近代沉积的软土。泥沼、软土地带的路基，多因地面低洼、降水充足、地下水位高、含水饱和、透水性小、压缩性大、抗剪强度低，在填土荷载和行车荷载下，容易出现沉降、冰冻膨胀、弹簧、沉陷、滑动、基底

向两侧挤出等病害。路基损坏的整治应针对病害情况,采取下列措施:

(1) 降低水位。当在路基两侧开挖沟渠的工程量不大时,可加深路堤两侧边沟,以降低水位,促进路基土渗透固结,达到稳固路基的效果。

(2) 反压护道。当路堤下沉,两侧或路堤下坡一侧隆起时,可采取在路堤两侧或一侧填筑适当高度与宽度的护道,在护道重力作用下,使路堤两侧(或单侧)有被挤出隆起的趋势得以平衡保证路堤稳定,如图3-46所示。

图3-46　用反压护道加固软土路堤

(3) 换填。将病害处路堤下软土全部挖出,换填强度较高、渗透性较好的砂砾石及碎石,如图3-47所示。

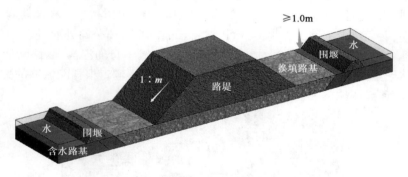

图3-47　换填砂砾石(碎石)

(4) 抛石挤淤。抛石挤淤为强迫换填的一种形式,适用于软土液性指数大,层厚较薄,片石能沉达下部硬卧层者。采用较大的片(块)石,直径一般不小于30cm。先将病害路段路堤挖到软土层,抛石自路堤中部开始,逐步向两侧展开,使淤泥挤出,在片(块)石抛至一定高度后(一般要露出淹没水面),再用压路机碾压,然后在其上铺设反滤层,最后填土至路基设计高度,如图3-48所示。

(5) 侧向压缩。在路堤坡脚砌筑纵向结构,限制软土侧向挤出,可采用板桩、木排桩、钢筋混凝土桩、片石齿墙等,如图3-49所示。

(6) 挤密法。在软土路基中采取冲击或振动等方法造成一定直径的钻孔,向孔中灌注砂、石、灰土或石灰等材料,捣实而成直径较大的桩体,利用横向挤进作业,使路基土粒彼此靠紧,孔隙减小。桩体具有较高的承载能力,复合地基的桩体置换率约为10%~15%桩和原土组成复合地基,达到加固的作用。

图 3-48　抛石挤淤

图 3-49　侧向压缩

除上述方法外,还可采用砂石垫层、砂井(桩)、袋装砂井、塑料排水板以及土工织物滤垫等方法,以改善排水条件,稳定路基。路堤两侧边坡,宜栽植柳树、枫树、杨树等亲水性好、根系发达的树木,以增强路基抵抗冲刷和侵蚀的能力。

单元 3-5　典型路基病害的处理

一、路基翻浆

潮湿地段的路基在冰冻过程中,土中的水分不断地向上移动聚集,引起路基冻胀。春融时,路基湿软,强度急剧降低,加上行车的作用,路面出现弹簧、鼓包、冒浆、车辙等现象,称为翻浆(图 3-50)。

1. 造成路基冻胀与翻浆的条件

(1) 土质。采用粉性土做路基,便构成了冻胀与翻浆的内因,粉性土毛细上升速度快,作用强,为水分向上积聚创造了条件。

(2) 水文。地面排水困难,路基填土高度不足,边沟积水或利用边沟作农田灌溉,路基靠近坑塘或地下水位较高的路段,为水分积聚提供了充足的水源。

(3) 气候。多雨的秋天、暖和的冬天、骤热的晚春、春融期降雨等都是加剧湿度积聚和翻浆现象的不利气候。

图 3-50 翻浆

(4)行车。通行过大的交通量或过重的汽车会加速翻浆发生。

(5)养护。不及时排除积水,弥补裂缝,会促成或加剧翻浆的出现。

2.翻浆的分类和分级

根据导致翻浆发生的水类来源和翻浆时路面的变化破坏程度,可分为 5 种类型和 3 个等级,见表 3-1、表 3-2。

翻 浆 分 类　　　　　　　　　　　表 3-1

序号	翻浆类型	导致翻浆的水类来源
1	地下水类	受地下水的影响,土基经常处于潮湿状态,导致翻浆。地下水包括上层滞水、潜水、层间水、裂隙水、泉水、管道漏水等。其中,潜水多见于平原区,层间水、裂隙水、泉水多见于山区
2	地表水类	受地表水的影响,土基潮湿,导致翻浆。地表水主要指季节性积水,也包括路基、路面排水不良而造成的路旁积水和路面积水
3	土体水类	因施工遇雨或用过湿的土填筑路堤,造成土基原始含水率过大,在负温度作用下上部含水率显著增加导致翻浆
4	气态水类	在冬季强烈的温差作用下,土中水主要以气态形式向上运动,聚积于土基顶部和路面结构层内,导致翻浆
5	混合水类	受地下水、地表水、土中水或气态水等两种以上水类综合作用而产生的翻浆。此类翻浆需根据水源主次定名

翻 浆 分 级　　　　　　　　　　　表 3-2

翻浆等级	路面变形破坏程度
轻度	路面龟裂、潮湿、车辆行驶时有轻微弹簧
中度	大片裂纹、路面松散、局部鼓包、车辙较浅
重度	严重变形、翻浆冒泥、车辙很深

3.路基翻浆的预防

在日常养护中,应经常使路基表面平整、坚实、无坑槽辙沟,路拱及路肩横坡坡度符合规定标准,路肩上无坑洼、无堆积物及边沟通畅不存水;及时扫除积雪,使路基顶面不存雪,防止雪水渗入路基。

当路面出现潮湿斑点、龟裂、鼓包、车辙等现象时,表明路基已发软,翻浆已开始,此时应对其长度、起讫时间及气温变化、表面特征等进行详细的调查分析,作出记录,确定其治理方案,常采用以下养护措施防止翻浆加重。

(1)在路肩上开挖横沟,及时排除表面积水。横沟间距一般为3~5m,沟宽为30~40cm,沟深至路面基层以下,高于边沟沟底。横沟底面要做向外倾斜的坡,坡度为4%~5%。两边路肩的横沟要错开挖。

当开始出现翻浆的路段不太长时,也可在路面的边缘挖出两道纵沟,宽25cm,深度随路面厚度而定,然后再每隔300~400m挖一道横沟。

(2)及时修补路面坑槽和路肩坑洼,保持路面和路肩平整,以利于尽快排除表面积水。

(3)如条件许可,应控制重型车辆通过或令车辆绕道行驶。

(4)在交通量较小、重车通过不多的公路上,可用木料、树枝等做成柴排,铺于翻浆路段,再铺上碎石、砂土,维持通车,当翻浆停止,路基渐趋稳定,应及时拆除临时设施,恢复路基原状,如图3-51所示。

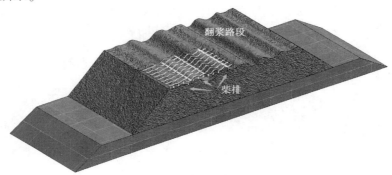

图3-51 柴排处置翻浆路段

(5)砂桩防治。当路基出现翻浆现象时,可在行车带部位开挖渗水井,随时将渗水井内的水排出,边排水、边加深,直至冰冻层以下;当渗水基本停止,即可填入粗砂或碎(砾)石,形成砂桩。砂桩可做成圆形或矩形,其大小以施工方便和施工时维持行车为度。一般其直径(或边长)为30~50cm,桩距和根数可根据翻浆的严重程度而定,一般一个砂桩影响面积为5~10m^2。

4.路基翻浆的处治

当因各种原因造成了路基翻浆,应根据不同情况采取下列治理措施:

(1)因路基偏低、排水不良而引起的翻浆,若地形条件许可,可采用挖深边沟降低水位的方法进行处理,或者用透水性良好的土提高路基。

(2)当路基土透水性不良、提高路基有困难时,可将路基上层40~60cm的土挖除,换填砂性土、碎(砾)石,压实后重铺路面。在翻浆现象严重路段应将翻浆部分软土全部挖除,填入水稳定性良好的砂砾材料并压实,然后重铺路面。

(3)设置透水性隔离层。其位置应在地下水位以上,一般在土基50~80cm深度处(在盐渍土地区的翻浆路段,其深度应同时考虑防止盐胀和次生盐渍化等要求),用粗集料(碎石、砾石或粗砂)铺筑,厚度为 10~20cm,分别自路基中心向两侧做成 3% 的横坡。为避免泥土堵塞,隔离层的上下两面各铺 1~2cm 厚的苔藓、泥炭、草皮或土丁布等其他透水性材料防淤层。连接路基边坡的部位,应铺大块片石防止碎落,隔离层上部与路基边缘之高差 h 不小于 50cm,底部高出边沟底 20~30cm,如图 3-52 所示。

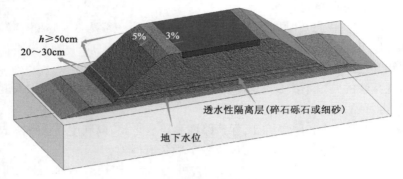

图 3-52 粗粒料透水性隔离层

(4)设置不透水隔离层。在路面不透水的路基中,可设置不透水隔离层。设置深度与透水隔离层相同。当路基宽度较窄时,隔离层可横跨全部路基,称为贯通式;当路基较宽时,隔离层可铺至延出路面边缘外 50~80cm,称为不贯通式,如图 3-53 所示。

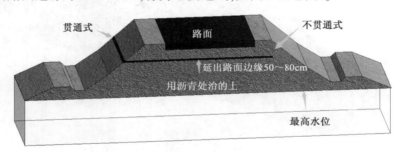

图 3-53 不透水隔离层

(5)为防止水的冻结和土的膨胀,可在路基中设置隔温层(一般为北方严重冰冻地区),以减少冰冻深度。厚度一般不小于 15cm,隔温材料可用泥炭、炉渣、碎砖等直接铺在路面下,宽度每边宽出路面边缘 30~50cm,如图 3-54 所示。

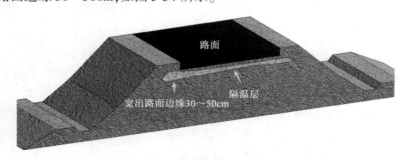

图 3-54 隔温层式样

(6)设置盲沟以降低地下水位,截断地下水潜流,使路基保持干燥。

①在路肩上设置横向盲沟。其位置应与路中心线垂直。当路基纵坡大于1%时,则与路中心线构成60°~75°的斜度(顺下坡方向)。两侧相互交错排列,间距为5~10m,深度为20~40cm,填以透水性良好的砂砾等材料。横向盲沟出口按一般盲沟处理。盲沟往往容易淤塞,应经常观察其使用情况。

②当地下水潜流顺路基方向从路基外侧向路基流动,可在路基内设横向截水盲沟或在路基外设纵向沟,使其不侵入路基。盲沟的设置应与地下水含水层的流向成正交,并深入该层底部,以截断整个含水层,如图3-55所示。

图3-55 横向盲沟布置图

③如因地下水位高,可在路基边沟底下设置纵向盲沟,其深度一般为1~2m,但应根据当地毛细水作用高度及需要降低水位多少而定,如图3-56所示。

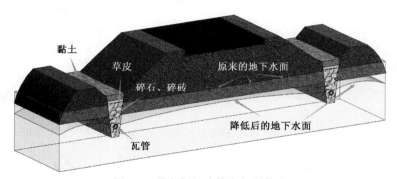

图3-56 纵向盲沟(有管渗沟)的修法

④盲沟应选择渗水良好的碎(砾)石填充。对较深的截水盲沟,则应按填充料颗粒的大小分层填入(下大、上小),也可埋设带孔的泄水管。沟面用草皮反铺掩盖,覆以密实的结合料,以防止地面水渗入。

(7)改善路面结构

①铺设砂砾垫层以隔断毛细水上升,增进融冰期蓄水及排水作用,减小冻结或融化时水的体积变化,减轻路面冻胀和融沉作用。

②铺设水泥稳定类、石灰稳定类、石灰工业废渣类等路面基层结构层,以增强路面的板体性、水稳定性和冻稳定性,提高路面的力学强度。

综上所述,针对不同地区或条件,应选择不同的防治翻浆的措施。

二、滑坡

路基山坡土体或岩层,由于长期受地面水和地下水的影响,其结构破坏,逐渐失去支撑力,在自重作用下,整体沿着一个滑坡面向下滑动。这种滑动通常是缓慢的,但坡度较陡时也会突然下滑。每次滑动后,滑坡体并不完全稳定,会继续出现裂缝。这种现象称为滑坡,如图 3-57 所示。

图 3-57　滑坡

我国西南地区(云、贵、川、藏)是滑坡分布的主要地区,东南、中南的山岭和丘陵地区滑坡也比较多,西北黄土高原及青藏高原和兴安岭的多年冻土地区也都有滑坡分布。

1. 滑坡产生的原因

1) 地质因素

地质因素包括具备蓄水构造、聚水条件、软弱面(或带)及向路基倾斜的岩层地质等情况,遇有以下情况就可能发生滑坡。

(1) 山坡表面土壤或岩层为透水的,下面为不透水土壤或岩层,且其层理倾向路基。如遇地下水活动,会使表层沿着不透水的隔水层滑动而造成滑坡。

(2) 山坡岩层软硬交错,且其软弱面向路基倾斜,由于风化程度不同或地下水侵蚀等关系,岩层可能沿着软弱面向下滑动。

(3) 当边坡上部为松散岩层或堆积层,其下面的主要岩层较陡而又伸向路基时,则其上部松散岩层或堆积层易于滑坡。

(4) 当路线穿过岩层软硬不均的岩石断开地带,又为地下水集中活动的地区时,开挖的路堑容易引起滑坡。

2) 水文影响

水文影响主要表现在以下几个方面:

(1) 大量雨水渗入滑坡体内,使土体湿软,增加重量,降低强度,加速滑坡活动。

(2) 地下水量增加,浸湿滑坡面。

(3) 不合理的排水措施,如在渗水性强的边坡顶上设置无防水层的截水沟,当地面水流入截水沟内,大量渗入土中而促使滑坡发生。

(4) 河溪水位涨落,渗入滑坡体内,引起边坡下滑。

(5) 边坡上方有灌溉渠道或水田,没有进行适当处理,渗漏严重,造成滑坡。

2. 滑坡的防治

由于滑坡的类型很多,且成因复杂。因此,在防治和处理滑坡时,要针对各种不同情况采取不同的防治措施。公路上滑坡多发生于路基上边坡,这是因为修筑公路破坏了地貌自然的平衡,因此防治滑坡的措施应以排水疏导为主,再配合抗滑支撑措施或上部减重,以维持边坡平衡。其主要方法有以下几种:

1) 排除地面水

(1) 对路基上边坡的裂缝或截水沟漏水形成的大裂缝,必须及时予以夯实,以防地面水向下渗透。

夯填方法是先沿裂缝挖深、挖宽。一般要求挖到看不见裂缝隙为止,如果裂缝隙很深,至少要挖深 1m,裂缝两侧松土要挖掉,再用黏土分层夯实,顶部应填成鱼背形,如图 3-58 所示。填好后要经常观察,特别在雨后几天内要细致检查,如再出现裂缝,应再行填补。

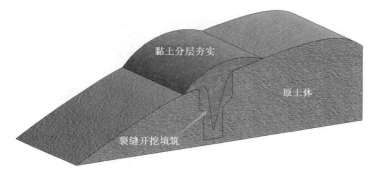

图 3-58 裂缝开挖和填筑方法

南方各省的山区公路,其路堑上方往往有灌渠或水田,应把灌渠用石块浆砌,防止漏水;有水田的,加造一道不渗水的截水沟,把路堑上边坡与水田隔开。

(2) 设置截水沟与排水沟。在容易发生滑坡或已发生滑坡的边缘上方修建截水沟,不仅要把滑坡体以外的地面水,从截水沟引向桥涵或排水沟排出,还要在坡面上设树枝状排水沟来排除滑坡体范围内的地面水,截水沟的断面尺寸及布置,可参照排水设计进行,如图 3-59 所示。

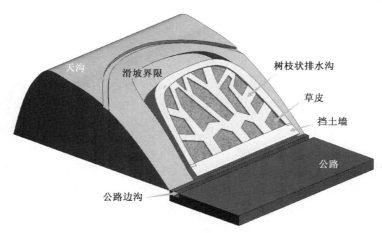

图 3-59 截水沟与排水沟布置

2) 排除地下水

对地下水,一般以疏导为主,不应采取堵塞的方法,通常设置各式渗沟(如支撑渗沟、边坡渗沟、截水渗沟等)来排除。

(1) 支撑渗沟,用以支撑不稳定的滑坡体,兼起排除和疏干滑坡体内地下水的作用,适用深度(高度)为 2~10m。

支撑渗沟有主干和分支两种。主干平行于滑动方向,布置在地下水露头处或由土中水形成坍塌的地方,支沟应根据坡面汇水情况合理布置,可与滑坡移动方向成 30°~45°的交角,并可伸展到滑坡范围以外,起挡截地下水的作用,如图 3-60、图 3-61 所示。

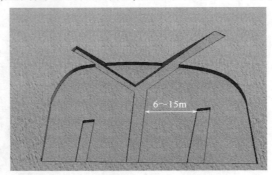

图 3-60 支撑渗沟布置示意图

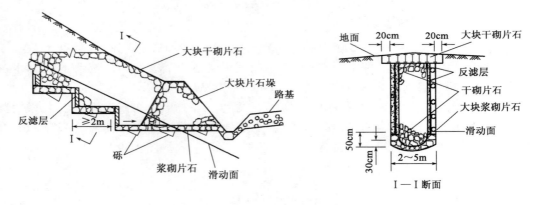

图 3-61 支撑渗沟结构示意图

(2) 边坡渗沟。当滑坡体前缘的路基边坡有地下水均匀分布或坡面大片潮湿时,可修建边坡渗沟,以疏干和支撑边坡;同时,边坡渗沟也能起到截阻坡面径流和减轻坡面冲刷的作用。

边坡渗沟的平面形状有垂直、分支及拱形 3 种。分支渗沟的主沟主要起支撑作用,而支沟则起疏干作用。分支渗沟可以互相连接呈网状布置,如图 3-62 所示。

(3) 截水渗沟。当有丰富的深层地下水进入滑坡体时,可在垂直地下水流的方向上设置截水渗沟,以拦截地下水,并排出滑坡体外,如图 3-63 所示。

(4) 养路部门常用毛竹管埋入滑坡体,管内再套一根比毛竹管略长的小竹竿,经常拉动,将地下水引出,这是产竹地区一种经济可行的排除地下水的方法。

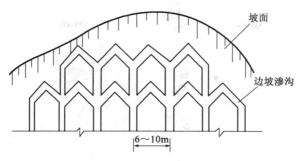

图 3-62　网状边坡渗沟

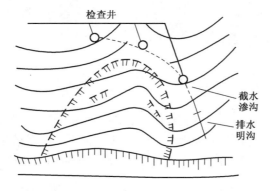

图 3-63　截渗沟平面布置

3）修筑抗滑支挡结构

（1）修筑挡土墙。

①干砌挡土墙因其透水性和通风性好，对防治中型滑坡比较适宜。干砌块石、片石挡土墙本身透水，一般可不设泄水孔，有地下水大量聚积时，墙后要有排水设施，以便排除地下水，以免降低挡土墙的稳定性。

②设置木挡土墙时，每隔 0.8～1.0m 打一根木桩，木桩入土深度不小于 2m，桩后密钉木板或半圆木。垂直于滑坡方向，布置成阶梯形状，必要时分为 2～3 层。木挡土墙用于滑坡数量不大，土壤可以打桩的情况，如图 3-64 所示。

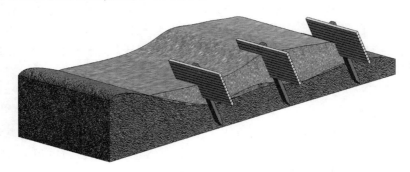

图 3-64　木挡土墙

③设置石笼挡土墙时，石笼可就地取材，利用当地毛竹、荆条、藤条编成笼筐，内填片石或卵石，堆成挡土墙，如图 3-65 所示。笼与笼间要用铁丝连接，上下层用小木桩串联成一整体，

叠置时上层比下层收进去 0.2~0.3 m,呈台阶状。

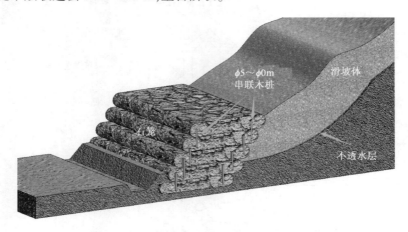

图 3-65　石笼式挡土墙

(2)修筑抗滑垛。

①抗滑垛一般用于滑体不大、自然坡度平缓、滑动面位于路基附近或坡脚下部较浅处的滑坡。抗滑垛主要是依靠石剁的自重来增加抗滑力的一种简易抗滑措施。

②片石垛可用于片石干砌或石笼堆成。图 3-66 所示为用于路堤滑坡的干砌片石抗滑垛。

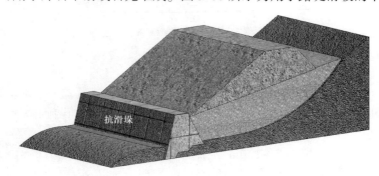

图 3-66　干砌片石抗滑垛

(3)修筑抗滑桩。抗滑桩是一种用桩的支撑作用稳定滑坡的有效抗滑措施,一般适用于非塑性体层和中厚度滑坡前缘,以及使用重力式支撑建筑物圬工量过大、施工困难的工作场景。抗滑桩按制作材料的不同可分为混凝土桩、钢筋混凝土桩;按施工方法不同可分为打入桩、钻孔桩、挖孔桩等。

图 3-67 为浅路堑边坡滑坡采用混凝土桩稳定滑坡体的示例图。

4)减重与改线

减重的目的是减少滑坡体上部土石方质量,以减少下滑力。在地下水情况严重,排除困难时,常在滑坡范围将滑坡体修刷平缓,达到减少下滑力的目的;当滑坡范围很大,用上述办法处治难以奏效或不经济时,可考虑局部改线,避开危险地段。

此外,所有滑坡地区都应种植草皮或灌木林,因为植物能吸收土壤中的大量水分,使其干燥,且根系深入土中,能起至固结土壤、防止水土流失、稳定边坡的作用。

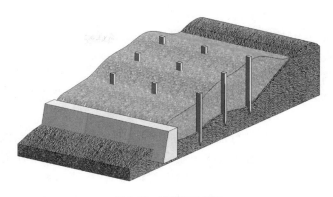

图 3-67　抗滑桩示意图

三、崩塌

崩塌是指路基边坡土体或岩层在自重作用下,突然从边坡上崩塌下来,速度快,冲击力强,是较为常见且危害较大的路基病害之一。崩塌在雨季山区公路上经常发生。贵州凯里山体崩塌如图 3-68 所示。

图 3-68　贵州凯里山体崩塌

1. 崩塌的原因

（1）土质边坡坡度过陡且较高,不符合规范规定或边坡植被差。

（2）不良的地质条件。例如,山坡为堆积的砂黏土加碎石、块石、大孤石的土壤;山坡岩层软硬交错,风化程度不同,尤其下部软岩剥蚀,最易引起上部硬岩崩塌,公路穿过岩层断裂地带,地面水渗入裂缝,或地下水汇聚到裂缝地带活动;土质及岩石在反复冻融作用下,土体稳定性降低,岩石裂缝加速发展。上述情况均是造成崩塌的不良地质条件。

（3）人为的破坏,如在边坡上任意取土撬石、挖空坡脚、不适当的大爆破振松了岩层以及在水的侵蚀下都会造成崩塌。

2. 崩塌的防治

（1）整修边坡。在路堑斜坡上发现有裂缝、滑动现象或因地下水影响而引起边坡变形,可能造成崩塌时,应自上而下进行修坡,使边坡顺适,达到稳定的边坡度。坡顶以上 3m 内,如有大树也要砍掉,以防暴风雨刮倒大树,横卧公路,造成堵塞。

当公路发生崩塌堵塞时,可先在崩塌体坡脚抢挖出一条单车道通车,然后再进行彻底清除与修改。

(2)做好排水设施。排除地面水,可修建截水沟、排水沟;排除地下水,可修建纵、横盲沟,与处理滑坡相类似。

(3)加固边坡。对边坡表面进行加固与防护,可以增加坡面的稳定性,防止风化、剥蚀与冲刷,减少地面水渗入土体。对土方边坡一般采用密铺草皮,采集石料方便的地方也可以做石砌护坡。边坡如为软硬岩石交错组成时,可采用灰浆抹面,在抹面前,应先清除松动岩屑及风化层,并嵌补坡面的坑洼。对于易风化的软质岩层的边坡,特别是节理发达的,可修建浆砌片石护墙或干砌块石护墙(应加水泥砂浆勾缝)来保护。

(4)修筑挡土墙或石垛。挡土墙是防治崩塌的重要措施,它可增加边坡支撑力量。个别危石不能用清除办法,又不必修挡土墙时,可以做浆砌块石石垛、立柱等支撑加固。

(5)禁止在边坡上任意取土挖石,必要时应经由养路部门同意,指定料场,有计划、有步骤地自上而下挖取,以不妨碍边坡稳定为原则。

(6)经常加强养护。在雨季前,要仔细检查易于发生崩塌的地段。新建公路在运营初期 2~3 年内,更应加强检查。如发现有崩塌危险地段,应先将危险部分土石方清除,以免突然下塌,阻断交通。

对碎落、剥落到路基上的小塌方体,要随时清除,以免妨碍边沟正常排水;对较大塌方体,在全部清除之前,要沿塌方底部挖出临时排水沟,以免水漫过路面,集中冲刷下边坡造成缺口。

四、泥石流

泥石流是一种突然爆发的含大量泥沙石块的洪流。其对路基的危害主要是通过堵塞、冲刷、撞击等造成的,也可通过压缩、堵塞河路使水位壅升,淹没上游沿河路基,或者迫使主河槽改道,引起对岸冲刷,造成间接水毁。我国泥石流主要分布于西南、西北及华北的山区,华南、台湾及海南岛等地区也有零星分布。汶川银杏乡泥石流灾害如图 3-69 所示。

图 3-69　汶川银杏乡泥石流灾害

1. 泥石流的形成类型

（1）水流冲刷山坡滑落物质而形成的泥石流。山坡或沟岸泥沙由于重力作用而不断的坍塌、碎落或滑坡而落入沟道，在暴雨的冲击下而形成泥石流。这种形式中最严重的是大型滑坡堵断沟道。水流直接由滑坡体上流过或形成溃决，也有在暴雨时滑坡体中的饱和水与滑坡体一拥而下，形成强大的泥石流。

（2）由水流冲刷河床物质而形成的泥石流。水流直接冲动沟底泥沙而形成泥石流的现象越来越被重视，最危险的是河床表面有粗化层，当沟谷中发生的洪水将粗化层冲走，下部细粒泥沙将发生溃决性冲刷，形成大规模的泥石流。

（3）由滑坡直接演变为泥石流。滑坡在高速滑动过程中，土体被液化而形成泥石流。

（4）融冻泥石流。融冻泥石流原来是指高山地区山坡由于融冻作用而产生向下滑动的液化土体。但近年来发现，在低山的季节性冻土地区的一些黄土或类黄土覆盖的沟谷内，在黄土下部基岩表面的地下水渗出带、冬季出露点一带，由于地表地下水冻结而不往外流，地下水积蓄而液化土体，在化冻季节形成泥石流，在沟道内聚积而向下流动，并形成沟岸滑塌。

（5）矿山废渣由于水流冲刷或滑塌而形成泥石流。

2. 泥石流的防治方法

对泥石流病害应进行调查，通过访问、测绘、观测等获得第一手资料，掌握其活动规律，有针对性地采取以"预防为主、综合治理"的方法来减轻泥石流带来的危害。在泥石流严重地区，养护部门应加强巡视检查，观察其变化动态，尽力采取防治措施。通常，对泥石流可以采取以下措施进行防治。

（1）植树造林，封山育林。对流泥、流石的山坡，在春秋两季，应大量植树造林，铺植草皮，特别是在分水岭、山坡、洪积扇上及沟谷内。树木应以生长快、根系多的柳树等为宜。铺草皮要先修整边坡，铺后要用木槌拍紧、拍平、使接缝紧密。但因草皮只能预防坡面冲刷、剥蚀，因此，对滑动没有停止的边坡，不宜种植。同时，应控制放牧，不允许在同一坡面上伐树、采挖草皮，以防造成新的泥石流。

（2）平整山坡，填充沟缝，修筑梯阶、土埂，以控制水土流失，防止滑坡发展。

（3）修筑排水及支挡工程，如修筑截水沟、边坡渗沟等排水工程，设置支撑挡土墙，加固沟头、沟底、沟坡，以稳定山坡。

（4）在地质条件好的上游，分级修建砌石或混凝土拦渣坝，以起到沉积、拦阻泥石流的作用。坝址宜选在能充分停淤的沟谷狭窄处，基础要设置在可靠的地基上，沉积在坝后的泥石，要随时清除。

（5）小量的泥石流应在路肩外缘设置碎落台或修建拦渣挡墙，并随时清除冲积的泥石。

（6）采用桥梁或涵洞跨越泥石流，但要考虑淤积的问题。

（7）采用明洞及隧道，一般用于路基通过堆积区、泥石流规模大、常发生危害严重且采取其他措施有困难时的情况下。

（8）采用排洪道、急流槽、导流堤、渡槽等设施使泥石流顺利排走，以防止淹没道路、堵塞桥涵。

1. 路基养护的基本要求有哪些?
2. 路基路肩的防护措施有哪些?
3. 路基排水设施养护要求有哪些?
4. 引起路基翻浆的因素有哪些?如何采取措施预防路基翻浆?
5. 特殊路基都包括哪些路基?各种防治的核心点是什么?

模块 4
UNIT FOUR
路面养护

 模块导读

善治病者,必医其受病之处;善救弊者,必塞其起弊之原。

路面是指用各种筑路材料铺筑在道路路基上直接承受车辆荷载的层状构造物。质量良好的路面应有足够的强度和良好的稳定性,其表面应达到平整、密实和抗滑的要求。沥青路面相对于水泥路面来说,具有行车舒适、无接缝、安全不反光、抗滑性能好、造价低、施工期短、维修方便、养护费用低等优点。因此,沥青路面在我国公路(特别是高速公路)建设中占有数量(里程)上的绝对优势。

本模块从公路路面养护工作方面入手,以最常见的沥青路面养护工作为导入,逐步介绍路面养护的基本知识、公路与市政道路病害差异、水泥路面养护及路面基层改善等养护工程具体要求和方法,再配合典型工程案例将全部知识点贯穿起来,达到融会贯通。

本模块思维导图如图 4-1 所示。

 模块任务

(1)掌握路面养护的基本知识;
(2)了解路面损坏调查评定与养护对策选择;
(3)掌握沥青混凝土路面养护;
(4)掌握水泥混凝土路面养护;
(5)掌握路面基层改善;
(6)了解公路路面技术状况检测网级项目。

能力目标

(1)能叙述路面常见病害及原因;
(2)能把握路面养护工作的内容及要求;
(3)能叙述不同路面各部分的具体养护要求及措施;
(4)能把握路面养护的养护对策内容;

(5)能编制路面养护维修报告;
(6)熟悉路面养护维修的过程。

思政目标

(1)通过沥青混凝土和水泥混凝土路面外业病害调查工作,体会团队协作、吃苦耐劳、与时俱进的精神;通过典型路面病害的识别与诊断,培养精益求精、爱岗敬业等情操。

(2)通过学习公路路面技术状况检测网级项目实例,结合家乡道路建设养护现状,体会家国情怀与职业担当。

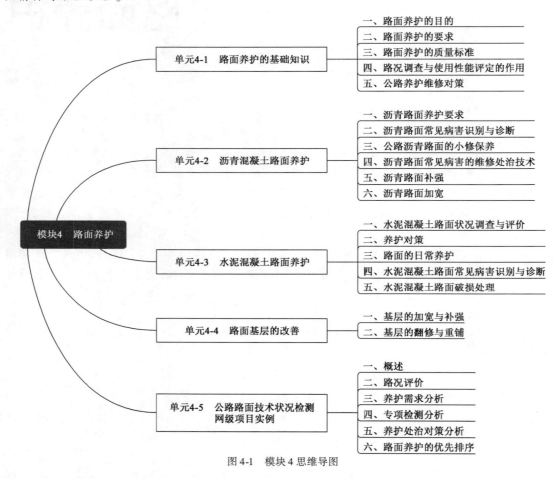

图 4-1 模块 4 思维导图

单元 4-1　路面养护的基础知识

一、路面养护的目的

汽车在路面上行驶,除了克服各种阻力外,还会通过车轮把垂直力和水平力(水平力又分

为纵向力和横向力)传给路面。另外,路面还会受到车辆的振动力和冲击力作用;在车身后面还会产生真空吸力作用。在上述各种外力的综合作用下,路面结构层内会产生大小不同的压应力、拉应力和切应力。如果这些应力超过了路面结构整体或某一组成部分的强度,路面就会出现断裂、沉陷、波浪、松散和磨损等破坏(图4-2)。因此,路面结构整体及其各部分必须通过养护,保持足够的强度,以抵抗在行车荷载作用下所产生的各种应力。同时,路面还应有一定抵抗变形的能力,即所谓路面的刚度。如果路面结构整体或某一部分刚度不够,即使强度足够,在车轮荷载作用下也会产生过量的变形,而造成车辙、沉陷或波浪等破坏。

图4-2　路面破损

二、路面养护的要求

路面养护的要求如下:

(1)及时、经常地对路面进行保养和修理,防止路面松散、裂缝和拥包等各种病害的产生和发展。

(2)通过对路面的保养和修理,保持和提高路面的平整度和抗滑能力,确保路面安全、舒适的行驶性能。

(3)通过对路面的修理和改善,保持和提高路面的强度,确保路面的耐久性。

(4)防止因路面损坏和养护操作污染沿线环境。

三、路面养护的质量标准

1. 沥青路面养护质量标准

(1)沥青路面平整度、抗滑性能及路面状况的养护质量标准应符合表4-1的规定。

平整度、抗滑性能及路面状况的养护质量标准　　　　　表 4-1

序号	项　目		高速公路、一级公路	其他等级公路
1	平整度(mm)	平整度(σ)	≤3.5	≤4.5(≤5.5 或 ≤7.0)[①]
		3m 直尺(h)	≤7	≤10(≤12 或 ≤15)[②]
		IRI(m/km)	≤6	≤8
2	抗滑性能	SFC	≥40	≥30
		BPN	—	≥32
3	PCI		≥70	≥55

注：①对于其他等级公路的平整度方差 σ：沥青碎石、贯入式应取低值 4.5，沥青表面处治取中值 5.5，碎砾石及其他粒料类路面取高值 7.0。

②对于其他等级公路的平整度 3m 直尺指标：沥青碎石、贯入式应取低值 10，沥青表面处治取中值 12，碎砾石及其他粒料类路面取高值 15。

（2）沥青路面强度的养护质量标准应符合表 4-2 的规定。

沥青路面强度的养护质量标准　　　　　表 4-2

评价指标	高速公路、一级公路	其他等级公路
SSI	≥0.8	≥0.6

（3）沥青路面车辙养护质量标准应符合表 4-3 的规定。

沥青路面车辙养护质量标准　　　　　表 4-3

评价指标	高速公路、一级公路	其他等级公路
RDI(mm)	≤15	—

注：对于其他等级公路不对车辙深度作要求。

（4）沥青路面应保持横坡适度，以利排水，各种路面类型的路拱坡度应符合表 4-4 规定。

沥青路面路拱坡度　　　　　表 4-4

评价指标	高速公路、一级公路	其他等级公路
路拱坡度	1.0~2.0	—

注：对于高速公路、一级公路路拱横坡的养护标准，路面结构排水良好的可比表列值低 0.5%，其他等级公路的路拱横坡可视公路等级情况比《公路工程技术标准》(JTG B01—2014)中相应的设计值低 0.5%作为养护标准。

2. 水泥混凝土路面养护质量标准

水泥混凝土路面的养护质量标准应符合表 4-5 的规定。

水泥混凝土路面的养护质量标准　　　　　表 4-5

项　目		高速公路、一级公路	其他等级公路
平整度(mm)	平整度标准差(σ)	2.5	3.5
	3m 直尺(h)	5	8
	IRI(m/km)	4.2	5.8
抗滑性能	TD(mm)	0.4	0.3
	抗滑值 SRV(BPN)	45	35
	SFC	0.38	0.3

续上表

项　　目	高速公路、一级公路	其他等级公路
相邻板高差(mm)	3	5
接缝填缝料凹凸(mm)	3	5
PCI	≥70	≥55

四、路况调查与使用性能评定的作用

路况调查与评定的目的是为公路管理部门编制公路养护年度计划和维修对策提供依据，同时为方便日常养护和维修工作内容的确定也应进行路况调查和评价。相关部应按照要求调查频率对路面状况各项评价标准进行调查，采集路况数据，通过路况数据评定路面状况并充实和完善数据库；对路面使用性能进行长期观测和调查，研究其变化规律，分析路面产生病害的原因，拟订处治方案。某省2017年普通国道、省道技术状况(MQI及其分项指标)统计图、堆积图如图4-3、图4-4所示，其统计表见表4-6。

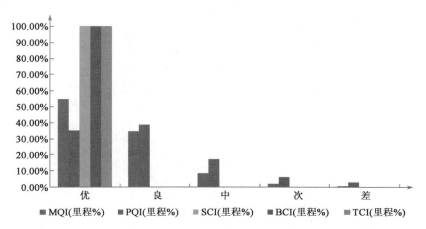

图4-3　某省2017年普通国道、省道技术状况(MQI及其分项指标)统计图

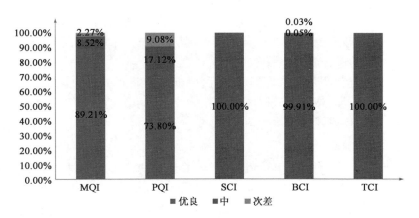

图4-4　某省2017普通国道、省道技术状况(MQI及其分项指标)堆积图

某省 2017 年普通国道、省道技术状况（MQI 及其分项指标）统计表　　表 4-6

评价指标	平均值	优良路率（%）	次差路率（%）	优（km）	良（km）	中（km）	次（km）	差（km）
MQI	89.15	89.21	2.27	8078.924	5149.099	1262.595	258.664	78.224
PQI	84.52	73.80	9.08	5196.782	5745.665	2539.074	931.215	414.770
SCI	99.94	100.00	0	14827.506	0	0	0	0
BCI	99.91	99.91	0.03	14777.481	37.025	8.000	3.000	2.000
TCI	99.97	100.00	0	14827.506	0	0	0	0

公路养护管理部门在制订资金需求和资金分配计划、公路养护工作计划，以及确定大、中、小修及保养对策和方案决策时，宜使用路面管理系统，以提高养护工作和管理决策的科学性。

路况调查与使用性能评定的具体内容见模块 2 相关内容。

五、公路养护维修对策

1.《公路养护技术规范》（JTG H10—2009）要求

沥青路面养护质量的评定等级分为优、良、中、次、差 5 个等级，按现行《公路技术状况评定标准》（JTG 5210）评定，并应按以下情况分别采取各种养护对策：

（1）在满足强度要求的前提下，当高速公路及一级公路的 PCI 评价为优、良，或者二级公路及二级以下公路的 PCI 评价为优、良、中时，以日常养护为主，并对局部破损进行小修；当高速公路及一级公路的 PCI 评价为中及中以下，或者二级及二级以下公路的 PCI 评价为次及次以下时，应采取中修罩面措施。

（2）在强度不能满足要求时，应采取大修补强措施，以提高其承载能力。

（3）当高速公路及一级公路的 RQI 评价为优、良，或者二级及二级以下公路 RQI 评价为优、良、中时，以日常养护为主；当高速公路及一级公路的 RQI 评价为中及中以下，或者二级及二级以下公路的 RQI 评价为次及次以下时，应采取罩面等措施改善路面的平整度。

（4）对于高速公路及一级公路的抗滑能力不足（SFC<40）的路段，或二级及二级以下公路抗滑能力不足（SFC<35.5）的路段，应采取加铺罩面层等措施提高路表面的抗滑能力。

（5）当路面不适应现有交通量或荷载的需要时，应通过提高现有路面的等级或通过加宽等改建措施提高公路的通告能力和服务质量。

（6）大、中修及改建工程的结构类型和厚度，可根据公路等级、交通量、当地经济条件和已有经验，通过设计确定，具体要求应符合《公路养护技术规范》（JTG H10—2009）中公路沥青路面罩面、补强和加宽的有关规定。

2. 公路养护维修决策树

《公路养护技术规范》（JTG H10—2009）中决策主要针对网级项目的决策，比较宏观。对项目级的养护维修对策，可根据公路网的资金分配情况和养护工作计划安排，结合各路况分项评价结果和本地区成熟的养护经验，选择具体的养护维修措施。某省公路网级养护决策树如图 4-5 所示。

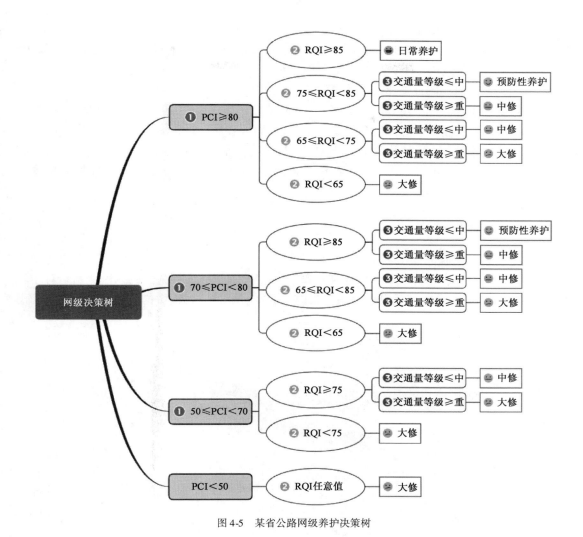

图 4-5　某省公路网级养护决策树

单元 4-2　沥青混凝土路面养护

　　沥青混凝土路面是以道路石油沥青、煤沥青、液体石油沥青、乳化石油沥青、各种改性沥青等为结合料,黏结各种矿料修筑的路面结构。由于其面层使用沥青结合料,因此增加了矿料间的黏结力,提高了混合料的强度和稳定性,使路面的使用质量和耐久性都得到了提高。与水泥混凝土路面相比,沥青路面具有表面平整、无接缝、行车舒适、耐磨、振动小、噪声低、施工期短、养护维修简便等优点,因此在目前高等级公路中占据相当大的比重。

　　沥青路面长期暴露在大气当中,并不断承受汽车荷载作用,在多种因素的综合作用下,导致各种病害的发生。沥青路面的物理力学性能随着水温状况的变化而变化,由于车辆的渠化交通和超载作用,导致路面破坏。

(1)在北方冰冻地区,有地下水作用或雨季有大量地面水渗入的情况下,会使路基强度降低,使路面在车辆荷载作用下产生较大变形而破坏。

(2)尤其冬季时使路面产生冻胀裂缝;春融季节则产生翻浆。

(3)路基处于良好的干湿状态下,冬季时路面则会产生低温缩裂。在非冰冻地区,中低级粒料路面在雨季、潮湿季节的强度和稳定性最低,路面很容易出现车辙等损坏。

(4)在干燥季节,路面尘土飞扬,磨耗严重,易影响行车视线并污染周围环境。在阳光、温度、空气等大气因素作用下,沥青路面容易老化,丧失黏塑性,进而在行车荷载作用下出现松散、裂缝及大面积龟裂。

一、沥青路面养护要求

(1)对沥青路面应进行预防性、经常性和周期性养护,加强路况巡查,掌握路面的使用状况,根据路面的实际情况制订日常小修保养和经常性、预防性、周期性养护工程计划。对于较大范围路面损坏和达到或超过设计使用年限的路面,应及时安排大、中修或改建工程。路面周期性养护路线如图4-6所示。

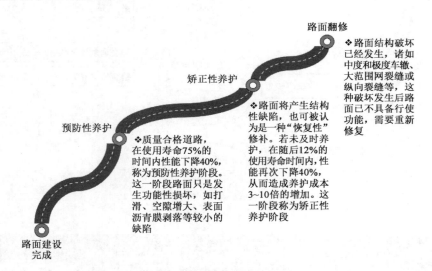

图4-6 路面周期性养护路线

(2)应及时掌握路面的使用状况,加强小修保养,及时修补各种破损,保持路面处于整洁、良好的技术状况。

(3)沥青路面养护工程使用的沥青、粗集料、细集料和填料的规格、质量要求、技术指标、级配组成及大修、中修、改建工程的设计、施工、质量控制,均应符合现行《公路沥青路面设计规范》(JTG D50)和《公路沥青路面施工技术规范》(JTG F40)的有关规定。

二、沥青路面常见病害识别与诊断

沥青路面的破损分为裂缝类、变形类、松散类及其他类四种类型,具体分类见表4-7。

沥青路面病害分类表 表 4-7

破 损 类 型	病 害 名 称
裂缝类	龟裂、块裂、纵裂、横裂
松散类	坑槽、松散、脱皮
变形类	沉陷、车辙、波浪、拥包
其他类	泛油、修补损坏

1. 裂缝类病害

沥青路面开裂是世界各国沥青路面使用中均会遇到的主要病害之一。无论是在冰冻地区,还是在非冰冻地区,都会产生沥青路面病害,只是各自的裂缝严重程度不同而已。沥青路面开裂的原因和裂缝的形式是多种多样的,但就沥青路面开裂的主要原因而言,裂缝可分为两大类,即荷载型裂缝和非荷载型裂缝。

(1)荷载型裂缝。荷载型裂缝主要指由于交通荷载作用下产生的疲劳裂缝。在半刚性基层沥青路面结构设计合理、施工质量良好的条件下,单纯由荷载作用引起面层开裂的可能性不大。

(2)非荷载型裂缝。非荷载型裂缝主要为温度型裂缝。沥青路面温缩型开裂包括低温收缩开裂与温度疲劳开裂,均体现为张开型开裂方式。

对于沥青路面基层存在的裂缝情形,按沥青面层裂缝开裂部位,又可以分为反射裂缝与对应裂缝。

根据沥青路面的破损程度,病害分为轻、中、重3个等级,具体分类与分级见表4-8。

裂缝类病害分类表 表 4-8

破损类型		分级	外 观 描 述	分级指标	计量单位
裂缝类	龟裂	轻	初期龟裂,缝细、无散落、裂区变形	块度:20~50cm	m^2
		中	裂块明显,缝较宽,无或轻散落,轻变形	块度:<20cm	
		重	裂块破碎,缝宽,散落重,变形明显,急待修理	块度:<20cm	
	块裂	轻	缝细,不散落或轻微散落,块度大	块度:>100cm	m^2
		重	缝宽,散落,裂块小	块度:50~100cm	
	纵裂	轻	缝壁无散落或轻微散落,无或少支缝	缝宽:≤3mm	长度(m)×0.2m
		重	缝壁散落重,支缝多	缝宽:>3mm	
	横裂	轻	缝壁无散落或轻微散落,无或少支缝	缝宽:≤3mm	长度(m)×0.2m
		重	缝壁散落重,支缝多	缝宽:>3mm	

1)龟状裂缝(龟裂)

(1)定义

路面表面产生形似龟背花纹的较宽裂缝称为龟裂。龟裂为块状开裂,块与块互相紧接相连成龟背形。这种裂缝常为续发性裂缝,由一条或数条裂缝为基干裂缝,由于各种自然因素的或行车荷载的作用下,进一步沿主干裂缝扩展延伸而成龟裂。

龟裂可能是全面性的，也可能是局部性的，且大多数发生在行车道上。在龟裂形成初期，裂缝轻微时对沥青路面的服务水平影响不大。但随着路面不断有水渗入，造成底面层及路面基层强度的减弱，这样便会加速龟裂面积的扩大及裂缝的扩展，导致形成坑槽破损。龟裂病害如图4-7、图4-8所示。

图4-7 龟裂（轻度、中度）

图4-8 龟裂（重度）和唧泥

（2）成因

龟裂通常是在重载车辆的反复碾压下，由于路面整体强度不足、基层湿软、稳定性不良等原因，导致其变形和挠度过大，使得沥青路面的柔性不够及由于路面材料的疲劳而形成的一种裂缝，有时也将此类裂缝称为疲劳裂缝。

（3）预防

①采用低温变形能力高的优质沥青，并按照要求控制好沥青混合料的拌和质量。

②沥青面层摊铺前，认真检查下承层的施工质量，及时清除泥灰等杂物，处理好软弱层，保证下承层稳定，并喷洒透层油，必要时可以按照要求撒石屑或砂，保证层间结合。

③沥青各层要满足最小施工厚度的要求，保证上下层之间有良好的连接，并从设计、施工、养护上采取相应的措施及时排除雨后结构层内的积水。

2）块状裂缝（块裂）

（1）定义

块裂是指成片呈网状格形的裂缝，其间距大小相近。这类裂缝形状呈不规则的大多边形（或呈大网格状），其在形状上和尺寸上都有别于龟裂，通常其短边长度大于40cm，长边长度小于3m，且棱角较明显。这类裂缝常常会导致路表水渗入路基和路床，降低路面的结构强度而形成其他的损坏,诸如龟裂、车辙等。块裂病害如图4-9所示。

图4-9 块裂(轻度、重度)

(2)成因

块裂通常是由于铺设沥青路面的沥青混合料采用了大量的低针入度沥青和亲水性集料,或沥青发生老化失去其弹性,而在交通荷载作用下导致或由于在低温作用下使沥青混凝土产生缩裂,有时也将这类裂缝称为收缩裂缝。块裂在较开阔的广场、停车场和城市道路上时常发生。

(3)预防

①沥青面层摊铺前,对下卧层应认真检查,及时清除泥灰,处理好软弱层,保证下卧层稳定,并宜喷洒 $0.3\sim0.6{\rm kg/m^2}$ 黏层沥青。

②原材料质量和混合料质量严格按照规范要求进行选定、拌制和施工。

③沥青面层各层应满足最小施工厚度的要求,保证上下层的良好黏结。

④路面结构设计应做好交通量调查和预测。

3)纵向裂缝(纵裂)

(1)定义

纵向裂缝是指顺路方向出现在行车道上的单根纵向长条裂缝。一般成熟的纵向裂缝都较长,达到 20~50m,在路表水渗入路堤下地基范围较小的情况下,可能仅在中央分隔带两侧行车道上,甚至接近硬路肩的一侧产生一条纵向裂缝,在路表水渗入路堤下地基范围较大的情况下,可能在中央分隔带两侧行车道上和超车道上产生两条纵向裂缝,少数路段甚至有 3 条纵向裂缝。纵向裂缝病害如图 4-10 所示。

图 4-10 纵向裂缝(轻度、重度)

(2) 成因

当路基边部压实不足,路堤边部会产生沉降,导致在距路边 30cm 左右处产生纵向裂缝。在沥青混合料摊铺时,由于纵向接缝处理不当,造成路面早期渗水或压实未达到要求,在行车荷载作用下也会在纵向接缝处形成纵向裂缝。由于地基和填土在横向不可避免的不均匀性,特别是在有路表水渗入地基的情况下,沥青路面产生细而小的纵向裂缝也是不可避免的。但是沥青路面产生纵向裂缝过多、过早和裂缝宽度过大、过长,都将严重影响路面的使用性能和使用寿命。

(3) 预防

① 采用全路幅一次摊铺;无条件全幅摊铺时,上下层施工缝应错开 15cm 以上。
② 沟槽回填土应分层填筑、压实,压实度必须达到要求。
③ 拓宽路段的基层厚度和材料须与老路面一致或稍厚。

4) 横向裂缝(横裂)

(1) 定义

横向裂缝是指沿路线横断方向有规则的裂缝。沥青路面出现的绝大部分横向裂缝是温度裂缝,这类裂缝一般从沥青面层表面开裂,逐渐向底面层和基层延伸或扩展,从而形成上宽下窄的裂缝。有时横向温度裂缝会贯通路面的一部分,而大部分横向温度裂缝则是贯通整个路面宽度。一条沥青路面会有多根横向温度裂缝,其纵向间距约为 5～10m 不等。横向裂缝病害如图 4-11 所示。

图 4-11　横向裂缝(轻度、重度)

(2) 成因

由于地基或填土路堤纵向不均匀沉降,或者由于沥青混合料摊铺时横向接缝处理不当,会产生横向裂缝,并伴有错台现象。在温度变化大的地区,夏季完好的路面到了冬季,会由于路面温度过低或温度变化过大产生纵向近似等间距的横向裂缝,通常将这类裂缝又称为温度裂缝。

(3) 预防

① 结合本地区的气候条件和道路等级选用符合要求的沥青种类,以减少或消除沥青面层的温缩裂缝。
② 摊铺作业尽可能连续,尽可能避免和正确处理冷接缝,充分压实横向接缝。
③ 桥涵回填应选择透水性及材质良好的砂砾等材料,并充分碾压。

④正确处理软基,减少回填部位的不均匀沉降。

5)反射裂缝

(1)定义

反射裂缝是指下层混凝土板的接缝或半刚性基层裂缝,由于温度和湿度的不断变化与车辆荷载的反复作用,在加铺层相应位置上产生的裂缝。

基层产生裂缝以后,在温度和行车荷载的作用下,裂缝逐渐反射到沥青混凝土面层,路面的裂缝形式与基层裂缝形式基本一致。对于半刚性基层以横向裂缝居多,对于柔性路面上加铺的沥青结构层,裂缝形式不一,主要取决下承层。反射裂缝病害如图4-12所示。

图4-12 反射裂缝(轻度、重度)

(2)成因

①在已经开裂的旧沥青、旧水泥路面上加铺沥青面层,因温度的变化(降低),旧路面裂缝继续拉开,从而使新铺层在旧裂缝处断开。

②由半刚性基层温缩开裂引起的反射裂缝。

③新铺半刚性基层随着混合料中水分的减少产生干缩和干缩应力,从而产生开裂,反射到沥青面层。

(3)预防

①在旧路面上加铺沥青面层,最好先铣除原有路面后再进行加铺;或者铺设土工布或土工格栅,以减少反射裂缝。

②适当控制基层材料中粉料的含量及塑性指数,小于0.075mm的颗粒含量不应超过5%。

③基层施工尽可能使混合料在接近最佳含水率状态下碾压,并且碾压充分,保证基层强度,同时要加强对已完基层的养生,要尽早铺筑上层,或进行封层,以减少干缩缝。

6)滑移裂缝

(1)定义

滑移裂缝是指在车辆制动、转弯或加速时产生的突然增大的水平力作用下,在路表面上沿行车方向形成的一种新月形状的裂缝,又称为U形裂缝。U形裂缝的顶端常指向作用力的方向。滑移裂缝最常发生在车辆制动、转弯或加速的位置处。

当滑移裂缝由制动引起时,滑移裂缝的末端(U形裂缝的顶端)指向行车方向;如果滑移裂缝是由车辆加速引起,裂缝的末端则指向车的后方。滑移裂缝病害如图4-13所示。

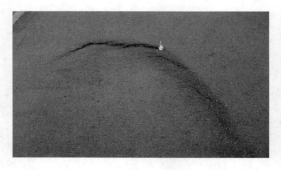 

图 4-13 滑移裂缝(轻度、重度)

(2)成因

滑移裂缝通常是由于沥青路面表面层与底面层或面层与基层黏接性不好,同时面层受到较大的水平外力时无法有效地传递给底层,从而使表面层单独承受,造成的路表面被撕裂破坏。

7)裂缝类病害的处治

(1)在高温季节全部或大部分可愈合的轻微裂缝,可不处理;在高温季节不能愈合的轻微裂缝,可采用下列方法处治:

①将有裂缝的路段清扫干净并均匀喷洒少量沥青(在低温、潮湿季节宜喷洒乳化沥青),再均匀撒一层 2~5mm 干燥、洁净的石屑或粗砂,最后用轻型压路机将矿料碾压。

②沿裂缝涂刷少量稠度较低的沥青。

(2)由于路面基层温缩、干缩引起的纵向或横向的裂缝,缝宽在 5mm 以内的,可采用稠度较低的热沥青(缝内潮湿时应采用乳化沥青)灌缝并撒石屑或粗砂封堵、捣实;缝宽在 5mm 以上的,应先将缝内处理干净,再用热拌沥青混合料填入缝中,捣实。缝内潮湿时应采用乳化沥青混合料。

(3)因沥青性能不好、路面设计使用年限较长、油层老化等原因出现的大面积裂缝(包括网裂),此时如基层强度尚好时,通过技术经济比较,可选用下列维修方法:

①乳化沥青稀浆封层,封层厚度宜为 3~6mm。

②加铺沥青混合料上封层或先铺设土工合成材料后,再在其上加铺沥青混合料上封层。

③改性沥青薄层罩面。

④单层沥青表处。

(4)由于土基、基层强度不足或路基翻浆等引起的严重龟裂,应先处治好基层后再重做面层。

2. 松散类病害

根据沥青路面的破损程度,松散类病害分为轻、重两个等级,具体分类与分级见表 4-9。

1)坑槽

(1)定义

坑槽是指在行车作用下,路面集料局部脱落、散失而形成的坑洼。坑槽所涉及的路面层次不同,病害程度也有很大不同,主要包括上面层产生坑槽、上面层与中面层产生坑槽、底面层与基层产生坑槽、刚性组合式路面(含桥面)上产生坑槽。

松散类病害分类表 表4-9

破损类型		分级	外观描述	分级指标	计量单位
松散类	坑槽	轻	坑浅,面积较小(<0.1m²)	坑深:≤25mm	m²
		重	坑深,面积较大(>0.1m²)	坑深:>25mm	
	松散	轻	细集料散失,面积磨损,路表粗麻	—	m²
		重	粗集料散失,少量微坑,表面剥落	—	

(2)成因

①上面层产生坑槽。

沥青路面局部表层混合料空隙率较大,沥青与石料间的黏附力不强,路表水进入并滞留在表面层沥青混合料中,在大量快速行车荷载的作用下,一次次产生的动水压力(孔隙水压力)使表面层的沥青从石料表面剥落下来,便会出现局部松散破损,散落的石料被车轮甩出,路面自上而下逐渐形成坑槽,这类坑槽通常深度为2~4cm,是各类坑槽中最早产生也是产生数量最多的一类。

由于沥青混合料的不均匀性,坑槽总是首先在局部沥青混合料空隙率较大处产生,因此它常是随机分布的一个个孤立的坑槽,这类坑槽在以半开级配(Ⅱ型)沥青混合料为表面层的沥青路面上出现最多。上面层坑槽病害如图4-14所示。

 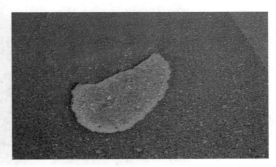

图4-14 上面层坑槽(轻度、重度)

②上面层与中面层产生坑槽。

当沥青路面上面层和中面层都是空隙率较大的半开级配沥青混合料,而底面层为空隙率较小的密级配沥青混合料时,路表的自由水较易渗入并滞留在上面层和中面层内;当上面层是半开级配、中面层为密级配沥青混合料时,降水时间较长或路表积水,使自由水透入表面层后有较长时间从中面层的薄弱处渗入中面层,并滞留在上面层和中面层内,大量快速行车使此两个面层内的沥青混合料中部分石料上的沥青剥落,使沥青混合料失去黏结强度,导致路表面产生网裂、形变(局部沉陷)和向外侧推挤,并最终出现崩解(粒料分离),大量大块破碎料被行车带离,形成坑槽。这类坑槽完全形成后深度一般为9~10cm,产生数量不是太多(但也不少见)。上面层和中面层坑槽如图4-15所示。

 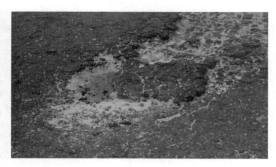

图 4-15　上面层和中面层坑槽

③底面层与基层产生的坑槽。

路表水透过沥青面层,滞留在底面层和基层之间,在大量高速行车特别是重载车辆作用下,自由水产生很大的压力并冲刷基层混合料表层细料形成灰白色浆,灰浆又被行车压挤,通过各种裂缝冲出路表面,车行驶过后,部分灰浆和自由水又流回底面层和基层之间,在唧筒的吸排水作用下反复冲刷裂缝,使裂缝两侧产生新裂缝及碎裂破坏,并出现以缝为中心的局部下陷形变。当唧出的灰浆数量大时,可能立即产生坑槽;当唧出的灰浆数量小时,可使路面形成网裂或局部变形,这样路表水更容易渗入基层顶面,并形成恶性循环,最终会导致坑槽出现。这类坑槽完全形成后通常深度都大于 10cm,并且绝大多数都在车流量较大的行车道上或重载车辆较多的道路上。底面层与基层坑槽病害如图 4-16 所示。

图 4-16　底面层和基层坑槽及发展过程

(3)预防

①沥青面层应具有足够的设计厚度。

②沥青混合料配合比设计宜选用具有较高黏结力的较密实的级配。

③在混合料拌制过程中,应严格掌握拌制时间、沥青用量及拌和温度,保证混合料的均匀性。

④摊铺面层前,下层应清扫干净,并均匀喷洒黏层沥青。

⑤当路面出现松散、脱皮、轻微网裂等可能使雨水下渗的病害，或者路面被机械刮铲受损，应及时修补，以免病害扩展。

（4）处治

①路基完好，坑槽深度仅涉及底面层的确定所需修补的坑槽范围，一般可根据路面的情况略大于坑槽的面积，修补范围应方正并与行车方向平行或垂直，按照"圆洞方补、斜洞正补"的原则。

②若小面积的坑槽较多或较密时，应将多个小坑槽合并确定修补范围。

③采用人工或机械的方法将修补范围内的面层削去，槽壁与槽底应垂直。槽底面应坚实无松动现象，并使周围好的路面不受影响或松动损害。

④将槽壁槽底的松动部分、损坏的碎块及杂物清扫干净，然后在槽壁和槽底表面均涂刷一层黏层沥青，用量为 $0.3 \sim 0.6 kg/m^2$。

⑤将与原面层材料级配基本相同的沥青混合料填入槽内，摊铺平整，并按槽深 1.2 倍掌握好松铺系数。摊铺时要特别注意将槽壁四周的原沥青面层边缘压实铺平，用压实机具在摊铺好的沥青混合料上反复碾压直至与原路面平齐。

⑥如基层已损坏，须先将基层补强或重新铺筑。

2）松散

（1）定义

松散是指路面由于结合料黏性降低或消失，在行车荷载作用下出现集料松动、散开的现象。面层集料之间的黏结力丧失或基本丧失，路表面可观察到成片悬浮的集料或小块混合料，面层部分区域明显不成整体。干燥季节，在行车荷载作用下可见车轮后粉尘飞扬。松散病害如图 4-17 所示。

（2）成因

①沥青针入度偏小，黏结力不良。

②混合料沥青用量偏少。

③矿料潮湿、不洁净或含风化石。

④拌和时温度偏高，沥青焦枯。

⑤沥青老化或与酸性石料黏附性不良。

⑥摊铺时未充分压实，或者沥青混凝土温度偏低，或者雨天摊铺。

⑦基层强度不足导致不均匀沉降而引起结构破坏，或者湿软时摊铺沥青。

⑧溶解性油类泄漏，雨、雪水等的渗入降低了沥青的黏结力。

（3）预防

①酸性石料，掺入抗剥落剂或生石灰粉、干净消石灰、水泥。

②混合料生产中，选用符合要求的沥青和集料。

③控制各个环节中的温度。

④沥青混合料到工地后应及时摊铺、及时碾压，并达到规定的压实度。

⑤路面出现脱皮等轻微病害时应及时修补。

（4）处治

①将松散的面层清除，重铺沥青混凝土面层。

②如涉及基层，则应先对基层进行处理。

图 4-17　松散病害

3）脱皮

（1）定义

脱皮是指沥青路面上面层与下面层或旧路上的罩面层与原路面黏结不良，表面层呈块状或呈片状脱落，其形状、大小不等，严重时可成片。脱皮病害如图 4-18 所示。

图 4-18　脱皮病害

（2）成因

①摊铺时，下层表面潮湿或有泥土、灰尘等，降低了上下面层之间的黏结力。

②旧路面上加罩沥青面层时，旧路表面未凿毛，未喷洒黏层沥青，造成新面层与旧路面黏结不良而脱皮。

③面层偏薄，厚度小于混合料集料最大粒径的 2 倍，难以碾压成型。

（3）预防

①在铺设沥青面层前，应彻底清除下层表面的泥土、杂物、浮尘等，并保持干燥，喷洒黏层沥青后，立即摊铺沥青混合料，使上下层黏结良好。

②在旧路面上加罩沥青面层时，旧路面应用风镐凿毛，有条件时，采用铣削机铣削，经清扫、喷洒黏层沥青后，再加罩面层。

③单层或双层式面层的上层压实厚度必须大于集料粒径的 2 倍，利于压实成形。

（4）处治

①在脱皮较严重的路段，沥青面层全部削去，重新铺筑面层。

②当脱皮部位发现下层松软等病害时，需对基层补强后修复。

4）啃边
（1）定义
啃边是指路面边缘破损松散、脱落。啃边病害如图4-19所示。

图4-19　啃边病害

（2）成因
①路边积水，使集料与沥青剥离、松散。
②路面边缘碾压不足，面层密实度较差。
③路面边缘基层松软，强度不足，承载力差。
（3）预防
①合理设计路面排水系统，注意日常养护。
②施工时，路面边缘应充分碾压。
③基层宽度须超出沥青层20～30cm，以改善路面受力条件。
（4）处治
在修补范围内，选择适用机具沿损害边缘所划出的标线将面层材料挖除，清扫后在底面、侧面涂刷黏层沥青，铺沥青混合料修复。

3. 变形类病害
根据沥青路面的破损程度，变形类病害分为轻、重2个等级，具体分类与分级见表4-10。

变形类病害分类表　　　　表4-10

破损类型		分级	外观描述	分级指标	计量单位
变形类	沉陷	轻	深度浅，行车无明显不适感	深度：10～25mm	m^2
		重	深度深，行车明显颠簸不适	深度：>25mm	
	车辙	轻	变形较浅	深度：10～15mm	m^2，长度(m)×0.4m
		重	变形较深	深度：>15mm	
	波浪、拥包	轻	波峰波谷高差小	深度：10～25mm	
		重	波峰波谷高差大	深度：>25mm	

1）沉陷
沉陷是指因路基的竖向变形而导致路面下沉的现象。沉陷病害如图4-20所示。

图 4-20 沉陷病害

（1）定义

沉陷是由于路基路面产生竖向变形而导致路面下沉的现象。

（2）成因

通常有以下三种情况：

①均匀沉落。路基路面在自然因素和行车荷载作用下，达到进一步密实、稳定，形成均匀沉陷，这种沉落不会引起路面破坏。

②不均匀沉落。由于路基路面不密实，碾压不均匀，在水的侵蚀下经行车荷载作用所引起的一种变形，如裂缝处唧浆后形成沉陷。

③局部沉陷。由于路基下原有坑穴或沟槽或路基填土碾压不密实，当受到水的浸透时引起的变形。

（3）处治

因路基不均匀沉降而引起的局部路面沉陷，若土基和基层已经密实稳定，不再继续下沉，可只修补面层。其他则根据路面的破损状况分别采取下列处治措施：

①路面略有下沉，无破损或仅有少量轻微裂缝，可在沉陷处喷洒或涂刷黏层沥青，再用沥青混合料将沉陷部分填补，并压实平整。

②因路基沉陷导致路面破损严重，矿料已松动、脱落形成坑槽的，应按照坑槽的维修方法予以处治。

③因土基或基层结构遭到破坏而引起路面沉陷，应先处治好基层后再重做面层。

④桥涵台背因填土不实出现不均匀沉降的，可视情况选择以下处理方法：

a. 挖除沥青面层，在沉陷的部分加铺基层后重作面层。

b. 对于台背填土密实度不够的，应重新作压实处理，台背死角处的压实宜采用夯实机械。

c. 对含水率和孔隙比均较大的软基或含有机物质的黏性土层，宜采取换土处理。换土深度应视软层厚度而定。换填材料首先应选择强度高、透水性好的材料，如碎石土、卵砾土、中粗砂及强度较高的工业废渣，且要求级配合理。

d. 采用注浆加固处理。

2）车辙

（1）定义

车辙是指路面上沿行车轮迹产生的纵向带状凹槽。

车辙是沥青路面的一种重要损坏形式，多半是发生在实行渠化交通的高等级公路上。路面在车轮荷载的反复作用下,由于路面的磨损、路基与基层的压密及沉降,特别是高温季节下沥青面层的压密和侧向流动隆起,使路面沿行车轮迹逐渐产生纵向带状凹槽的车辙变形,在车道横断面上多呈 W 形,个别也有呈 U 形。当车辙达到一定深度,辙槽内就会积水并影响车速和行车的舒适性与安全性。车辙病害如图 4-21、图 4-22 所示。

图 4-21 车辙病害轻、重

 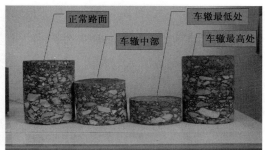

图 4-22 车辙病害调查

(2)成因

①沥青混合料热稳定性不足。

②面层施工时未充分压实。

③基层或下卧层软弱或不稳定夹层或未充分压实。

(3)预防

①粗集料应粗糙且具有较多的破碎裂面。

②根据气候条件选择优质沥青,优化配合比设计。

③施工时按照规范碾压,保证压实度。

④对特殊路段,要采用改性沥青或高性能沥青。

⑤道路结构设计时,每层厚度不超过集料最大粒径的 4 倍。

(4)处治

①车道表面因车辆行驶推移而产生的车辙,应将出现车辙的面层切削或铣刨清除,然后重铺沥青面层。在高速公路及一级公路上可采用沥青玛蹄脂碎石混合料(SMA)或 SBS 改性沥青混合料,或聚乙烯改性沥青混合料来修补车辙。

②路面受横向推挤形成的横向波形车辙,如果已经稳定,可将凸出的部分削除,在波谷部

分喷洒或涂刷黏结沥青并填补沥青混合料,找平、压实。

③因面层与基层间有不稳定的夹层而形成的车辙,应将面层挖除,清除夹层后,重做面层。

④由于基层强度不足、水稳性能不好,使基层局部下沉而造成的车辙,应先处治基层,再做面层。

3)波浪、拥包

(1)定义

波浪、拥包是指沥青面层因受行车推挤而形成局部隆起的现象。

拥包是由于沥青面层中沥青含量偏高,黏度和软化点偏低,矿料级配不良,细集料偏多,空隙率过低,致使面层材料自身的高温抗剪强度不足,或因基层含水率过大,水分难以蒸发而滞留于基层表面或基层浮土清扫不净、黏层沥青洒布不合要求等原因,影响面层与基层之间的结合,造成层间抗剪强度不足,在行车水平力作用下使路面产生推拥、挤压而在路面两侧或行车道范围内形成的一种局部的不规则隆起变形。如处理不及时,则容易发展成波浪。波浪、拥包病害如图4-23所示。

 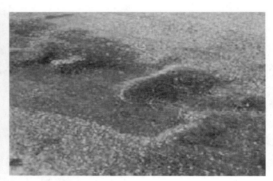

图4-23 波浪、拥包病害(轻、重)

(2)成因

①沥青用量偏高或细集料偏多。

②面层摊铺时,底层未清扫或未喷洒黏层油。

③基层或下面层未经充分压实,强度不足。

④日常养护时,局部路段沥青用量过多,细集料偏细。

⑤陡坡或平整度较差路段,面层混合料低处积聚。

(3)预防

①配合比设计时,控制沥青含量和细集料用量。

②面层摊铺前下层清扫干净并喷洒黏层油。

③人工摊铺时,做到粗细均匀分布。

(4)处治

①属于施工时操作不慎将沥青漏洒在路面上形成的拥包,将拥包除去即可。

②已趋于稳定的轻微拥包,应用机械刨削或人工挖除拥包。如果除去拥包后,路表不够平整,应予以处治。

③因面层沥青用量过多或细料集中而产生较严重拥包,或路面连续多次出现拥包且面积较大,但路面基层仍属稳定,则应用机械或人工将拥包全部除去,并低于路表面约 10mm,扫尽碎屑、杂物及粉尘后用热沥青混合料重做面层。

④因基层局部含水率过大,使面层与基层间结合不良而被推移变形造成的拥包,应把拥包连同面层挖除,将水分晾干,或用水稳定性好的材料更换已变形的基层,再重做面层。

⑤由于基层局部强度不足或水稳性不好,使基层松软而导致的拥包,应将面层和基层完全挖除。如果土基中含有淤泥,还应将淤泥彻底挖除,换填新料并夯实。在地下水位较高的潮湿路段,应采取措施引出地下水并在基层下面加铺一层水稳性好的材料,最后重做面层。

4) 搓板

(1) 定义

搓板是指路表面出现轻微、连续的接近等距离的起伏状,形似洗衣搓板。虽峰谷高差不大,但行车时有明显的频率较高颠簸感。搓板病害如图 4-24 所示。

图 4-24　搓板病害

(2) 成因

①沥青混合料的矿料级配偏细,沥青用量偏高,高温季节,面层材料在车辆水平力作用下,发生位移变形。

②铺设沥青面层前,未将下层表面清扫干净或未喷洒黏层沥青。

③旧路面上原有的搓板病害未认真处理,就在其上铺设面层。

④施工机械设备操作不当。

(3) 预防

①合理设计与严格控制混合料的级配。

②在摊铺沥青混合料前,须将下层顶面的浮沉杂物清扫干净,并均匀喷洒黏层沥青。

③基层、面层应碾压密实。

④在旧路面上进行沥青罩面前,须先处理旧路面上已发生的搓板病害,否则压路机无法将搓板上新罩的面层均匀碾压密实,新的搓板现象随即就会出现。

⑤合理配置施工机械设备,并按操作规程进行操作,形成设备与材料特性匹配技术。

(4) 处治

①因上下层相对滑动引起的搓板,应将面层全部铲除,并低于旧路面,其深度应大于修补

沥青混合料最大粒径的 2 倍,槽壁与槽底垂直,清除下层表面的碎屑、杂物及粉尘后,喷洒黏层沥青,重新铺装沥青面层。

②属于基础原因形成的搓板,应对损坏的基层进行修补。

5)翻浆

(1)定义

翻浆是指春融时期由于土基强度急剧降低,在行车荷载作用下,路面表面出现不均匀起伏、弹簧或破裂冒浆等现象,主要原因是地下水排除不好或水位发生变化。翻浆病害如图4-25所示。

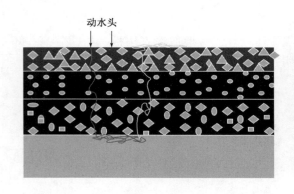 

图 4-25　路面翻浆

(2)成因

①基层用料不当或拌和不均,细集料过多。

②低温季节施工的半刚性基层,强度增长缓慢,而路面开放交通过早,在行车与雨水作用下使基层表面粉化,形成浆水。

③冰冻地区基层,冬季水分积聚成冰,春天解冻时翻浆。

④沥青面层厚度较薄,空隙较大,雨水下渗,促使翻浆形成。

⑤表面处治和贯入式面层竣工初期,由于行车次数不多,结构层尚未达到应有密实度就遇到雨季,致使渗水增多,基层翻浆。

(3)预防

①采用含粗粒料的水泥、石灰粉煤灰稳定类材料作为高等级道路的上基层。

②低温季节施工时,石灰稳定类材料可掺入早强剂,以提高早期强度。

③根据道路等级和交通量要求,选择合适的面层类型和适当的厚度。

④设计时应考虑排水结构。

(4)处治

①及时清除雨水进水孔垃圾,确保排水顺畅。

②对轻微翻浆路段,挖除面层,清除基层表面软弱层,施设下封层后铺筑沥青面层。

③对严重翻浆路段,将面层基层挖除;如涉及路基,需处理好路基后铺筑良好的半刚性基层,并做好排除内部积水的技术措施。

4. 其他类病害

根据沥青路面的破损程度,其他类病害具体分类与分级见表4-11。

其他类病害分类表 表4-11

破损类型		分级	外观描述	计量单位
其他类	泛油	无	路表呈现油膜,发亮,镜面,有轮印	m²
	修补损坏	无	修补应为裂缝、坑槽、松散、沉陷、车辙等损坏的修复	m²

1）泛油

（1）定义

泛油是由于沥青面层的沥青用量过大、稠度过低或热稳性差等原因所引起,但有时也可能由于低温季节施工,采用层铺法沥青路面的嵌缝料散失过多,在气温转暖后,在行车作用下多余沥青溢至路面表面而形成的。泛油使路面在行车时产生轮迹和黏轮现象,并使路面抗滑性能下降,严重影响行车安全。泛油病害如图4-26所示。

图4-26 泛油病害

（2）成因

①表面处治,贯入时使用沥青标号不当,针入度过大。

②沥青用量过多或集料撒布量过少。

③动态施工,面层成形慢,集料散失过多。

（3）预防

①施工前须根据本地区气候条件选定合适的沥青标号。

②优化沥青混合料配合比设计。

（4）处治

①在热天气温较高时进行处理最为有效。例如,轻微泛油,可撒布3~5（8）mm石屑或粗黄沙,撒布量以车轮不黏沥青为度;如泛油较严重,可先撒布5~10（15）mm集料,经行车碾压稳定后,再撒布3~5（8）mm石屑或粗黄沙嵌缝。使用过程中,散失的集料须及时回扫,或补撒集料。

②泛油严重时应进行铣刨加罩。

2）修补不良

修补不良是指路面坑洞、坑槽、局部碎裂等损坏经修补后的再次破坏。修补不良病害如

图 4-27 所示。

图 4-27　修补不良病害

3) 光面

(1) 定义

光面是指路表面光滑,表面看不到粗集料或集料表面棱角已被磨除。光面病害时,在阴雨天气易出现行车滑溜交通事故。

(2) 成因

①面层细集料或沥青用量偏多。

②集料质地较软,磨耗大,易被汽车轮胎磨损。

(3) 预防

①路面所用材料应符合规范要求。集料具有较好的颗粒形状和较多的棱角。

②沥青路面上面层混合料级配关键筛孔(2.36mm 和 4.75mm)要严格控制。

③采用具有足够强度、耐磨性好的集料修筑上面层。

(4) 处治

①对表面处治和贯入式路面,可直接在光面上加罩封层,或者用铣刨机将表面层刨除,清扫后进行封层。

②对沥青混凝土路面,上面层经铣刨清扫后喷洒 $0.3 \sim 0.6 kg/m^2$ 的黏层沥青,然后铺筑细粒式或中粒式沥青混凝土上面层。

4) 与收水井、检查井衔接不顺

(1) 定义

收水井、检查井盖框高程比路面高或低,汽车通过时有跳车或抖动现象,行车不舒适,路面容易损坏,其病害如图 4-28 所示。

(2) 成因

①施工放样不仔细,收水井、检查井盖框高程偏高或偏低,与路面衔接不齐平。

②收水井、检查井周边回填土及路面压实不足,交通开放后,逐渐沉陷。

③井壁及管道接口渗水,使路基软化或淘空,加速下沉。

(3) 预防

①施工前,必须按设计图纸要求做好放样工作,高程要准确,收水井、检查井中所在位置的

高程与道路纵向高程、横坡相协调,避免出现高差。

②收水井、检查井的基础及强身结构应合理设计,按规范施工,减少或防止下沉。

③井周边的回填土、路面结构必须充分压实。

④在铺筑沥青混合料前,须先在井壁涂刷黏层沥青再铺筑面层,压实后,宜用热烙铁烫密封边,以防井壁渗水。

图 4-28　与收水井、检查井衔接不顺

(4)处治

①当收水井、检查井高出路面时,可吊移盖框,降低井壁至合适高程后,再放上盖框,并处理好周边缝隙。

②当收水井、检查井低于路面时,可先将盖框吊开,以合适材料调平底座,调平材料达到强度后放上盖框。盖框安置妥当后,认真做好接缝处理工作,使接缝密封不渗水。

5)施工接缝明显

(1)定义

施工接缝明显是指接缝歪斜不顺直;前后摊铺幅色差大、外观差;接缝不平整有高差,行车不舒适。

(2)成因

①在后铺筑沥青层时,未将前施工压实好的路幅边缘切除,或切线不顺直。

②前后施工的路幅材料有差别,如石料色泽深浅不一或级配不一致。

③后施工的路幅松铺系数未掌握好,偏大或偏小。

④接缝处碾压不密实。

(3)预防

①在同一个路段中,应采用同一个料场的集料,避免色泽不一。

②上面层应采用同一种类型级配,混合料配合比应一致。

③纵横冷接缝必须按有关施工技术规范处理好。

④纵横向接缝须采用合理的碾压工艺。

6)柴油损害、工业胶损害

柴油损害是指柴油洒落路面导致沥青析出造成的油包。工业胶损害是指工业胶洒在路面上产生腐蚀,清理后导致部分集料脱落形成轻度的坑槽。柴油损害、工业胶损害如图 4-29

所示。

图 4-29 柴油损害、工业胶损害

5. 沥青路面病害总结

根据以上病害的逐一分析,总结最主要的共性,总结沥青路面损坏原因集合,辅助路况调查时路面病害判断之用。沥青路面损坏原因集合如图 4-30 所示。

三、公路沥青路面的小修保养

沥青路面应加强经常性、预防性小修保养,对局部、轻微的初始破损必须及时进行修理。通常把清扫、保洁、处理、泛油、拥包、裂缝、松散等作为保养作业;修补坑槽、沉陷、处理波浪、啃边等病害作为小修作业。为保持路面使用质量、延长路面使用周期,小修、保养采取的重要技术措施分初期养护、日常养护和季节性预防保养修理。

1. 沥青路面初期养护要点

(1)摊铺、压实后的热拌沥青混合料路面,待摊铺层自然冷却,混合料表面温度低于 50℃后方可开放交通。开放交通初期,应控制行驶车辆行驶速度在 20km/h 以下,视表面成形情况,逐步恢复到设计速度。乳化沥青路面(含稀浆封层和微表处)的初期稳定性差,应设专人管理,按实际破乳情况,封闭交通 2~6h。在未破乳的路段上,严禁一切车辆、人、畜通过;在开放交通初期,应控制车辆行驶速度不超过 20km/h,并不得抽动和掉头。

(2)沥青贯入式路面及层铺法施工的沥青表面处治路面,应及时将行车驱散的面料回扫,扫匀、压实,以形成平整、密实的上封层。

2. 沥青路面日常养护要求

(1)加强路况巡查,及时发现病害,研究分析病害产生的原因,并有针对性地对病害进行维修处治。

(2)路面清扫应按下列规定进行:

①在巡查过程中,若发现路面上有杂物,应及时清扫,保持路面整洁。

②路面的日常清扫,应根据实际情况,采用机械或人工的方法进行清扫。高速公路和一级公路应以机械清扫为主,其他等级可以机械和人工相结合进行清扫。

③二级和二级以上公路路面的清扫作业频率宜不少于 1 次/d;其他等级公路可根据路面

污染程度、交通量大小及其组成、气候及环境等因素而定,但不宜少于 1 次/周,路面中央分隔带内的杂物清理宜不少于 1 次/月。长隧道内和大型桥梁的清扫频率应适当增加。

④清扫时,应防止产生扬尘而污染环境,危及行车安全,并及时清除和处理路面油类或化工类等脏物。

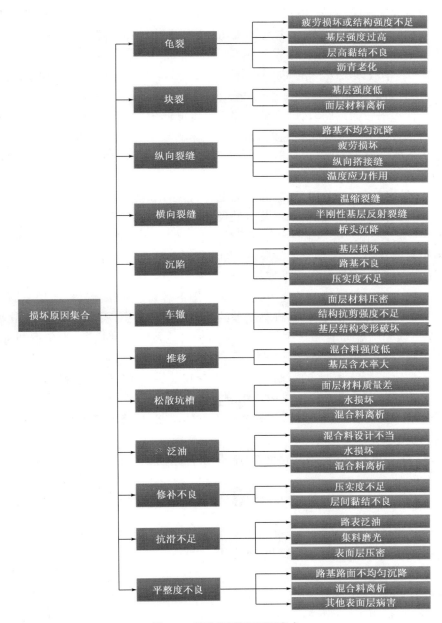

图 4-30 沥青路面损坏原因集合

(3)雨后路面积水应及时排除。
(4)在春融期,特别是汛期,应对排水设施进行全面检查并疏通。

(5)冬季降雪天气应及时除雪、除冰,并采取必要的路面防滑措施。
(6)加强经常性和预防性的日常养护,以保障路面及沿线设施良好的技术状况。
(7)严禁履带车和铁轮车在沥青路面上直接行驶,如必须行驶,应采取相应保护措施。

3.沥青路面季节性预防养护

沥青路面对气温比较敏感,应根据各地不同季节的气候特点、水和温度变化规律,按照"预防为主、防治结合"的原则,结合本地区成功经验,针对下列不同季节病害根源,因地制宜地采取有效的技术措施,做好预防性季节性养护工作。

(1)春季。春季气候温暖,路基内的水分开始转移,是各种病害集中暴露的季节。养护中应抓住时机,及时防治路面病害。

①对路基含水率较大的路段,随着解冻路基强度减弱,在行车作用下面层容易出现裂缝病害;对含水率已达饱和、强度和稳定性差的路段,经车辆碾压容易出现翻浆。

②施工质量差的路面,在气温回升时容易变软,矿料经碾压产生松动,油层不稳定,容易出现拥包、波浪等。

③在秋末冬初低温施工路段,随着温度的上升,容易出现泛油。

④春融季节路面出现网裂后,如不及时处理,容易发展为坑槽。

(2)夏季。夏季气候炎热,地面水分蒸发快,是沥青路面各种病害全面发展的季节。养护中要充分利用夏季气温高、操作方便的条件,及时消灭病害。

①新铺的沥青路面在高温作用下容易出现泛油。

②基层含水率较大或质量差的路段,在行车作用下容易造成路面发软产生车辙。

③沥青用量过多,矿料过细或沥青黏度差的沥青路面容易出现拥包、波浪、发软等病害。

(3)秋季。秋季气温逐渐降低,雨水较多。养护时应及时处理病害,为冬季沥青路面的正常使用打下基础。

①秋季雨水较多,容易积水的路面,如果有裂缝和基层不密实,易出现坑槽。

②强度不够的路肩受雨水侵蚀或积水影响,在行车碾压下,易产生啃边。

③基层含水率较大、强度不够,或地基受水泡发软的路段,路面稳定受到影响,在行车碾压下易出现网裂。

(4)冬季。冬季气候寒冷,路基路面冻结,是沥青路面比较稳定的季节,但是也要注意沥青路面的养护。

①路面在低温下发生不同方向的收缩,容易产生横向、纵向裂缝。

②积雪地区做好除雪防滑。

四、沥青路面常见病害的维修处治技术

1.灌缝修补技术

(1)缝宽在5mm以内的裂缝:①路面和基层温缩、干缩引起的纵、横向裂缝,缝宽在5mm以内的,宜将缝隙刷扫干净,用压缩空气吹去尘土;②采用热沥青或乳化沥青灌缝撒料法封堵。

(2)缝宽在5mm以上的裂缝:①缝宽在5mm以上的,应剔除缝内杂物和松动的缝隙边缘,或沿裂缝开槽后用压缩空气吹净,采用砂粒式或细料式热拌沥青混合料填充捣实,用烙铁封

口,随即撒砂、扫匀;②采用乳化沥青混合料或沥青胶填封。灌缝修补过程示意图如图4-31所示。

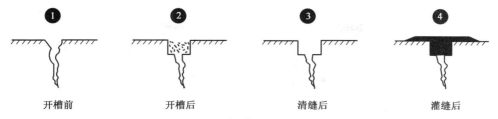

图4-31 灌缝修补过程示意图

2. 切割修补技术

(1)修补单个的坑槽:在路面的基层完好,仅面层有单个坑槽时使用此法。

(2)缝宽较大的裂缝:对缝宽大于5mm,裂缝周边还伴随着唧浆、局部沉陷、错台等严重病害,裂缝发展未稳定,短时间内又无法进行铣刨加铺的路段,常选择此法。

(3)面积不大的龟裂、拥包:对于基层完好,仅面层有局部的龟裂、拥包或沉陷时可以采用此法。

其施工流程如图4-32、图4-33所示。

图4-32 划界切割、挖除废料

图4-33 装填新料、碾压成形

3. 铣刨摊铺技术

(1)大面积的重度裂缝:因路面沥青性能不好或路龄较长,产生较大面积重度裂缝,强度不足时可使用此法。

（2）大面积的坑槽和拥包：基层完好或下面层、中面层基本完好，而面层上出现大面积的坑槽和拥包时可使用此法。

（3）大面积的沉陷和车辙：基层完好而面层上出现大面积的沉陷和车辙时使用，可以根据病害情况，铣刨上面、中上面层或整个面层。

其施工流程如图 4-34～图 4-37 所示。

图 4-34　病害路面、封闭交通

图 4-35　铣刨面层、清渣除尘

图 4-36　洒布黏层或透层、摊铺面层

图 4-37　碾压成型、开放交通

4. 贴布封层技术

（1）原路面上加铺罩面或封层：在原路面上直接加铺罩面或封层，而一些较宽的裂缝可能引起罩面或封层开裂时。

（2）铣刨后的基层上重铺路面：在铣刨后的基层上重铺路面，而基层上有较宽的裂缝，可能引起面层开裂时。

（3）刚性路面加铺罩面或封层：在水泥混凝土路面上加铺罩面或封层，为避免接缝和裂缝引起罩面或封层开裂时。

其施工流程如图 4-38、图 4-39 所示。

 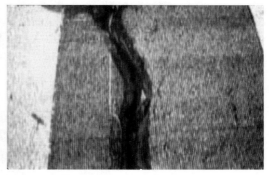

图 4-38　清扫原路面、粘贴土工布

图 4-39　摊铺上封层、碾压上封层

5. 雾封层技术

当沥青路面正常使用几年后,路面开始出现轻微疲劳龟裂、损失细集料的现象,并且其渗水性大大提高,路面水会经过裂缝或细集料损伤处(露骨处)进入沥青混合料中,这进一步加速了路面的损坏。在这一时期,路面处于基本完好时期,如果在这一时期不进行及时处理,会导致网裂、龟裂、坑洞等路面病坏。

如何对以上的这些缺陷进行处理,方法很多,如微表处、薄罩面等,这些处治方法都各有优缺点,但总结起来,在这一阶段,最有效的方法是"雾封层技术(Fog Seal)",它具有费用低廉的优点。

经雾封层后,由于所用材料流动性比较大,可渗入集料缝,可流入裂缝,对路面"输血",从而恢复路表沥青黏附力,填补微小裂缝和空隙,防止路表水下渗,将路面性能维持2~3年时间,推迟造价更高的养护工程,提高了道路的经济效益。雾封层技术施工效果如图4-40所示。

图4-40 雾封层

6. 碎石封层技术

1)概念

碎石封层是指采用专用设备在路面上先洒布沥青胶结料,随后撒布石屑,在胶轮压路机或自然行车碾压下,使沥青结合料与石料之间有最充分的表面接触,最大限度地达到它们之间的黏结性,形成保护原有路面的沥青碎石磨耗层。对轻微的裂缝但面积较大的路段,在高温季节可采用喷洒沥青撒料压入法修理;适用于普通公路沥青路面的预防性养护,如图4-41所示。

图4-41 碎石封层

2)分类

碎石封层分为普通碎石封层、同步碎石封层和纤维同步碎石封层。

(1)普通碎石封层:对轻微的裂缝但面积较大的路段,在高温季节可采用喷洒沥青撒料压入法修理;适用于高速及普通公路沥青路面的预防性养护。其施工流程如图4-42、图4-43所示。

图 4-42　清扫原路面、喷洒沥青(异步碎石封层)

图 4-43　撒布集料、碾压成形(异步碎石封层)

（2）同步碎石封层是指采用专用设备(同步碎石封层车)将单一粒径的石料及沥青胶结料几乎同时洒布在路面上,在胶轮压路面或自然行车碾压下,使沥青结合料与石料之间有最充分的表面接触,最大限度地达到它们之间的黏结性,形成保护原有路面的沥青碎石磨耗层(图 4-44)。

图 4-44　同步碎石封层

3）碎石封层的优缺点
（1）优点
①改善沥青的抗滑性能：碎石封层的表面抗滑性能相当好。

②性价比高：在合适类型的路面上合理地使用碎石封层将特别经济有效。

③耐久性好：碎石封层铺筑得当，将有很长的使用年限。

④施工简便，对交通影响小：碎石封层施工速度快，相比其他路面养护对交通影响很小。

(2) 缺点

①养护时间：需要几个小时的时间（与天气条件有关）才能对非限制的车辆开放交通。

②碎石的飞散：碎石封层施工完后必须对路面进行清扫，以清除路面上的浮粒，以免开放交通后对车辆及挡风玻璃造成损坏。

③噪声大：碎石封层在车辆行驶时噪声很大。

④天气限制：冷施工的碎石封层只能在温暖、干涸并且是在白天施工。

⑤表观：碎石封层表观相当粗糙。

⑥当路面有变形、车辙等病害时不能使用任何一种碎石封层施工。

⑦当交通量较大时，不宜采用碎石封层施工。

7. 稀浆封层技术

1) 稀浆封层

稀浆封层是指用具有一定级配的石屑或砂、填料（如水泥、石灰、粉煤灰、石粉等）与乳化沥青、外掺剂和水，按一定比例拌制成流动型混合料，再均匀地摊铺在路面上的封层。

稀浆封层可以使路面磨损、老化、裂缝、光滑、松散等病害迅速得到修复，起到防水、防滑、平整、耐磨等作用。稀浆封层施工工艺流程如图4-45所示。

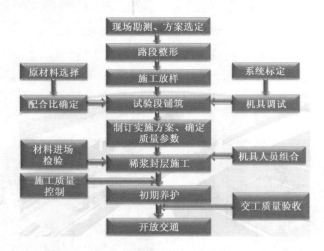

图4-45　稀浆封层施工工艺流程

乳化沥青稀浆封层同样属于表面处治路面的一种预防性养护施工方法。旧沥青路面经常出现裂缝和坑洼，当表面受到磨损后，在路面上用乳化沥青稀浆封层混合料摊铺成薄层，并使其尽快固化，从而使沥青混凝土路面得到养护。它是以恢复路面功能为目的，防止进一步损坏的维修养护。

乳化沥青稀浆封层可用于二级及二级以下公路的预防性养护，也适用于新建公路的下封层、磨耗层或保护层。高速公路上也在使用。

稀浆封层的分类具体如下:

(1)按照矿料级配的不同,稀浆封层可以分为细封层、中封层和粗封层,分别以 ES-1、ES-2、ES-3 表示。ES-1 型稀浆封层,厚度 2~3mm,适用于三、四级公路、乡村道路、停车场的罩面;ES-2 型稀浆封层,厚度 6~8mm,适用于二级及以下公路的罩面,以及新建公路(包括高速公路)的下封层;ES-3 型稀浆封层,厚度 9~11mm,适用于二级公路的罩面,以及新建公路(包括高速公路)的下封层。

(2)按照开放交通的快慢,稀浆封层可以分为快开放交通型稀浆封层和慢开放交通型稀浆封层。

(3)按照是否掺加了聚合物改性剂,稀浆封层可以分为稀浆封层和改性稀浆封层。

(4)稀浆封层按乳化沥青性能不同,分为普通稀浆封层和改性稀浆封层。

(5)按厚度不同分为细封层(Ⅰ层)、中封层(Ⅱ型)、粗封层(Ⅲ型)及加粗封层(Ⅳ型)等。

稀浆封层施工效果如图 4-46 所示。

图 4-46 稀浆封层施工

2)微表处

微表处是在稀浆封层基础上发展起来的预防性养护方法。其工作原理是用具有一定级配的石屑或砂、填料(如水泥、石灰、粉煤灰、石粉等)与聚合物改性乳化沥青、外掺剂和水,按一定比例拌制成流动型混合料,再均匀洒布于路面上的封层。微表处施工效果如图 4-47 所示。

a)广深高速微表处   b)西临高速层间处理及微表处

图 4-47 微表处

微表处性能优势:
(1)防水:整个路面摊铺,增加防水面,阻止水分下渗。
(2)耐磨:增加一个磨耗层。
(3)提高防滑性能:新路面增加摩擦。
(4)提高路面平整度、美观度。
(5)防止路面的老化与松散,从而有效地延长路面的使用寿命。
(6)微表处还可以填补已经稳定的车辙。
(7)微表处混合料摊铺后可在较短的时间内开放交通,具体的时间因各个工程的实际情况而有所不同。(通常12.7mm厚的封层在24℃以上、湿度50%以下时可在1h内开放交通,承受车轮碾压,但不可有车辆制动、起步或转弯)。
(8)作为预防性养护技术的微表处也可直接用于新建道路的表面磨耗层,从而减少昂贵石料的使用,降低工程造价,显著降低基本消除早期水损坏的发生。
(9)真正的全程环保:在常温下施工,没有毒烟雾、粉尘、噪声污染,无废水外排。

3)稀浆封层和微表处的区别

稀浆封层和微表处有很多相似之处,但它们是两个不同的概念:
(1)定义不同。
(2)适用路面不同。
(3)乳化沥青技术要求不同。
(4)集料质量要求不同。
(5)集料级配不同。
(6)稀浆混合料设计指标不同。
(7)微表处可用于填补车辙,而稀浆封层技术则不能。

乳化沥青稀浆封层施工时间见图4-48。

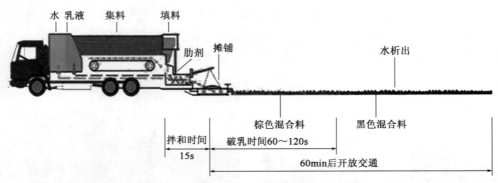

图4-48 乳化沥青稀浆封层施工时间控制图

8.沥青路面罩面

沥青路面罩面按其使用功能划分普通型罩面(以下简称罩面)、防水型罩面(以下简称封层)和抗滑层罩面(以下简称抗滑层)3种。

1)适用范围
(1)罩面主要适用于消除破损、恢复原有路面平整度、改善路面性能的修复工作。

(2)封层主要适用于提高原有路面的防水性能、平整度和抗滑性能的修复工作。

(3)抗滑层主要适用于提高路面抗滑能力的修复工作。

2)材料要求

(1)罩面的沥青结合料宜使用性能较好的黏稠型道路石油沥青、乳化石油沥青、改性乳化沥青、改性沥青。

(2)矿料应选用耐磨、强度高、水稳定性好的石料。

(3)所采用的沥青结合料、矿料规格、各项技术指标应符合现行《公路沥青路面施工技术规范》(JTG F40)和其他有关规范的规定。

3)厚度要求

(1)罩面

①罩面厚度应根据路段的交通量、公路等级、路面状况、使用功能等综合考虑确定。

②当 PCI、RQJ 在中、良等级,路面仅有轻度网裂时,可采用较薄的罩面层(厚 10~30mm)。

③当路面破损、平整度、抗滑 3 项指标都在中等以下,要求恢复到优、良等级时,应采用较厚的罩面层(厚 30~50mm)。

④一般情况下,高速公路、一级公路罩面宜采用 40~50mm 的厚度,其他公路可采用较薄的罩面(厚 10~40mm)。

⑤各级公路的罩面厚度不得小于最小施工层厚度。

(2)封层

①交通量较大、重型车较多的路段,宜采用厚约 10mm 封层。

②在中等交通量路段,宜采用厚约 7mm 封层。

③在交通量小、重型车少的路段,宜采用厚约 3~4mm 的封层。

(3)抗滑层

①用于高速公路、一级公路时,宜采用不小于 40mm 的厚度。

②用于二级公路时,宜采用中粒式、细粒式沥青混凝土结构,也可采用热拌沥青碎石或沥青表面处治结构,厚度不得小于最小施工层厚度。

③用于三级、四级公路时,可采用乳化沥青封层结构,厚度为 5~10mm。

摊铺罩面施工效果如图 4-49 所示。

图 4-49 摊铺罩面施工

4）施工要求

（1）沥青路面罩面的施工，除应按现行《公路沥青路面施工技术规范》（JTG F40）有关规定，还应按下列要求进行：

①对确定罩面的路段，在罩面前必须完成各种病害的处治修复工作，并清除路面上的泥土杂物。

②根据施工气温、旧沥青路面状况等因素采取相应施工工艺措施，罩面前必须喷洒黏层沥青，确保新老沥青层的结合，沥青用量为 0.3~0.5kg/m，裂缝及老化严重时为 0.5~0.7kg/m。有条件时，洒布黏层沥青前最好用机械打毛处理。

③罩面不应铺在逐年加厚的软沥青层上，也不应铺在和原沥青路面结合不好、即将脱皮的沥青罩面薄层上，应将其铲除、整平后，再进行罩面。

④当气温低于 10℃ 或路面潮湿时，不得浇洒黏层沥青，不得摊铺沥青罩面层。

（2）采用乳化沥青稀浆封层时，必须有固定的专业人员、固定的专业乳液生产和施工（撒布、摊铺）设备、专职的检测试验人员，并按有关规定标准进行检测和质量控制。稀浆封层撒布机在使用前，应根据稀浆封层混合料配合比设计，对集料、乳液、填料、加水量进行认真调试、调试稳定后，方可正式摊铺。

（3）抗滑层应按现行《公路沥青路面施工技术规范》（JTG F40）有关规定进行施工。

9. 沥青路面再生技术

1）概念与分类

（1）概念

沥青路面再生利用技术是指将需要翻修或废弃的旧沥青路面，经过路面再生专用设备的翻挖、回收、加热、破碎、筛分后，与再生剂、新沥青、新集料等按一定比例重新拌和成混合料，满足一定的路用性能并重新铺筑于路面的一整套工艺。

通过路面再生技术，不仅可以使其重新满足路用性能要求，节约大量材料资源和资金，降低工程造价，还可以避免废弃材料对环境的污染，实现行业循环经济，促进生态环境保护。路面再生技术是实施"节约型社会"战略举措的具体实践，有着非常显著的社会效益和经济效益。

根据旧沥青的老化状况，可采用以下 3 种方式进行再生：

①新旧沥青调和再生。将标号较高的新沥青与旧沥青混合，较软的新沥青与已老化的旧沥青掺配混合，掺配后的沥青达到路用沥青标准。

②再生剂再生。在旧沥青中加入适量的再生添加剂，添加剂既可以调节旧沥青的黏度，又能补充旧沥青所失去的化学组分，恢复旧沥青的性能，甚至还能超过原沥青的性能。

③混合再生。在添加新沥青的同时，加入再生剂混合后，再生料能获得较好的性能。

（2）分类

根据再生混合料拌制和施工温度的不同，沥青路面再生可分为冷再生和热再生。在冷再生过程中，对旧路铣刨、新旧料的拌和与摊铺是在常温下进行的，冷再生结合料通常采用乳化沥青或泡沫沥青；在热再生过程中，对旧路面铣刨、新旧料拌和时需要加热。

根据施工场合和施工工艺的不同，沥青路面再生可以分为厂拌再生和现场再生。现场再生与厂拌再生的区别在于拌和过程发生的地方，现场再生的拌和过程是在旧路面现场进行，而厂拌再生的拌和过程在拌和厂进行。

在路面大修工程中,常用的再生方案有现场冷再生、厂拌冷再生、现场热再生和厂拌热再生等。每种再生技术各有特点,各适用于不同状况的路面。在再生利用前,对路面状况进行详细的调查分析,选择最佳的再生方案,以实现效益最优。再生技术应用场合如图4-50所示。

2)4种再生方案介绍

(1)厂拌热再生

厂拌热再生是指先将旧沥青混凝土路面铣刨后运回工厂,通过破碎、筛分,并根据旧集料技术指标掺入一定数量的新集料、沥青和再生剂在专用设备中加热拌和,使混合料达到规范规定的各项指标,按照与新建沥青混凝土路面完全相同的方法重新铺筑。厂拌热再生设备如图4-51所示。

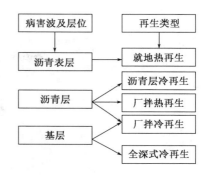

图4-50 再生技术应用场合

图4-51 厂拌热再生设备

①主要功能:

a.可修复沥青路面的几乎所有病害。

b.恢复甚至改善沥青路面混合料的性能。

②优缺点:

优点:再生工艺易于控制,再生后的沥青混合料性能比较理想,施工工艺与传统热拌沥青混合料基本相同,适用范围广。

缺点:铣刨后的旧沥青混合料需要来回运输,成本高;回收的沥青混合料用量较少,一般为10%~30%;对交通干扰比较大;摊铺温度比传统沥青混合料偏低,可供碾压时间减少。

③适用场合:适用于各等级公路沥青路面经铣刨、挖除下来的沥青层材料的再生利用,再生后的沥青混合料可用于各等级公路沥青路面的建设和维修养护工程。

(2)就地热再生

就地热再生是指采用专用的就地热再生设备,对沥青路面进行加热、铣刨,就地掺入一定数量的新沥青、新沥青混合料、再生剂等,经热拌和、摊铺、碾压等工序,一次性实现对表面一定深度范围内的旧沥青混凝土路面再生的技术。现场热再生机组与工艺如图4-52所示。

①分类。

按种类划分,就地热再生可分为表面再生、复拌再生和加铺再生。

图 4-52　现场热再生机组与工艺

a. 表面再生：首先用预热机加热并软化沥青路面，然后用耙齿或铣刨滚筒翻松达一定处理厚度，按需要添加再生剂，充分拌和松散的沥青再生混合料，然后摊铺压实，如图 4-53 所示。

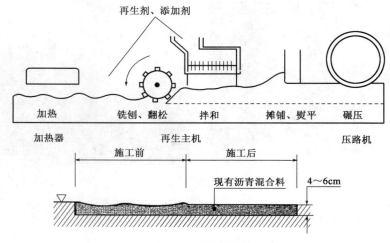

图 4-53　表面再生

b. 复拌再生：用预热机加热并软化沥青路面后，用复拌机将旧路面铣刨或翻松，并把翻松后的材料与新沥青混合料在复拌机的搅拌器中拌和均匀，形成新品质的沥青混合料，然后摊铺到路面上，用压路机碾压成型，如图 4-54 所示。

c. 加铺再生：在表面再生或复拌再生的基础上，通过再生主机再摊铺一层新的沥青混合料加铺层，最后再生层与新沥青混合料加铺层一起同时碾压，如图 4-55 所示。

三者区别如下：

a. 表面再生：仅按需要在旧混合料中添加再生剂；

b. 复拌再生：在旧混合料中添加再生剂和新沥青混合料；

c. 加铺再生：在旧混合料中添加再生剂和新沥青混合料，然后在再生混合料上面再摊铺一层新的沥青混合料，两层一起碾压成型。

②主要功能：

a. 修复沥青路面表面层病害。

b. 恢复沥青表面层物理力学性能。
c. 恢复沥青路面平整度,修复沥青路面车辙。

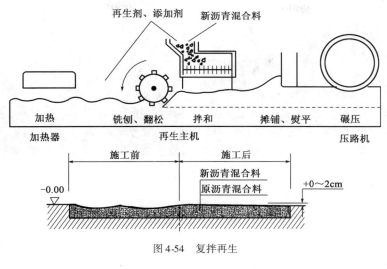

图 4-54　复拌再生

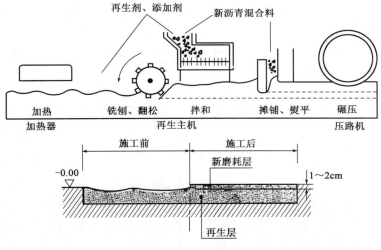

图 4-55　加铺再生

③优缺点:

优点:实现了就地的沥青路面再生利用,节省了材料转运费用,提高了原有材料利用率。

缺点:再生深度通常限制在 2~5cm;无法除去不适合进行再生的旧混合料,级配调整幅度有限;不适用于小型维修工程,加热旧路面,寒冷季节不适宜施工。

④适用场合:路面有足够承载能力,沥青路面的病害仅发生在中、上面层(60mm 以内),一般用于高速公路,一、二级公路沥青路面的修复。

(3)厂拌冷再生

厂拌冷再生是指将回收沥青路面材料运至拌和厂,经破碎、筛分后,以一定的比例与乳化沥青、新集料等进行常温拌和,常温铺筑形成路面结构层的沥青路面再生技术。厂拌冷再生设备如图 4-56 所示。

图 4-56　厂拌冷再生设备

① 主要功能：
a. 以冷拌沥青混合料的形式实现旧路面沥青层材料的再生利用。
b. 恢复和改善旧沥青混合料路用性能。
② 优缺点：
优点：再生工艺易于控制，再生混合料性能较好；适用范围广；能耗低、污染小。
缺点：再生混合料强度的形成需要较长的时间；需要加铺一定厚度的罩面层。
③ 适用场合：可用于各等级公路旧沥青路面材料的再生利用，再生后的混合料适用于沥青路面的中、下面层及柔性基层。

(4) 就地冷再生

就地冷再生是指在原有旧沥青路面的基础上，掺入集料等外加材料，然后利用就地冷再生机就地连续完成对旧路面的铣刨、破碎、添加料、拌和、摊铺等工序，随后进行找平、碾压和养生，最终修建出一层符合设计要求的道路结构层，如图 4-57 所示。

图 4-57　就地冷再生

按种类划分，就地冷再生可分为半深度就地冷再生和全深度就地冷再生。
① 半深度就地冷再生
半深度就地冷再生处治的深度一般为 75～100mm。
a. 主要功能：实现旧沥青路面的翻修、重建。再生混合料可用于中下面层或柔性基层。

b. 优缺点：

优点：实现了就地的再生利用，节省了材料转运费用；施工过程的能耗低、污染小；适用范围广。

缺点：施工质量控制的难度较大；一般需要加铺沥青罩面层。

c. 适用场合：一般用于病害严重的一、二级公路沥青路面的翻修、重建，冷再生路面一般需要加铺一定厚度的沥青罩面。

②全深度就地冷再生

全深度就地冷再生是指将所有的沥青路面部分和路面以下的部分基层的材料经过处理后形成稳定的基层，处治深度可达100～300mm，如图4-58所示。

化学稳定
水泥、石灰、粉煤灰

沥青稳定
乳化沥青、泡沫沥青

图4-58　全深度就地再生示意图

a. 主要功能：将全部的沥青面层和一定厚度的基层进行再生处理，再生后的混合料可用于沥青路面的中面层、下面层或稳定基层。

b. 适用场合：一般用于病害严重的二、三级公路沥青路面的翻修和升级改建，再生材料可用于沥青路面的基层及轻交通量道路的下面层。

五、沥青路面补强

(1) 补强设计。

在现有公路等级小变的情况下，沥青路面损坏严重、PSSI不符合要求，应进行路面补强。此外，补强也适用于提高公路等级面进行的改建工程。

①补强设计应综合考虑由补强厚度导致的纵坡与横坡的调整，以及与沿线结构物的联结等的相互协调，使纵坡线形符合现行《公路工程技术标准》(JTG B01)的要求；否则应改建线形，使其符合标准后再进行补强设计。

②补强设计中应考虑补强结构层与原路面结构的连接问题。

沥青路面补强层厚度应根据《公路沥青路面设计规范》(JTG D50—2017)有关规定计算确定。

(2) 沥青路面补强层材料的类型及结构形式的选择。

①沥青路面补强层材料类型应按现行《公路沥青路面设计规范》(JTG D50)的规定选取。

②路面补强结构形式应注意按如下 3 种情况选择：

a. 高速公路和一级、二级公路宜采用半刚性、热拌或冷拌沥青碎石混合料、沥青贯入式碎石基层加沥青混合料面层的补强结构形式。

b. 三级公路在不提高公路等级的情况下，可采用单层或多层补强结构；当需提高公路等级时，宜采用半刚性基层加沥青混合料面层的补强结构形式。

c. 四级公路可采用单层或多层的补强形式。

(3) 补强前应对原有公路的技术状况进行详细调查。

①调查原有公路路况，如路面破损及病害的情况和程度、路表排水(积水)状况、积雪(砂)状况以及路肩采用的加固措施等。

②调查原有路面设计、施工、养护的技术资料以及从使用开始至改建的间隔时间、使用效果等。

③调查年平均双向日交通量、交通组成和交通量增长率等。

④调查路基和路面(行车道)的宽度、路线纵坡、路面横坡、平曲线半径等。

⑤原有公路的分段及弯沉调查按现行《公路沥青路面设计规范》(JTG D50)的有关规定进行。

(4) 补强前，应对原有公路进行适当处治。

①当公路路拱不符合现行《公路工程技术标准》(JTG B01)时，应结合补强设计对路拱进行调整，使其符合规定。

②对原路面的病害，应视其层位、严重程度和范围，按有关规定进行处治。

(5) 当基层需补强时，其结构的选择应根据公路等级、交通量大小、材料种类、路基干湿类型、现有路况以及施工季节、施工机械配备和工期要求等因素综合考虑后确定。补强设计应符合现行有关设计规范的规定。

(6) 路面的补强应注意与桥涵的良好衔接。

①路面补强路段内若有桥涵等构造物，在补强前应对其铺装层进行检查。若原有铺装层出现破损，应及时修复。

②为保证路面与桥涵顶面的纵坡顺适，应综合考虑和重新设计路线纵坡。

(7) 补强设计中，补强层材料设计参数按新建路面材料设计参数的选择方法进行，并应符合现行《公路沥青路面设计规范》(JTG D50)的有关规定。

六、沥青路面加宽

1. 加宽基本要求

(1) 路面加宽前，应对旧路面做全面调查，调查内容与沥青路面补强前的调查相同。

(2) 沥青路面加宽方案应根据旧公路等级、线形及交通量等确定。当旧公路线形不需要改善，且路基较宽，加宽后路肩宽度符合现行《公路工程技术标准》(JTG B01)时，可在旧公路的基础上直接加宽，否则应首先改善和加宽路基；如旧公路因线形较差而需要改善，设计时应尽可能利用旧沥青路面。

(3) 路基、路面加宽的设计应按现行《公路路基设计规范》(JTG D30)和《公路沥青路面设计规范》(JTG D50)的规定进行。

(4)加宽时应处理好新路面与旧路面的纵、横向衔接。由于路基宽度不足,需对路基尤其是高路堤路基加宽时,还应对加宽部分路基进行加固,避免加宽路面出现不均匀沉降。

(5)当路基加宽宽度小于1m时,加宽的路面或基层压实质量不易控制,宜采用单侧加宽的方式。单侧加宽也包括因线形的约束只能在一侧进行加宽的情况。单侧加宽时应调整旧路面的路拱横坡。双侧加宽宜采用两侧相等加宽的方式。当不能采用两侧相等加宽的路面,如两侧加宽宽度差在1m以下时,不必调整横坡;当两侧加宽宽度差超过1m时,应调整路拱横坡。

(6)若加宽路面处于路线平曲线处,则应按现行《公路工程技术标准》(JTG B01)的规定设置相应的超高和加宽。

(7)加宽路面的基层和面层材料应按规定进行试验和配合比设计。

(8)当路基路面同时加宽时,路基应加至应有宽度。为使路面边缘坚实,基层宜比面层宽出200~250mm或埋设路缘石。

2.施工要求

(1)加宽接茬一般采用毛茬热接法。施工时,在基层加宽的基础上将旧沥青路面边缘刨切整齐,露出坚硬的垂直边缘,不得松动旧路面面层和新铺基层的粒料,将加宽的基层表面清扫干净。在接茬处均匀涂一层黏结沥青。当采用单层式面层接茬、混合料摊铺时,应与旧路面平齐对接,压实后的高度与旧路面面层平齐;当采用双层式或多层式面层接茬时,上、下面层不宜接在同一垂直面上,应错开30cm以上,做成台阶式,加宽后新上面层的压实高度与原路面上面平齐。

(2)如旧路面有路缘石,应将路缘石移栽至新加宽(或加厚)路面的外侧,并重新夯实路肩后,在路缘石里侧涂黏结沥青。

(3)补强加厚路面时,旧沥青面层经检验调查并进行技术经济比较后,如需再生利用者外,一般可不铲除。但补强仅需在旧路面上加铺沥青补强层时,当旧沥青面层有不稳定软层时则应加以铲除,或在夏季气温较高时撒布粗矿料(粒径一般为软层厚度的0.9倍),用重型压路机强行压入的方法使其稳定,并对旧路面的其他破损应先予以处治,必要时可设整平层。

(4)加宽加厚同时进行时,宜采用单幅施工、单幅通车的方式,一般不宜中断交通。

单元4-3　水泥混凝土路面养护

水泥混凝土路面在自然因素与行车荷载作用下,会因混凝土板、接缝和基层、土基的缺陷产生各种类型的破坏,其中既有设计的原因,也有施工质量的问题,以及人为的外界因素,也有可能是各种因素相互影响造成。水泥混凝土路面在养护良好的条件下,其使用年限要比其他路面长,但一旦开始损坏,则会引起破损的迅速发展。因此,必须做好预防性、经常性的养护,通过日常的观察,及早发现病害,查明原因,不失时机地采取相应的处治措施,使路面保持完好

图 4-59　破损的水泥混凝土道路

的状态。水泥路面破损如图 4-59 所示。

一、水泥混凝土路面状况调查与评价

水泥混凝土路面状况调查的主要内容包括路面破损、行驶质量、抗滑能力、承载能力。

水泥混凝土路面状况调查频率和方法：

（1）路面破损：每年一次；调查方法：人工调查、自动化检测车。

（2）行驶质量：每年一次；调查方法：平整度仪。

（3）抗滑能力：高速公路、一级公路每两年一次，一般公路仅在必要时调查；调查方法：横向力系数测定或铺砂法测构造深度。

（4）承载能力：仅在必要时调查，除特别重要线路，一般可以按 10%～20% 进行抽样调查；调查方法：钻芯取样进行劈裂（或抗压）实验、落锤弯沉仪、长杆贝克曼梁测边角弯沉。

二、养护对策

（1）当高速公路及一级公路的 PCI 等级为优和良，或者二级及二级以下公路的 PCI 等级为中及中以上时，可采用日常养护和局部或个别板块修补措施。各种病害的养护或修补措施可参考表 4-12。

各种病害的养护或修补措施　　表 4-12

措施＼病害＼程度	可暂不修	填封裂缝	填封接缝	部分深度修补	全深度修补	换板	沥青混合料修补	板底堵封	板顶研磨	刻槽	边缘排水
纵、横、斜裂缝和角隅断裂	L	LMH				H					
交叉裂缝和断裂板		LM				MH					
沉陷、胀起	LM						MH	H	MH		
唧泥、错台	L		LM					H	H		MH
接缝碎裂	L		MH	H		MH					
拱起	L				MH	H					
纵缝张开			LH								
填封料损坏	L		MH								
纹裂或网裂和起皮	LM			MH			MH				
磨损和露骨	磨损						露骨			磨光	
活性集料反应	L				H	M					
集料冻融裂纹				MH	H						

注：表中 L、M、H 表示病害轻重程度等级，其中 L 表示轻度，M 表示中等，H 表示严重。

(2)当高速公路及一级公路的 PCI 等级为中及中以下,或者二级及二级以下公路的 PCI 等级为次及次以下时,应采取全路段修复或改善措施。

(3)当高速公路及一级公路的 RQI、SRI 等级为中及中以下,或者二级及二级以下公路的 RQI 等级为次及次以下时,应采取刻槽、罩面或加铺层等措施改善路面的平整度。

(4)当路面结构承载能力不满足现有交通的要求时,应采取铺筑沥青混凝土或水泥混凝土加铺层措施提高其承载能力。

三、路面的日常养护

1. 路面巡查

水泥混凝土路面巡查分为日常巡查、特殊巡查和夜间巡查。
巡查的主要目的:
(1)发现路面和结构物的破损情况。
(2)发现并清除影响交通的障碍物。
(3)检查排水系统是否完好,若堵塞及时疏通。
(4)掌握养护工作的实施情况及工程质量。

2. 路面清洁保护

水泥混凝土路面清洁保护主要注意以下几点:
(1)定期进行清扫保洁。
(2)清扫频率根据公路状况、交通量大小和组成、环境条件确定。
(3)采用机械作业为主,人工作业为辅。
(4)尽量避开交通高峰时段。
(5)妥善处理清扫垃圾。
(6)油类物质和化学制剂污染,清洗干净。
(7)交通标志定期擦拭。
(8)保持交通标志完整。

3. 水泥混凝土路面接缝保养

(1)水泥混凝土路面的接缝应保持良好,表面平顺。
水泥混凝土路面的填缝料凸出面板,高速公路和一级公路超出 3mm,其他等级公路超出 5mm,应当予以铲平;填缝料外溢到面板,应予以清除;杂物嵌入接缝应予以清除,杂物坚硬应及时剔除。
(2)应对填缝料进行周期性和日常性的更换。
①填缝料更换周期 2~3 年。
②填缝料局部脱落时应进行灌缝填补。
③填缝料脱落大于 1/3 缝长时整条更换。
④填缝料技术应符合规范。
(3)填缝料更换应饱满密实、黏结牢固,清缝使用专用机具。
①更换填缝料前清洁原接缝,压缩空气,水冲等。

②填缝料灌注深度 3~4cm,缝深过大,下部可做支撑。
③填缝料灌注高度,夏季与面板平齐,冬季宜低于面板 2mm。
④填缝料更换宜选在春秋两季,或气温居中较干燥季节。水泥路面接缝保养如图 4-60 所示。

图 4-60　水泥路面接缝保养

四、水泥混凝土路面常见病害识别与诊断

水泥混凝土路面的病害及破损究其原因和材料、结构、受力这三者密不可分,可以把水泥混凝土路面受力破损病害想象成生活中的巧克力板、苏打饼干、地面瓷砖等类似物以便于理解和分析。《公路技术状况评定标准》(JTG 5210—2018)中将水泥混凝土路面主要病害分为 11 种 20 类,见表 4-13。

水泥混凝土路面损坏类型与判断　　　　　　　　　　表 4-13

类型	损坏名称	损坏程度	判 断 标 准	病害原因
1	破损板	轻	板块被裂缝分为 3 块及以上,破碎板未发生松动和沉陷	有裂缝板在基层和路基浸水软化及重载反复作用进一步断裂形成
2		重	板块被裂缝分为 3 块及以上,破碎板有松动、沉陷和唧泥等现象	
3	裂缝	轻	裂缝宽度小于 3mm,一般为未贯通裂缝	混凝土干缩裂缝;基层脱空引起裂缝;荷载作用下疲劳开裂;基层不均匀沉降裂缝
4		中	裂缝宽度为 3~10mm	
5		重	裂缝宽度大于 10mm	
6	板角断裂	轻	裂缝宽度小于 3mm	由于表面水侵入,地基承载力降低,接缝处出现唧泥,板底形成脱空,接缝传荷能力差,重载反复作用等综合作用所引起
7		中	裂缝宽度为 3~10mm	
8		重	裂缝宽度大于 10mm	
9	错台	轻	接缝两侧高差为 5~10mm	基层顶面受冲刷,细集料被有压水冲积在邻近板板底脱空区内,使接缝或裂缝两侧板面出现高程差,形成错台病害
10		重	接缝两侧高差大于或等于 10mm	

续上表

类型	损坏名称	损坏程度	判断标准	病害原因
11	拱起		横缝两侧板体高度大于10mm的抬高	发生在春季和炎热夏季,横向接缝或裂缝处板块由于膨胀受阻而出现突发性的向上隆起,有时还伴随出现邻近板块的横向断裂
12	边角剥落	轻	板边上的碎裂和脱落	接缝内进入坚硬材料而妨碍了板的膨胀变形,接缝处混凝土强度不足,传荷设施(传力杆)设计或设置不当(未正确定位、锈蚀等),接缝施工质量差,重载反复作用等造成的
13		中	板边上的碎裂和脱落,接缝附近水泥混凝土有开裂	
14		重	板边上的碎裂和脱落,接缝附近水泥混凝土多处开裂,开裂深度超过接缝槽底部	
15	接缝料损坏	轻	填料老化,不密水,尚未剥落脱空,未被砂、石、土等填塞	由于接缝的填缝料老化、剥落等原因,填料不密水或接缝内已无填料,接缝被砂、石、土等填塞
16		重	三分之一以上接缝出现空缝或被砂、石、土填塞	
17	坑洞		板面出现直径大于30mm、深度大于10mm的坑槽	由于冻融或膨胀,粗集料从混凝土中脱落出而形成坑洞
18	唧泥		板块接缝处有基层泥浆涌出	由于板接(裂)缝或边缘下的基层细粒料渗入缝下,并与积滞在板底的有压水从缝中或边缘处唧出,由此造成板底面向基层顶面出现局部范围的脱空
19	露骨		板块表面细集料散失、粗集料暴露或表层疏松剥落	行车荷载的反复作用;混凝土的耐磨性差
20	修补		裂缝、板角断裂、边角剥落和坑洞等损坏的修复	反应路面损坏和养护的历史——出现各种病害的维修情况;反映了修补后的使用情况——出现新的损坏

五、水泥混凝土路面破损处理

1. 裂缝维修

(1)对宽度小于3mm的轻微裂缝,可采取扩缝灌浆,即顺着裂缝扩宽成1.5~2.0cm沟槽,槽深可根据裂缝深度确定,最大深度不得超过2/3板厚。清除混凝土碎屑,吹净灰尘后,填入粒径0.3~0.6cm的清洁石屑。根据选用的灌缝材料,按《公路水泥混凝土路面养护技术规范》(JTJ 073.1—2001)附录A规定的配比,混合均匀后,灌入扩缝内。灌缝材料固化后,达到通车强度,即可开放交通。扩缝灌浆法如图4-61所示。

(2)对贯穿全厚的大于3mm、小于15mm的中等裂缝,可采取条带罩面进行补缝。在裂缝两侧切缝时,应平行于缩缝,且距裂缝距离不小于15cm。凿除两横缝内混凝土的深度以7cm为宜。每间隔50cm打一对耙钉孔,耙钉孔的大小应略大于耙钉直径2~4mm。并在二耙钉孔之间打一对与钯钉孔直径相一致的钯钉槽。钯钉宜采用 φ16mm 螺纹钢筋,使用前应予以除锈。钯钉长度不小于20cm,弯钩长度为7cm。钯钉孔必须填满砂浆,方可将钯钉插入孔内安装。切割的缝内壁应凿毛,并清除松动的混凝土碎块及表面尘土、裸石。浇筑混凝土应及时振捣密实、抹平,并喷洒养护剂。修补块面板两侧,应加深缩缝,并灌注填缝料。条带罩面法如图4-62所示。

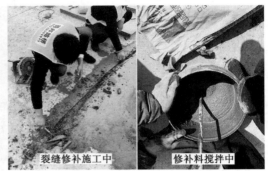

图4-61　扩缝灌浆法

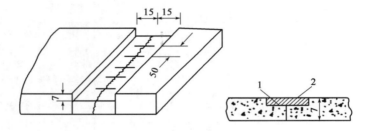

图4-62　条带罩面法(尺寸单位:cm)
1-钯钉;2-新浇混凝土

（3）对宽度大于15mm的严重裂缝可采用全深度补块。全深度补块分为集料嵌锁法、刨挖法、设置传力杆法。

①集料嵌锁法。

集料嵌锁法是指在修补的混凝土路面位置,平行于缩缝划线,沿划线位置进行全深度切割;在保留板块边部,沿内侧4cm位置,锯5cm深的缝,如图4-63所示。

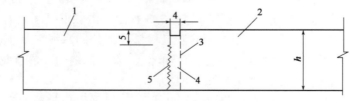

图4-63　集料嵌锁法(尺寸单位:cm)
1-保留板;2-全深度补块;3-全深度锯缝;4-凿除混凝土;5-缩缝交错接面

a. 破碎、清除旧混凝土过程中不得伤及基层、相邻面板和路肩。若破除的旧混凝土面积当天完不成混凝土浇筑时,其补块位置应做临时补块。

b. 全深锯口和半深锯口之间的4cm宽条混凝土垂直面应凿成毛面。

c. 处理基层时,基层强度应符合规范要求,应整平基层;若基层强度低于规范要求,应予以补强,并严格整平;若基层全部损坏或松软,应按原设计基层材料重新作基层,其技术要求应符合现行《公路路面基层施工技术细则》(JTG/T F20)的规定。

d. 混凝土的配合比应根据设计弯拉强度、耐久性、耐磨性和易性等要求,选用原材料进行配比设计,各种材料的物理性能及化学成分应符合现行《公路水泥混凝土路面设计规范》(JTG D40)规定。

e. 用水量应控制在混合料运到工地最佳和易性所需的最小值,最大水灰比为0.4。如采用JK系列的混凝土快速修补材料,水灰比以0.3~0.4为宜,坍落度宜控制在2cm内。混凝土24h弯拉强度应不低于3.0MPa。

f. 混凝土摊铺应在混凝土拌和后30~40min内卸到补块区内,并振捣密实。

g. 浇筑的混凝土面层应与相邻路面的横断面吻合,其表面平整度应符合现行《公路工程质量检验评定标准 第一册 土建工程》(JTG F80/1)规定,补块的表面纹理应与原路面吻合。

h. 补块养生宜采用养护剂,其用量根据养护材料性能确定。

i. 做接缝时,将板中间的各缩缝锯切到1/4板厚处,将接缝材料填入缩缝内。

j. 混凝土达到通车强度后,即可开放交通。

②刨挖法。

刨挖法又称倒T法,在相邻板块横边的下方暗挖15cm×15cm的一块面积用于荷载传递,如图4-64所示。

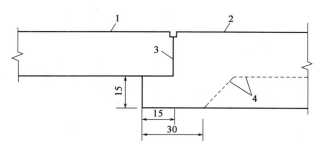

图4-64 刨挖法(尺寸单位:cm)
1—保留板;2—补块;3—全深度锯缝;4—垫层开挖线

③设置传力杆法。

a. 处理基层后,应修复、安设传力杆和拉杆。

b. 当原混凝土面板没有传力杆或拉杆折断时,应用与原规格相同的钢筋焊接或重新安设。安装时应在板厚1/2处钻出比传力杆直径大2~4cm的孔,孔中心距30cm,其误差不应超过3mm,如图4-65所示。

c. 横向施工缝传力杆直径为φ25mm,长度为45cm,嵌入相邻保留板内深22.5cm。

d. 拉杆孔直径宜比拉杆直径大2~4mm,并应沿相邻板块间的纵向接缝板厚1/2处钻孔,中心距80cm。拉杆采用φ16mm螺纹钢筋,长度为80cm,40cm嵌入相邻车道的板内。

e.传力杆和拉杆宜用环氧砂浆牢牢地固定在规定位置,摊铺混凝土前,光圆传力杆的伸出端应涂少许润滑油。

f.新补板块与沥青路肩相接时,应与现有路肩齐平。

g.传力杆若安装倾斜或松动失效,应予以更换。

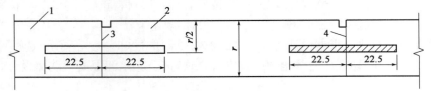

图 4-65　设置传力杆法(尺寸单位:cm)

1-保留板;2-全深度补块;3-缩缝;4-施工缝

2.板边、板角修补

1)板边修补

(1)当对水泥混凝土面板边轻度剥落进行修补时,应将剥落的表面清理干净,用沥青混合料或接缝材料修补平整。

(2)当板边严重剥落时,其修补方法参照条带罩面法进行。

(3)当板边全深度破碎,其修补方法参照全深度补块进行。

2)板角断裂

(1)板角断裂按破裂面的大小确定切割范围。

(2)切缝后,凿除破损部分时,应凿成规则的垂直面。对原有钢筋不应切断,如果钢筋难以全部保留,至少也要保留 20~30cm 长的钢筋头,且应长短交错。

(3)原有滑动传力杆.如果有缺陷应予以更换并在新老混凝土之间加设传力杆,传力杆间距控制在 30cm 之内。

(4)基层不良时,可采用 C15 号混凝土浇筑基层。

(5)与原有路面板的接缝面,应涂刷沥青。如为胀缝,应设置接缝板。

(6)现浇混凝土,与老混凝土面板之间的接缝应切出宽 3mm、深 4mm 的接缝槽,并灌入填缝材料。

(7)待混凝土达到强度后,开放交通。

其施工流程如图 4-66、图 4-67 所示。

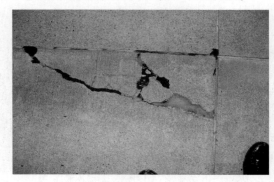 

图 4-66　确定病害位置进行切割

图 4-67 浇筑混凝土、抹面

3. 板块脱空处治

(1) 用弯沉测定法确定水泥混凝土面板脱空的位置,弯沉仪的测点与支座不应放在相邻两块板上,待弯沉车驶离测试板块方可读取百分表值,凡弯沉超过 0.2mm 的应确定为面板脱空。

(2) 灌浆孔的布设。

① 灌浆孔的布设应根据路面板的尺寸、下沉量大小、裂缝状况以及灌浆机械确定。

② 用凿岩机在路面上打孔,孔的大小应和灌注嘴的大小一致,一般为 50mm 左右。

③ 灌浆孔与面板边的距离不应小于 0.5mm。在一块板上,灌浆孔的数量一般为 5 个,可根据情况确定,如图 4-68 所示。

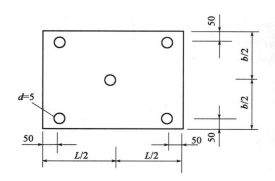

图 4-68 灌浆孔布置(尺寸单位:cm)

(3) 水泥混凝土路面板和基层之间由于出现空隙而导致路面沉陷的,可采用沥青灌注或水泥浆、水泥粉煤灰浆和水泥砂浆灌注等方法进行板下封堵。

① 沥青灌注法。

a. 灌浆孔钻好后,应采用压缩空气将孔中的混凝土碎屑、杂物清除干净,并保持干燥。

b. 宜采用建筑沥青,沥青加热熔化温度一般为 180℃。

c. 沥青洒布车或专用设备的压力为 200～400kPa。

d. 灌注沥青压满后约 0.5min,应拔出喷嘴,用木楔堵塞。

e. 沥青温度下降后,应拔出木楔,填进水泥砂浆,即可开放交通。

②水泥灌浆法。

a. 灌注机械可用压力灌浆机或压力泵,灌注压力为 1.5~2.0MPa。

b. 灌浆作业应先从沉陷量大的地方的灌浆孔开始,逐步由大到小。

c. 当相邻孔或接缝中冒浆,可停止泵送水泥浆,每灌完一孔,应用木楔堵孔。

d. 待砂浆抗压强度达到 3MPa 时,用水泥砂浆堵孔,即可开放交通。

4. 唧泥处理

唧泥是指车辆通过时,基层细料和水一起从板接缝处挤出,逐渐使基础失去支撑能力,在荷载的重复作用下,最终产生板断裂的现象。

水泥混凝土路面唧泥病害可采用压浆处理,并对接缝及时灌缝。

为预防唧泥的产生,应采取措施防止水对路面基层的侵入。

设置排水设施基本要求:

(1)路面和路肩应保持设计横坡,宜铺设硬路肩。

(2)路面裂缝、接缝以及路面与硬路肩接缝应进行密封。

(3)设置纵向积水管和横向出水管。

①在水泥路面的外侧边缘挖一条纵向沟,宽为 15~25cm,沟深挖至集料基层之下 15cm,横沟与纵沟的交角应在 45°~90°范围内,横沟间的距离约 30m。

②积水管一般采用 $\phi7.5cm$ 多孔塑料管,出水管为无孔塑料管。

③设置纵向和横向水管,并按设计的距离将积水管和出水管连接起来。

④纵向多孔管应包一层渗透性较强的土工织物。

⑤积水管和出水管放入沟槽时,其底部应平顺,横向出水管的坡度应大于或等于纵向排水坡度,出水管的管端应延伸到排水沟内,并设端墙。

⑥管的外围应填放粗砂等渗滤集料,并振动压实。

⑦回填沟槽时,应采用与原路肩相同的材料恢复原状。

(4)盲沟设置基本要求:

①在沿水泥路面外侧挖纵向沟时,沟底应低于面板以下 10cm,在水泥混凝土路面接缝处挖横向沟。

②沟槽底面及外侧铺油毡隔离层,沿水泥路面交界处及盲沟顶部铺设土工布过滤层。

③盲沟内宜填筑碎(砾)石过滤材料。

④盲沟上应用相同材料恢复路面(路肩)。

5. 错台处治

错台是指接缝处相邻面板的垂直高差。

错台的处治方法有磨平法和填补法两种,可根据错台的轻重程度选定。

(1)对高差小于或等于 10mm 的错台,可采用机械磨平或人工凿平;应从错台最高点开始向四周扩展,边磨边用 3m 直尺找平,直至相邻两块板齐平为止。磨平后,接缝内应将杂物清除干净,并吹净灰尘,及时将嵌缝料填入,如图 4-69 所示。

(2)对高差大于 10mm 的严重错台,可采用沥青砂或水泥混凝土进行处治,如图 4-70 所示。

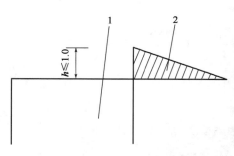

图 4-69 错台磨平法示意图(尺寸单位:cm)
1-下沉板;2-磨平部位

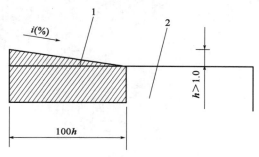

图 4-70 错台填补法示意图(尺寸单位:cm)
1-凿除修补;2-下沉板

①沥青砂填补基本要求:

a. 在沥青砂填补前应清除路面杂物和灰尘,并喷洒一层热沥青或乳化沥青,沥青用量为 $0.4 \sim 0.6 kg/m^2$。

b. 修补面纵坡变化应控制在 $i \leqslant 1\%$。

c. 沥青砂填补后,宜用轮胎压路机碾压。

d. 初期应控制车辆慢速通过。

②水泥混凝土修补基本要求:

a. 应将错台下沉板凿除 2~3cm 深,修补长度按错台高度除以坡度(1%)计算。

b. 凿除面应清除杂物灰尘。

c. 浇筑聚合物细石混凝土,材料配比参考现行《公路水泥混凝土路面养护技术规范》(JTJ 073.1)附录 A。

d. 混凝土达到通车强度后,即可开放交通。

6. 沉陷的处理

(1)沉陷处理应设置排水设施,其方法按唧泥中排水设施设置要求实施。

(2)面板顶升基本要求:

①面板在顶升前,应用水准仪测量下沉板的下沉量,测站距下沉处应大于 50m,并绘出纵断面,求出升起值。

②在混凝土面板上钻孔,孔深应略大于板厚 2cm。

③板块顶升宜采用起重设备或千斤顶。
④灌注材料可采用水泥砂浆。
⑤灌注材料压入后,每灌一孔应用木楔堵塞,压浆全部完毕,应拔出木楔,宜用高强水泥砂浆堵孔。
⑥压浆材料的抗压强度达到6MPa时,方可开放交通。

板底顶升法施工如图4-71所示。

图4-71　板底顶升法

(3)当水泥混凝土整板沉陷并产生破碎时,应整板翻修。

7. 拱起的处理

(1)板端拱起但路面完好时,应根据板块拱起高低程度,计算要切除部分板块的长度。先将拱起板块两侧附近1~2条横缝切宽,待应力充分释放后切除拱起端,逐渐将板块恢复原位,在缝隙和其他接缝内应清缝,并灌接缝材料。

(2)当拱起板端发生断裂或破损时,按全深度补块处理。

(3)拱起板两端间因硬物夹入发生拱起,应将硬物清除干净,使板块恢复原位,应清理接缝内杂物和灰尘,灌填缝料。

(4)胀缝间因传力杆部分或全部在施工时设置不当,使板受热时不能自由伸长而发生拱起,应重新设置胀缝。按水泥混凝土路面有关施工规范执行,使面板恢复原状。

(5)混凝土路面板的胀起与拱起的处理方法一致,如图4-72所示。

8. 坑洞的修补

路面表面呈现孔洞状的破损现象,直径一般为2.5~10cm,深为1~5cm。

坑洞修补应根据不同情况采取相应措施:

(1)对个别的坑洞,应清除洞内杂物,用水泥砂浆等材料填充,达到平整密实。

(2)对较多坑洞且连成一片的,应采取薄层修补方法进行修补。
①切割面积的图形边线,应与路中心线平等或垂直。
②切割的深度,应在6cm以上,并将切割面内的光滑面凿毛。
③清除槽内的混凝土碎屑。

④混凝土拌和物填入槽内,振捣密实,并保持与原混凝土面板齐平。
⑤喷洒养护剂养生。
⑥待混凝土达到通车强度后,方可开放交通。

图 4-72　拱起的处理

(3) 低等级公路对面积较大、深度在 3cm 以内、成片的坑洞,可用沥青混凝土进行修补。
①用风镐凿除一个处治区,其图形边线应与路中心线平等或垂直。
②凿除深度以 2~3cm 为宜,并清除混凝土碎屑。
③将凿除的槽底面和槽壁洒黏层沥青,其用量为 $0.4 \sim 0.6 \mathrm{kg/m^2}$。
④铺筑沥青混凝土并碾压密实平整。
⑤沥青混凝土冷却后,控制车速通车。
坑洞修补前后对比图如图 4-73 所示。

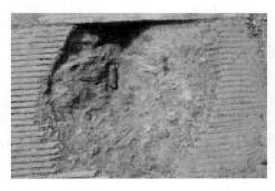
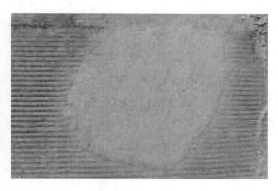

图 4-73　坑洞修补前后对比图

9. 接缝的维修

(1) 接缝填缝料损坏维修。
①清除接缝中的旧填缝料和杂物,并将缝内灰尘吹净。
②在胀缝修理时,应先将热沥青涂刷缝壁,再将接缝板压入缝内。对接缝板接头及接缝板与传力杆之间的间隙,必须用沥青或其他填缝料填实抹平。上部用嵌缝条的应及时嵌入嵌缝条。
③当采用加热式填缝料修补时,必须将填缝料加热至灌入温度。用嵌缝机填灌,填缝料应

与缝壁黏结良好和填灌饱满。在气温较低季节施工时,应先用喷灯将接缝预热。

④当采用常温式填缝料修补时,除无须加热外其施工方法与加热式填缝料相同。

施工过程如图4-74、图4-75所示。

图4-74　切缝、清缝

图4-75　吹缝、灌缝

(2)纵向接缝张开维修

①当相邻车道面板横向位移,纵向接缝张开宽度在10mm以下时,采取聚氯乙烯胶泥、焦油类填缝料和橡胶沥青等加热施工式填缝料维修。

②当相邻车道板横向位移,纵向接缝张口宽度在10mm以上时,宜采取聚氨酯类常温施工式填缝料维修。

　a.维修前应清除缝内杂物和灰尘。

　b.应按材料配比配制填缝料。

　c.宜采用挤压枪注入填缝料。

　d.填缝料固化后,方可开放交通。

③当纵向接缝张口宽度在15mm以上时,采用沥青砂填缝。

(3)接缝出现碎裂时,在破碎部位外缘,切割成规则图形,其周围切割面垂直于面板,底面为平面。

(4)清除干净并保持干燥状态,用高模量补强材料填充维修。

(5)修补材料达到通车强度后,方可开放交通。

10. 表面起皮(剥落、露骨)的处治

露骨处治根据公路等级和表面破损程度,采取不同的材料和施工方法进行,对局部板块的表面起皮应进行罩面。

(1)对于一般公路水泥混凝土板露骨,可采用稀浆封层加以处治。

(2)对于高速公路水泥混凝土板露骨,可采用改性沥青稀浆封层或沥青混凝土加以处治。

(3)对于较大面积的水泥混凝土面板露骨,采取稀浆封层及沥青混凝土罩面措施加以处治。

11. 水泥混凝土路面表面功能恢复

采用机械刻槽法恢复水泥混凝土路面表面功能,应符合下列要求:

(1)刻槽深度为3~5mm,槽宽为3~5mm,槽距为10~20mm。

(2)纵向刻槽时,应平行于纵缝;横向刻槽时,应平行于横缝。

(3)刻槽深度应逐步推进,以免刻槽边缘碎裂。

12. 在旧水泥混凝土路面上直接加铺

在旧水泥混凝土路面上直接加铺,应符合下列要求:

(1)旧水泥混凝土路面上直接加铺的路面种类主要有素混凝土、钢筋混凝土、钢纤维混凝土、沥青混凝土等,应根据检查、检测结果,针对外部环境和交通量发展状况,按照经济、合理的原则,选择相应的路面加铺层类型。

(2)高速公路及一级公路的PCI和RQI应在良及良以上;二级及二级以下公路的PCI和RQI应在中及中以上。

(3)无论采用何种路面类型,均应对旧路面的病害进行修复处治。

(4)新旧路面之间应设置隔离层,一般用沥青混凝土、土工布、油毡等。

(5)加铺层的路面厚度应通过计算确定,普通水泥混凝土不小于180mm,钢纤维混凝土不小于120mm,钢筋混凝土不小于140mm,沥青混凝土不小于70mm。

(6)路面加铺层的纵、横缝位置应与旧水泥混凝土面板一致。

(7)路面加铺层的设计与施工,按照相关路面的设计、施工规范规定执行。

13. 在旧水泥混凝土路面上分离加铺

在旧水泥混凝土路面上分离加铺,应符合下列要求:

(1)旧水泥混凝土的PCI和RQI在中或中以下。

(2)旧水泥混凝土板块应充分破碎或压裂,并稳定、无脱空,必要时可采用乳化沥青、水泥浆压注稳定。

(3)在旧水泥混凝土板破碎或压裂时,应做好涵洞、地下管道、电缆、排水管等设施的保护。

(4)基层的厚度应通过结构设计确定,且不小于最小结构厚度。

(5)加铺的基层与面层的设计与施工,按照相关设计、施工规范规定执行。

14. 旧水泥混凝土再生利用

旧水泥混凝土再生利用时,应符合下列要求:

(1) 旧水泥混凝土被破碎以后,作为再生混凝土集料使用,其强度应达到二级标准及以上,且最大粒径应为40mm,小于20mm的粒料不能再作为混凝土集料,应予以筛除。

(2) 作为基层集料使用,其强度应达到三级标准且集料含量以80%~85%为宜。

(3) 用作底基层时,应将混凝土板块充分破碎或压裂,并做到稳定无松动碎块。

15. 水泥混凝土路面的加宽

水泥混凝土路面的加宽,应符合下列要求:

(1) 路基加宽应符合公路路基设计、施工规范的有关规定。

(2) 基层加宽时,新加宽的基层强度不得低于原有水泥混凝土路面的基层强度,并宜采用台阶法搭接。

(3) 两侧新加宽的水泥混凝土路面宽度差大于1m和单侧加宽时,应调整路拱。如条件许可,应尽可能采取双侧相等加宽方式。

(4) 在平曲线处,应按现行《公路工程技术标准》(JTG B01)规定设置超高、加宽,原来漏设的,应予以补设。

(5) 路面板加宽处的纵缝应设置拉杆。

(6) 加宽水泥混凝土面板的强度、厚度、路拱、横缝均应与原设计相同。

(7) 加宽水泥混凝土路面的施工,应符合相关施工规范规定。

单元 4-4　路面基层的改善

路面基层在使用过程中,由于交通量的急剧增长和自然因素的作用,或者原先施工中遗留的缺陷,或者因自然条件的变化造成路基失稳、干湿类型变化、强度降低、破坏严重,或者路面的几何尺寸不能适应交通量增长的需要时,必须改善基层的技术状况,以提高其适应能力。

路面基层的改善包括基层的加宽、补强加厚以及翻修与重铺。在进行路面基层改善时,应按就地取材的原则,结合原有路面基层材料的利用,合理地应用旧结构,进行设计。

一、基层的加宽与补强

1. 设计要求

在进行基层加宽与补强设计前,应对原有路面进行详细调查和检测,其内容包括如下:

(1) 调查不利季节的交通量、交通组成和年平均增长率。

(2) 调查原有公路的路况,如路基宽度、纵坡、平曲线半径、路面宽度、厚度、结构和材料、路面横坡、平整度、摩擦系数、路表面排水(积水)状况、积雪(沙)状况等;路面坑槽、搓板、翻浆等破损程度以及路肩采取的加固措施等。

(3) 调查原有路面设计、施工、养护技术资料及使用开始至改建的年限、使用效果等。

(4)测定路基的干湿类型,规定每500m取一个断面,每个断面(如路基)宽度大于或等于7m选两个测点,不足7m取一个测点。

(5)测定加宽部分的土基湿度和压实度。

(6)测定原有路面的整体强度。

基层加宽一般应采用两侧加宽,如原有路基宽度不足,则应先加宽路基后再铺筑加宽的基层,必要时可设护肩石(带)。加宽部分的基层应按新土基新建路面设计其厚度,采用的结构与材料宜与原路面的基层相同;基层加厚按旧路补强公式进行设计,基层结构的选择应根据路面等级、交通量、地带类型、现有路况以及材料供应与施工条件等确定。必要时,应增设排水设施,并事先处理好涵洞接长、倒虹吸的防漏以及沿溪路段的护岸挡土墙等工程。

在基层需要同时加宽、加厚时,应先将加宽部分按新土基设计后,再作全幅补强设计;将原路面分段实测的计算弯沉值作为加宽部分的设计弯沉值,并由实际调查检测的路基土质、干湿类型及其平均稠度确定土基回弹模量,然后根据不同材料的模量按新路设计方法设计加宽部分的基层厚度,使之与原有路面强度保持一致;最后,根据原路面确定的计算弯沉值和补强要求的允许弯沉值。按旧路补强厚度计算方法,进行全幅的基层补强设计。

在季节性冰冻区,基层的补强还应验算防冻层厚度的要求。

2. 施工要点

(1)加宽基层时应做好新旧基层的衔接。对于半刚性基层一般宜用平头搭接;对于粒料基层一般宜用斜接法。当基层厚度超过25cm,可在原有基层半厚处挖成宽约30cm的台阶做成错台搭接。加宽沥青路面基层时,应将紧挨加宽部位15cm宽的原有沥青面层切凿除去,清扫干净原基层上的松散粒料、浮土后再铺筑加宽基层。如原基层已损坏,则应将其材料重新翻修利用,根据试验掺配新的材料后与加宽混合料一并拌和、铺装、碾压。

(2)基层加宽后需调整路拱而涉及原有路面的部分,应将旧面层铲掉,按路拱要求一次调整铺装。为使调拱部分的新旧基层结合良好,可把原基层拉毛或使调拱铺装的最小厚度大于8cm,不足时可开挖原基层。

(3)原基层有局部坑槽、搓板、松散的路段,在补强前应先进行修补找平,平整度超过规定的应加铺整平层。对于发生过翻浆、弹簧、变形等病害的路段,应根据其产生的原因,采取有效的处治措施;对于病害严重的路段可采取综合处治后再加铺基层。

(4)原有砂石路面,尤其是泥结碎石及级配砾石路面,因含泥量过多或土的塑性指数过大,一般不宜用作沥青路面的基层,应将其过量的土筛除或用其他方法改善,并铲除其上的磨耗层和稳定保护层后再作补强层处理。

(5)基层加宽或补强应符合施工压实度的规定要求。

二、基层的翻修与重铺

(1)当路面具有下列情况时,则基层需要进行翻修:

①原有路面整体强度不足。

②根据路面使用质量的评定已经达到翻修条件。

③原有路面的材料已不能满足结构强度要求,造成全面损坏,需彻底更换路面结构。

(2)当基层具有下列情况时,则需进行基层重铺:

①原有路面基层材料没有利用价值,翻修在经济上不合理。

②当地盛产路面基层材料,原基层材料虽然可以利用,但因机械施工困难,技术上暂时难以解决。

③原有路面因路基干湿类型发生变化,需改善其水稳性。

(3)基层的翻修与重铺,应按现行《公路沥青路面设计规范》(JTG D50)与《公路路面基层施工技术细则》(JTG/T F20)的有关规定要求进行设计和施工。

(4)翻修基层时,对原有基层的材料应尽可能地充分利用。为此,应对原基层取样检测其材料性质,一般每500m检测一处,如路基干湿类型有变化应增加测点。检测项目包括干密度、级配组成以及小于0.5mm细料的含量与塑性指数等,以确定其可利用的集料含量和需要掺配的材料用量。对于无机结合料稳定基层,还应测定其水泥、石灰剂量及其剩余活性,以确定再生利用时需要掺添的水泥或石灰剂量。

(5)基层翻修应结合原材料的利用价值与加铺方案进行技术经济比较后,以确定最后的采用方案。

(6)在中湿、潮湿地带的粒料基层,翻修时宜掺加适量的石灰,以提高其水稳性,有条件时也可掺加水泥予以稳定。

单元4-5　公路路面技术状况检测网级项目实例

一、概述

为了及时地了解和全面掌握辽宁省沈阳市浑南区农村公路的路面技术状况,提高养护工作和管理决策的科学性,某公司于2019年对浑南区农村公路进行了路面技术状况自动化检测工作。

1. 检测范围

检测范围为浑南区农村公路,去除城管和重复路段,实际检测总里程587.632km,其中县道248.415km,乡道120.448km,村道218.769km。

2. 检测内容

检测内容按照《公路技术状况评定标准》(JTG 5210—2018)规定,共检测了路况(包括DR、IRI及前方景观)、弯沉、摩擦系数、构造深度、钻芯等指标,实施了PQI及其分项指标的评价工作,获得了PSSI、PCI、RQI的评定与统计结果。

3. 检测依据

路面技术状况检测和评定工作主要依据下列标准、规范和文件:

(1)《公路技术状况评定标准》(JTG 5210—2018)。

(2)《公路养护技术规范》(JTG H10—2009)。

(3)《公路沥青路面养护设计规范》(JTG 5421—2018)。
(4)《公路路基路面现场测试规程》(JTG 3450—2019)。
(5)《辽宁省农村公路养护质量评定办法》(辽交公农发〔2016〕28号文件)。
(6)国家及交通运输部颁布的相关规范、规程、办法等。
(7)省厅、省局发布的相关公路技术政策。

二、路况评价

1. 总体评价

1)路况总体评价

根据《公路技术状况评定标准》(JTG 5210—2018)及《辽宁省农村公路养护质量评定办法》(辽交公农发〔2016〕28号文件),对浑南区农村公路的路面技术状况进行评定,路面总体状况如图4-76、图4-77所示,其统计表见表4-14。

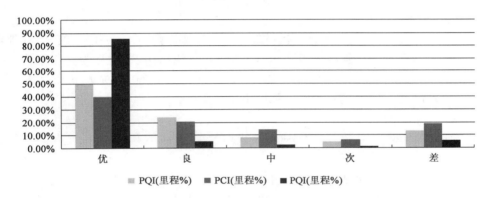

图4-76 浑南区农村公路路面使用性能(PQI及其分项指标)统计图

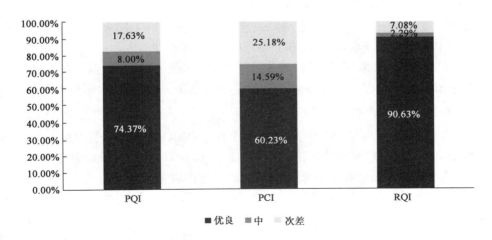

图4-77 浑南区农村公路路面使用性能(PQI及其分项指标)堆积图

浑南区农村公路路面使用性能指数(PQI)及分项指标统计表　　　　表4-14

评价指标	平均值	优良路率（%）	次差路率（%）	优（km）	良（km）	中（km）	次（km）	差（km）
PQI	78.61	74.37	17.63	295.325	141.714	46.993	27.551	76.049
PCI	72.36	60.23	25.18	232.387	121.542	85.714	38.395	109.594
RQI	87.98	90.63	7.08	500.329	32.252	13.436	8.210	33.405

（1）PQI平均值为78.61，处于良等水平。其中，优良路段共437.039km，占实检总里程74.37%；次差路段共103.600km，占实检总里程17.63%。

（2）PCI平均值为72.36，处于中等水平。其中，优良路段共353.929km，占实检总里程60.23%；次差路段共147.989 km，占实检总里程25.18%。

（3）RQI平均值为87.98，处于优等水平。其中，优良路段共532.581km，占实检总里程90.63%；次差路段共41.615km，占实检总里程7.08%。

2）弯沉总体评价

弯沉共计检测427.6km，并根据所提供的弯沉设计值计算出了PSSI。约定PSSI评定等级为优、良、中时视为路面结构强度满足要求，PSSI评定等级为次、差时视为路面结构强度不满足要求，依据此标准统计，检测的427.6km中有257.6km（占比60.24%）的路面结构强度满足要求，170km（占比39.76%）的路面结构强度不满足要求。

3）摩擦系数总体评价

共计检测173处摩擦系数，均满足规范要求。

4）构造深度总体评价

共计检测173处构造深度，除X034东李线（K7+000）、X189沈本线（K11+100）、CTK4腰沟线（K0+400）3点检测值低于规范允许值，其余均满足规范要求。

5）取芯总体评价

共取芯173处，其中，有病害处取芯156处，无病害处取芯17处，共性结果如下：

（1）有病害处共性结果：病害多已贯穿面层，且病害处多有不同程度剥落，面层与基层连接差且分离，基层不能完全取出，取出部分多已松散、强度较差。

（2）无病害处共性结果：面层结构密实，面层芯样多能完整取出，面层与基层连接较好。基层不能完全取出，取出部分上部分整体成型，下部分松散，芯坑侧壁大多较为光滑。

2. 按公路技术等级评价

浑南区农村公路一级公路51.513km，二级公路73.004km，三级公路126.316km，四级公路336.799km，各技术等级里程分布情况如图4-78～图4-80所示，其统计表见表4-15。

浑南区农村公路按公路技术等级统计PQI，由上述图表可以看出：

一级公路：PQI平均值为79.55，处于良等水平，其优良路率为76.64%，次差路率为11.27%。

二级公路：PQI平均值为77.16，处于良等水平，其优良路率为64.20%，次差路率为23.47%。

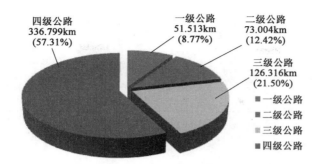

图 4-78　浑南区农村公路技术等级构成饼图

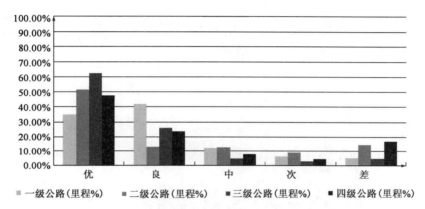

图 4-79　浑南区农村公路各技术等级 PQI 统计图

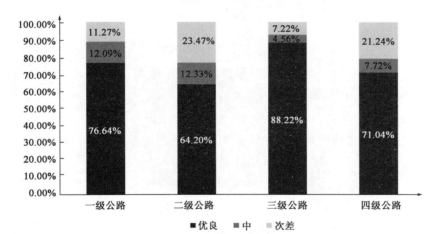

图 4-80　浑南区农村公路各技术等级 PQI 堆积图

浑南区农村公路各技术等级 PQI 统计表　　　　表 4-15

技术等级	平均值	优良路率（%）	次差路率（%）	优（km）	良（km）	中（km）	次（km）	差（km）
一级公路	79.55	76.64	11.27	17.950	21.531	6.226	3.200	2.606
二级公路	77.16	64.20	23.47	37.554	9.315	9.003	6.596	10.536

续上表

技术等级	平均值	优良路率（％）	次差路率（％）	优（km）	良（km）	中（km）	次（km）	差（km）
三级公路	83.87	88.22	7.22	78.900	32.530	5.764	3.299	5.823
四级公路	76.84	71.04	21.24	160.921	78.338	26.000	14.456	57.084

三级公路：PQI 平均值为 83.87，处于良等水平，其优良路率为 88.22％，次差路率为 7.22％。

四级公路：PQI 平均值为 76.84，处于良等水平，其优良路率为 71.04％，次差路率为 21.24％。

从次差路段的分布来看，浑南区农村公路 PQI 次差路段里程累计 103.600km，以四级公路为主（71.540km），所占比例高达 69.05％，如图 4-81 所示。

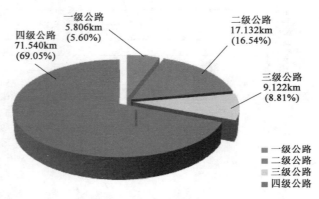

图 4-81　浑南区农村公路 PQI 次差路段里程的技术等级分布图

综上所述，四级公路 PQI 均值最低，次差路段的占比最大，因此整体提升四级公路路况水平，应视为下一步路况提升的重要着力点。

3. 按路面类型评价

浑南区农村公路沥青路面里程为 584.927km，水泥路面里程仅 2.705km。各路面类型里程分布情况如图 4-82～图 4-84 所示，其统计表见表 4-16。

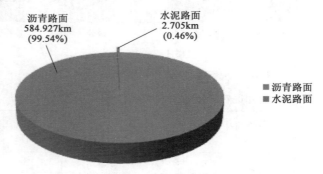

图 4-82　浑南区农村公路路面类型构成饼图

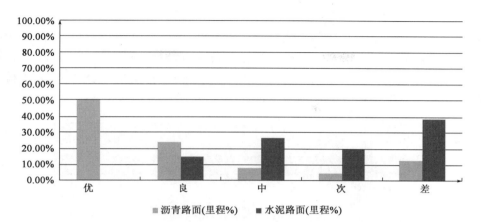

图 4-83 浑南区农村公路各路面类型 PQI 统计图

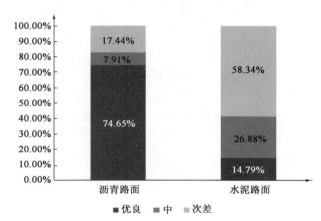

图 4-84 浑南区农村公路各路面类型 PQI 堆积图

浑南区农村公路各路面类型 PQI 统计表 表 4-16

路面类型	平均值	优良路率（%）	次差路率（%）	优（km）	良（km）	中（km）	次（km）	差（km）
沥青路面	78.76	74.65	17.44	295.325	141.314	46.266	27.017	75.005
水泥路面	52.77	14.79	58.34	0.000	0.400	0.727	0.534	1.044

按路面类型统计 PQI，由图表可以看出：

（1）沥青路面的 PQI 平均值为 78.76，处于良等水平，其优良路率为 74.65%，次差路率为 17.44%。

（2）水泥路面的 PQI 平均值为 52.77，处于差等水平，其优良路率为 14.79%，次差路率为 58.34%。

从上述对比可知，沥青路面 PQI 平均值、优良路率均优于水泥路面。

4. 按病害类型评价

浑南区农村公路水泥路面里程 2.705km，仅占检测总里程的 0.46%，且均为过水路面，不具代表性，故两类路面不做病害类型比较，此处仅对沥青路面病害进行分析评价。

1) 路面病害统计

浑南区农村公路沥青路面病害组成情况由图 4-85 和表 4-17 可以看出,龟网裂所占比重最大,面积为 77220.0m²,占检测面积的 4.13%;横、纵向裂缝面积为 32773.8m²,占检测面积的 1.75%;松散面积为 11505.8m²,占检测面积的 0.61%;修补面积为 6829.4m²,占检测面积的 0.36%;坑槽等其他病害面积为 1890.6m²,占检测面积的 0.10%。

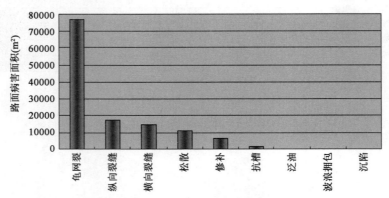

图 4-85　浑南区农村公路路面病害面积统计柱状图

浑南区农村公路路面病害面积统计柱状图如图 4-85 所示,其统计表见表 4-17。

浑南区农村公路路面病害统计表　　　　表 4-17

类　　型	分项病害面积 (m²)	分项病害面积占所测 路面面积百分比(%)
龟网裂	77220.0	4.13
纵向裂缝	17640.0	0.94
横向裂缝	15133.8	0.81
坑槽	1834.9	0.10
沉陷	1.1	0.00
波浪拥包	1.6	0.00
松散	11505.8	0.61
泛油	53.0	0.00
修补	6829.4	0.36

2) 路面病害典型图片

路面病害典型图片如图 4-86 所示。

5. 按路线评价

浑南区农村公路共检测 165 条路线,其中县道 18 条,乡道 24 条,村道 123 条[C1T4 常常线全线(K0 +000 – K0 +319)均为土路,故不参与评价]。在 165 条路线中,有田小线(C1T5)、沙佟线(C1W6)、合山线(C1SU)、油中线(C1W9)、三桃线(C1V2)等 103 条路线 PQI 评价为优良(PQI≥75);后易线(C1S8)、马后线(C1D5)、龙东线(CTK7)、严沈线(C1W5)、得仁线(C1D2)等 37 条路线 PQI 评价为次差(PQI <65);黑老线(Y151)、桃苏线(C1V4)、八河线(C1I8)、严沈线(C1W5)、得仁线(C1D2)等 72 条路线 PQI 值低于检测路线平均水平(均值78.61)。浑南区农村公路 PQI 均值如图 4-87 所示。

a)龟网裂(X164东高线K14+375)

b)纵向裂缝(CTL8中观线K2+091)

c)横向裂缝(X111孤石线K6+772)

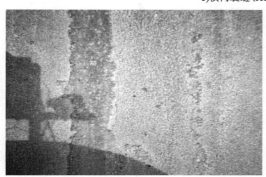 
d)松散(X106长祝线K3+252)

图 4-86

e) 修补 (C1X3牛万线K0+400)

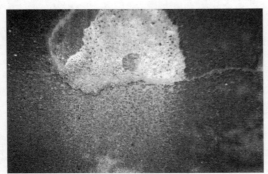

f) 坑槽 (X125苏赵线K39+033)

图 4-86 路面病害典型照片

由图可知,田小线(C1T5)路况最好,得仁线(C1D2)路况最差。

在 18 条县道中,常富线(X178)路况最好,东高线(X164)路况最差(图 4-88)。常富线(X178)、营祝线(X110)、长祝线(X106)、沈李线(X179)、旧满线(X108)等 13 条路线 PQI 处于优良水平(PQI≥75);东高线(X164)处于次等水平(55≤PQI<65)。沈李线(X179)、旧满线(X108)、孤石线(X111)、长苏线(X102)、东高线(X164)等 7 条路线路况值低于县道平均水平(均值 81.09)。

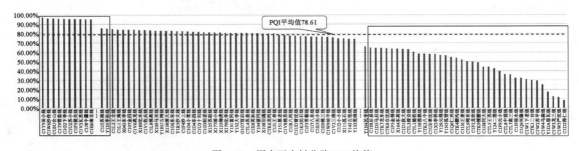

图 4-87 浑南区农村公路 PQI 均值

在 24 条乡道中,潘王线(Y123)路况最好,前瓦线(Y1DA)路况最差(图 4-88)。潘王线(Y123)、中后线(Y1R4)、石刘线(Y103)、望闫线(Y1O4)、黑老线(Y151)等 12 条路线 PQI 处于优良水平(PQI≥75);莲棋线(Y158)、元得线(Y129)、孤营线(Y1N5)、二莲线(Y124)、前瓦线（Y1DA）5 条路线处于次差水平（PQI＜65）；古张线（Y143）、荒桃线（Y133）、前国线（Y1R6）、二连线（Y124）、前瓦线（Y1DA）等 12 条路线路况值低于乡道平均水平（均值 74.46）。

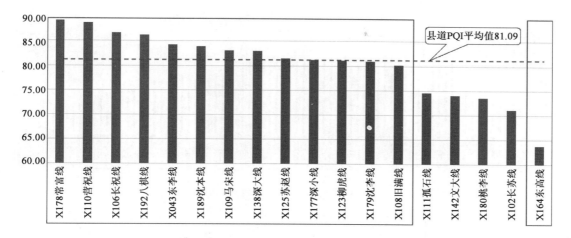

图 4-88　浑南区农村公路县道 PQI 均值

在 123 条村道中，田小线（C1T5）路况最好，得仁线（C1D2）路况最差（图 4-90）。田小线（C1T5）、沙佟线（C1W6）、合山线（C1SU）、油中线（C1W9）、三桃线（C1V2）等 78 条路线 PQI 处于优良水平（PQI≥75）；后易线（C1S8）、马后线（C1D5）、龙东线（CTK7）、严沈线（C1W5）、得仁线（C1D2）等 42 条路线处于次差水平（PQI＜65）。八河线（C1I8）、曾沈线（C1UD）、沈石线（C1K3）、严沈线（C1W5）、得仁线（C1D2）等 53 条路线路况值低于村道平均水平（均值 78.10）。

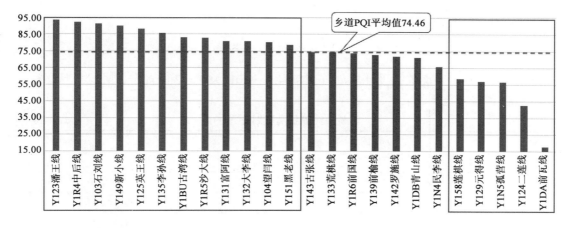

图 4-89　浑南区农村公路乡道 PQI 均值

浑南区农村公路各路线 PQI 次差路率占比图如图 4-91 所示。从次差路段的分布来看，常富线（X178）、石刘线（Y103）、马上线（CTK2）、龙河线（CTK6）、苏泉线（CTL4）等 66 条路线无次差路段；前瓦线（Y1DA）、得仁线（C1D2）、二台线（CTK1）、王苏线（CTL5）、中观线（CTL8）等

12条路线次差路率达到了100%;桃李线(X180)、柳虎线(X123)、龙南线(CTK5)、王苏线(CTL5)、中观线(CTL8)等60条路线PQI次差路率占比高于全部检测路线平均PQI次差路率占比(17.63%)。下一步应重点关注这60条路线的养护维修工作。

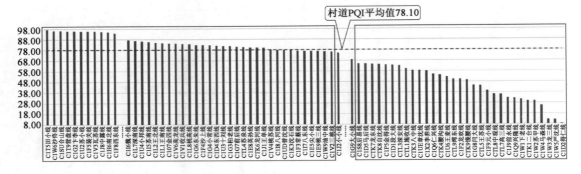

图4-90　浑南区农村公路村道PQI均值

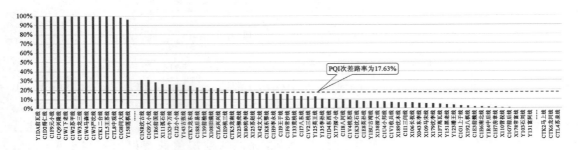

图4-91　浑南区农村公路各路线PQI次差路率占比图

三、养护需求分析

1. 养护需求分析依据

依据《公路沥青路面养护设计规范》(JTG 5421—2018)中5.2的规定,养护类型划分方法及养护标准值参考范围见表4-18、表4-19。

评价单元养护类型划分方法　　　　　　　　表4-18

值域范围		养护类型
PCI	RQI	
≥A1	≥B1	日常养护
	B2~B1	预防性养护
	<B2	修复养护
A2~A1	≥B2	预防性养护
	<B2	修复养护
<A2	—	修复养护

养护标准值参考范围 表 4-19

公路等级	值域范围			
	PCI		RQI	
	A1	A2	B1	B2
一级公路	90	85	90	85
二级、三级公路	85	80	85	80
四级公路	80	75	—	—

综合考虑路面类型、横断面形式、养护历史、交通状况、路面技术状况、养护类型等因素,将评价单元进行合并,形成开展路面养护设计的设计单元。设计单元长度宜满足养护施工最小长度的要求,便于后期养护管理工作。

2. 养护需求分析结果

根据路面技术状况评定与分析结果,并借助上述养护类型划分方法及养护标准值参考范围,提出浑南区农村公路养护需求建议如下:日常养护里程 253.810km,占检测总里程的 43.19%;预防性养护里程 45.481km,占检测总里程的 7.74%;修复养护里程 288.341km,占检测总里程的 49.07%。浑南区农村公路养护需求里程分布情况如图 4-92 所示,其养护需求路段汇总表(部分示例)见表 4-20。

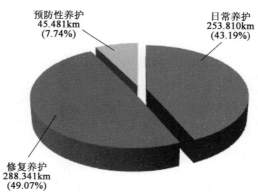

图 4-92 浑南区农村公路养护需求分布图

浑南区农村公路养护需求路段汇总表(部分示例) 表 4-20

序 号	路线编号+名称	起点桩号	终点桩号	长度(km)	养护需求
1	X043 东李线	4.600	9.600	5.000	修复养护
2	X043 东李线	9.600	10.800	1.200	预防性养护
3	X102 长苏线	0.000	4.700	4.700	修复养护
4	X106 长祝线	0.000	4.200	4.200	修复养护
5	X106 长祝线	10.400	10.800	0.400	修复养护
6	X106 长祝线	20.100	20.500	0.400	修复养护
7	X108 旧满线	2.500	3.336	0.836	修复养护

续上表

序　号	路线编号+名称	起点桩号	终点桩号	长度(km)	养护需求
8	X109 马宋线	0.000	1.900	1.900	修复养护
9	X109 马宋线	1.900	2.400	0.500	预防性养护
10	X109 马宋线	3.200	4.000	0.800	预防性养护
11	X109 马宋线	4.000	4.800	0.800	修复养护
12	X109 马宋线	5.200	8.900	3.700	修复养护
13	X109 马宋线	9.500	11.543	2.043	修复养护
14	X110 营祝线	0.000	1.800	1.800	预防性养护
15	X110 营祝线	3.000	3.400	0.400	预防性养护
16	X110 营祝线	5.100	5.800	0.700	预防性养护
17	X110 营祝线	10.300	10.800	0.500	预防性养护
18	X110 营祝线	13.700	14.300	0.600	修复养护
19	X111 孤石线	0.000	2.100	2.100	预防性养护
20	X111 孤石线	2.500	7.476	4.976	修复养护
21	X123 柳虎线	5.294	5.800	0.506	修复养护
22	X123 柳虎线	7.400	9.050	1.650	修复养护
23	X125 苏赵线	0.873	4.900	4.027	修复养护

四、专项检测分析

1. 专项检测分析依据

（1）依据《公路沥青路面养护设计规范》(JTG 5421—2018)中 4.4 的规定,预防性养护路段增加的专项检测数据如下：①摩擦系数检测；②构造深度检测；③现场取芯。

（2）依据《公路沥青路面养护设计规范》(JTG 5421—2018)中 4.5 的规定,修复养护路段增加的专项检测数据如下：①弯沉检测；②摩擦系数检测；③构造深度检测；④现场取芯。

（3）借助专项检测数据以辅助管理者做进一步的决策判断。

2. 专项检测分析结果

针对上述有养护需求的路段,分别按照专项检测分析依据开展了相关专项检测,结果如下。

1）弯沉检测结果

利用落锤式弯沉仪共计检测 427.6km,并根据所提供的弯沉设计值：县道(30.7)、乡村道(72.2),计算出 PSSI,浑南区农村公路 PSSI 统计图如图 4-93 所示,其养护需求路段汇总表见表 4-21。

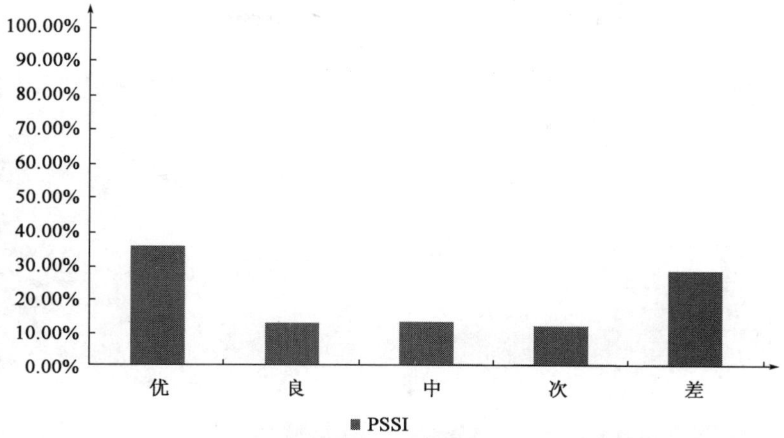

图4-93　浑南区农村公路路面结构强度指数 PSSI 统计图

浑南区农村公路养护需求路段汇总表　　　　　表 4-21

PSSI 均值	优良率 (%)	次差率 (%)	优 (km)	良 (km)	中 (km)	次 (km)	差 (km)	合计 (km)
73.85	47.61%	39.76%	150.3	53.3	54	50	120	427.6

约定 PSSI 评定等级为优、良、中时视为路面结构强度满足要求，PSSI 评定等级为次、差时视为路面结构强度不满足要求，依据此标准，检测的 427.6km 中有 257.6km（占比 60.24%）的路面结构强度满足要求，170km（占比 39.76%）的路面结构强度不满足要求。浑南区农村公路路面结构强度分布图如图 4-94 所示。

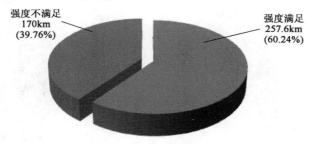

图 4-94　浑南区农村公路路面结构强度分布图

2）摩擦系数检测结果

采用摆式仪共计检测 173 处摩擦系数，均满足规范要求。

3）构造深度检测结果

采用铺砂法共计检测 173 处构造深度，除 X034 东李线（K7+000）、X189 沈本线（K11+100）、CTK4 腰沟线（K0+400）3 点检测值低于规范允许值，其余都满足规范要求。

4）现场取芯结果

利用钻芯机共取芯 173 处，其中，有病害处取芯 156 处，无病害处取芯 17 处，共性结果如下：

（1）有病害处共性结果。病害多已贯穿面层，且病害处多有不同程度剥落，面层与基层连接差且分离，基层不能完全取出，取出部分多已松散、强度较差。

（2）无病害处共性结果。面层结构密实，面层芯样多能完整取出，面层与基层连接较好。

基层不能完全取出,取出部分上部分整体成形,下部分松散,芯坑侧壁大多较为光滑。取芯典型照片如图 4-95 所示。

a)X106长祝线横缝处取芯照片

b)X106长祝线无病害处取芯照片

图 4-95

c) Y133荒桃线龟裂处取芯照片

d) Y133荒桃线无病害处取芯照片

图 4-95 浑南区农村公路取芯典型照片

五、养护处治对策分析

1. 养护处治对策分析原则

1)预防性养护路段对策分析原则

(1)若抗滑不足时,优先选择对路表抗滑性能会产生积极影响的预防性养护措施(如含砂雾封层)。

(2)若抗滑足够时,目前存在的预防性养护措施均可选择。

(3)若现场取芯发现基层已碎裂,强度已基本不能满足要求且表面还未表现出明显病害的路段,建议加强日常观察,一旦病害发展加剧,再做更深层次的检测,以便提出合适的处治方案。

(4)若强度基本满足要求,按(1)(2)中的条件选择措施即可。

2)修复养护路段对策分析原则

(1)若抗滑不足时,先拉毛处理,再做修复养护。

(2)若抗滑足够时,优先选择当地应用较成熟的修复养护措施。

(3)若现场取芯发现基层已碎裂,强度已基本不能满足要求,建议进行结构性修复。

(4)若强度基本满足要求,建议进行功能性修复。具体方案对策应根据设计单元的养护类型,并综合考虑当地现有的生产设备、技术能力、养护投资计划、养护经验、典型结构、矿产资源等进行选择。

(5)若当地未建立应用较成熟的养护措施库,可参照《公路沥青路面养护设计规范》(JTG 5421—2018)中表 5.5.2-2 和附录 B 进行慎重选取。

2. 养护处治对策分析结果

根据上述对策分析原则,提出各路段的处治对策。其中,日常养护里程253.810km,占检测总里程的43.19%;预防性养护里程44.881km,占检测总里程的7.64%;功能性修复里程162.120 km,占检测总里程的27.59%;结构性修复里程126.821km,占检测总里程的21.58%。

从优化设计的角度考虑,建议道路管理者采用表中"优化设计-养护对策"所列的对策;从计划下达的角度考虑(整条路线统一安排),建议道路管理者采用表中"计划下达-养护对策"所列的对策。

需要说明的是,"计划下达-养护对策"所列的对策是先求出每条路线的 PCI 均值和 RQI 均值,再依据《公路沥青路面养护设计规范》(JTG 5421—2018)中 5.2 所规定的决策树,计算出的整条路线的养护性质。

均值法往往会忽视细节段的处治,因此,采用"计划下达-养护对策"所建议的养护对策时,需对"优化设计"中的结构性修复路段先进行病害处治,才能执行所建议的养护对策,如表4-22 所示。

六、路面养护的优先排序

排序是指在初步确定各个有养护需求的路段后,再考虑交通量、路面技术状况等排序指标作为项目比较的依据。排序的结果可以反映各路段路面养护的迫切性和综合重要度。

浑南区农村公路养护处治对策路段汇总表 表4-22

序号	路线编号+名称	起点桩号	终点桩号	长度（km）	优化设计-养护对策	计划下达-养护对策
1	X043 东李线	0.000	4.600	4.600	日常养护	预防性养护
2	X043 东李线	4.600	6.000	1.400	结构性修复	
3	X043 东李线	6.000	9.600	3.600	功能性修复	
4	X043 东李线	9.600	10.800	1.200	预防性养护	
5	X043 东李线	10.800	11.164	0.364	日常养护	
6	X102 长苏线	0.000	1.000	1.000	结构性修复	修复养护
7	X102 长苏线	1.000	3.000	2.000	功能性修复	
8	X102 长苏线	3.000	4.700	1.700	结构性修复	
9	X102 长苏线	4.700	5.549	0.849	日常养护	
10	X106 长祝线	0.000	1.000	1.000	功能性修复	修复养护
11	X106 长祝线	1.000	4.200	3.200	结构性修复	
12	X106 长祝线	4.200	10.400	6.200	日常养护	
13	X106 长祝线	10.400	10.800	0.400	结构性修复	
14	X106 长祝线	10.800	14.260	3.460	日常养护	
15	X106 长祝线	16.960	20.100	3.140	日常养护	
16	X106 长祝线	20.100	20.500	0.400	结构性修复	
17	X106 长祝线	20.500	22.186	1.686	日常养护	
18	X108 旧满线	0.000	2.500	2.500	日常养护	修复养护
19	X108 旧满线	2.500	3.336	0.836	结构性修复	
20	X109 马宋线	0.000	1.900	1.900	结构性修复	修复养护
21	X109 马宋线	1.900	2.400	0.500	预防性养护	
22	X109 马宋线	2.400	3.200	0.800	日常养护	
23	X109 马宋线	3.200	4.000	0.800	预防性养护	
24	X109 马宋线	4.000	4.800	0.800	功能性修复	
25	X109 马宋线	4.800	5.200	0.400	日常养护	
26	X109 马宋线	5.200	7.000	1.800	功能性修复	
27	X109 马宋线	7.000	8.000	1.000	结构性修复	
28	X109 马宋线	8.000	8.900	0.900	功能性修复	
29	X109 马宋线	8.900	9.500	0.600	日常养护	
30	X109 马宋线	9.500	10.000	0.500	结构性修复	
31	X109 马宋线	10.000	11.543	1.543	功能性修复	

本报告中采用的排序方法是以每条路线的 PCI 均值进行排序。PCI 均值越小，越优先安排；PCI 均值越大，越往后安排。

根据上述排序方法，各路线排序结果见表4-23。

浑南区各路线养护路段排序明细表　　　　　　　　　　　表 4-23

路线编号 + 名称	PCI 平均值	均值养护性质	项目优先度排序
C1F9 元小线	9.2	修复养护	1
C1W2 苏甲线	9.4	修复养护	2
Y1DA 前瓦线	11.0	修复养护	3
C1D2 得仁线	11.0	修复养护	4
CTK1 二台线	12.8	修复养护	5
C1F6 常沙线	64.0	修复养护	48
Y139 前榆线	64.2	修复养护	49
C1E5 尖小线	64.3	修复养护	50
X192 八棋线	81.8	预防性养护	100
C1I5 苏南线	81.9	日常养护	101
Y1BU 古湾线	82.1	日常养护	102
C1D4 东西线	82.4	日常养护	103
C1RI 望棋线	95.1	日常养护	150
C1P4 抚东线	95.2	日常养护	151
C1F8 西东线	95.4	日常养护	152
C1SU 合山线	98.6	日常养护	163
C1T5 田小线	99.4	日常养护	164

1. 路面养护的基本要求有哪些？
2. 如何进行路面状况调查？
3. 路面常见病害成因都有哪些？
4. 沥青路面日常养护的要求是什么？
5. 沥青路面维修处置方法都有哪些？各自的适应性为何？
6. 水泥混凝土路面损坏类型及其产生的原因？
7. 水泥混凝土路面破损处理措施有哪些？
8. 路面基层改善的基本要求？
9. 公路路面技术状况网级检测需要调查哪些指标及内容？

模块 5
UNIT FIVE
桥梁、涵洞养护

 模块导读

　　人生一征途耳,其长百年,我已走过十之七八,回首前尘,历历在目,崎岖多于平坦,忽深谷,忽洪涛,幸赖桥梁以渡。桥何名欤?曰奋斗。❶

　　为了保证公路畅通无阻,应尽量保证桥涵构造物处于完好的技术状态,延长其使用年限,满足承载能力和通行能力要求。因此,对桥涵构造物进行日常性检查,并根据检查结果进行维护是十分有必要的。如果桥涵构造物不能满足实际承载能力及通行能力要求时,还需对其进行必要的加固、拓宽等技术改造。

　　本模块从桥梁养护工作入手,以桥梁基础知识为导入,逐步介绍桥梁检查、评定与检验的基本知识,并分别讲解对桥梁上部结构和下部结构的养护要求和方法;然后讲解涵洞的养护技术要点;最后辅以典型桥梁检测工程案例,实现实践和理论相统一。

　　本模块思维导图如图 5-1 所示。

 模块任务

　　(1)了解桥梁检查、评定与检验;
　　(2)掌握桥梁上部结构的养护;
　　(3)掌握桥梁下部结构的养护;
　　(4)掌握涵洞的养护;
　　(5)了解桥梁检查案例分析。

 能力目标

　　(1)能叙述桥梁检查、评定与检验内容;
　　(2)能叙述桥面系的养护与维修;
　　(3)能把握钢筋混凝土桥梁养护与加固方法;

---

❶ 注:出自茅以升。

(4)能叙述拱桥的养护与加固方法;
(5)能叙述桥梁墩台的养护与加固;
(6)能叙述涵洞的养护要求、检查内容及日常养护方法;
(7)能识读桥梁检查养护报告。

思政目标

(1)通过桥梁检查、评价与检验学习,不断强化遵纪守法、笃定守信的信念。
(2)通过我国丰富的超级桥梁工程养护案例,体会大国工匠精神,了解交通强国战略,践行职业使命。

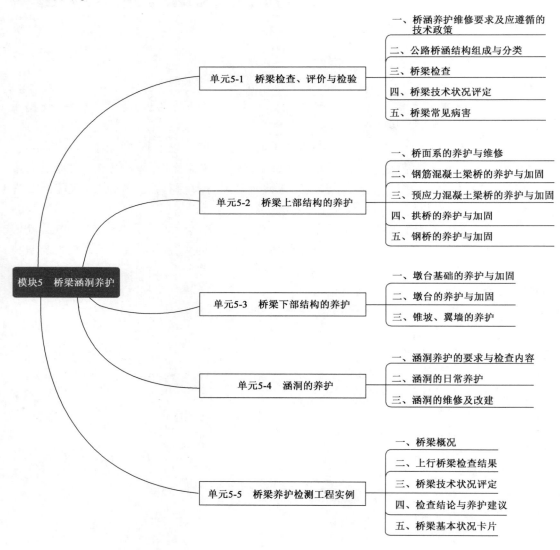

图5-1 模块5思维导图

单元 5-1　桥梁检查、评价与检验

一、桥涵养护维修要求及应遵循的技术政策

桥涵构造物的养护维修主要是对危害桥涵正常运营的部分进行经常性的修缮工作,如保持桥面清洁、伸缩缝完好并能伸缩自由、疏通泄水孔、铺砌加固涵洞进出口等。桥梁坍塌中断交通如图 5-2 所示。

图 5-2　桥梁坍塌中断交通

公路桥涵养护应符合下列要求:
(1)保障结构完好、外观整洁和附属设施齐全完好。
(2)配备必要的检测和养护设备、设施。
(3)积极稳妥地采用先进的检查设备、养护技术和科学的管理方法。
(4)及时掌握桥涵技术状况的变化,并采取相应的养护对策。
(5)有效开展预防养护,保障结构耐久性。
(6)确保养护作业安全,降低对交通的影响。
(7)重视资源节约和环境保护。

公路桥涵养护应遵循下列技术政策。
(1)公路桥涵养护应遵循"防治结合、科学养护、安全运行、保障畅通"的原则,以桥梁结构安全为中心,以陌生部件为重点加强全面养护。
(2)推广应用先进的养护技术和科学的管理方法,改善养护生产手段,提高养护技术水平,大力推广和发展公路桥梁养护机械。
(3)公路桥涵养护工程按照养护目的,应分为预防养护、修复养护、专项养护和应急养护。

①预防养护:桥涵有轻微病害但整体性能良好,为延缓其性能衰减、延长使用寿命而采取的防护工程。

②修复养护:为恢复桥涵技术状况而实施的功能性、结构性修复或更换的工程措施。

③专项养护:为恢复、完善或提升桥涵使用功能而集中实施的增设、加固、改造、拆除重建等工程措施。

④应急养护:突发情况造成公路桥涵损毁、交通中断、产生安全隐患时,实施的应急抢修、保通等工程措施,桥梁抢修如图5-3所示。

图5-3 桥梁抢修

(4)桥涵养护工程应重视经济技术方案的比选,并充分利用原有工程材料和原有工程设施,以降低成本。

(5)重视环境保护和环境综合治理。

二、公路桥涵结构组成与分类

1. 桥梁的组成

在公路、铁路、城市和农村道路交通以及水利等建设中,为了跨越各种障碍(如河流、沟谷或其他线路等),必须修建各种类型的桥梁与涵洞,因此桥涵是公路交通中重要组成部分。桥梁一般由上部结构、下部结构、基础、附属构造4部分组成,如图5-4所示。

上部结构又称桥跨结构。上部结构是在线路中断时跨越障碍(如河流、山谷或其他线路等)的主要承重结构,又可分为承重结构(主梁、桁架或拱圈等)和桥面系两部分。在需要跨越的幅度比较大,并且除恒载外要求安全地承受很多车辆荷载的情况下,桥跨结构的构造就比较复杂,施工也相当困难。

下部结构是指桥墩和桥台,是支承桥跨结构并将恒载和车辆等荷载传至地基的建筑物。通常设置在桥两端的称为桥台,它除了上述作用外,还与路堤相衔接,以抵御路堤土压力,防止路堤填土的滑坡和坍落。需要说明的是,单孔桥没有中间桥墩。对于两端悬出的桥跨结构,则往往不用桥台而设置靠近路堤边坡的岸墩。

把桥梁上的全部荷载传至地基的桥墩和桥台底部奠基部分,通常称为基础。基础位于墩(台)下部,并与墩(台)连成一体,埋入土层中。它是确保桥梁能安全使用的关键。由于基础往往深埋于土层之中,并且需在水下施工,因此它也是桥梁建筑中比较困难的一个部分。

图 5-4 桥梁结构示意图

一座桥梁,在桥跨结构与桥墩或桥台的支承处所设置的传力装置称为支座。支座不仅要传递很大的荷载,还要保证桥跨结构能产生一定的变位。

在路堤与桥台衔接处,一般还在桥台两侧设置石砌的锥形护坡,以保证迎水部分路堤边坡的稳定。在桥梁建筑工程中,除了上述基本结构外,根据需要还常常修筑护岸、导流结构物等附属工程。

2. 桥梁的主要类型

桥梁的形式、种类繁多,它们都是在长期的生产活动中,通过反复实践和不断总结逐步创造发展起来的。为了便于认识和掌握各种类型的桥梁结构,有必要进行分类,如图 5-5 所示。

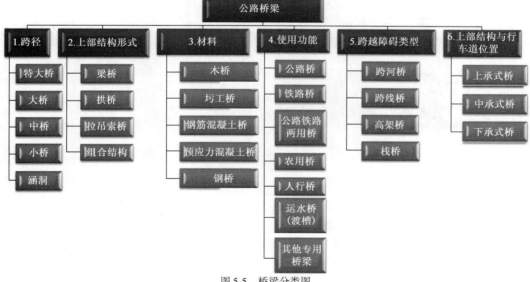

图 5-5 桥梁分类图

按跨径或规模分类,桥梁可分为特大桥、大桥、中桥、小桥、涵洞,见表 5-1。

桥梁按跨径分类表 表 5-1

桥 涵 分 类	多孔跨径总长 L(m)	单孔跨径 L_K(m)
特大桥	$L > 1000$	$L_K > 150$
大桥	$100 \leq L \leq 1000$	$40 \leq L_K \leq 150$
中桥	$30 < L < 100$	$20 \leq L_K < 40$
小桥	$8 \leq L \leq 30$	$5 \leq L_K < 20$
涵洞	—	$L_K < 5$

1)梁桥

梁桥(Beam Bridge)以受弯为主的主梁作为承重构件的桥梁。主梁可以是实腹梁或桁架梁。实腹梁的特点是构造简单,制造、架设和维修均较方便,广泛用于中、小跨度桥梁,但在材料利用上不够经济。桁架梁的特点是杆件承受轴向力,材料能充分利用,自重较轻,跨越能力大,多用于建造大跨度桥梁。按照主梁的静力体系划分,梁桥可分为简支梁桥、连续梁桥和悬臂梁桥,如图 5-6 所示。

 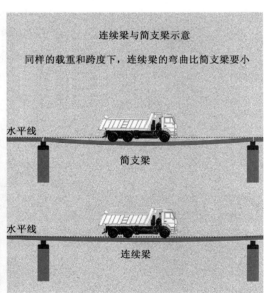

图 5-6 梁桥示意图

2)拱桥

拱桥(Arch Bridge)指的是在竖直平面内以拱作为结构主要承重构件的桥梁。这种结构在竖向荷载作用下,桥墩或桥台将承受水平推力。同时,这种水平推力将显著地抵消荷载所引起的拱圈或拱肋内的弯矩作用,其承重结构以受压为主。因此,通常可用抗压能力强的圬工材料和钢筋混凝土等建造,如图 5-7 所示。

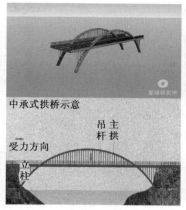
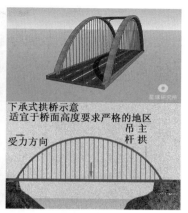

图 5-7　拱桥分类示意

3）刚架桥

刚架桥（Rigid Frame Bridge）是一种介于梁与拱之间的一种结构体系，它是由受弯的上部梁（或板）结构与承压的下部柱（或墩）整体结合在一起的结构。由于梁和柱的刚性连接，梁因柱的抗弯刚度而得到卸荷作用，整个体系是压弯结构，也是有推力的结构。它是一种桥身主要承重结构为刚架的桥梁，能增加桥下净空高度，常用作跨线桥。刚构桥分为门式刚构桥、T 形刚构桥和连续钢构桥 3 种，如图 5-8 所示。

a）门式刚构桥　　　　b）T 形刚构桥　　　　c）连续刚构桥

图 5-8　刚构桥分类示意

4）斜拉桥

斜拉桥（Cable-stayed Bridge）又称斜张桥，是将主梁用许多拉索直接拉在桥塔上的一种桥梁，是由承压的塔、受拉的索和承弯的梁体组合起来的一种结构体系。它可看作是拉索代替支墩的多跨弹性支承连续梁，可使梁体内弯矩减小，降低了建筑高度，减轻了结构质量，节省了材料。斜拉桥主要由索塔、主梁、斜拉索组成，如图 5-9 所示。

5）悬索桥

悬索桥，又名吊桥（Suspension Bridge），指的是以通过索塔悬挂并锚固于两岸（或桥两端）的缆索（或钢链）作为上部结构主要承重构件的桥梁。其缆索几何形状由力的平衡条件决定，一般接近抛物线。从缆索垂下许多吊杆，把桥面吊住，在桥面和吊杆之间常设置加劲梁，同缆索形成组合体系，以减小荷载所引起的挠度变形。悬索桥受力示意图如图 5-10 所示。

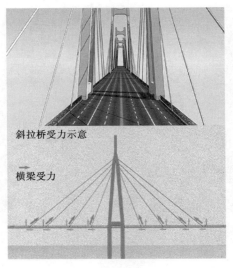

图 5-9　斜拉桥受力示意图

6）组合体系桥

组合体系桥（Combined System Bridge）根据结构受力特点，组合体系桥由几种不同体系的结构组合而成，互相联系，共同作用。组合体系桥的种类很多，但究其实质不外乎是利用梁、拱、吊三者进行不同组合。一般来说，这种桥梁的设计和施工工艺比较复杂，如图 5-11 所示。

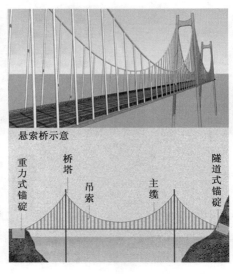

图 5-10　悬索桥受力示意图

三、桥梁检查

桥梁的检查与检验是桥梁养护工作的两个重要环节，也是桥梁养护的基础性工作。对桥梁进行检查与检验的目的在于系统地掌握桥梁的技术状况，较早地发现桥梁的缺陷和异常，进而合理地提出养护措施。

图 5-11　组合体系桥梁示例

桥梁检查分为初始检查、日常巡查、经常检查、定期检查和特殊检查。

1. 初始检查

新建或改建桥梁应进行初始检查。初始检查宜与交工验收同时进行,最迟不得超过交付使用后 1 年。

2. 日常巡查

养护检查等级为Ⅰ、Ⅱ级的桥梁,日常巡查每天不应少于 1 次;对有特殊照明需求(功能性及装饰性照明、航空航道指示灯等)的桥梁,应适当开展夜间巡查。养护检查等级为Ⅲ级的桥梁,日常巡查每周不应少于 1 次。遇地震、地质灾害或极端气象时应增加检查频率。日常巡查可以乘车目测为主,并应做巡检记录,发现明显缺损和异常情况应及时上报。

3. 经常检查

经常检查宜抵近桥梁结构,以目测结合辅助工具进行。应现场填写"桥梁经常检查记录表",如表 5-2 所示。经常检查中发现桥梁重要部件缺损严重,应及时上报。

桥梁经常检查记录表　　　　　　　　　　　　　表 5-2

公路管理机构名称:					
1 路线编码		2 路线名称		3 桥位桩号	
4 桥梁编码		5 桥梁名称		6 养护单位	
7 检查项目	缺损类型		缺损范围		处治建议
8 主梁					
9 主拱圈					
10 拱上建筑					
11 桥(索)塔(含索鞍)					

续上表

公路管理机构名称：						
1 路线编码		2 路线名称		3 桥位桩号		
4 桥梁编码		5 桥梁名称		6 养护单位		
7 检查项目	缺损类型		缺损范围		处治建议	
12 主缆						
13 斜拉索						
14 吊杆						
15 系杆						
16 桥面铺装						
17 伸缩缝						
18 人行道、路缘						
19 栏杆、护栏						
20 标志、标线						
21 排水设施						
22 照明系统						
23 桥台及基础(含冲刷)						
24 桥墩及基础(含冲刷)						
25 锚碇(含散索鞍、锚杆)						
26 支座						
27 翼墙(耳墙、侧墙)						
28 锥坡、护坡						
29 桥路连接处(桥头搭板)						
30 航标、防撞设施						
31 调治构造物						
32 减振装置						
33 其他						
34 负责人		35 记录人		36 检查日期	年 月	日

4. 定期检查

定期检查可以对结构的损坏作出评估,评定结构构件和整体结构的技术状况,从而确定特别检查的需求与结构维修、加固或更换的优先排序。

养护检查等级为Ⅰ级的桥梁,定期检查周期不得超过 1 年;养护检查等级为Ⅱ、Ⅲ级的桥梁,定期检查周期不得超过 3 年。

定期检查应接近各部件仔细检查其缺损情况,现场校核桥梁基本数据,填写或补充完善"桥梁基本状况卡片"。现场填写"桥梁定期检查记录表",记录各部件缺损状况并绘制主要病害分布图。对桥梁永久观测点进行复核,对桥面高程及线形、变位等检测指标进行量测。判断病害原因及影响范围。进行技术状况评定,提出养护建议。

定期检查工作应按规范程序进行。定期检查工作流程见图 5-12。

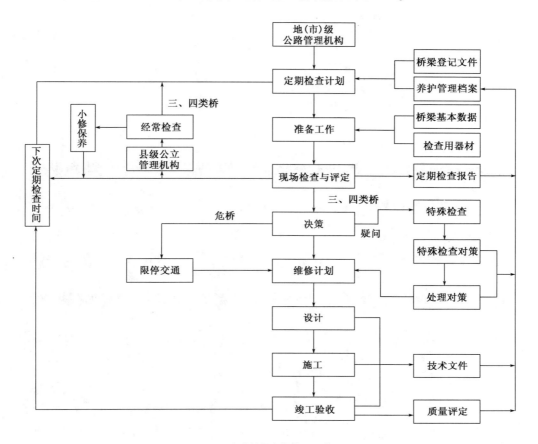

图 5-12　公路桥梁定期检查工作流程

桥梁定期检查后提交检查报告,应包括下列内容。

(1)桥梁基本状况卡片、桥梁定期检查记录表、桥梁技术状况评定表,桥梁基本状况卡片如图 5-13 所示。

(2)典型缺损和病害的照片、文字说明及缺损分布图,缺损状况的描述应采用专业标准术语,说明缺损的部位、类型、性质、范围、数量和程度等。

(3)三张总体照片。包括桥面正面照片一张,桥梁两侧立面照片各一张。

(4)判断病害原因及影响范围,并与历次检查报告进行对比分析,说明病害发展情况。

(5)桥梁的技术状况评定等级。

(6)提出养护建议及下次检查时间。

(7)定期检查报告。该报告应包括下列内容:

①辖区内所有桥梁的保养小修情况。

②需要大、中修或改善的桥梁计划,说明修理的项目,拟订修理方案,估计费用和实施时间。

③需要进行特殊检查桥梁的报告,说明检验的项目及理由。

④需限制桥梁交通的建议报告。

5. 特殊检查

特殊检查是指查清桥梁病害原因、破损程度、承载能力、抗灾能力,确定桥梁技术状况的工作(图5-14)。

在下列情况下应进行特殊检查:

(1)定期检查中难以判明损坏原因及程度的桥梁。

(2)拟通过加固手段提高荷载等级的桥梁。

桥梁基本状况卡片							
A.行政识别数据							
1	路线编号		2	路线名称		3	线路等级	
4	桥梁编号		5	桥梁名称		6	桥位桩号	
7	功能类型		8	上穿通道名		9	下穿通道桩号	
10	设计荷载		11	通行载重		12	弯斜坡度	
13	桥面铺装		14	管养单位		15	建成年月	
B.结构技术数据							
16	桥长(m)		17	桥面总宽(m)		18	车行道宽(m)	
19	桥面高程(m)		20	桥下净高(m)		21	桥上净高(m)	
22	引道总宽(m)		23	引道路面宽		24	引道线形	
上部结构	25	孔号		下部结构	29	墩台	
	26	形式			30	形式	
	27	跨径(m)			31	材料	
	28	材料			32	基础形式	
33	伸缩缝类型		34	支座形式		35	地震动峰值加速度系数	
36	桥台护坡		37	护墩体		38	调治构造	
39	常水位		40	设计水位		41	历史洪水位	
C.档案资料(全、不全或无)							
42	设计图纸		43	设计文献		44	施工文件	
45	竣工图纸		46	验收文件		47	行政文件	
48	定期检查报告		49	特殊检查报告		50	历次维修资料	
51	档案号		52	存档处		53	建档年/月	
D.最近技术状况评定							
54	55	56	57	58	59	60	61	62	63	64
检查年月	定期或特殊检查	全桥评定等级	桥台与基础	桥墩与基础	地基冲刷	上部结构	支座	经常保养小修	处治对策	下次检查年份

图 5-13

图 5-13 桥梁基本状况片示例

(3) 需要判明水中基础技术状况的桥梁。

(4) 遭受洪水、流冰、滑坡、地震、风灾、火灾、撞击，因超重车辆通过或其他异常情况影响造成损伤的桥梁。

桥梁特殊检查应根据需要对以下 3 个方面问题作出鉴定：

(1) 桥梁结构缺损状况。

(2) 桥梁结构承载能力，包括对结构强度、稳定性和刚度的验算、试验和鉴定。

(3) 桥梁防灾能力，包括抵抗洪水、流冰、风、地震及其他地质灾害等能力的检测鉴定。

图 5-14 桥梁检查现场

四、桥梁技术状况评定

桥梁技术状况评定应依据桥梁初始检查、定期检查资料,通过对桥梁各部件技术状况的综合评定,确定桥梁的技术状况等级,提出养护措施。评定应按现行《公路桥梁技术状况评定标准》(JTG/T H21)执行。

桥梁技术状况评定等级应分为 1 类、2 类、3 类、4 类、5 类。桥梁技术状况等级及状态描述见表 5-3 所示。

桥梁技术状况评定等级及状态描述　　　　　表 5-3

技术状况等级	状 态	技术状况描述
1 类	完好、良好	1. 主要部件功能与材料均良好。 2. 次要部件功能良好,材料有少量(3% 以内)轻度缺损。 3. 承载能力和桥面行车条件符合设计标准
2 类	较好	1. 主要部件功能良好,材料有少量(3% 以内)轻度缺损,结构受力裂缝宽度小于设计限值。 2. 次要部件有较多(10% 以内)中等缺损。 3. 承载能力和桥面行车条件达到设计指标
3 类	较差	1. 主要部件材料有较多(10% 以内)中等缺损,结构受力裂缝宽度超过设计限值,或出现轻度功能性病害,发展缓慢,尚能维持正常使用功能。 2. 次要部件有大量(10% ~20%)严重缺损,功能降低,进一步恶化将不利于主要部件和影响正常交通。 3. 承载能力比设计降低 10% 以内,桥面行车不舒适
4 类	差	1. 主要部件材料有大量(10% ~20%)严重缺损,结构受力裂缝宽度超过设计限值,锈蚀严重,或出现轻度功能性病害,且发展较快。结构变形小于或等于设计限值,功能明显降低。 2. 次要部件有 20% 以上的严重缺损,失去应有功能,严重影响正常交通。 3. 承载能力比设计降低 10% ~25%

续上表

技术状况等级	状 态	技术状况描述
5 类	危险	1. 主要部件出现严重的功能性病害,且有继续扩张现象,关键部位的部分材料强度达到极限,出现部分钢丝或钢筋断裂、混凝土压碎或杆件失稳变形、破损现象,变形大于设计限值,结构的强度、刚度、稳定性和动力响应不能达到交通安全通行的要求。 2. 承载能力比设计降低 25% 以上

应根据桥梁技术状况评定结果,对各类桥梁按表 5-4 采取相应的养护对策。

桥梁技术状况评定等级与养护对策　　　　　　表 5-4

技术状况等级	养 护 对 策
1 类	正常保养或预防养护
2 类	修复养护、预防养护
3 类	修复养护、加固或更换较大缺陷构件;必要时可进行交通管制
4 类	修复养护、加固或改造;及时进行交通管制,必要时封闭交通
5 类	及时封闭交通,改建或重建

为恢复、保持或提升公路服务功能,结合阶段性专项公路养护治理工作,可对桥梁实施专项养护,包括增设、加固改造、拆除重建、灾后恢复等。

桥梁适应性评定可根据需要进行。评定工作可与定期检查、特殊检查结合进行,可采用下列方法:

(1)承载能力评定,可采用分析检算或荷载试验方法,如图 5-15 所示。

图 5-15　桥梁静动载试验现场

(2)通行能力评定,可将设计通行能力与实际交通量进行比较,也可和使用期预测交通量进行比较,评价桥梁能否满足现行或预期交通量的要求。

(3)抗灾害能力评定,可采用现场测试与分析检算方法,重要桥梁可进行模拟试验。

(4)耐久性评定,可采用外观耐久状态评定与剩余耐久年限评定相结合的方法。

对适应性不满足要求的桥梁,应采取提高承载力、加宽、加长、基础防护等改造措施,情况严重时应对桥梁进行改建或重建。当整个路段有多个桥梁的适应性不能满足要求时,应结合路线改造进行方案比较和决策。

五、桥梁常见病害

桥梁维修养护与公路相比最大的区别在于桥梁类型及构件种类繁多，无法一概而论。但是我们可以从另外一个角度来考虑，那就是桥梁的组成材料。将材料的工程特点及桥梁结构受力结合起来分析是我们研究桥梁病害的切入点。

桥梁常见病害可以分为缺陷和损伤两个方面。缺陷：先天不足（多为施工原因）；损伤：由于荷载和环境作用所导致的结构单元体破坏现象，并致使结构受力性能或材质性能发生不可逆的变化。桥梁病害原因分析如图5-16所示。

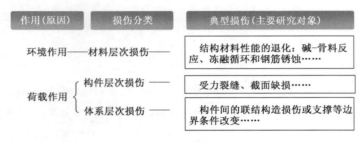

图 5-16　桥梁病害原因分析

1. 混凝土缺陷

混凝土缺陷主要包括麻面、蜂窝、空洞、剥落、露筋、风化、游离石灰以及混凝土错台、跑模等。

（1）麻面。麻面是指混凝土表面局部缺浆、粗糙，或有许多小凹坑，但无钢筋外露现象，如图5-17所示。

 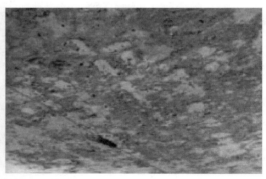

图 5-17　麻面病害

（2）蜂窝。蜂窝是指混凝土局部酥松，砂浆少，砂多，石子之间出现空隙，形成蜂窝状孔洞的现象，如图5-18所示。

（3）空洞。空洞是指混凝土内部有空隙，局部没有混凝土，或蜂窝特别大的现象。空洞常发生在钢筋密集处或预留孔洞和预埋件处，如图5-19所示。

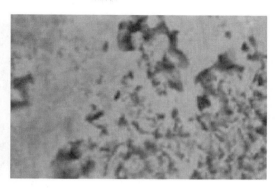

图 5-18　蜂窝病害

图 5-19　空洞病害

（4）剥落。剥落是指混凝土表面的砂，水泥浆脱落，粗集料外露的现象，如图 5-20 所示。

（5）露筋。露筋是指钢筋混凝土内的主筋、箍筋等没有被混凝土包裹而外露的现象，如图 5-21 所示。

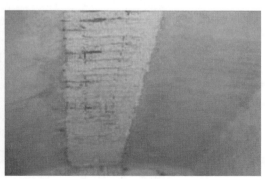

图 5-20　剥落病害　　　　　　　　图 5-21　露筋病害

（6）风化（粉化）。风化（粉化）是指由于受水、大气、气温或动植物作用，混凝土表面疏松，失去原有的强度，如图 5-22 所示。

（7）游离石灰。游离石灰是指由内部渗出，附在表面的附着物，通常为呈白色的石灰类附着物的总称，如图 5-23 所示。

 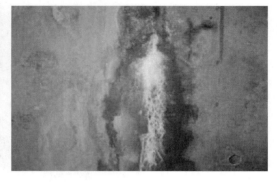

图 5-22　风化病害　　　　　　　　　图 5-23　游离石灰

（8）混凝土错台、跑模等。混凝土错台、跑模等是指接缝或裂缝处相邻构件存在高差、或混凝土表面的鼓起变形等的现象，如图 5-24 所示。

2. 混凝土损伤

（1）裂缝。裂缝是指在中间存留缝隙或不存留缝隙的两处以上不完全分离的现象，如图 5-25 所示。混凝土结构的任何损伤与破坏，一般都是首先在混凝土中出现裂缝。裂缝是反映混凝土结构病害的晴雨表。混凝土裂缝可分以下两类：

①结构性裂缝（又称为受力裂缝）：由外荷载引起的裂缝，预示结构承载力可能不足或存在其他严重问题。

②非结构性裂缝：由变形引起的裂缝，如温度变化、混凝土收缩等因素引起的结构变形受到限制时，在结构内部就会产生拉应力，当此应力达到混凝土抗拉强度极限值时，即会引起混凝土裂缝。

 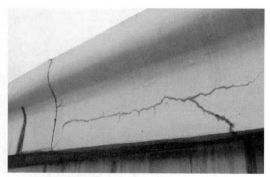

图 5-24　混凝土错台病害　　　　　　　图 5-25　桥梁混凝土裂缝

（2）耐久性损伤（混凝土恶化）。耐久性损伤（混凝土恶化）是指在混凝土表面或整体上出现的物理化学性质损坏的变化，其常会构成混凝土组成成分的离析，诱发钢筋锈蚀。

①混凝土的碳化过程：

a. 混凝土呈碱性，钢筋表面形成碱性薄膜——"钝化"保护。

b. 氢氧化钙与二氧化碳或其他酸性气体发生化学反应——碳化。

c. 碳化的实质是混凝土的中性化——"脱钝"。

d. 水分和其他有害介质侵入——引发钢筋锈蚀。

②氯离子的侵蚀：

a. 氯离子在混凝土中的渗透。

b. 混凝土制备过程中存在的氯盐成分。

c. 海洋（沿海）环境或除冰盐。

d. 刺破钝化膜、增加导电性酸性。

e. 诱发钢筋锈蚀（图5-26）。

③冻融循环破坏：

渗入混凝土中的水在低温下结冰膨胀，从内部破坏混凝土的微观结构；经多次冻融循环后，损伤积累将使混凝土剥落酥裂，强度降低，如图5-27所示。

图5-26　钢筋锈蚀

图5-27　冻融循环破坏

北方地区采用撒盐除冰易发生盐冻破坏。盐冻破坏是静水压及盐溶液的渗透压和结晶压共同作用的结果，比单纯的冻融破坏严酷得多。

④碱—集料反应：一般指水泥中的碱和集料中的活性硅发生反应生成碱-硅酸盐凝胶吸水产生膨胀压力造成混凝土开裂。

3. 钢筋锈蚀

混凝土中钢筋腐蚀的首要条件是钝化膜坏，混凝土的碳化及氯离子侵蚀等都会造成覆盖钢筋表面的碱性钝化膜的破坏，加之有水分和氧的侵入，就可能引起钢筋的腐蚀，失去碱性保护，接触水分和空气都是原因。

4. 桥面系病害

（1）车辙。车辙是指车轮长期作用形成的一种桥面病害，是车辆在路面上行驶后留下的车轮永久压痕，如图5-28所示。

（2）拥包。拥包是指在车辆荷载的反复作用下，沥青混凝土桥面挤压变形形成鼓包、波浪等现象，如图5-29所示。

（3）坑槽。坑槽是指桥面材料缺失后形成的凹坑，如图5-30所示。

（4）磨光。磨光是指水泥混凝土桥面在车辆的长期作用下，出现表面磨耗脱损的现象，如图5-31所示。

图 5-28 车辙病害

图 5-29 拥抱病害

图 5-30 坑槽病害

图 5-31 磨光病害

(5)桥头跳车。桥头跳车是指桥台与台后路基之间存在高差,车辆经过时出现的跳车现象,如图 5-32 所示。

(6)伸缩缝破损,如图 5-33 所示。

图 5-32 桥头跳车病害

图 5-33 伸缩缝破损病害

5.支座病害

(1)支座老化。支座老化是指高分子橡胶材料在加工、储存和使用过程中,由于受环境或自身因素的作用，其性能逐渐变坏，失去弹性变形能力，最终丧失使用价值的现象，如图 5-34 所示。

（2）支座胶体开裂。支座胶体开裂是指高分子橡胶材料由于老化、变形过大引起橡胶体出现裂缝的现象，如图 5-35 所示。

（3）剪切变形过大。剪切变形过大橡胶支座的剪切变形过大，剪切角超过 35°，如图 5-36 所示。

（4）支座脱空。支座脱空是指支座与上部混凝土或下部垫石之间存在空隙，空隙的存在使支座承压不均匀，如图 5-37 所示。

（5）支座安装偏位。支座安装偏位是指支座安装位置与设计位置出现偏差，使得支座受力不均匀，如图 5-38 所示。

（6）支座外鼓不均匀。支座外鼓不均匀是指橡胶支座承压不均引起的外轮廓鼓胀不均匀，如图 5-39 所示。

（7）支座整体破坏。支座整体破坏是指支座胶体开裂严重或剪切变形过大，导致支座失去变形及支撑功能。

图 5-34　支座老化病害

图 5-35　胶体开裂病害

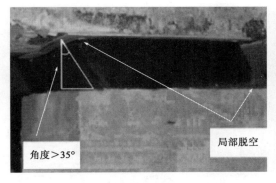

图 5-36　剪切变形过大病害

图 5-37　支座脱空病害

图 5-38 支座安装偏位病害

图 5-39 外鼓不均匀病害

6. 其他病害

(1) 桥梁基础冲刷、淘空。桥梁基础冲刷、淘空是指在水流作用下,基础周围埋置物被冲刷淘空的现象,如图 5-40 所示。

(2) 梁体下挠、上拱(图 5-41)等。

(3) 拉索 PE 护套老化(图 5-42)、开裂、划伤、头锈蚀等。

图 5-40 桥梁基础冲刷、淘空病害

图 5-41 梁体下挠、上拱病害

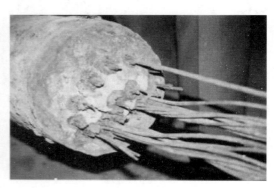
图 5-42 拉索 PE 护套老化病害

单元 5-2　桥梁上部结构的养护

桥梁上部结构通常包括桥面铺装、排水系统、伸缩缝、支座、栏杆和桥跨结构等。上部结构是养护维修的重点,因为其大部分构造天然敞露,受车辆及大气影响十分敏感。本节主要介绍上部结构养护、维修与加固的有关内容。城市高架桥梁横断面图如图 5-43 所示。

一、桥面系的养护与维修

1. 桥面铺装的养护维修

桥面铺装材料主要有水泥混凝土和沥青类材料两种。由于使用材料的不同,产生缺陷的形式也不一样。沥青类铺装层的缺陷主要有泛油、拥抱、裂缝、波浪、坑槽、车辙。普通水泥混凝土铺装层的缺陷主要有断缝、拱胀、错台、起皮、露骨。

桥面铺装的养护维修要求如下:

(1) 桥面应经常清扫,排除积水,清除泥土、杂物、积雪和冰凌等,保持桥面平整、清洁。

(2) 沥青混凝土桥面出现泛油、拥抱、裂缝、波浪、坑槽、车辙等病害时,应及时处治。根据损坏程度,局部修补或整跨铣刨重新铺设铺装层,并应满足现行《公路沥青路面养护技术规范》(JTG 5142)的相关技术要求。

(3) 水泥混凝土桥面出现断缝、拱胀、错台、起皮、露骨等病害时,应及时处理。根据损坏程度,将原铺装整块或整跨凿除,重铺新的铺装层,并应满足现行《公路水泥混凝土路面养护技术规范》(JTJ 073.1)的相关技术要求。局部修补时严禁使用普通配比混凝土替代防水混凝土。

(4) 桥面铺装养护维修及改造,拟改造的桥面铺装厚度大于原桥铺装层厚度时,应经过技术论证或检算。沥青混凝土微表处或罩面养护时,不得覆盖伸缩装置。

(5) 桥面防水层损坏,应及时修复。

桥面铺装维修如图 5-44 所示。

图 5-43　城市高架桥梁横断面图

图 5-44　桥面铺装维修

2. 桥面排水系统的养护维修

桥面排水系统出现缺陷会招致桥面积水,给行车带来不利影响,降雨时引起车辆滑移,成为交通事故的原因。严重的还会损坏桥梁结构本身的安全。当雨水由伸缩缝进入支座时,将会使支座的功能恶化。在城市桥梁或立交跨线桥中,由于桥面积水,车辆过桥时污水四溅,殃及行人和破坏周围环境,影响桥下居民。所以,必须加强对桥面排水系统的维修养护。

桥面排水系统的养护维修要求如下:

(1)桥面的泄水管、排水槽如有堵塞,应及时疏通,并经常保持畅通。

(2)桥面应保持大于1.5%的横坡,以利于桥面排水。

(3)桥梁上设置的封闭式排水系统,应保持各排水管道畅通;排水系统的设备(如水泵等)应工作正常,若有堵塞应及时疏通,若有损坏则应及时更换。

桥梁排水系统维修如图5-45所示。

3. 人行道、栏杆、护栏、灯柱、防撞墙、桥头搭板的养护维修

人行道、栏杆、护栏、灯柱、防撞墙、桥头搭板的养护维修要求如下:

(1)人行道块件应牢固、完整,桥面路缘石应经常保持完好状态。若出现松动、缺损应及时进行修整或更换。

(2)伸缩装置处的栏杆或护栏应满足结构的变形需要。

(3)钢护栏与钢筋混凝土护栏上的外露钢构件应根据环境条件定期涂装,如图5-46所示。

(4)桥梁两端的栏杆柱或防撞墙端面,涂有立面标记或示警标志的,应保持标记、标志鲜明。

图5-45 桥梁排水系统维修

图5-46 桥梁护栏维修

(5)桥上灯柱等设备应保持完好,照明设备锚固支撑应牢固可靠,有缺损时应及时维修。

(6)桥头搭板脱空、断裂或枕梁下沉引起桥路连接不顺适,影响行车安全时,应进行维修处理。

4. 桥面伸缩装置的养护

目前常用的桥面伸缩装置有锌铁皮伸缩缝、钢板式伸缩缝和橡胶伸缩缝3种。由于伸缩缝设置在桥梁梁端构造薄弱部位,直接承受车辆反复荷载作用,又多暴露于大自然中,受到各种自然因素的影响。因此,伸缩缝可以说是易损坏、难修补的部位,经常发生各种不同程度的

缺陷，伸缩缝产生破损的原因见表5-5。

桥面伸缩缝缺陷的产生原因 表5-5

产生原因	具体内容
设计方面的原因	(1)桥面板端部刚度不足。 (2)伸缩缝构造本身刚度不足。 (3)伸缩缝的构造锚固的构件强度不足。 (4)过大的伸缩间距。 (5)后浇压铸材料选择不当。 (6)变形量计算不正确
施工方面的原因	(1)桥面板件伸缩缝间距施工有误。 (2)后浇压铸材料养护管理不当。 (3)伸缩缝装置安装得不好。 (4)桥面铺装浇筑得不好。 (5)墩台施工不良
养护不良及其他外部因素的影响	(1)车辆荷载增大，交通量增加。 (2)桥面铺装层老化。 (3)接缝处桥面凹凸不平。 (4)桥面没有经常进行清扫。 (5)地震等其他恶劣气候条件的影响

伸缩缝出现缺陷后会使车辆行驶出现跳车、噪声，甚至引起交通事故，同时缺陷若不及时修补会向结构主体进一步发展。因此，对桥面伸缩缝要经常注意养护，经常检查，出现破坏后，及时进行必要的修补或者更换，如图5-47所示。

(1)应经常清除缝内积土、垃圾等杂物，使其发挥正常作用，若有损坏或功能失效应及时修理或更换。

(2)以下几种伸缩装置出现下列病害时，应及时进行更换：

①U形锌铁皮伸缩装置的锌铁皮老化、开裂、断裂。

②钢板伸缩装置的钢板变形、翘曲、脱落。

③橡胶条伸缩装置的橡胶条老化、脱落，固定角钢变形、松动。

④板式橡胶伸缩装置的橡胶板老化、开裂，预埋螺栓松脱，伸缩失效。

⑤伸缩装置的弹性元件或其他连接件疲劳或失效，影响伸缩装置正常使用。

(3)更换伸缩装置时宜选择技术先进合理的伸缩装置，伸缩量应满足桥跨结构变形需要，安装应牢固、平整、不漏水。

(4)伸缩装置锚固区混凝土应完好，有开裂、松散时应及时修复。

(5)维修或更换伸缩装置时，应实施交通管制。在锚固区混凝土强度未达到设计要求时，不得开放交通。

5. 交通标志、标线和交通安全设施

(1)桥梁交通标志、标线和安全设施应齐全、醒目、牢固，标志板应整洁、完好，有损坏时应及时维修更换。

(2)交通标线应经常保持完好、清晰，宜定期重涂，如图5-48所示。

图 5-47　桥梁伸缩缝维修

图 5-48　桥梁标线维修

(3)桥梁的防眩板应保持齐全、牢固,有损坏时应及时维修更换。

(4)桥梁的防护隔离设施应完整、牢固,有损坏时应及时维修。

6. 桥梁支座的养护与维修

1)桥梁支座的养护

桥梁支座是桥梁上下部结构的接合点,一旦有损坏将会严重影响到桥梁承载能力和使用寿命,所以必须注意经常养护,保证其处于正常的工作状态。

图 5-49　桥梁支座检查

当前我国在钢筋混凝土梁式桥中采用的支座形式有垫层支座、弧形钢板支座、摆柱式支座和橡胶支座等。根据《公路桥涵养护技术规范》(JTG H11—2004)规定,桥梁支座的养护工作(图 4-49)主要包括如下:

(1)应保持支座各组件完整、清洁、有效,防止积水、积雪和结冰,并及时清除支座周围的垃圾,保证支座正常工作。

(2)滚动支座滚动面上每年应涂一层润滑油。在涂油之前,应先清洁滚动面。

(3)钢支座应除锈防腐。除铰轴和滚动面外,其余部分均应涂漆防锈。

(4)支座的锚栓应连接紧固,支承垫板应平整紧密。

(5)养护维修时,应防止橡胶支座与油脂接触,焊接时应对支座进行保护。

(6)板式橡胶支座局部脱空、偏压时,应予处治。

(7)高阻尼橡胶支座等减隔震类支座连接构件失效时,应予处治。

(8)垫石破损等病害,应予处治。

2)桥梁支座的维修与更换

如支座损坏时,应及时查明原因(表 5-6),制订可行的维修加固计划进行修补。

支座损坏的原因　　　　　　　　　　　　　　表 5-6

支座损坏原因	具 体 内 容
设计时缺乏足够的考虑	(1) 形式的选定与布置错误； (2) 材料选定错误； (3) 支座边缘距离不够； (4) 支座支承垫石补强钢筋不足； (5) 对螺栓、螺母等的脱落研究不够
施工制作时不完备	(1) 铸件等材料质量管理不够，质量较差； (2) 金属支座的油漆、防腐防锈处理不可靠； (3) 砂浆填充不可靠
维修管理不善	(1) 滑动面、滚动面夹杂尘埃、异物； (2) 因防水、排水装置的缺陷，向支座排污水、溢水，使支座锈蚀； (3) 螺母、螺栓松动、脱落，又没有及时修理
其他因素	桥台、桥墩产生的不均匀沉陷、倾斜与水平变位以及上部结构位移，影响支座的正常使用

(1) 支座有缺陷或发生故障时的维修和更换：

① 支座的固定锚销剪断，滚动面不平整，轴承有裂纹、切口及个别辊轴大小不合适时，必须予以更换。

② 当梁支点承压不均匀时，应进行调整。调整时可采用千斤顶把梁上部顶起，然后移动调整支座的位置。在矫正支座位置以后，降落上部结构时，为避免桥孔结构倾斜，应徐徐下落，并注意千斤顶的工作状态是否均衡，同时调整顶升用木框架的楔子，以保证上部结构能恢复原位。桥梁支座顶升更换如图 5-50 所示。

图 5-50　桥梁支座顶升更换

③ 当支座座板翘起、扭曲、断裂时，应予以更换或补充，焊缝开裂应予以整修。

④ 如需要抬高支座时，可根据抬高量的大小选用下列几种方法：

a. 垫入钢筋(50mm 以内)或铸钢板(50～100mm)。

b. 更换为橡胶板支座。

c. 就地浇筑钢筋混凝土支座垫石，垫石高度按需要设置，一般应大于 100mm。

(2) 当油毡支座因损坏、掉落而不能发挥作用时；或者摆柱式支座工作性能不正常，有脱皮、露筋或其他异常情况发生时；或者橡胶支座已老化，变质而失效时，都须进行调整，加以维修加固。

(3)对辊轴(或摇轴)支座,支座辊轴的实际纵向位移,应与计算的正常位移相符。如实际纵向位移大于容许偏差或有横向位移时,应加以修正。在进行辊轴矫正时,可用液压千斤顶进行矫正,如纵向或横向移动不大,用倾斜安装的千斤顶进行顶移;如移动较大,可先用千斤顶把上部结构顶起,放于木井架的移动托板上,然后再用绞车或千斤顶进行移动矫正。

二、钢筋混凝土梁桥的养护与加固

1. 日常养护与维修

(1)钢筋混凝土梁桥日常养护维修内容:
①清除表面污垢。
②修补混凝土窄洞、破损、剥落、表面风化以及裂缝。
③清除暴露钢筋的锈渍、恢复保护层。
④处理各种横、纵向构件的开裂、开焊和锈蚀。
⑤保持箱梁的箱内通风,未设通风孔的应补设。某箱梁内部构造透视图如图 5-51 所示。
⑥梁体的污垢宜用清水洗刷,不得使用有腐蚀性的化学清洗剂。

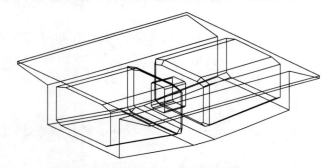

图 5-51　某箱梁内部构造透视图

(2)钢筋混凝土梁桥常见病害及采用的处理方法:

①对梁(板)体混凝土的空洞、蜂窝、麻面、表面风化、剥落等病害进行处治时,应先将松散部分清除,再用高强度等级混凝土、水泥砂浆或其他材料进行修补。新补的混凝土要密实,与原结构应结合牢固、表面平整。新补的混凝土必须实行养生。

②梁体若发现露筋或保护层剥落时,应先将松动的保护层凿去,并清除钢筋锈迹,然后修复保护层。如损坏面积不大可用环氧砂浆修补,如损坏面积过大可用喷射高强度等级水泥砂浆的方法修补。

③梁(板)体的横、纵向联结件开裂、断裂、开焊,可采取更换、补焊、帮焊等措施修补。

④钢筋混凝土梁桥的裂缝处理:

a. 当裂缝的宽度大于限值及裂缝分布超出正常范围时,应予以处理。钢筋混凝土梁的裂缝最大限值见前表。

b. 修补裂缝施工前应详细检查裂缝的走向、分布、缝宽及深度、数量,并进行分类、标记和记录,根据裂缝宽度确定维修方法。

c. 当裂缝宽度在限值范围内时,可进行封闭处理,一般涂刷环氧树脂胶,如图 5-52 所示。

图 5-52　表面封闭法先清理表面(打磨)再涂刷裂缝修补胶

d. 当裂缝宽度大于限值规定时,应采用压力灌浆法灌注环氧树脂胶或其他灌缝材料。自动低压灌注法施工流程如图 5-53 所示。

e. 当裂缝发展严重时,应加强观测,查明原因,按照《公路桥涵养护技术规范》(JTG H11—2004)的有关规定进行加固处理。

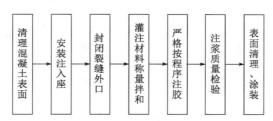

图 5-53　自动低压灌注法施工流程

(3)河流水中含有对混凝土和钢筋有侵蚀的化学成分时,应对桥梁结构进行防护。

(4)钢筋混凝土构件的修补:

①在昼夜平均气温低于 5℃的冬季维修桥梁时,对修补的混凝土构件应采取保温措施,保证混凝土的凝固硬化。

②用于修补加固的混凝土、钢材,其强度和其他质量指标应不低于原桥材料。修补用的混凝土强度等级应比原强度等级提高一级,在 pH 值小于 5.6 的地区,所用水泥应根据环境特点采用耐酸的硅酸盐水泥、抗铝硅酸盐水泥等。

③受拉区修补用的混凝土宜用环氧树脂配制,受压区修补用的混凝土可用膨胀水泥配制。用水泥混凝土或砂浆修补的构件应加强养生,有条件时宜用蒸汽养生或封闭养生。

2. 加固方法及适用范围

梁桥加固可以采用以下几种方法,如图 5-54 所示。

(1)浇筑钢筋混凝土加大截面加固法(图 5-55)。

适用范围:适用于钢筋混凝土和预应力混凝土受弯构件、钢筋混凝土受压构件。应注意的是,在加大截面时自重也相应增加了。

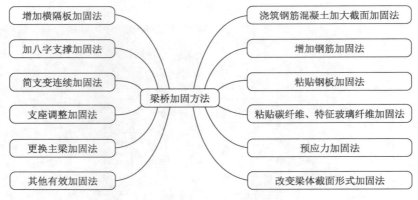

图 5-54 梁桥加固方法

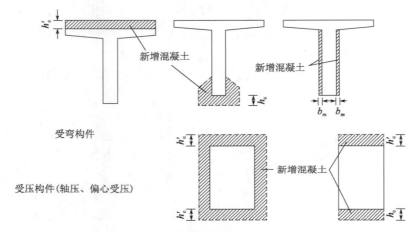

图 5-55 浇筑钢筋混凝土加大截面加固法

特点:加固效果比较明显、施工工艺复杂、技术要求较高、对桥下净空限制的桥梁不适用。

(2)增加钢筋加固法(图 5-56)。

适用范围:适用于钢筋混凝土和预应力混凝土受弯构件。一般与浇筑混凝土加大截面加固法共同使用,称为增大截面与配筋加固法。其加固程序如图 5-57 所示。

图 5-56 增加钢筋加固法

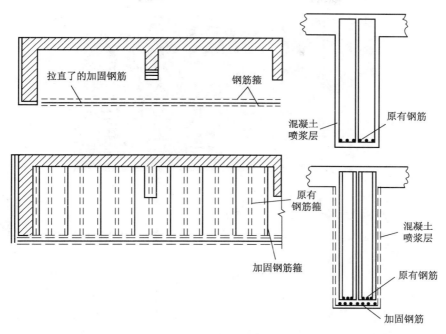

图 5-57　加固程序图

特点:能在桥下施工,不影响交通,加固工作量不大,而且加固的效果也较为显著,一般多用于梁板桥的加固。

其施工程序如下:

①将梁下面的混凝土保护层凿去,露出主筋,并将原箍筋切断拉直。

②在暴露的原有主钢筋上缠上或焊上需要补充的拉力钢筋。补强钢筋的尺寸和数量,应按强度计算确定。

③恢复箍筋,即将原箍筋接长,焊接成型。如计算箍筋不足,应增设箍筋,新增箍筋上端埋入桥面板中,梁腹上增设销钉固定新增箍筋位置。

④浇筑混凝土保护层。材料可采用环氧树脂混凝土或膨胀水泥混凝土。

⑤养生。

(3)粘贴钢板加固法(图 5-58)。

粘贴钢板加固法是指采用化学粘贴剂将钢板粘贴在梁(板)的受拉边缘或薄弱部位,使之与结构物形成整体,用于代替需增设的补强钢筋,提高梁的承载能力,达到补强效果的一种加固方法,一般采用环氧树脂浆液作为粘贴剂。粘贴钢板加固法是普遍采用的方法,钢板与原结构必须可靠连接,并作防锈处理。

适用条件:主梁承载力不足、纵向主筋出现严重的锈蚀、梁板桥的主梁出现严重横裂缝。

缺点:须对结合面进行处理,并钻埋螺栓孔,对原结构生损伤;钢板需作防腐处理,增加了日后养护的费用。

优点:用粘贴钢板来加固桥梁,具有不需要破坏被加同的原有结构物;加固过程几乎不增加原结构的尺寸;施工工艺简单,便于操作,施工期短等。

图 5-58 粘贴钢板加固法

粘贴钢板加固法的加固程序图如图 5-59 所示。其施工程序如下：

① 表面处理。对梁(板)底面混凝土凿毛,使集料露出,并清除破碎部分和浮尘。钢板表面的油污和锈蚀应清除干净。

② 粘贴钢板。粘贴钢板一般可用注入施工法和压贴施工法。从使用效果来看,压贴施工法较好。压贴施工法施工时先在混凝土粘贴面上用冲击钻成孔,钻孔可采用梅花形布置,安装膨胀螺栓,螺栓直径常用 $\phi 8 \sim 12mm$,在钢板的相应位置布孔;在钢板和混凝土黏结面上用刮刀均匀涂刷配制好的环氧树脂打底层,然后再用刮刀在钢板上均匀涂刷配制好的环氧树脂黏结剂;粘贴钢板后迅速拧紧螺母。用稠度较高的环氧树脂水泥砂浆填塞钢板与混凝土表面之间的缝隙及封住螺母。

③ 防护处理。先清除钢板外面污物和锈蚀,涂一层树脂薄浆,再涂二层防锈漆。

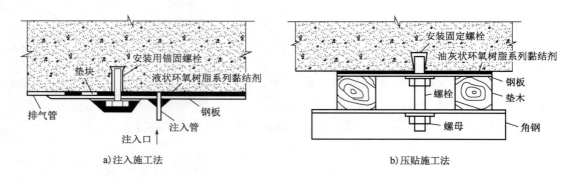

图 5-59 粘贴钢板加固程序图

(4) 粘贴碳纤维、特种玻璃纤维加固法(图 5-60)。

利用符合现行国家标准的纤维片材(或布),通过同样满足要求的黏结材料与混凝土结构结合紧密,剪力顺利传递而共同工作,提高混凝土结构的受力性能;主要用于提高构件抗弯承载力;使用此法加固几乎不增加原结构自重。

适用范围:该方法环境要求(如温度、湿度等)较严格;适用于混凝土梁桥、板桥的抗弯和抗剪加固;对于筋率较低或钢筋锈蚀严重的旧桥,加固效果十分显著;适用于混凝土墩柱的补强,抗震延性补强以及地震破坏后的修复等。

粘贴碳纤维施工工艺流程如图 5-61 所示,施工后效果如图 5-62 所示。

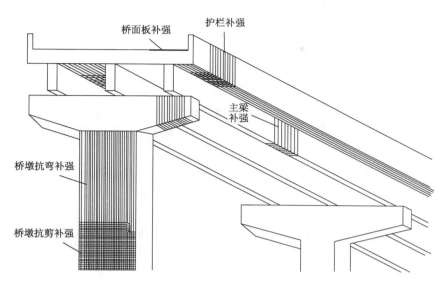

图 5-60　粘贴碳纤维、特种玻璃纤维加固法

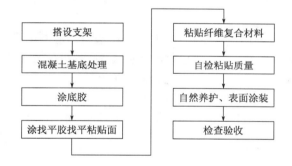

图 5-61　粘贴碳纤维施工工艺流程

图 5-62　施工后效果

(5) 预应力加固法。

预应力加固法是运用预应力原理,在原梁体外受拉区域施加一定预压应力,来改善

结构受力状态的一种加固方法。预应力加固法对于提高构件强度、控制裂缝和变形的作用较好。按施加预应力的方式有横向收紧张拉法、竖向顶撑张拉法和组合式预应力拉杆加固法等。

①横向收紧张拉法

横向收紧张拉法是将作为拉杆的粗钢筋分两层布置在梁肋底面两侧,在靠近梁端适当位置向上弯起,与固定在梁端的钢制 U 形锚固板焊接;粗钢筋弯起处用短柱支撑,纵向每隔一定间距设一道撑棍和锁紧螺栓;通过收紧器将拉杆横向收紧而使拉杆受拉,从而在梁体产生预压应力,如图 5-63 所示。

横向收紧张拉法的具体施工程序如下:

a. 粘贴锚固钢板。将梁端混凝土保护层凿除,使主筋外露,清除碎渣浮尘后用环氧砂浆粘贴 U 形锚固钢板。

b. 焊接拉杆粗钢筋。先将粗钢筋的弯起段按设计斜度焊在锚固板上,然后用夹杆将粗钢筋的水平段与弯起段焊在一起。

c. 安装张拉装置。先放好弯起点垫块撑棍,再安设中间撑棍及锁紧螺栓,紧贴锁紧螺栓处安放收紧器。

d. 预张拉。预张拉的目的在于检查拉杆的焊接质量,预张拉力按设计张拉力的 80%~90% 控制,预张拉保持 12h 后卸除。

e. 张拉。旋紧收紧器,使两侧拉杆向中间收拢,按设计收紧量对称地分次收紧。达到设计收紧量后再收紧 1~2mm,然后拧紧锁紧螺栓,并用双螺母锁住,最后卸除收紧器。各段拉杆横向收紧的距离按设计预应力值计算出拉杆总变形值确定,并通过几何关系计算出具体的数值。

f. 防护处理。拉杆粗钢筋及 U 形锚固板均需涂以防护涂料以防锈蚀。

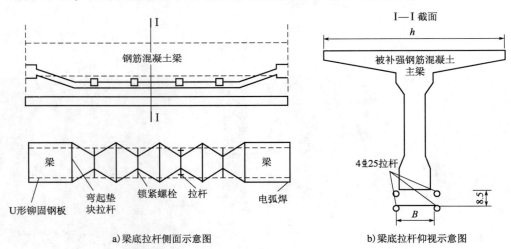

图 5-63 横向收紧张拉法

②下撑式预应力拉杆加固法

下撑式预应力拉杆加固法是将水平的补强拉杆在接近支座处(一般设在 1/4 跨径的地

方)向上弯起,锚固于梁板支座的上部,弯起点处设置钢筋混凝土或混凝土的承托架,再施加预拉应力,当拉杆达到设计应力值后,通过拉杆承托架传力,对梁结构产生作用力,起到卸载作用。

下撑式预应力拉杆加固的施工程序如下:

a. 凿好主梁锚固点孔洞,孔洞直径应较锚固套管大 2～3mm,以便用环氧树脂砂浆将套管撑大。

b. 装置张拉用的紧固件,并连接好槽钢和预应力拉杆粗钢筋。

c. 拉杆施加预应力,可用双作用千斤顶等机械张拉法或电热张拉法,张拉达到规定张拉力和长度后,拧紧两端螺母,使粗钢筋拉杆获得预拉应力。

③组合式预应力拉杆加固法

组合式预应力拉杆加固法是既布置有水平拉力箱杆,又布置有下撑式拉杆的一种加固方法,如图 5-64 所示。

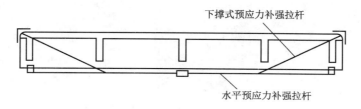

图 5-64 组合式预应力拉杆加固法

体外预应力加固是在原梁体外受拉区域设置预应力筋,通过张拉时梁体生偏心预压力,以此来减小荷载挠度,改善结构受力状态。对于提高构件强度、控制裂缝和变形的作用效果较好。

特点:施工工艺简单、干扰交通少、所需设备简单、人力投入少、工期短、经济效益明显;能较大幅度提高或恢复桥梁的承载能力;对原结构损伤小,可以做到不影响桥下净空、不增加路面高程;预应力加固需要可靠的防腐设计。

体外预应力加固施工工艺流程如图 5-65 所示,施工后效果如图 5-66 所示。

图 5-65 体外预应力加固施工工艺流程

(6)改变梁体截面形式加固法。一般是将开口的 T 形截面或 Ⅱ 形截面转换成箱形截面。

(7)增加横隔板加固法。适用于无中横梁或少中横梁的加固,可增加桥梁整体刚度、调整荷载横向分配。增加横隔板加固可以明显改善 T 形梁桥铰缝开裂病害,防止病害扩展。

适用条件:适用于因横向联系较差而降低承载力的桥梁上部结构。

优点:不影响桥下净空,对原桥景观基本无改变。

图 5-66　施工后效果

增加横隔板加固法施工工艺流程如图 5-67 所示,其施工后效果图 5-68 所示。

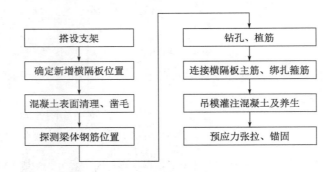

图 5-67　增加横隔板加固法施工工艺流程

(8) 加八字支承加固法。

在桥下净空和墩台基础受力许可的条件下,采用在梁(板)底下加八字支撑加固法。

(9) 桥梁结构由简支变连续加固法。

桥梁结构由简支变连续加固法是一种通过改变桥梁结构体系,以减少梁内应力,提高承载能力的一种加固方法,如图 5-70 所示。如在桥下净空和墩台基础受力许可的条件,采用在梁(板)底下加八字撑的方法使简支梁变成连续梁。该加固法一般要在桥下操作,且要设一些永久设施,因此会影响桥下净空,要在不影响通航及排洪能力的情况下使用。

图 5-68　施工后效果

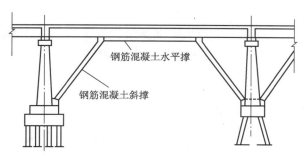

图 5-69　改变结构体系加固法

（10）支座调整加固法。

当支座设置不当造成梁体受力恶化时,可采用调整支座高程的加固方法。

（11）更换主梁加固法。

（12）其他有效加固法。

三、预应力混凝土梁桥的养护与加固

1. 日常养护与维修

（1）预应力混凝土梁桥日常养护维修范围及内容同钢筋混凝土梁桥一样,此外应对预应力锚固区的破损及开裂、沿预应力钢束纵向的开裂进行修补。

预应力混凝土变截面箱梁配筋图如图 5-70 所示。

（2）预应力混凝土梁桥常见病害：

①混凝土表面剥落、渗水、梁角破碎、露筋、钢筋锈蚀、局部破损,等等。

②预应力钢束应力损失造成的病害。

③预应力混凝土梁出现裂缝。全预应力及部分预应力 A 类构件正常使用条件下不允许出现裂缝,只有 B 类构件允许出现裂缝。裂缝的类型除了同于钢筋混凝土梁桥外,还有沿预应力钢束的纵向裂缝和锚固区局部承压的劈裂缝。

（3）常见病害的维修同钢筋混凝土梁桥。对于不允许出现裂缝的桥梁,不论裂缝宽窄,都应查明原因再进行处理或加固。

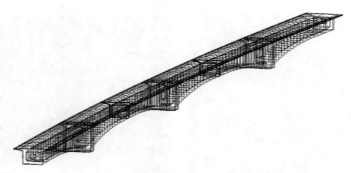

图 5-70　预应力混凝土变截面箱梁配筋图

2. 预应力混凝土梁桥的加固方法

(1) 预应力混凝土梁桥的一般加固方法及适用范围可参照钢筋混凝土梁桥。

(2) 因为预应力部分失效而进行加固时,若原结构有预留孔,可在预留孔内穿钢束进行张拉;采用无黏结钢束的可对原钢束重新张拉,或者增设齿板,增加体外束进行张拉。

(3) 当腹板抗剪切强度不够时,可采用加竖向预应力加固。

四、拱桥的养护与加固

1. 日常养护与维修

我国公路拱桥所采用的材料种类和结构形式较多。图 5-71 为我国著名的赵州桥。

按材料分类有石拱桥、混凝土拱桥、钢筋混凝土拱桥、钢管混凝土拱桥和钢拱桥,有的桁架拱拉杆还采用了预应力混凝土。早期还有砖拱桥,但在 20 世纪 60 年代后已几乎不再采用。

图 5-71　赵州桥

按结构形式类分有板拱、肋拱、双曲拱、桁架拱、刚架拱、桁式组合拱、系杆拱等。

日常养护应针对不同情况采取以下相应措施:

(1) 经常清除表面污垢及圬工砌体因渗水而在表面附着的游离物。

(2) 经常疏通泄水管孔,保持桥面及实腹拱拱腔排水畅通。如发现拱桥桥面漏水应及时修补,空腹拱的主拱圈(肋)若发现渗水,应对拱背进行清理,清除可能积水的残渣、堆积物等,并用砂浆等材料抹平或堵塞裂缝。实腹拱若发现主拱圈渗水,应检查拱腔排水系统,必要时可挖开拱上填料,修补防水层,修理排水管道。拱圈渗水及填料剥落如图 5-72 所示。

(3) 主拱及拱式腹拱的拱铰及变形缝应保持正常工作状态。清除弧面铰及变形缝内嵌入的杂物,保持能自由转动、变形。填缝材料(如油毛毡、浸渍沥青的木板等)如有损坏应及时更换。

图 5-72　拱圈渗水及填料剥落

（4）构件表面缺陷及局部损坏的修补，主要有以下几类：

①圬工砌体的边角压碎、砌块断裂和干砌石拱桥砌缝张口等，可用水泥砂浆修补。若个别块体压碎或脱落，应用新的块体填塞更换，更换时应保证嵌挤或填塞紧密。砌缝砂浆若发生脱离，应凿除后重新用干硬性砂浆或微膨胀砂浆填筑，表面重新勾缝。

②钢筋混凝土拱构件的表面缺损与裂缝修补参见钢筋混凝土梁桥有关部分。

③钢管混凝土拱钢构件表面的防锈涂层应保持完好，并定期重涂，养护工作参照钢桥有关部分。

④实腹拱的侧墙若发生较大变形、开裂，应查明原因并作相应处理。若是填料不实，或拱腔积水，应挖开拱上填料，修补防排水系统，拆除鼓凸部分侧墙后重新砌筑，重新回填拱上填料及重做路面，也可酌情换用轻质填料或加大侧墙尺寸。若发现侧墙与拱圈之间脱开，或侧墙上有斜向（若是砌体通常沿砌缝成锯齿状）开裂，应检查墩台与主拱的变形。开裂轻微且不再发展的，可作一般修补裂缝处理。若开裂严重或裂缝在发展中，应考虑加固、改造方案。

（5）中、下承式拱桥的吊杆养护参见斜拉桥的拉索养护部分。

系杆拱桥的系杆混凝土裂缝应用环氧砂浆等材料进行处理。系杆采用无混凝土包裹的预应力钢束时，应定期对钢束的防锈保护层进行养护、更换防护油脂等。系杆的支承点如有下沉要及时调整。

（6）冬季月平均气温低于 -20℃ 的地区，对淹没于结冰水位的拱圈，应在枯水期从结冰水位以上 50cm 开始至拱脚涂抹一层防冻环氧砂浆，砂浆表面再涂刷沥青进行保护。

2. 加固方法及适用范围

我国的公路拱桥多建于20世纪50~70年代，由于当时的技术水平和建材条件的限制，拱桥采用得很多，甚至一些更适合采用梁式桥梁的地方，如软基地区或宽浅河床地区，也采用了拱桥方案。经过几十年的使用，在需进行加固维修的桥梁中，拱桥占了相当大的比例，这些情况还会持续一段时期，应在养护工作中加以注意。

1）拱桥的主要病害

（1）主拱圈抗弯强度不够引起拱圈开裂（图5-73）。裂缝主要发生在拱顶区段的拱圈下缘与侧面,拱脚处的拱圈上缘与侧面。

图 5-73　拱圈破裂

(2)主拱圈抗剪强度不够引起拱圈开裂。裂缝主要发生在拱脚,空腹拱的立柱柱脚。

(3)拱圈材料抗压强度不够,引起劈裂或压碎。

(4)两拱脚墩台不均匀沉降引起拱圈开裂,一般出现在拱顶区段,横桥向贯穿全拱圈,裂缝宽度上下变化不大,且两侧有错动。

墩、台基础上、下游不均匀沉降引起拱圈及墩台出现顺桥向裂缝。

(5)墩台沿桥梁纵向发生向后滑动或转动引起拱圈开裂,裂缝规律同(1)。当向桥孔方向滑动或转动时,裂缝在拱圈上、下缘的位置与(1)相反。

(6)肋拱、刚架拱、桁架拱、双曲拱的肋间横向联结如横系梁、斜撑强度不够引起开裂。

(7)拱上排架、梁、柱开裂,短柱的两端开裂,侧墙斜、竖方向开裂,侧墙与拱圈连接处开裂。开裂的主要原因包括构造不合理、强度不够、施工质量不好以及由于拱圈变形或墩、台变位对拱上结构造成不利影响所致。

(8)预制拼装拱桥或分环砌筑的圬工拱桥,沿连接部位或砌缝发生环向裂缝。双曲拱桥的拱肋与拱波连接处开裂。拱肋接头混凝土局部压碎。

(9)双曲拱桥的拱波顶纵向开裂。多为肋间横向连接偏弱,采用平板式填平层使拱横截面刚度分配不均,墩台横向不均匀沉降等原因引起。

(10)桁架拱、刚架拱、系杆拱的节点强度不够引起节点及杆件端部开裂。

(11)中、下承式拱的吊杆锚头滑脱或钢丝锈蚀、折断。

(12)拱铰失效或部分失效,引起拱的受力恶化而开裂。

(13)钢管混凝土拱的钢管因厚度不足或节间过大造成钢管出现压缩状折皱。

(14)桥面板(如平板、微弯板、肋腋板等)开裂。引起开裂的原因主要有局部承受车辆荷载强度不够、参与主拱受力后强度不够、肋片发生较大位移、板与肋连接破坏、在施工中已开裂未予以彻底处理等。

2)加固方法及适用范围

(1)主拱圈强度不足时,可加大拱圈截面。

从拱腹面加固时,可采用下列方法:粘贴钢板;浇筑钢筋混凝土加大拱肋截面;布设钢筋网用喷射混凝土或水泥砂浆加大拱圈截面;在拱肋间加底板,变双曲拱截面为箱形截面。条件许可时,也可在腹面做衬拱及相应的下部结构。

在原有拱圈下部增设拱圈,即紧贴原拱圈下面,喷射钢丝网水泥拱圈或浇筑钢筋混凝土新拱圈,如图 5-74 所示。

从拱背面加固时,可在拱脚区段的空腹段背面加大拱圈截面;或者拆除拱上建筑,在全拱圈背面加大截面,一般使用混凝土或钢筋混凝土材料,如图 5-75 所示。

在加厚拱圈时,应同时考虑墩、台受力是否安全可靠等因素。当多孔石拱桥需全部加设新拱圈时,拆除拱上填料必须对称地同时进行。

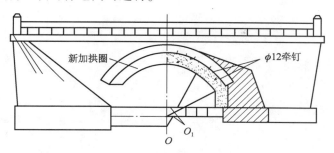

图 5-74　原拱圈下增设拱圈加固法

为加固双曲拱桥桥肋强度,可以在拱肋表面清洁后,用环氧类砂浆黏结钢板的方法提高其承载能力。在拱圈产生裂缝或承载能力不足时,采用该法加固效果明显。黏结钢板的位置主要置于拱肋截面下,可用成条整板(或分块焊接)在拱圈弧形范围内间隔黏结。一般可视具体情况选定尺寸,通常可参照图 5-76 所示进行,钢板厚度宜用长 4～10mm,过厚时施工比较困难。

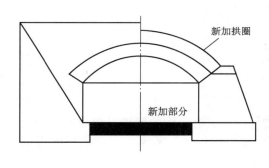

图 5-75　原拱圈上增设钢筋混凝土拱圈加固法

图 5-76　拱肋粘贴钢板加固法

（2）拱肋、拱上立柱、纵横梁、桁架拱、刚架拱的杆件损坏可用粘钢板或复合纤维片材加固。粘钢板时可粘贴钢板,也可在四角处粘贴角钢。

（3）用粘贴钢板或复合纤维片材加固桁架拱、刚架拱及拱上框架的节点。

（4）用嵌入剪力键的方法加固拱圈的环向连接。剪力键一般采用钢板或铸件,按一定间隔布置,其间的裂缝用环氧砂浆等处理。

（5）用加大截面的方法加强拱肋之间的横向连接。采用横拉杆的双曲拱,可把拉杆改为系梁。

（6）更换锈蚀、断丝或滑丝的吊杆。若原构造许可,可以用收紧锚头的方法张拉松弛的系杆或吊杆来调整内力。

（7）在钢管混凝土拱肋拱脚区段或其他构件的外面包裹钢筋混凝土。

（8）改变结构体系以改善结构受力,如在桥下通航许可的前提下加设拉杆。

图 5-77 为拱桥下部增加支护支撑。

图 5-77　支护桥梁支撑

(9) 更换拱上建筑,减轻自重,更换实腹拱的拱上填料为轻质填料。

(10) 用更换桥面板,增加桥面铺装的钢筋网,加厚桥面铺装,换用钢纤维混凝土等方法维修加固桥面。

(11) 因墩、台变位引起拱圈开裂时,应先维修加固墩、台,然后修补拱圈。

(12) 加固拱桥时,应注意恒载变化对拱压力线的影响及引起的推力变化,对各施工工序应进行检算,并作出详细的施工组织设计,严格按照设计的工序施工。

3. 拱桥的拆除

(1) 拱桥拆除应进行拆除方案设计。对于大、中拱桥及多孔拱桥,应对拆除的各工序进行检算,并有详细的施工组织设计。一般拆除顺序按加载倒装考虑。多孔拱桥应根据实际情况考虑连拱作用的不利影响。图 5-78 为拱肋拆除作业现场。

图 5-78　拱肋拆除作业

(2) 拆除时实行现场管制,禁止人员进入拆除爆破的影响范围内。

五、钢桥的养护与加固

1. 日常养护与维修

(1) 清除钢结构的表面污垢,保持杆件清洁,特别应注意节点、转角、钢板搭接处等易积聚污垢的部位。清除的污垢不要扫入泄水孔或排水槽中,以免造成堵塞。

(2) 更换所有松动和损坏的铆钉,各种有缺陷的铆钉如图 5-79 所示。更换过的铆钉在检验之后,均应涂上与桥梁结构显著不同的颜色,并记入桥梁记录簿,注明其数量和位置。在更换铆钉前,应仔细察看钉孔位置是否正确。如钉孔不圆或偏位大于 2mm 时,必须扩钻加大孔径。在铆接杆件时,如钉孔不合适,严禁采用强力钻进的铆接方法。更换铆钉后,应对其所有相邻而未更换的铆钉加以敲击,检查是否受到损伤。

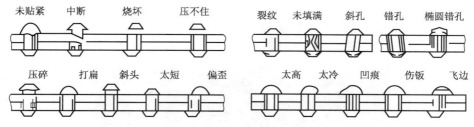

图 5-79 各种有缺陷的铆钉

（3）对于普通螺栓或高强螺栓连接的构件，若发现松动应及时加以拧紧；对于高强螺栓必须施加设计的预拉应力。为了便于螺栓的更换，应防止螺栓口锈蚀，如接合杆件表面有角度时，则应在螺母之下垫以楔形垫圈。

（4）焊接连接的构件，焊缝处若发现裂纹、未熔合、夹渣、未填满、弧坑等缺陷时，应进行返修焊，焊后的焊缝应随即铲磨匀顺。

（5）当钢杆件受到冲击造成局部弯曲时，可用撬棍、弓形螺旋顶或油压千斤顶进行冷矫，禁止用锻钢烧材的方法来矫正。

钢杆件如有不同方向的弯曲，应对导致弯曲的原因进行调查分析以确定矫正方法，矫正时按不同的弯曲方向分别进行。如杆件同时有扭转和弯曲，应先矫正弯曲，再矫正扭转。若由于杆件强度、刚度不足或稳定性差等原因引起弯曲的，矫正后应进行加固处理。如需拆卸杆件修理时，可安装临时杆件替代被拆卸杆件，以保证行车安全。

（6）钢梁木桥面板的保养，可抽换破损桥面板，加铺轨道板或加设辅助横梁（木梁或钢梁），经计算允许增加恒载时可把木桥面改为钢筋混凝土桥面。

（7）装配式钢桥的养护。

①在桥两端竖立鲜明的限速、限载标志，严禁超速、超载。

②对各部件接合点的销子、螺栓、横梁夹具、抗风拉杆等进行检查。如发现有松动和缺损，应及时拧紧和修补更换；销子周围应涂润滑油脂，防止雨水渗入销孔缝隙；外露的螺栓螺纹应涂润滑油，防止锈蚀。

③当木桥面板出现破裂、弯曲及不平整时，应及时抽换。若经常有履带车通过，则应加铺轨道板。

（8）装配式钢桥使用后拆卸进仓之前，应进行油漆，并对拆下的部件进行全面检查和修理。如杆件有局部变形，应进行矫正；如部件有细裂痕和暗裂纹，应修理、加固或更换；销子和栓钉应仔细检查是否有裂缝、脱皮、弯曲、压损等，如发现缺陷应及时消除或更换。最后涂抹黄油，用蜡纸包好装箱入仓。

（9）装配式钢桥的储存应符合下列要求：

①构件应分类按规格堆放，下面需用木料或石块垫高，以防受潮；堆置高度不宜过高，以防下层构件被压弯变形；桁架片应单层竖向堆放；堆放时应将架设时先用的部件放在外部。

②所存放的钢构件应保持清洁，定期涂抹油脂，防止锈蚀。一般每年检查一次，每 3 年全面检查一次。如发现变形和脱漆，应及时矫正和补漆。

③所有销子、螺栓等零部件应每年开箱清点、加涂黄油防锈。

④专用架设工具应注意配套保存，防止丢失，并加强维修保养。

图 5-80 为钢桥连接构件。

图 5-80　钢桥连接构件

2. 定期涂装防锈

对整座钢桥，应视油漆失效情况，定期进行涂装防锈；部分油漆失效应及时除锈补漆。

钢桥杆件的油漆，应符合下列要求：

(1)存涂漆之前，对铁锈、旧漆、污垢、尘土和油水等均应仔细清除。对所有易锈蚀的部位，如凹处、缝隙、纵横梁及主桁架的弦杆等，尤应仔细清理。

(2)除锈应做到点锈小留、除锈彻底、打磨匀亮、揩擦干净，可采用在浓度 10% 的无机酸中加入 0.2%~0.4% 的面粉、树胶或煤焦油等缓蚀剂来清洗锈蚀，也可采用喷砂除锈法或其他更有效的除锈方法。

(3)油漆层数一般为底、面漆各两层。对于易遭受损坏或工作条件困难的部位应多涂一层面漆。在第一层底漆干燥后，应对裂缝、不平整处和局部凹痕的部位用油性腻子腻塞，并对腻封质量进行检查，发现缺陷应予以消除。

(4)钢桥油漆工作应在天气干燥和温暖季节(不低于 +5℃)进行。油漆时的气温应与被漆钢构件表面温度相近。在风沙天气、雾天、雨天不应进行油漆，对表面潮湿的钢构件也不应进行油漆。

(5)钢桥的防腐可采用镀锌、铝等阳极防腐的金属涂层。金属涂层的制作工艺有喷涂、热镀、电镀、电泳、渗镀、包覆等方法。对关键部位及维修困难的部位，可采取在喷、镀金属层上再涂防腐涂料的复合面层或涂玻璃鳞片涂料等防护措施。

3. 钢桥的杆件加固法

(1)钢板梁由于穿孔或破裂削弱断面时，可补贴钢板或用钢夹板夹紧并铆接来加固，这时钢板的边缘应锉平，使之结合紧密。如钢板受到了较短和较深的创伤，宜用电焊填补。

(2)采用增设水平加劲肋、竖向加劲肋的方法加固钢板梁。

(3)钢桁梁加固一般用补加新钢板、角钢或槽钢来加大杆件截面。加固可用拴接、铆接或焊接。

（4）加设加劲杆件或增强各杆件间的联系。

（5）在结合处用贴板拼接，加设短角钢加强桁架杆件与节点板的连接。

（6）如桥梁下挠显著增加。销子与销孔有损坏或上下弦强度不足，应停止交通进行检查修理或更换。

（7）钢结构杆件在修理加固之后，应涂漆防锈。

几种常用的加固方法示意图如图 5-81～图 5-85 所示。

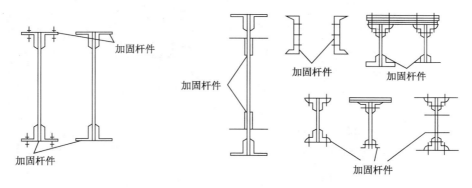

图 5-81　用加大截面的方法加固

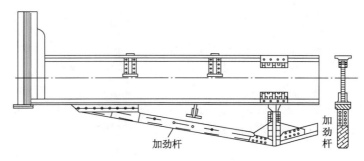

图 5-82　用设置加劲杆的方法加固

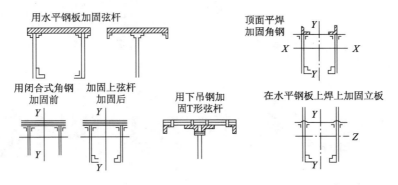

图 5-83　用增强各杆件间联系的方法加固

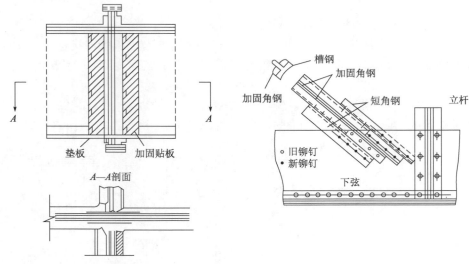

图 5-84　用增加贴板拼接加固结合处　　图 5-85　用增加短角钢来加固结合处

4. 恢复和提高整桥承载能力的加固方法及适用范围

(1) 增设补充钢梁,可装在原有各梁之间,也可以紧靠在原有各梁的旁边。

(2) 用加劲梁装在原主梁的下缘或下弦杆上。加劲梁加固方法,适用于不通航的桥孔或桥下净空足够的小型桥梁。

(3) 用体外预应力加固,预应力施加在下挠后的下弦杆截面上。预应力加固法对桥下净空的影响较小,施工方便,但预应力钢索的防锈工作较困难。

(4) 用拱式桁架结构装在原主梁的上面,拱脚和原主梁固接或铰接,适用于下部结构能承受所增加恒载的通航桥孔的加固。

(5) 用悬索结构加在原主梁上面,可使被加孔的恒载转移到悬索上,以改善结构的变形。这种方法可在运营状态下进行,适用于下部结构能承受所增加恒载的通航桥孔的加固。

(6) 在不影响排洪和通航的情况下,可在桥孔中间添建桥墩,缩短跨径,减小桁梁杆件的内力。为了承受新增支点处的剪应力,在新桥墩墩顶处的上部结构中,必须加置竖杆及必要的斜杆。

(7) 对于多孔简支桁架,分联将其转变为连续桁架,可采用体外预应力加固方法,使被连接的主桁上弦杆在墩顶处得以补强。

单元 5-3　桥梁下部结构的养护

桥梁下部结构由墩台和基础组成,它是桥梁重要的组成部分之一,直接承受着桥梁上部结构及交通车辆的重力,同时将所有荷载传递给地基。桥台使桥梁与道路连接,它除了承受上部结构的荷载外,还承受着台后路堤填土的主动土压力和被动土压力,同时承受着风力、水压力、撞击力等。再加上桥梁的交通量日益繁重,有些墩台所受的负荷强度已达到或超过设计规定,经过多年使用后会出现不同程度的损坏和各种各样的缺陷,这将直接影响上部桥跨结构的安全,必须及时进行养护与维修,如图 5-86 所示。

图 5-86 桥梁下部结构养护的重要性

一、墩台基础的养护与加固

砖石、混凝土和钢筋混凝土桥梁墩台养护是为了使结构物保持完整、牢固、稳定、不发生倾斜,并减少行车振动和基础冲刷。对墩台基础养护的主要工作内容如下。

1. 日常养护与维修

(1)应采取措施保持桥梁墩台基础附近河床的稳定。桥梁上下游各 200m 范围内(当桥长的 1.5 倍超过 200m 时,范围应适当扩大)应做到:

①应适时地进行河床疏浚。每次洪水过后,应及时清理河床上的漂浮物,使水流顺利宣泄。

②在桥下树立警告(示)牌,禁止任何人或单位在上述范围内挖砂、取土、采石、倾倒废弃物,禁止进行爆破作业及其他危及公路桥梁安全的活动。

③不得任意修建对桥梁有害的建筑物,因抢险、防汛需要修筑堤坝、压缩或拓宽河床时,应事先报经交通主管部门或公路管理机构同意,并采取有效的防护措施。

发现任何有可能破坏桥梁安全的行为,应及时制止。

(2)若基础冲刷过深或基底局部掏空,应立即抛填块石、片石、铅丝石笼等进行维护。

(3)桥下河床铺砌出现局部损坏时应及时维修。若砌块损坏,可补砌或采用混凝土修补,如图 5-87 所示。

(4)对设置的防撞、导航、警告牌等附属设施应经常检查、维护,保持良好状态。

2. 墩台基础的允许沉降

简支梁桥墩台基础的沉降和位移,超过以下容许限值或通过观察裂缝持续发展时,应采取相应措施予以加固。

图 5-87　圬工砌体修补

(1) 墩台均匀总沉降值(不包括施工中的沉降):$2.0\sqrt{L}$(cm)。

(2) 相邻墩台均匀总沉降差值(不包括施工中的沉降):$1.0\sqrt{L}$(cm)。

(3) 墩台顶面水平位移值:$0.5\sqrt{L}$(cm)。

其中,L 为相邻墩台间最小跨径长度,以 m 计,跨径小于 25m 仍以 25m 计算;桩、柱式柔性墩台的沉降及桩基承台上墩台顶面水平位移值,可视具体情况确定,确保正常使用为原则。

当墩台变位所产生的附加内力影响到桥梁的正常使用和安全时,或者桥梁墩台基础自身结构出现大的缺损使承载力不够时,必须进行加固处理。

3. 加固方法及适用范围

1) 地基防护加固

当地基承载力不足时,可采用下列措施进行加固:

(1) 重力式基础的加固。

①在刚性实体基础周围浇筑混凝土扩大基础。一般应修筑围堰,抽干水后开挖基坑,再浇筑混凝土。新旧基础(承台)之间可埋置连接钢筋,并将旧基础表面刷洗干净、凿毛,使新旧混凝土连成整体,如图 5-88 所示。

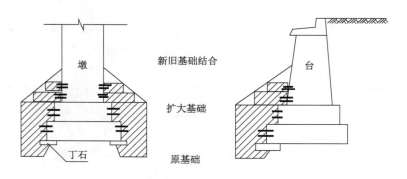

图 5-88　刚性基础加固

②当梁式桥桥台基础承载能力不足时,可在台前增加桩基及柱并浇筑新盖梁、增设支座。

这时梁的支点发生变化,应根据结构受力变化对主梁进行检算及加固。

③对于拱桥基础可在桥台两侧加设钢筋混凝土实体耳墙,并将耳墙与原桥台用钢销连接起来,增大桥台基础面积,提高桥台承载能力。

④当桥下净空允许时,可在台前加建新的扩大基础及台身,将主拱改建为变截面拱支承到新基础及台身上。新旧基础之间用钢筋或钢销进行连接,有条件时可在台前新基础下增加短桩,以提高承载能力。

(2)桩基础的加固。

①加桩。可用钻孔桩或打入桩增设基桩,并扩大原承台,将墩台的压力部分传递到新桩基础上,如图5-89所示。

②对单排架桩式桥墩采用加桩加固时,如原有桩距较大(4~5倍桩径),可在桩间插桩。如原有桩距较小,但通航净空有富裕时,可在原排架两侧增加新桩,变为三排式墩桩。

③对钻孔灌注桩桩身损坏、露筋、缩颈等病害,可采用灌(压)浆或扩大桩径的方法进行维修加固。

(3)人工地基加固。

对墩台基础以下的地层,采用注浆、旋喷注浆或分层搅拌等方法,将各种浆液及加固剂注入或搅拌于土层中,通过浆液凝固使原来松散的土固结,成为有足够强度和防渗性能的整体,所采用的材料应通过试验确定,如图5-90所示。

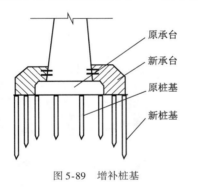

图5-89 增补桩基　　　　图5-90 加固地基土

2)墩台基础防护加固

当墩台基础局部被冲空时,可分情况采取下列加固措施:

(1)在水深3m以下,可筑围堰将水抽干,以砌石或混凝土填补冲空部分。桥台基础采用上述方法加固时,还应修整或加筑护坡,如图5-91所示。

(2)在水深3m以上,可在基础四周打板桩或做其他围堰,灌注水下混凝土;也可以用编织袋装干硬性混凝土(每袋装量为袋容积的2/3),通过潜水作业将袋装混凝土分层填塞冲空部分,填塞范围比基础边缘宽0.4m以上,如图5-92所示。

(3)当基础置于风化岩层上,而基底外缘已被冲空时,应先清除岩层严重风化部分,再用混凝土填补。对基础周围的风化岩层还应用水泥砂浆进行封闭。

(4)当河床不稳定、基础埋置较浅、冲刷范围较大时,可采用平面防护加固,其范围要覆盖全部冲刷坑。具体方法如下:

①打梅花桩,桩间用块、片石砌平卡紧。
②用块、片石防护或用水泥混凝土板、水泥混凝土预制块防护,如图 5-93 所示。
③用铁丝笼、竹笼等柔性结构防护,如图 5-94 所示。
(5)当墩台周围河床冲刷严重,危及基础安全时,除分别采用上述方法进行防护加固外,还应在洪水期过后,采取必需的调治构造物防护措施,或者对河床采取防冲刷处理,以防再次被冲坏。

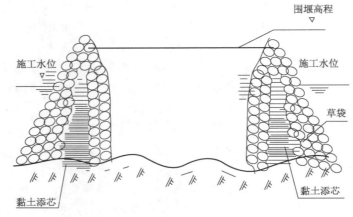

图 5-91　围堰施工

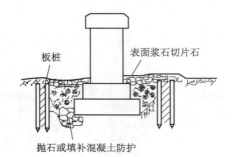

图 5-92　板桩及填补混凝土防护

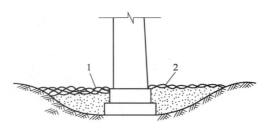

图 5-93　块、片石防护
1-双层块片石;2-单层块片石

图 5-94　竹笼防护(都江堰)

3)桥台滑移、倾斜的加固
当桥台发生滑移和倾斜时,应分析原因,根据不同情况采取下列加固措施:

（1）梁式桥或陡拱因台背土压力过大,造成桥台向桥孔方向位移,可采取下列措施进行加固：

①挖除台背填土,改用轻质材料回填,减轻桥台后土压力,以使桥台稳定。拱桥在换填材料时,应维持与拱推力的平衡,如在桥孔设临时拉杆或在后台设临时支撑。

②挖去台背填土,加厚桥台胸墙,更换内摩阻角大的填料,减小土压力,如图 5-95 所示。

③对于单跨的小跨径梁式桥,可在两桥台基础之间增设钢筋混凝土支撑梁或浆砌片石支撑板,支撑顶面应不高于河床,如图 5-96 所示。埋置式桥台可采用挡墙、支撑杆或挡块等方法进行加固。

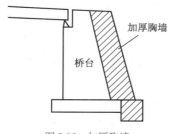
图 5-95　加厚胸墙

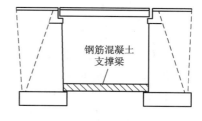
图 5-96　台间设支撑梁

（2）拱桥桥台产生向台后方向位移,可根据不同情况采取下列加固措施：

①在 U 形桥台两侧加厚翼墙。翼墙与原桥台应牢固结合,增大桥台断面和自重,借以抵抗水平位移。若为一字形桥台,可增设翼墙变为 U 形桥台。

②当桥台的位移尚未稳定时,可在台后增设小跨引桥和摩擦板,以制止桥台继续位移。

③当桥下净空许可时,可在墩台之间设置拉杆承受推力,限制水平位移。对于多孔拱桥,要注意各孔之间的推力平衡。

（3）拱桥在加固墩、台时,必须保持推力平衡,注意安全。

4）墩台基础沉降的加固

若桥梁墩台发生了较明显的沉降、位移,除按本节前述的方法加固外,还可采用下述方法使上部结构复位：

①当梁式桥上部结构状况基本完好,桥面没有损坏,下部地基较好时,可对上部结构整体或单孔顶升,然后加设垫块、调整支座。

②当梁式桥上部结构状况基本完好,但桥面损坏严重时,可凿除桥面及主梁之间的连接,将主梁逐一移位,加厚盖梁,重新安装主梁,并重新铺装桥面。

③当拱桥桥台发生位移,致使拱轴线变形较大、承载能力不足时,可采用顶推方法调整拱轴线,恢复其承载能力。

二、墩台的养护与加固

1. 日常养护与维修

（1）保持墩台表面整洁,及时清除墩台表面的青苔、杂草、灌木和污秽。

（2）对发生灰缝脱落的圬工砌体,应清除缝内杂物,重新用水泥砂浆勾缝。

（3）当墩、台身圬工砌体表面风化剥落或损坏,损坏深度在 3cm 以内时,可用水泥砂浆抹面修补,砂浆强度等级一般不应低于 M5。当损坏面积较大且深度超过 3cm 时,不得用砂浆修补,而需采用挂网喷浆或浇筑混凝土的方法加固,如图 5-97 所示。

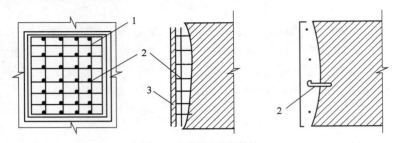

图 5-97 混凝土缺损修补
1-钢筋网 φ8～12mm;2-牵钉间距≤50cm;3-模板

(4)圬工砌体镶面部分严重风化和损坏时,应用石料或混凝土预制块补砌、更换,新老部分要结合牢固,色泽质地应与原砌体基本一致。

(5)墩台身圬工砌体的砌块如出现裂缝,应拆除后重新砌筑。

(6)墩、台表面发生侵蚀、剥落、蜂窝麻面、裂缝、露筋等病害时,应采用水泥砂浆修补。因受行车振动影响,不易用水泥砂浆补牢的,应考虑采用环氧树脂或其他聚合物混凝土进行修补。

(7)当墩、台混凝土裂缝宽度超过限值时,裂缝的修补方法参见钢筋混凝土梁桥的日常养护与维修。

2. 加固方法及适用范围

(1)由于活动支座失灵而造成墩台拉裂,应修复或更换支座,并按上述方法修补裂缝。

(2)墩台身发生纵向贯通裂缝时,可采用钢筋混凝土围带、粘贴钢板箍或加大墩台截面的方法进行加固,如图 5-98 所示。

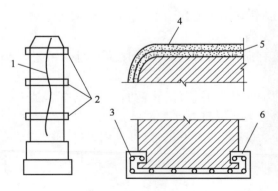

图 5-98 围带加固
1-桥墩裂缝;2-钢筋混凝土围带;3-钢筋;4-桥墩环形围带;5-牵钉;6-桥台 U 形围带

(3)因基础不均匀下沉引起墩台自下而上的裂缝时,应先加固基础,再采用灌缝或加箍的方法进行加固。

(4)如 U 形桥台的翼墙外倾时,可在横向钻孔加设钢拉杆,钢拉杆固定在翼墙外壁的型钢或钢筋混凝土梁柱上。

（5）当墩台损坏严重，如出现大面积开裂、破损、风化、剥落等病害时，一般可用钢筋混凝土"箍套"加固；对结构基本完好，但承载能力不足的圆柱形墩柱可用包裹碳纤维片材的方法加固。

（6）当钢筋混凝土墩台出现缺损，而墩台身处于常水位以下时，可根据不同情况采用围堰抽水或水下作业的方法进行修补。

3．钢筋混凝土桥梁裂缝成因

钢筋混凝土桥梁墩台结构裂缝发生的部位、特征及原因见表5-7。

钢筋混凝土桥梁墩台结构裂缝病害分析　　　　表5-7

序号	裂缝名称及发生部位	图　　示	裂缝特征及发生原因分析
1	墩台网状裂缝	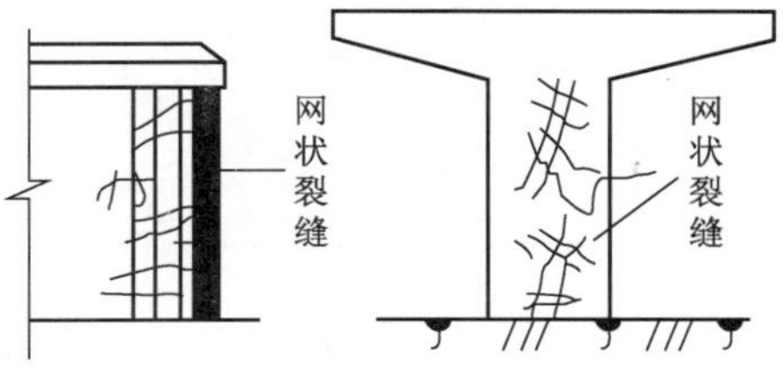	墩台网状裂缝多发生在常水位以上墩身的向阳部位；多由于混凝土内部水化热和外部气温的温差，或日气温变化影响和日照影响而产生的温度拉应力造成；混凝土干燥收缩也可能形成这种裂缝
2	从基础向上发展至墩台上部的裂缝	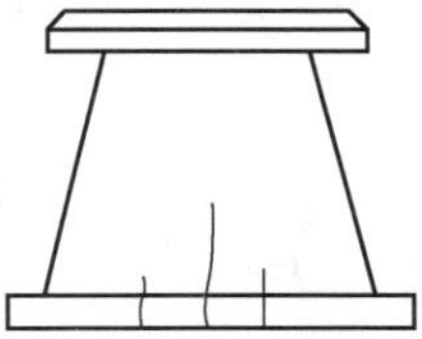	裂缝下宽上窄，往往有继续发展趋势；由于基础松软产生不均匀沉降而造成开裂；墩台非一次性浇完，先浇筑的部分收缩完成得早，限制了后浇筑混凝土的收缩，导致开裂
3	墩台的水平裂缝	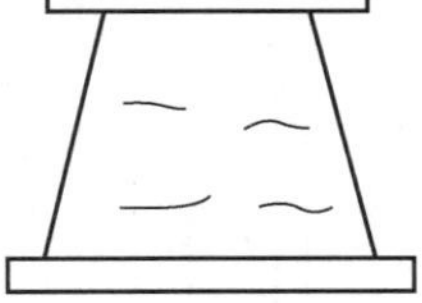	裂缝呈水平层状；混凝土灌注不良造成
4	翼墙和前墙的裂缝	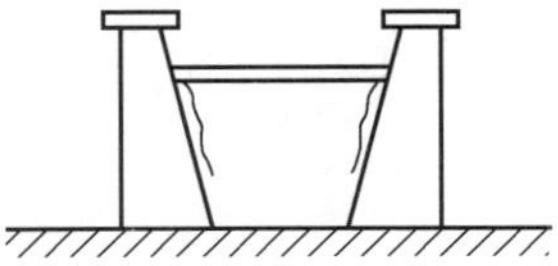	墙间填土不良、冻胀或基底承载能力不足，引起下沉或外倾而产生开裂

续上表

序号	裂缝名称及发生部位	图示	裂缝特征及发生原因分析
5	由支承垫石从下向上发展的裂缝	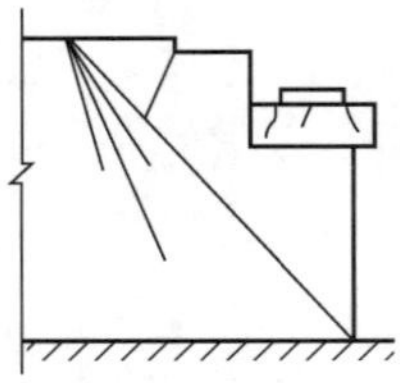	墩台帽在支承垫石下未布置钢筋所致;受到较大的冲击力
6	桥墩墩帽顺桥轴线横贯墩帽的水平裂缝	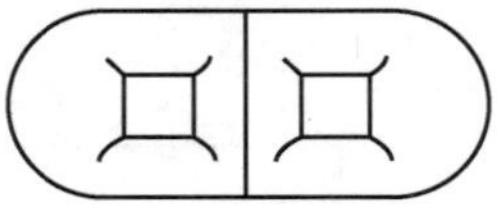	主要由于局部应力所致,因梁和活载的作用力集中地通过支座传至桥墩,使其周围墩顶其他部位产生拉应力;也可能由于支座损坏而引起
7	双柱式桥墩下承台的竖向裂缝	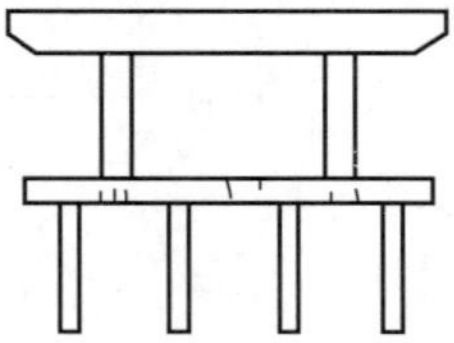	桩基础不均匀下沉;局部应力过大
8	支承相邻不等高的墩盖梁上的竖向裂缝	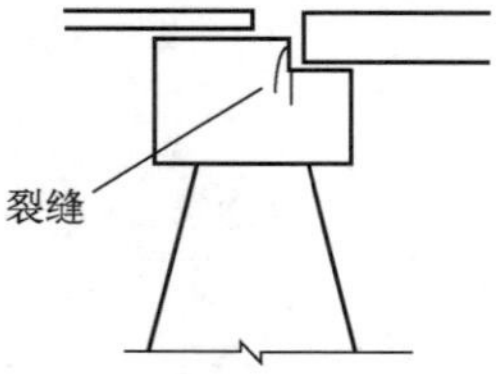	裂缝多位于雉墙棱角部位及中线附近,严重时部分混凝土剥落、露筋,局部应力过大
9	墩台盖梁从上至下的垂直裂缝	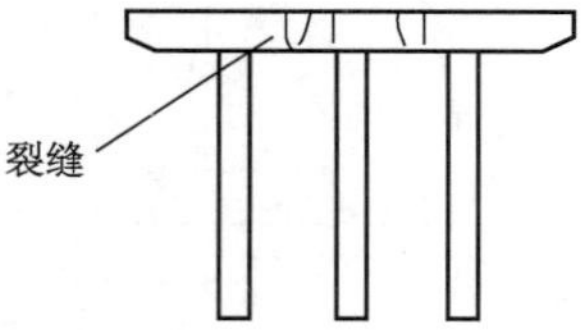	桩基础不均匀下沉而引起盖梁上缘拉应力过大,导致开裂
10	墩台镶面石裂缝	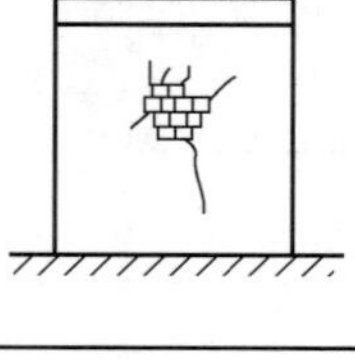	多为不规则裂缝;镶面石与墩台连接不良

续上表

序号	裂缝名称及发生部位	图　　示	裂缝特征及发生原因分析
11	悬臂桥墩角隅处裂缝		局部应力过大

三、锥坡、翼墙的养护

(1)锥坡应保持完好。当锥坡开裂、沉陷或受洪水冲空时,应及时采取措施进行维修加固。

(2)当翼墙出现下沉、断裂或其他损坏时,应及时维修加固。

单元5-4　涵洞的养护

涵洞是公路上数量众多,形式多样且分布很广的一种构造物,是保证公路畅通无阻的环节之一,因此必须认真做好涵洞的养护工作。涵洞养护工作内容包括经常检查、定期检查、日常养护、维修、加固与改建。涵洞的组成与分类如图5-99所示。

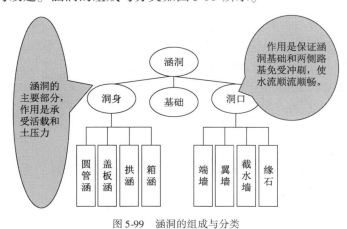

图5-99　涵洞的组成与分类

一、涵洞养护的要求与检查内容

1. 涵洞养护的要求

(1)确保涵洞行车安全、排水顺畅和排放适当。

(2) 保持涵洞结构及填土完好。
(3) 维护涵洞表面清洁、不漏水。
(4) 涵洞开挖维修时,应维持好交通,并设立安全标志及护栏。

2. 涵洞检查内容

涵洞检查分为经常检查和定期检查。如图 5-100 所示。

图 5-100　涵洞检查

1) 经常检查

经常检查每季度不少于 1 次,在汛期及冰雪前后应加大检查频率。经常检查采用目测方法,也可配以简单工具进行测量,现场填写"涵洞经常检查记录表",记录所检查项目的缺损类型,估计缺损范围及养护工作量,提出相应的小修保养措施,为编制辖区内涵洞养护工作计划提供依据。

经常检查内容包括:
① 进、出水口铺砌、翼墙、护坡、挡水墙、沉沙井、跌水、急流槽等是否完整。
② 进、出水口是否堵塞,沉沙井有无淤积,洞内有无淤塞及排水不畅。
③ 洞口周围是否有杂物堆积,涵洞是否清洁、渗漏水。
④ 高填土涵洞的路基填土是否稳定、是否沉降。
⑤ 涵洞结构各构件是否有损坏。
⑥ 交通标志及涵洞其他附属构造是否完好。
⑦ 其他明显的损坏或病害。

经常检查中发现有排水不畅或有构件明显损坏需要进行维修时,应做好记录并及时报告。

2) 定期检查

涵洞的定期检查周期不得超过 3 年,特殊结构及特别重要的涵洞每年检查不少于 1 次。新建、改建涵洞交付使用两年内,应进行第一次全面检查。经常检查发现存在较大损坏时,应立即安排定期检查。

定期检查以目测观察结合仪器观测进行,应接近各部件仔细检查其缺损情况。

定期检查内容包括:
① 检查涵洞的过水能力,包括涵洞的位置是否适当,孔径是否足够,涵底纵坡是否合适。
② 进、出水口铺砌、翼墙、护坡、挡水墙、沉沙井、跌水、急流槽等是否完整,洞口连接是否平

整顺适,排水是否顺畅。

③涵体侧墙或台身是否渗漏水、开裂、变形或倾斜,墙身砌缝砂浆是否脱落,砌块是否松动,基础是否冲刷淘空。

④涵身顶部的盖板、顶板或拱顶是否开裂、漏水、变形下挠,砌缝砂浆是否脱落,砌块是否松动、脱落。

⑤涵底是否淤塞阻水,涵底铺砌是否开裂、沉降、隆起或缺损。

⑥洞口附近填土是否有渗水、冲刷、空洞,填土是否稳定。

⑦涵洞顶路面是否开裂、沉陷、存在跳车现象。

⑧交通标志及涵洞其他附属设施是否损坏、失效。

涵洞定期检查可按表5-8,并结合检查人员经验,对涵洞的技术状况综合做出好、较好、较差、差、危险5个级别的技术状况评定,提出日常养护、维修、加固、改建等建议。

涵洞技术状况评定标准　　　　表5-8

技术状况评定等级	涵洞技术状况描述
好	各构件及附属结构完好,使用正常
较好	主要构件有轻微缺损,对使用功能无影响
较差	主要构件有中等缺损,病害发展缓慢,尚能维持正常使用功能
差	主要构件有大的缺损,严重影响涵洞使用功能;或影响承载能力,不能保证正常使用
危险	主要构件存在严重缺损,不能正常使用,危及涵洞结构安全

二、涵洞的日常养护

涵洞日常养护的主要任务与要求如下。

(1)应保持洞口清洁无杂物,洞内排水畅通,发现淤塞或积雪、积冰应及时疏通和清除,如图5-101所示。

图 5-101　涵洞疏通

(2)涵底铺砌、洞口上下游路基护坡、引水沟、汇水槽、沉沙井等发生变形或出现破损时,应及时修理或封塞填平。

(3)对在进水口设置沉沙井和出水口为跌水构造的涵洞,应适时检查其是否损坏、与洞口是否结合成整体。有损坏或发现裂隙甚至脱离时,应及时修复,使水流畅通。

(4)沉降缝或连续缝止水带应保持完好,有破损时应及时更换。

(5)洞内排水明沟每周应清扫一次,排水暗沟每季度应疏通一次。

(6)采用机械排水的涵洞,应保持排水泵、阀、排水管道及其他设备功能完好、运转正常,并作定期检修。

(7)设有照明设施的涵洞,应保持照明设备处于完好状态,照明灯具和输电线路有损坏时应及时更换、维修。

(8)通行车辆的涵洞应设置明显的限高标志并保持完好。涵洞端面应涂设立面标记,并保持颜色鲜明,定期涂刷。

(9)波纹管防护涂层剥落、波纹管锈蚀应及时维修。

三、涵洞的维修及改建

(1)涵洞进、出水口处如已严重冲刷,可采用下列方法维修:

①位于陡坡上的涵洞或直接受水流冲击的涵洞,其入口处应采取适当的防护措施。

图5-102 浆砌块石铺底

②用浆砌块石铺底,并用水泥砂浆勾缝。铺砌长度视土质和流速而定,铺砌的末端应设置混凝土或浆砌块石抑水墙,如图5-102所示。

③对流速特别大的涵洞,应在出水口加设消力设施,如消力槛、消力池等。

(2)涵洞经常发生泥沙淤积时,可在进水口设沉砂井,以沉淀泥沙、杂物,如图5-103所示。

(3)管涵的管节因基础沉陷而发生严重错裂时,应挖开填土处理地基,再重建基础;或者直接采用对地基及基础压浆的方法处理,如图5-104所示。

有铰涵管如变形大于直径的1/20时,应查明原因进行处理。

(4)若波纹管涵发生涵管沉陷、变形,应挖开填土进行修理。管底应按土质情况做好垫层,管上加铺一层防水层,并注意对回填土分层夯实。

(5)涵洞的侧墙和翼墙,如有倾斜变形发生,应查明原因后加以处理;如因填土未夯实发生沉落或填土中水分过多土压力增大而引起的,应更换透水性好的填土并夯实;如属基础变形引起的,则需要修理或加固基础。

(6)因加宽或加高路基导致涵洞长度不足时,应接长处理。一般可将原涵洞洞身接长,两端新建洞口端墙和路基护坡;当路基加高、加宽不多时,可采用只加高两端洞口端墙或加高加长洞口翼墙的方法。

图 5-103 进水口加设沉沙井　　　　图 5-104 挖开填土并重做基础

（7）对承载能力不足的涵洞应进行加固或改建,可分别采用下列方法：

①挖开填土,用混凝土或钢筋混凝土加大原涵洞断面。

②涵内用混凝土或钢筋混凝土预制块衬砌加固或用现浇衬砌进行加固。

③挖开填土,用新构件分段进行更换改建。

（8）当涵洞位置不当、过水能力不足时应进行改建。改建施工宜分段进行,并做好接缝的防水处理。

单元 5-5　桥梁养护检测工程实例

一、桥梁概况

某中桥位于盘锦疏港高速公路盘锦段 K11+718 处,建成于 2014 年。该桥为上、下行,跨径布置为 13m+20m+13m；桥梁全长为 49.6m；斜交角为 135°；上行桥面净宽为 11.25m,下行桥面净宽为 11.25m；上、下行内侧设置 0.50m 宽的防撞墙,外侧设置 0.50m 宽的防撞墙；桥面铺装均采用沥青混凝土；上、下行均有 1 道型钢伸缩缝,设置在 2 号墩顶。

支座为板式橡胶支座；上部结构为预应力混凝土简支空心板,上行每孔 8 片板,下行每孔 8 片板。下部结构均为钢筋混凝土肋板台,双柱墩,桩基础。

本检查报告只检测上行桥梁。

设计荷载：公路—Ⅰ级。

该桥桥下净高为 3.7m。桥梁全景如图 5-105 所示。桥梁立面、平面、横断面示意图如图 5-106~图 5-108 所示。

图 5-105　桥梁立面照和平面照

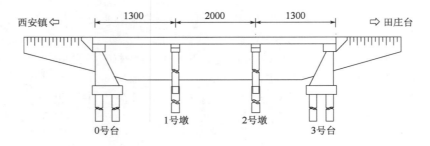

图 5-106　立面示意图(尺寸单位:cm)

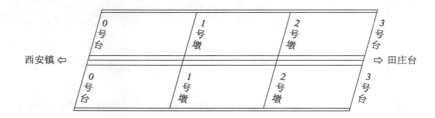

图 5-107　平面示意图

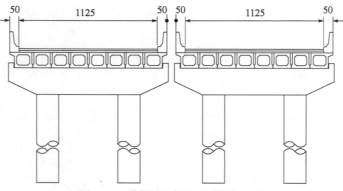

图 5-108　横断面示意图(尺寸单位:cm)

二、上行桥梁检查结果

1. 上部结构检查结果

2017 年病害现状：桥梁上行上部结构 3 片板右翼缘对应泄水孔处麻面；2 个支座老化，表面脏污。检查结果见表 5-9 和图 5-109、图 5-110。

上部结构检查结果表　　　　　　　　　　　　表 5-9

序号	缺损位置	缺损类型	检查时间	缺损情况	评定标度
1	上部承重构件	蜂窝、麻面	2017.07	1-1 号板右翼缘对应泄水孔处麻面，面积为 $0.3 \times 0.5 m^2 \times 5$，见照片（图 5-110）	2
2			2017.07	2-1 号板右翼缘对应泄水孔处麻面，面积为 $0.3 \times 0.5 m^2 \times 5$	2
3			2017.07	3-1 号板右翼缘对应泄水孔处麻面，面积为 $0.3 \times 0.5 m^2 \times 5$	2
4	上部一般构件	—	2017.07	未见病害	1
5	支座	板式支座缺陷	2017.07	1-0-13 号支座老化、表面脏污	2
6			2017.07	1-0-16 号支座老化、表面脏污，见照片（图 5-111）	2
7		垫钢板	2017.07	3-3-11、13 号支座垫钢板	

图 5-109　1-1 号板右翼缘对应泄水孔处麻面

图 5-110　1-0-16 号支座老化、表面脏污

2. 下部结构检查结果

2017 年病害现状：上行下部结构 3 号台右侧锥坡砂浆脱落；2 号墩盖梁小桩号右侧麻面。检查结果表见表 5-10 和图 5-111、图 5-112。

下部结构检查结果表　　　　　　　　　　　　表 5-10

序号	缺损位置	缺损类型	检查时间	缺损情况	评定标度
1	翼墙、耳墙	—	2017.07	未见病害	1
2	锥坡、护坡	缺陷	2017.07	3 号台右侧锥坡砂浆脱落，面积为 $2 \times 3 m^2$，见照片（图 5-111）	2

续上表

序号	缺损位置	缺损类型	检查时间	缺损情况	评定标度
3	桥墩	蜂窝、麻面	2017.07	2号墩盖梁小桩号右侧麻面,面积为$0.4\times 1m^2\times 2$,见照片(图5-112)	2
4	桥台	—	2017.07	未见病害	1
5	墩台基础	—	2017.07	不可见	1
6	河床	—	2017.07	未见病害	1
7	调治构造物	—	2017.07	无	

图5-111　3号台右侧锥坡砂浆脱落

图5-112　2号墩盖梁小桩号右侧麻面

3. 桥面系检查结果

2017年病害现状:上行桥面系右侧防撞墙底部块石破损;防眩板缺失4个。检查结果见表5-11和图5-113、图5-114。

桥面系检查结果表　　　　表5-11

序号	缺损位置	缺损类型	检查时间	缺损情况	评定标度
1	桥面铺装	—	2017.07	未见病害	1
2	伸缩缝	开口值	2017.07	1号伸缩缝(2号墩顶)开口值为3.5cm,检测时温度为25℃	
3	人行道	—	2017.07	无	
4	栏杆、护栏	破损	2017.07	右侧防撞墙底部块石破损,面积为$0.3\times 0.4m^2$,见照片(图5-114)	2
5	排水系统	—	2017.07	未见病害	1
6	照明、标志	标志脱落、缺失	2017.07	防眩板缺失4个,见照片(图5-115)	2

图 5-113　右侧防撞墙底部块石破损　　　　图 5-114　防眩板缺失 4 个

4.构件尺寸测量

1)桥梁总体尺寸测量

根据《公路桥梁承载能力检测评定规程》(JTG/T J21—2011),对桥梁长度、跨径、桥面宽度进行现场量测,测量结果与原设计基本一致,具体数据见表 5-12。

总体尺寸测量结果表　　　　表 5-12

测量项目	桥梁全长	跨径	桥面净宽	防撞墙	
				内侧	外侧
测量数据(m)	49.6	13 + 20 + 13	11.25	0.50	0.50

2)主要构件尺寸测量

根据《公路桥梁承载能力检测评定规程》(JTG/T J21—2011),对该桥主要构件截面尺寸进行现场量测,测量结果与原设计基本一致,具体数据见表 5-13。

主要构件尺寸测量结果表　　　　表 5-13

测量项目	空心板		盖梁			柱	
	宽度	高度	长	宽	高	直径	间距
测量数据(m)	1.5	0.6、0.9	14.0	1.4	1.4	1.1	6.6

三、桥梁技术状况评定

根据《公路桥梁技术状况评定标准》(JTG/T H21—2011)中桥梁技术状况评定方法和标准,上行桥梁技术状况评定结果详见表 5-14。

上行桥梁技术状况评定表　　　　表 5-14

桥梁部位	评定等级	部位分数	部件序号	部 件 名 称	评定标度	部件分数	权重
上部结构 (SPCI)	2 类	94.75	1	上部承重构件	2	94.23	0.70
			2	上部一般构件	1	100.00	0.18
			3	支座	2	89.94	0.12

续上表

桥梁部位	评定等级	部位分数	部件序号	部件名称	评定标度	部件分数	权重
下部结构（SBCI）	1 类	98.14	4	翼墙、耳墙	1	100.00	0.02
			5	锥坡、护坡	2	85.00	0.01
			6	桥墩	2	94.42	0.31
			7	桥台	1	100.00	0.31
			8	墩台基础	1	100.00	0.29
			9	河床	1	100.00	0.07
			10	调治构造物	—	—	—
桥面系（BDCI）	1 类	97.22	11	桥面铺装	1	100.00	0.44
			12	伸缩缝装置	1	100.00	0.28
			13	人行道	—	—	—
			14	栏杆、护栏	2	85.00	0.11
			15	排水系统	1	100.00	0.11
			16	照明、标志	2	80.00	0.06
桥梁总体技术状况评分 D_r						96.60	
总体技术状况等级 D_j						1 类	

从表 5-14 中的评定结果可知，上行桥梁技术状况评定等级为 1 类。

四、检查结论与养护建议

1. 上行桥梁检查结论

（1）上行上部结构 3 片板右翼缘对应泄水孔处麻面；2 个支座老化，表面脏污。

（2）上行下部结构 3 号台右侧锥坡砂浆脱落；2 号墩盖梁小桩号右侧麻面。

（3）上行桥面系右侧防撞墙底部块石破损；防眩板缺失 4 个。

（4）桥梁长度、跨径、桥面宽度、主要构件截面尺寸，测量结果与原设计基本一致。

（5）依据《公路桥梁技术状况评定标准》（JTG/T H21—2011），上行桥梁结构技术状况评定等级为 1 类。

2. 养护建议

（1）对于空心板翼缘、墩盖梁等麻面处应清除腐蚀混凝土，采用聚合物砂浆修补。

（2）对锥坡勾缝砂浆脱落部位，采用水泥砂浆重新勾缝。

（3）重新砌筑锥坡砌石松动破损、缺失部位。

（4）增设缺失的轮廓标、防眩板。

五、桥梁基本状况卡片

上行桥梁基本状况卡片见表 5-15。

上行桥梁基本状况卡片

表 5-17

\multicolumn{11}{c}{A. 行政识别数据}

1	路线编号	S29	2	路线名称	盘锦疏港高速	3	路线等级	高速公路
4	桥梁编号	S29211121L0220	5	桥梁名称	××中桥（上行）	6	桥位桩号	11.718
7	功能类型	公路桥	8	下穿通道名		9	下穿通道桩号	无
10	设计荷载	公路-Ⅰ级	11	通行载重		12	弯斜坡度	135°
13	桥面铺装	沥青混凝土	14	管养单位	盘锦分公司	15	建成年限	2014.10

B. 结构技术数据

16	桥长(m)	49.6	17	桥面总宽(m)	12.25	18	行车道宽(m)	2×3.75
19	桥面高程(m)		20	桥下净高(m)	3.70	21	桥上净高(m)	
22	引道总宽(m)		23	引道路面宽(m)		24	引道线形	

上部结构	25	孔号	1~3			下部结构	29	墩台	桥台	桥墩
	26	形式	空心板				30	形式	肋板台	双柱墩
	27	跨径(m)	13+20+13				31	材料	钢筋混凝土	钢筋混凝土
	28	材料	预应力混凝土				32	基础形式	桩基础	桩基础

33	伸缩缝类型	型钢伸缩缝	34	支座类型	板式橡胶支座	35	地震动峰值加速度系数	
36	桥台护坡		37	护墩体		38	调治构造物	无
39	常水位		40	设计水位		41	历史洪水位	

C. 档案资料（全、不全或无）

42	设计图纸	全	43	设计文件		44	施工文件	
45	竣工图纸		46	验收文件		47	行政文件	
48	定期检查报告		49	特殊检查报告		50	历次维修资料	
51	档案号		52	存档案		53	建档年/月	

D. 最近技术状况评定

54	55	56	57	58	59	60	61	62	63	64
检查年月	定期或特殊检查	全桥评定等级	桥台与基础	桥墩与基础	地基冲刷	上部结构	支座	经常保养小修	处治对策	下次检查年份
2017.07	定期	1	桥台：1 基础：1	桥墩：2 基础：1	1	2	2			2018

E. 修建工程记录

65	施工日期		66	67	68	69	70	71	72	73	74	75
	开工	竣工	修建类别	修建原因	工程范围	工程费用（万元）	经费来源	质量评定	建设单位	设计单位	施工单位	监理单位

76	备注：

续上表

F	桥梁照片	77	立面照			
		78	正面照			
		79	主要负责人	80	填卡人	81	填卡日期

模块练习

1. 试述桥涵养护和维修的工作范围？
2. 桥梁定期检查后需要提交哪些文件？
3. 什么情况下桥梁应做特殊检查？
4. 钢筋混凝土桥主梁加固的方法有哪些？
5. 桥梁支座的主要养护工作有哪些？
6. 墩台基础养护的主要工作有哪些？
7. 不同桥型养护应各自注意哪些方面？
8. 涵洞养护有哪些要求？
9. 涵洞检查的主要内容有哪些？

模块 6 UNIT SIX
隧道养护

 模块导读

欲知平直,则必准绳;欲知方圆,则必规矩。

公路隧道是公路穿越山岭及江海的重要工程构造物。随着社会和经济的不断发展及公路技术等级的不断提高,隧道工程得到了广泛应用。隧道工程大都位于地势险要、通行困难、又没有适当绕行道的地段。隧道内若发生事故,对交通的影响很大,为保证公路畅通无阻,必须加强对公路隧道的养护与维修,延长其使用年限,保证其运营安全。

本模块对应公路隧道养护工作过程,分别介绍了隧道养护基础知识、养护检测内容及维修方法。

本模块思维导图如图 6-1 所示。

 模块任务

(1)熟悉隧道检查;
(2)熟悉隧道的保养维修;
(3)熟悉隧道的防护与排水;
(4)掌握隧道附属设施的养护。

 能力目标

(1)能叙述隧道检查的内容;
(2)能编写隧道土建结构的保养与维修方法;
(3)能叙述隧道病害处治方法;
(4)能编写隧道的防护与排水方法;
(5)能叙述隧道附属设施的养护。

 思政目标

学习隧道检查与养护维修内容,感受我国隧道养护工程人员吃苦耐劳、开疆拓土的决心与毅力。

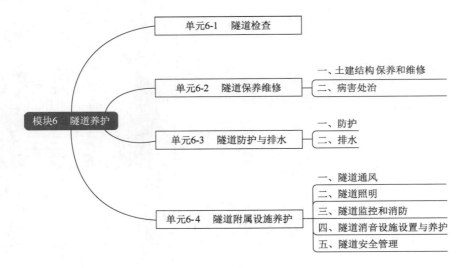

图 6-1　模块 6 思维导图

单元 6-1　隧道检查

　　公元前 2180~前 2160 年，在幼发拉底河下修建的一条约 900m 长的砖衬砌人行通道，是迄今已知的最早用于交通的隧道，它是在旱季将河流改道后用明挖法建成。中国最早用于交通的隧道是古褒斜道上的石门隧道，建成于东汉永平九年（公元 66 年）。古隧道为省去衬砌，多建于较坚硬的岩石中。隧道在施工时先将岩壁烧热，随即浇以冷水，使岩石先发胀后突然收缩而开裂，以利于开凿。在中世纪，隧道主要用于开矿和军事。17 世纪和 18 世纪，随着运输事业的发展和技术的进步，尤其是工程炸药的应用，修建通航隧道和道路隧道的工程也发展起来。19 世纪铁路建筑的发展，促使隧道工程迅速发展，修建的隧道数量也很多。20 世纪以来，汽车运输量不断增加，公路路线标准相应提高，公路隧道也逐渐增多。图 6-2 所示为海南大安岭隧道。

　　根据现行《公路工程技术标准》（JTG B01）的规定，公路隧道按其长度分为 4 类，见表 6-1。

图 6-2　大安岭隧道

公路隧道分类　　　　　　　　　　　　　　　　　　　　　　　表 6-1

隧道分类	短隧道	中隧道	长隧道	特长隧道
隧道长度 L(m)	$L \leqslant 500$	$500 < L < 1000$	$1000 \leqslant L \leqslant 3000$	$L > 3000$

注：隧道长度指进出口洞门端墙墙面之间的距离，即两端墙墙面与路面的交线或与路线中线交点间的距离。

公路隧道也可按以下几种情况进行划分：
(1) 按地质构造划分：石质隧道、土质隧道。
(2) 按结构形状划分：深埋隧道、浅埋隧道、明洞。
(3) 按穿越方式划分：陆地隧道、水下隧道。
(4) 按衬砌方式划分：有衬砌隧道、无衬砌隧道。
(5) 按平面布置划分：直、曲线隧道，单、双曲线隧道。

公路隧道交付使用后，养护管理部门首先要熟悉其全面技术状况，制订小修保养、大中修、改善工程计划。在使用过程中要经常进行检查工作，发现和处理问题，确保隧道安全畅通。

检查工作分为日常检查、定期检查、特别检查和专项检查 4 类。

日常检查、定期检查和特别检查的结果，宜按表 6-2 的规定分为 3 类判定；专项检查的结果，宜按表 6-3 的规定分为 4 类判定。

日常、定期和特别检查结果的判定　　　　　　　　　　　　　　表 6-2

判定分类	检查结论
S	情况正常（无异常情况或虽有异常情况但很轻微）
B	存在异常情况，但不明确，应做进一步检查或观测，以确定对策
A	异常情况显著，危及行人、行车安全，应采取处治措施或特别对策

专项检查结果的判定　　　　　　　　　　　　　　　　　　　　表 6-3

判定分类	检查结论
B	结构存在轻微破损，现阶段对行人、行车不会有影响，但应进行监视或观测
1A	结构存在破坏，可能会危及行人、行车安全，应准备采取对策措施
2A	结构存在较严重破坏，将会危及行人、行车安全，应尽早采取对策措施
3A	结构存在严重破坏，已危及行人、行车安全，必须立即采取紧急对策措施

当日常检查的判定结果为 B 时,应进行监视、观测或做特别检查;当特别检查或定期检查的判定结果为 B 时,应做专项检查。隧道结构检查流程图如图 6-3 所示。

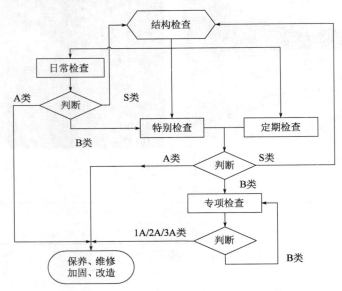

图 6-3　隧道结构检查流程图

S-safe,安全/正常;B-Back,返回,需要进一步检查或观测,异常情况不明;A-Alert,警报/异常情况;1A-破损;2A-较严重破损;3A-严重破损

1. 日常检查

以目测为主,检查的频率应不少于 1 次/月,高速公路隧道应不少于 1 次/周。在雨季或冰冻季节,应加强日常检查工作。检查以定性判定为主,检查内容及判定标准宜按表 6-4 执行,隧道构造图如图 6-4 所示。

日常检查内容及判定表　　　　　　表 6-4

项目名称	检查内容	判定 B	判定 A
洞口	边(仰)坡有无危石、积水、积雪;洞口有无挂冰;边沟有无淤塞;构造物有无开裂、倾斜、沉陷等	存在落石、积冰、积雪隐患;洞口局部积冰;构造物局部开裂、倾斜、沉陷,有妨碍交通的可能	坡顶落石、积水漫流或积雪崩塌;洞口挂冰掉落路面;构造物因开裂、倾斜或沉陷而导致剥落或失稳;边沟淤塞,已妨碍交通
洞门	结构开裂、倾斜、沉陷、错台、起层、剥落;渗漏水(挂冰)	侧墙出现起层、剥落;存在渗漏水或结冰,尚未妨碍交通	拱部及其附近部位出现剥落;存在喷水或挂冰等,已妨碍交通
衬砌	结构裂缝、错台、起层、剥落;渗漏水(施工缝)	衬砌起层,且侧壁出现剥落状况,将来可能构成危险,存在渗漏水,尚未妨碍交通	衬砌起层,且拱部出现剥落状况,并有继续恶化的可能,大面积渗漏水,已妨碍交通
衬砌	挂冰、冰柱	存在结冰现象,尚未妨碍交通	拱部挂冰,形成冰柱,已妨碍交通

续上表

项目名称	检查内容	判定 B	判定 A
路面	落物、油污;滞水或结冰;路面拱起、坑洞、开裂、错台等	存在落物、滞水、结冰、裂缝等,尚未妨碍交通	拱部落物,存在大面积路面滞水、结冰或裂缝,已妨碍交通
检修道	结构破损;盖板缺损;栏杆变形、损坏	栏杆变形、损坏;道板缺损;结构破损,尚未妨碍交通	栏杆局部毁坏或侵入建筑限界;道路结构破损,已妨碍交通
排水设施	破损、堵塞、积水、结冰	存在破损、积水或结冰,尚未妨碍交通	沟管堵塞,积水漫流,结冰,设施破损严重,已妨碍交通
吊顶	变形、破损、漏水(挂冰)	存在破损、漏水,尚未妨碍交通	破损严重或从吊顶板漏水严重,已妨碍交通
内装	脏污、变形、破损	存在破损,尚未妨碍交通	破损严重,已妨碍交通

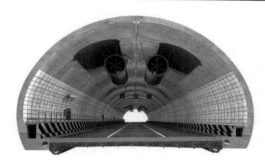

图 6-4　隧道构造图

2. 定期检查

定期检查的周期宜 1 次/年,高速公路隧道应不少于 1 次/年。检查宜安排在春季或秋季进行。检查宜采用步行方式,配备必要的检查工具和设备,进行目测或量测检查。检查时,应尽可能靠近结构,依次检查各个结构部位,注意发现异常情况和原有异常情况的发展变化。对于有异常情况的结构,应在其适当位置做标记。检查结果宜尽可能量化。

检查内容及判定标准宜按表 6-5 执行,应根据隧道的实际情况进行选择。

日常检查内容及判定表　　表 6-5

项目名称	检查内容	判定 B	判定 A
洞口	山体有无滑坡、岩石有无崩塌的征兆;边坡、碎落台、护坡道等有无缺口、冲沟、潜流涌水、沉陷、塌落等	存在滑坡、崩塌的初步迹象,尚不危及交通	山体开裂、滑动,岩体开裂、失稳,已危及交通
	护坡、挡土墙有无裂缝、断缝、倾斜、鼓肚、滑动、下沉或表面风化、泄水孔堵塞、墙后积水、周围地基错台、空隙等	存在此类异常情况,尚不妨碍交通	挡土墙、护坡等产生开裂、变形、位移等,可能对交通构成威胁

续上表

项目名称	检查内容	判定 B	判定 A
洞门	墙身有无开裂、裂缝	墙身存在轻微开裂,尚不妨碍交通	由于开裂,衬砌存在剥落的可能,对交通构成威胁
	衬砌有无起层、剥落	存在起层、剥落,不妨碍交通	在隧道顶部发现起层、剥落,有可能妨碍交通
	结构由无倾斜、沉陷、断裂	墙身存在轻微的倾斜或下沉等,尚不妨碍交通	通过肉眼观察,即可发现墙身有明显的倾斜、下沉等,或洞门与洞身连接处有明显的环向裂缝,有外倾的趋势,对交通已构成威胁
	混凝土钢筋有无外露	存在轻微的外漏现象,尚不妨碍交通	混凝土保护层剥落,钢筋外露,受到锈蚀,对交通安全构成威胁
衬砌	衬砌有裂缝、剥落	在拱顶或拱腰部位,存在裂缝且数量较多,尚不妨碍交通	衬砌开裂严重,混凝土被分割成块状,存在掉落的可能,对交通构成威胁
	衬砌表层有无起层、剥落	存在起层,并有压碎现象,尚不妨碍交通	衬砌严重起层、剥落,对交通构成威胁
	墙身施工缝有无开裂、错位	存在这类异常现象,尚不妨碍交通	接缝开口、错位、错台等引起止水板或施工缝砂浆掉落,发展下去可能妨碍交通
	洞顶有无渗漏水、挂冰	存在漏水,尚未妨碍交通,但影响隧道内设备的安全	衬砌大规模漏水、结冰,已妨碍交通
路面	路面上有无塌(散)落物、油污、滞水、结冰或堆冰等;路面有无拱起、沉陷、错台、开裂、溜滑	存在此类异常情况,尚不妨碍交通	路面出现严重的拱起、沉陷、错台、裂缝、溜滑、漫水、结冰或堆冰等,已妨碍交通
检修道	道路有无毁坏、盖板有无缺损;栏杆有无变形、锈蚀、破损等	道路局部破损,栏杆有锈蚀,尚未妨碍交通	道板毁坏,碎物散落,栏杆破损变形,可能侵入限界,已妨碍交通
排水设施	结构有无破损,中央窨井盖、边沟盖板等是否完好,沟管有无开裂漏水;排水沟(管)、积水井等有无淤积堵塞、沉沙、滞水、结冰等	存在沉沙、积冰,尚不妨碍交通	由于结构破损或泥沙阻塞等原因,积水井、排水管(沟)等淤积、滞水,已妨碍交通
吊顶	吊顶板有无变形、破损;吊杆是否完好等;有无漏水(挂冰)	存在此类异常情况,尚不妨碍交通	存在严重的变形、破损、漏水,已妨碍交通
内装	表面有无脏污、缺损;装饰板有无变形、破损等	存在此类异常情况,尚不妨碍交通	存在严重的污染、变形、破损,已妨碍交通

定期检查项目及设备：
(1)尺寸测量:卷尺、钢卷尺、游标卡尺等。
(2)裂缝检查:带刻度的放大镜、宽度测定尺、测针、标线等。
(3)材料劣化检查:锤子等。
(4)漏水检查:pH试验纸、温度计等。
(5)路面检查:摩擦系数测定仪、平整度仪等。
(6)照明器具:卤素灯或目测灯、手电筒。
(7)记录工具:隧道展示图纸、记录本、照相机或摄像机。
(8)升降设备:可移动台架、升降台车。

3. 特别检查

特别检查是指在隧道遭遇自然灾害、发生交通事故或出现其他异常事件后,对遭受影响的结构立即进行的详细检查。通过特别检查,可及时掌握结构受损情况,为采取对策措施提供依据。分工原则同定期检查。检查内容见表6-6。

特别检查内容　　　　　　　表6-6

名称	部位	内容
火灾事故后	附属设施	(1)主体结构被烧程度; (2)通风管道及通风机被毁程度; (3)照明线路、灯泡被毁程度; (4)应急设备、监控系统被毁程度
地震灾害后	山体	山体开裂及其程度
	主体结构	(1)结构损坏及其程度; (2)消声板材损坏及其程度
	洞外路线附属设施	(1)供电线路损坏及其程度; (2)洞内管道; (3)消声层防冻设施损坏程度

4. 专项检查

专项检查是指根据定期检查和特别检查的结果,或者通过其他途径,判断需要进一步查明某些破损或病害的详细情况而进行的更深入的专门检测。通过专项检查,检察人员可完整地掌握破损或病害的详细资料,为其是否实施处治以及采取何种处治措施等提供技术依据。

(1)专项检查宜委托具有相应检测资质的专业机构实施。
(2)检查的项目、内容及其要求,应根据定期检查或特别检查的结果有针对性地确定。
(3)检查人员应对有关的技术资料、档案进行调查,并对隧道周围的地质及地表环境等展开实地调查,以充分地掌握相关技术信息,寻找土建结构发展变化的原因,探索其规律,确保专项检查结果的准确性。
(4)检查结果可按外荷载作用、材料劣化和渗漏水3种主要情况分别予以考虑,进行判定分类。

①由外荷载作用而导致的结构破损,以衬砌变形、移动、沉降、裂缝、起层、剥落及突发性的坍塌等为主要表现形态,其判定标准按表 6-7 执行。

外荷载作用所致结构破损的判定基准　　　　　表 6-7

判定	异常情况			
	衬砌变形、移动、沉降	衬砌裂缝	衬砌起层、剥落	衬砌突发性坍塌
B	虽存在变形、位移、沉降,但已停止发展,已无可能再发生异常情况	存在裂缝,但无发展趋势	—	—
1A	出现变形、位移、沉降,但发展缓慢	存在裂缝,有一定发展趋势	—	衬砌侧面存在空隙,估计今后由于地下水的作用,空隙会扩大
2A	出现变形、位移、沉降,估计近期内结构物功能会下降	裂缝密集,出现剪切性裂缝,发展速度较快	侧墙处裂缝密集,衬砌压裂,导致起层、剥落,侧墙混凝土有可能掉下	拱部背面存在大的空洞,上部落石可能掉落至拱背
3A	出现变形、位移、沉降,结构物应有的功能明显下降	裂缝密集,出现剪切性裂缝,并且发展速度快	由于拱顶裂缝密集,衬砌开裂,导致起层、剥落,混凝土块可能掉下	衬砌拱部背面存在大的空洞,且衬砌有效厚度很薄,空腔上部可能掉落至拱背

②由材料劣化而导致的结构破损,一般出现衬砌强度降低、起层剥落、钢材腐蚀等形态,其判定标准可按表 6-8 执行。

材料劣化所致结构破损的判定基准　　　　　表 6-8

判定	异常情况		
	衬砌断面强度降低	衬砌起层、剥落	钢材腐蚀
B	存在材料劣化情况,但对断面强度几乎没有影响	难以确定起层、剥落	表面局部腐蚀
1A	由于材料劣化等原因,断面强度有所下降,结构物功能可能受到损害	—	孔蚀或钢材表面全部生锈、腐蚀
2A	由于材料劣化等原因,断面强度有相当程度的下降,结构物功能受到一定的损害	由于侧墙部位材料劣化,导致混凝土起层、剥落,混凝土块可能掉落或已有掉落	由于腐蚀,钢材断面明显减小,结构物功能受到损害
3A	由于材料劣化等原因,断面强度明显下降,结构物功能损害明显	由于拱顶部位的材料劣化,导致混凝土起层、剥落,混凝土块可能掉落或已有掉落	—

③对于渗漏水、结冰、沙土流出等形态的破损,其判定标准可按表6-9执行。

渗漏水所致结构破损的判定基准　　　　　表6-9

判定	异常情况	
	渗漏水	结冰、沙土流出
B	从衬砌裂缝等处渗水,几乎不影响行车安全	有渗漏水,但现在几乎没有影响
1A	从衬砌裂缝等处漏水,不久可能会影响行车安全	由于排水不良,铺砌层可能积水
2A	从衬砌裂缝等处涌水,影响行车安全	由于排水不良,铺砌层积水
3A	从衬砌裂缝等处喷射水流,严重影响行车安全	在寒冷地区,由于漏水等,形成挂冰、冰柱,侵入规定限界;由于砂土等伴随漏水流出,铺砌层可能发生浸没和沉降

单元6-2　隧道保养维修

隧道土建结构的保养维修工作主要包括经常性或预防性的保养和轻微破损部分的维修等,以恢复和保持结构的良好使用状态。

一、土建结构保养和维修

1. 洞口

及时清除洞口边仰坡上的危石、浮土,冬季应清除积雪和挂冰,保持洞口边沟和边仰坡上截(排)水沟的完好、畅通,修复洞口挡土墙、护坡、排水设施和减光设施等结构物的轻微损坏,维护洞口花草树木的完好。

2. 洞身

无衬砌隧道出现的碎裂、松动岩石和危石,应按少清除、多稳固的原则加以处理;对围岩的渗漏水,应开设泄水孔接引水管,将水导入边沟排出;冬季应及时清除洞顶挂冰。

有衬砌隧道出现的衬砌起层或剥离,应及时加以清除或加固;对衬砌的渗漏水,可将水流引入边沟排出;冬季应及时清除洞顶挂冰等。

3. 路面

及时清除隧道内外路面上的塌(散)落物,及时修复、更换损坏的窨井盖或其他设施的盖板;当路面出现渗漏水时,应及时处理,将水导入边沟排出,防止路面积水或结冰;冬季应及时清除洞口处积雪。

4. 人行和车行横洞

横隧道内严禁存放任何非救援用物品,及时清除散落杂物,修复轻微破损结构,定期保养横洞门,确保横洞清洁、畅通。

5. 斜(竖)井

及时清除井内可能损伤通风设施或影响通风效果的异物;维护井内排水设施的完好,保持水沟(管)的畅通;对井内的检查通道或设施进行保养,防止其锈蚀或损坏。

6. 风道

清理送(排)风口的网罩,清除堵塞网眼的杂物;定期保养风道板吊杆,防止其锈蚀或损坏;及时修复风口或风道的破损,更换损坏的风道板。

7. 排水设施

维护隧道内外排水设施的完好,如发现破损应及时修复;排水管堵塞时,可用高压水或压缩空气疏通。

8. 吊顶和内装

吊顶和内装应保持完好和整洁美观,如有破损、缺失应及时修补恢复,不能修复的应及时更新。

9. 人行道或检修道

维护人行道或检修道的完好和畅通,道板如有破损或缺失,应及时进行修复和补充;定期保养人行道或检修道护栏,防止其锈蚀或损坏。

10. 寒冷地区隧道保温

寒冷地区隧道的防冻保温设施应做好保养维护,如有损坏应及时维修,确保其正常使用功能。

11. 防雪设施

对洞口设有防雪设施的隧道,应做好防雪设施的保养维护,并在大雪降临前完成设施的维修加固。

12. 交通标志

隧道的交通标志应保持外观完整、清晰、醒目,保持位置、高度和角度适当,确保交通信息传递无误。

(1)及时清洗标志牌面的脏污,清除遮挡标志的障碍。

(2)及时修补变形、破损的标牌,修复弯曲、倾斜的支柱,坚固松动的连接构件。

(3)对锈蚀损坏、老化失效的标志,应及时更换,如有缺失应及时补充。

13. 交通标线

隧道的交通标线应保持完整、清洁和醒目。

(1)及时清洗脏污的交通标线,对破损严重和脱落的交通标线应及时补画。

(2)清除突起路标的脏污和杂物,及时紧固松动的路标,如发现有损坏或丢失,应及时修复或补换。

注:当日常检查的判定结果办 A 时,应及时对土建结构进行保养和维修。

二、病害处治

病害处治应根据结构检查结果,针对病害产生的原因,按照安全、经济、合理的原则确定处治方案。处治方案可由一种或多种处治方法组成,处治方法可按表6-10选用。

病害处治方法选择　　　　　　　　　表6-10

处治方法	病害原因									病害现象特征	预期效果
	外力引起的变化							其他				
	松弛压力	偏压	地层滑坡	膨胀性土压	承载能力不足	静水压	冻胀力	材料劣化	渗漏水	衬砌背面空隙	衬砌厚度不足	无仰拱		
衬砌背面注浆	★	★	★	★	★	★	★		○	★			衬砌裂纹、剥离、剥落	衬砌与岩体紧密结合,荷载作用均匀,衬砌和围岩稳定
防护网								★					①衬砌裂纹、剥离、剥落;②衬砌材料劣化	防止衬砌局部劣化
喷射混凝土	○	☆		☆	☆	○	○	☆			☆		①衬砌裂纹、剥离、剥落;②衬砌材料劣化	防止衬砌局部劣化
锚杆加固	☆	★	☆	★	★	○	○			☆		★	①拱部混凝土和侧壁混凝土裂纹,侧壁混凝土挤出;②路面裂缝,路基膨胀	①岩体改善后岩体稳定性提高,防止松弛压力扩大;②通过施加预应力,提高承受膨胀性土压和偏压的强度
排水止水	○	○	☆	○		★	★		★				①衬砌裂纹或施工缝漏水增加;②随衬砌内漏水流出大量沙土	①防止衬砌劣化,保持美观;②恢复排水系统功能,降低水压
套拱	○	☆	☆	☆	○	○	☆					★	①衬砌裂纹、剥离、剥落;②衬砌材料劣化	由于衬砌厚度增加,衬砌抗剪强度得到提高
绝热层							★						①拱部混凝土和侧壁混凝土裂纹,侧壁混凝土挤出;②随季节变化而变动	①由于解冻,防止衬砌劣化;②防止冻胀压力的产生

续上表

处治方法	病害原因												病害现象特征	预期效果
	外力引起的变化									其他				
	松弛压力	偏压	地层滑坡	膨胀性土压	承载能力不足	静水压	冻胀力	材料劣化	渗漏水	衬砌背面空隙	衬砌厚度不足	无仰拱		
滑坡整治		☆	★										①衬砌裂纹、净空宽度缩小；②路面裂缝、路基膨胀	防止岩层滑坡
围岩压浆	○	○			○			○	☆	☆	☆		①拱部混凝土和侧壁混凝土裂纹，侧壁混凝土挤出；②路面裂缝、路基膨胀	周边岩体改善，提高了岩体的抗剪强度和黏结力
灌浆锚固	☆	★	★	★	★						○	★	①拱部混凝土和侧壁混凝土裂纹，侧壁混凝土挤出；②路面裂缝、路基膨胀	由于施加预应力，提高膨胀性岩层、偏压岩层的强度
增设仰拱		★	☆	★	★	○	☆					★	①拱部混凝土和侧壁混凝土裂纹，侧壁混凝土挤出；②路面裂缝、路基膨胀	提高对膨胀围岩压力和偏压围岩压力的抵抗力
更换衬砌	☆	☆	☆	☆	☆	○	○	★	☆	☆	★	☆	①拱部混凝土和侧壁混凝土裂纹，侧壁混凝土挤出；②路面裂缝、路基膨胀	更换衬砌，提高耐久性

注：1. 符号说明：★-对病害处治非常有效的方法；☆-对病害处治较有效的方法；○-对病害处治有些效果的方法。
2. 松弛压力中包括突发性崩溃的情况。

（1）采用衬砌背面注浆方法处治病害时，应符合下列要求：

①应根据专项检查结果，确定空隙部位，合理布置注浆孔。

②注浆压力应小于0.5MPa，在注浆过程中应加强监测。当发生衬砌变形或排水系统堵塞等异常情况时，可降低注浆压力或采用间歇注浆，直到停止注浆。

③注浆效果检查可采取钻孔取芯、超声波或雷达检测等方法。

图6-5所示为衬砌背面注浆作业。

（2）采用防护网方法处治病害时，应符合下列要求：

①防护网必须选用耐火的材料。

②施工前应凿除衬砌剥离劣化部分。

③防护网可用锚栓固定在衬砌表面上，应固定牢固。

图6-6所示为防护网处治。

（3）采用喷射混凝土方法处治病害，应符合下列要求：

①喷射混凝土的种类主要有素混凝土、钢筋网喷射水泥砂浆、钢筋网喷射混凝土和钢纤维

喷射混凝土等，应根据病害程度和施工条件等因素进行选择。

②喷射混凝土必须有足够的强度和附着率，其配合比应通过实验确定，喷射机的工作风压，应满足喷头处的压力在 0.1MPa 左右。

③当采用钢筋网喷射混凝土时，钢筋网必须有恰当的保护层厚度。

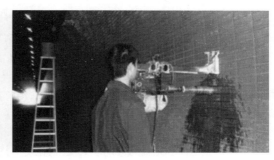

图 6-5　衬砌背面注浆

图 6-6　防护网处治

图 6-7 所示为喷射混凝土作业。

图 6-7　喷射混凝土

④喷射混凝土终凝 2h 后应喷水养护，养护时间应不少于 7d；当隧道内相对湿度大于 85%时，可采用自然养护，寒冷地区的养护应按相关规范进行。

⑤当喷射混凝土作业完成后，应对喷射混凝土层进行检测，强度指标应达到设计要求。其

强度指标及检测方法可按表 6-11 执行。

锚喷支护实测项目 表 6-11

序号	检查项目	规定值或允许偏差	检查方法和频率
1	混凝土强度(MPa)	在合格标准内	按《公路养护技术规范》(JTG H10—2009)附录 B 检查
2	锚杆拔力(kN)	28d 拔力平均值≥设计值,最小拔力≥0.9 设计值	按锚杆数 1% 做拔力试验且不小于 3 根
3	喷层厚度(mm)	平均厚度≥设计厚度;检查点的 60%≥设计厚度;最小厚度≥0.5 设计厚度,且≥60mm	每 10m 检查 1 个断面,每个断面从拱顶中线起每 2m 检查 1 点,用凿孔或激光断面仪、光带摄影法确定厚度

(4)采用锚杆加固方法处治病害,应符合下列要求:

①锚杆的长度和间距应根据病害原因和地质情况确定。

②当采用水泥砂浆锚杆时:注浆开始或中途停止超过 30min,应用水或稀水泥浆润滑注浆罐及其管路;杆体插入后,若孔口无砂浆溢出,应及时补注。

③当采用自进式锚杆时:安装前,应检查锚杆中孔和钻头的水孔是否畅通,若有异物堵塞,应及时清理;锚杆灌浆料宜采用纯水泥浆,地质条件差时可灌入聚氨酯、硅树脂。

④锚杆质量的检查可按表 6-11 做锚杆拔力试验。

图 6-8 为锚杆加固作业。

图 6-8 锚杆加固

(5)采用排水、止水方法处治病害,应符合下列要求:

①当隧道局部出现涌水病害时,宜采用外置排水管和开槽埋管的排水法处治。其施工注意事项如下:

a. 水管的位置、间距应根据涌水量的大小和位置等情况确定。

b. 水管不得堵塞,管道材料应具有抗老化性和足够强度。

c. 当采用开槽埋管法时,衬砌表面可用氯丁橡胶等材料覆盖。

d. 当采用外置排水管时,可用固定装置将 U 形排水管固定在衬砌表面,将水引入管内排出。

e. 外置排水管的设置不得侵入建筑限界,并严禁在设置机电设施的地方开凿排水沟槽。

f. 设置外置排水管应尽量减少对隧道外观的破坏。

②当地下水沿衬砌裂纹、施工缝以滴水形式漏出时,宜采用向衬砌内注浆的止水法。其施

工注意事项包括如下：

　　a. 衬砌内注浆宜采用水泥浆液、超细水泥浆液、自流平水泥浆液、化学浆液。

　　b. 注浆时采用低压低速注浆，化学注浆压力宜为 0.2～0.4MPa，水泥浆注浆压力宜为 0.4～0.8MPa。

　　c. 注浆后待缝内浆液初凝而不外流时，方可拆下注浆嘴并进行封口抹平。

　　d. 衬砌裂缝的注浆施工质量检验可采用渗漏水量测，必要时采用钻孔取芯、压水（或空气）等方法检查。

　　③当漏水量小且呈表面渗透状时，可设置防水板进行处治。其施工注意事项包括如下：

　　a. 防水板材料应具有耐热性和耐油性，一般有聚乙烯（PE）、乙烯醋酸共聚体（EVA）、橡塑、橡胶板等。

　　b. 防水板不得侵入建筑限界。

　　c. 施工前应清除粉尘并保护好电缆等设施。

　　d. 防水板的搭接处理应牢固，不漏水。

　　e. 有裂纹需要检查的部位，可在防水板上设置检查观察窗。

　　④当地下水特别发育并有稳定来源时，可采取在隧道内设置排水孔、水平钻孔、加深排水沟和深井降水等措施。其施工注意事项包括如下：

　　a. 应采用过滤性良好的材料，防止排水孔堵塞。

　　b. 应根据地下水位，确定排水沟加深的深度。

　　c. 排水孔和排水沟之间应有管道连接。

　　d. 排水钻孔的位置，必须根据围岩的地质条件和地下水的状况决定。

（6）采用套拱加固方法处治病害，应符合下列要求：

　　①套拱设计不得侵入建筑限界。

　　②为确保衬砌与套拱结合牢固，施工前应凿除衬砌劣化部分，衬砌内面应涂抹界面剂，并设置联系钢筋。

　　③当套拱厚度较大时，可在套拱与衬砌之间设置防水层。

　　④当隧道净空无富余时，可在衬砌的裂纹处贴碳素纤维，提高衬砌承载能力。

　　图 6-9 为套拱加固作业。

图 6-9　套拱加固

(7)采用设置绝热层(图6-10)方法处治病害,应符合下列要求:
①应选用导热系数小和耐高温的绝热材料。
②绝热层的厚度和延长幅度应根据气象数据、岩体和绝热材料的性质确定。

图6-10 设置绝热层

(8)采用滑坡整治方法处治病害,应符合下列要求:
①洞口段边仰坡出现裂缝,可用黏土等填实,必要时可采用锚杆加固方法处治。
②当滑动面以上地层厚度不大时,可在滑动端下端设置抗滑锚固桩。
③对洞顶山体进行保护性开挖,减轻下滑力。
④在滑动面下方修筑挡土墙,进行保护性填土,土方应夯实不积水。

(9)采用围岩注浆方法处治病害,应符合下列要求:
①围岩注浆压力应比静水压力大 0.5~1.5MPa。
②注浆材料宜采用水泥浆液、超细水泥浆液、自流平水泥浆液等。
③围岩注浆可采取钻孔取芯法对注浆效果进行检查,必要时进行压(抽)水试验,当检查孔的吸水量大于 1.0L/(min·m)时,必须进行补充注浆。
④注浆结束后,应将注浆孔及检查孔封填密实。

(10)采用增设仰拱(图6-11)方法处治病害,应符合下列要求:
①仰拱的厚度可根据围岩情况确定。
②应使用拱架模板浇筑仰拱混凝土。

图6-11 增设仰拱

(11) 采用更换衬砌(图6-12)方法处治病害,应符合下列要求:
① 衬砌的内轮廓线必须与原衬砌内轮廓线一致。
② 施工前应收集衬砌背面空洞和围岩垮塌资料,必要时可用超声波进行检测。
③ 拆除衬砌时,应根据围岩的地质情况及时进行支撑。
④ 施工时,在不影响通行的情况下,可采用简易施工台车。

图6-12 更换衬砌

单元6-3 隧道防护与排水

一、防护

在隧道养护中,不但要及时处治主体结构所发生的病害,还要注意隧道所处的山体及其附近建筑的保护和缺陷修理,以防止因山体及附近建筑出现问题而引起隧道较大破坏,做到防患于未然。

如遇山体滑动可能引起隧道破坏时,可采取下列防护措施:
(1) 修建挡土墙进行保护性填土,使山体受力平衡。
(2) 保护性开挖洞顶部分山体,减轻下滑重力。
(3) 在滑动面以上的土体不厚的情况下,可在滑动面下端设置锚固桩抗滑。

采用以上防护措施均应定期检查其工作状态,发现问题应及早处理。

隧道处山坡岩石如存在节理发育、风化严重或有坑穴、溶洞、裂缝现象时,应对地表做下列防护性封闭:
(1) 用浆砌片石、石灰土、黏土等填补洞穴,封闭裂缝,整修地表,稳固山坡。
(2) 地表岩石松散破碎时,可喷水泥砂浆固结。

二、排水

1. 洞外排水

有坡度的隧道,其上洞口路基边沟及两侧沉砂井应经常清除泥沙杂物,疏导畅通。路面纵坡方向相反,即向洞外方向倾斜,并在适当地点横向排出路基,使上洞口路基排水不流向隧道,以避免引起隧道内边沟淤塞。隧道上洞口的路堑如出现路面地表水来不及流入侧沟而流入洞内时,可在洞门外 1 m 左右处设横向截水设施,并将沟水妥善排出。

沿河隧道在洪水季节可能进水时,可临时封闭两洞口,以保隧道安全。洪水过后,立即拆除封闭物。

隧道顶山坡上的表水应使其迅速排走,尽可能不使水渗入洞身。

洞外排水如图 6-13 所示。

图 6-13　洞外排水

2. 洞内排水

治理洞内的水,应采取"以防为主,防、排、截、堵相结合"的综合治理原则。对防水层,纵/横/竖向盲沟、明/暗边沟、截水沟、排水横坡、泄水孔等应及时修理,保持完好、畅通。

隧道内渗漏水,可采取下列措施处治:

(1)增设衬砌背面排水系统。

(2)对裂缝集中处的漏水,可采用封闭裂缝埋管排漏的方法。

(3)衬砌工作缝处漏水,可加设工作缝环形暗槽,将漏水通过暗槽内的半圆管排入纵向边沟。

(4)对少量渗水,可抹防水砂浆封闭,也可在衬砌表面铺一层防水层。

(5)在围岩与衬砌间压注防水水泥砂浆或水泥浆,可掺入早强速凝剂,形成密闭层以防渗漏。

(6)设表层导流管。

对地下涌水,可采用下列方法处治:

(1)设横向盲沟并加深纵向排水沟。当涌水量大且有必要时还可加修路中心排水沟。

(2)修建水泥混凝土路面,并在路面下设隔水层,以阻断地下涌水。

(3)在路面与围岩之间压注防水水泥砂浆或水泥浆。

隧道防排水如图 6-14 所示。

3. 隧道冻害的防治

(1)高寒地区隧道应注意洞口构造物的防冻保温。当防冻层损坏时,可用同样的轻质膨胀珍珠岩混凝土或浮石混凝土修补,必要时应进行改造。无防冻层的,应设法加筑。

图 6-14　隧道防排水

（2）高寒地区隧道的防冻保温设施应做好保养维护,如有损坏应及时维修,保持其使用功能。洞口设有防雪设施的隧道,应做好防雪设施的保养维护,并在大雪降临前完成设施的维修加固;冬季应及时清除洞口处积雪。防冻保温设施的维修保养应不少于 1 次/年。在北方寒冷地区,应在每次大雪后,对防冻保温设施进行一次检查,如发现损坏应及时维修。

（3）当路面出现渗漏水时,应及时处治,将水导入边沟排出,防止结冰。对局部易冻结路段的路面,应适时撒布防冻材料。

隧道冻害如图 6-15 所示。

图 6-15　隧道冻害

单元 6-4　隧道附属设施养护

公路隧道的营运附属设施包括通风设备、照明、监控、消防、防冻、消声设施等。这些设备、设施,应定时保养、检修、更换,以保证设备、设施的正常使用。

一、隧道通风

(1)隧道应保持良好的通风,保持一氧化碳(CO)、烟雾浓度小于规定的容许值。

①隧道 CO 容许浓度应按表表 6-12 取值,当为人车混合通行隧道时应按表表 6-13 取值。

CO 容许浓度 δ(一)　　　　　　　　　　　　　　　表 6-12

隧道长度(m)	≤1000	≥3000
$\delta(cm^3/m^3)^{-1}$	250	200

注:隧道长度为 1000~3000m 时,可按内插法取值。

CO 容许浓度 δ(二)　　　　　　　　　　　　　　　表 6-13

隧道长度(m)	≤1000	≥2000
$\delta(cm^3/m^3)^{-1}$	150	100

注:隧道长度为 1000~2000m 时,可按内插法取值。

②隧道烟雾容许浓度应按表 6-14 取值。

烟雾容许浓度　　　　　　　　　　　　　　　　表 6-14

隧道长度(m)	100	80	60	40
烟雾允许浓度 K^{m-1}	0.0065	0.0070	0.0075	0.00900

③保持隧道通风设施良好,满足隧道内风速不小于 2.5m/s 的要求。

(2)通风设施主要包括轴流风机、离心风机、射流风机及其配套设施。通风设施的设备完好率不应低于 98%,在养护中的注意事项如下:

①通风设施应按各种设备的相关操作规程和养护要求进行操作和养护,并使其主要性能指标,如风速、风力、功率、噪声及防护等级等符合产品说明书的要求。

②选用的风机,在环境温度为 250℃ 情况下其可靠运转时间应不低于 60min。

③通风设施养护应配备专用电工工具和机修工具,必要时配备风压计、风速计、声级计等。

④进行通风设施养护维修时,应根据隧道交通流量和通风能力,对交通进行必要的组织和管制。

(3)通风设施的日常检查主要是通过观察设备运转有无异常,确定设备是否存在隐患,并及时排除故障。高速公路隧道日常检查不少于 1 次/d,其他公路可按 1 次/(1~3)d 进行。必要时应进行应急检查。

(4)通风设施的经常性检修、定期检修、分解性检修可按现行《公路养护技术规范》(JTG H10)附录 G 表 G-1 的要求进行。

(5)单向交通排烟风速应按 2~3m/s 进行控制,双向交通排烟风速应按 1.5m/s 进行控制。

隧道通风如图 6-16 所示。

二、隧道照明

(1)隧道内照明亮度应满足设计要求。

(2)照明灯具的防护等级应不低于 IP65。

图 6-16　隧道通风

(3) 加设照明设施时,可根据以下原则确定:

①长度大于 100m 的高速公路、一级公路隧道应设置照明设施。

②二、三、四级公路的长、特长隧道应设置照明设施;中隧道可根据需要进行设置;交通量较小的短隧道可不设照明设施。

③未设照明设施的隧道,应在隧道洞门外设置限速标志及减速设施。

(4) 照明设施养护工具除必备的电工工具、高空作业车、清洁卫生用具外,还应配备照度仪等相关设备。

(5) 高速公路隧道照明设施的完好率应不低于 95%,其他公路隧道应不低于 90%。当照明光源达到其额定寿命的 90% 时,应进行成批更换,并选用节能光源。

(6) 照明设施日常检查主要是对设施的使用及损坏情况进行巡检登记。当中间段连续损坏 2 盏以上灯、洞口加强段连续损坏 3 盏以上灯时,应及时进行更换或维修。

(7) 照明设施的经常性检修、定期检修可按现行《公路养护技术规范》(JTG H10) 附录 G 表 G-2 的要求进行。

隧道照明如图 6-17 所示。

图 6-17　隧道照明

三、隧道监控和消防

(1) 应加强对隧道内监控设施的日常检查,对隧道内各种监控传感器、信息板及信号标志、监控室的各种监视设备进行外观巡检,如发现异常应及时处治。对监控设施的经常性检修、定期检修可按现行《公路养护技术规范》(JTG H10)附录 G 表 G-3 进行。

(2)监控设施养护主要指标应按相应设备的产品说明要求进行,高速公路隧道监控设施设备完好率应不低于 98%,其他各级公路隧道应不低于 95%。

(3)高速公路、一级公路的长隧道和特长隧道及其他公路的特长隧道监控系统的软件维护每年应不少于两次,其他公路隧道监控系统的软件系统维护每年应不少于一次。维护时应注意软件的修改完善,保障联动运行功能的实现和软件可靠性各项技术措施的落实,严格按操作规程或使用说明进行。

(4)高速公路、一级公路的长隧道和特长隧道,应根据需要设置紧急电话、报警装置、排烟设备、消防给水管网及消防器材库等消防与救援设施。高速公路、一级公路的中、长隧道和特长隧道应单独设置存放专用消防器材的洞室,并设置明显标志,对存放的消防器材应定期进行补充、更换;其他公路的长隧道和特长隧道可视具体情况简化设置,但应在适当位置设置消防器材库。各种消防与救援设施的标志应保持完好、醒目。

(5)对消防设备、报警设备和消防设施应加强日常巡视检查,及时处治设施的异常情况。对消防与救援设施的经常性检修、定期检修可按现行《公路养护技术规范》(JTG H10)附录 G 表 G-4 进行。在检修期间应有相应的防灾措施。

(6)各类消防与救援设备必须保持完好状态。消防设施的设备完好率应达到 100%,救援设施的设备完好率应不低于 98%。

(7)隧道内不准存放汽油、柴油等易燃易爆物品;严禁明火作业与取暖。隧道内的紧急停车带、行车(人)横洞、避车洞或错车道不准堆放杂物。

(8)高速公路的长隧道和特长隧道以及其他公路的特长隧道应针对隧道内可能出现的火灾及交通事故,制订周密的救援计划,并按计划进行不少于 1 次/年的针对性的实地救援及防灾演习,其他各种设施应与消防救援设施紧密配合。

隧道安全设施一览图如图 6-18 所示,隧道监控预警设施如图 6-19 所示。

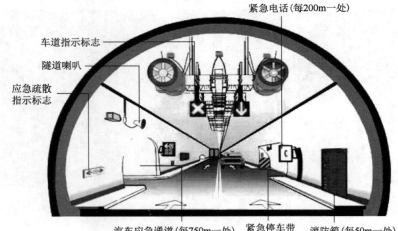

图 6-18　隧道安全设施

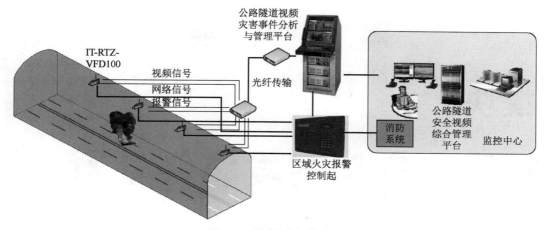

图 6-19 隧道监控报警设施

四、隧道消音设施设置与养护

(1) 当高速公路的长隧道和特长隧道、其他公路的特长隧道原先未设置消音设施的,随着交通量增长引起噪声增大,影响正常通行管理时,可根据实测的噪声值,增设消音设施。增设的消音设施,不得侵入隧道建筑限界。

(2) 消音设施应每月清洁一次,如有损坏应及时修复或更换。

五、隧道安全管理

(1) 隧道安全管理应包括正常营运及养护作业时和发生事故时的交通组织和安全防护。

(2) 在隧道洞口周围 200m 范围内,不得挖沙、采石、取土、倾倒废弃物,不得进行爆破作业及其他危及公路隧道安全的活动。

(3) 养护作业的安全防护应包括养护作业机械、养护人员的安全防护。养护作业宜选择在交通量较小时段进行。隧道内的养护作业,应按现行《公路养护技术规范》(JTG H10)第 11 章相关规定进行,养护维修作业控制区经设定后不得随意变更,作业人员不得在作业控制区外活动或将任何施工机具、材料置于养护维修作业控制区以外。

(4) 当隧道内发生火灾及重大交通事故或坍塌等突发事件时,必须立即报警并按消防等预案进行救助,并配合有关部门到现场处理事故。事后,应尽快清理现场,排除路障,恢复隧道正常通行,并登记相关损失;应认真分析事故原因,恢复或改善隧道的防灾能力。

1. 公路隧道如何分类?
2. 隧道检查与养护工作内容有哪些?
3. 隧道的常见病害有哪些?
4. 隧道的防水与排水应注意什么?
5. 隧道附属设施都包括什么?

模块 7
UNIT SEVEN
公路防灾与突发事件处置

 模块导读

千丈之堤,以蝼蚁之穴溃;百尺之室,以突隙之烟焚。

为维护公路的正常交通,应坚持"预防为主、防治结合"的方针,对洪水和流冰侵袭公路造成公路设施的损坏,路面积雪和积沙影响行车安全或阻碍交通,以及各类突发事件损坏公路设施和影响公路使用功能的情况,采取行之有效的措施,予以预防和处治。

本模块从公路防灾与突发事件的处置工作入手,分别介绍了水毁、冰害、雪害、沙害的防治方法。

本模块思维导图如图 7-1 所示。

 模块任务

(1)掌握水毁的预防、抢修与治理;
(2)掌握公路冰害的防治;
(3)掌握公路雪害的防治;
(4)掌握公路沙害的防治。

 能力目标

(1)能叙述公路水毁的预防、抢修与治理方法;
(2)能叙述公路冰害的防治方法;
(3)能叙述公路雪害的防治方法;
(4)能叙述公路沙害的防治方法。

 思政目标

通过融入的典型公路灾害及突发事件中人民子弟兵可歌可泣的抢险救灾等英雄事迹,体会勇于奉献的精神,强化民族自豪感。

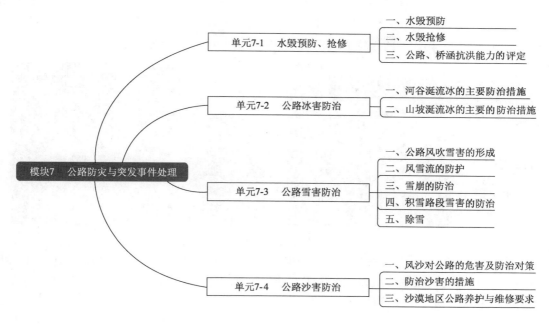

图 7-1　模块 7 思维导图

单元 7-1　水毁预防、抢修

对公路突发事件的处置应做到快速反应、准备充分、组织有力、处置得当,最大限度地降低灾害损失。对各类公路突发事件应建立相应的应急预案。对可能发生灾害路段,应加强检查、检测,建立各类检查、检测档案,提倡灾害预警体系建设,尽可能减少突发事件的发生,达到公路设施治早、治小、治了的目标。应急预案的主要内容应包括:组织领导体系;应急抢险队伍;人、材、物及资金的保障;信息报告制度;临时交通组织方案;抢险工程措施;等等。

当公路及其沿线设施发生因自然或人为因素造成严重损坏而影响交通或造成人身伤害的重特大突发事件时,应积极采取应急措施,避免灾害扩大,做好灾后工程修复工作。

应根据当地的水文气候条件、季节特点、公路状况,加强公路防灾(包括防洪、防冰、防雪和防沙)能力的定期检查和观察,分析和掌握路段、桥隧的抗灾害能力,并采取必要的预防措施。

对重要工程和水毁、雪阻、沙阻多发路段,宜事先储备必要的材料和机械设备,一旦发生毁阻,按先抢通后修复的原则,及时组织抢修。图 7-2 为公路抢险救灾中的人民子弟兵。

一、水毁预防

公路水毁防治坚持"预防为主,防治结合"的方针,如雨前抓预防,雨中抓防毁,雨后抓恢复,做到及时预防、积极抢修、设法根治、逐步提高,从而增强公路本身的抗洪能力,以减轻暴雨、洪水对公路的破坏。在日常养护工作中，以疏导为主，及时消除堵塞物，不断完善排水系统，发现问题，立即消除，做到"堵小洞、防大害"。根据各地区的气候特点和地理条件，结合不同的道路状况，制订具体的防治措施，吸取以往的经验教训，从检查水毁隐患入手。

图 7-2　公路抢险救灾中的人民子弟兵

水毁是指暴雨、洪水对公路造成的各种损毁。水毁预防是指在雨季和洪水来临之前为防止或减轻暴雨、洪水对公路的危害而进行的工作，其范围包括：

（1）防止漂流物大量急剧地下冲。
（2）清、疏各种排水系统。
（3）修理、加固和改善各类构造物。
（4）检修防洪设备，备足抢护的材料、工具及救生、照明和通信等设备。

对公路水毁要做到全面预防、重点治理。为此，每年汛期应进行必要的水文观测，掌握洪水的动态，并与当地气象、水文部门取得联系，及时收集水、雨情况预报资料，或向沿河居民进行调查，预先了解洪水强度、到达时间和变化情况，以判断对公路的危害性，及早采取措施。在汛前应进行一次预防水毁的技术检查，检查内容包括：

（1）桥梁墩台、调治构造物、涵洞、引道、护坡和挡土墙基础有无淘空或破坏。
（2）桥下有无杂物堆积淤塞河道，涵洞、透水路堤有无淤塞，以及河流上游堆积物、漂流物的情况。
（3）河床冲刷情况和傍河路基急流冲刷处有无淘空或下沉。
（4）浸水路堤和陡边坡路段的路基有无松裂。
（5）边沟、盲沟、跌水等排水系统有无淤塞，路面、路肩横坡是否适当，路肩上的临时堆积物是否阻碍排水。
（6）养路房屋的基础有无淘空，墙体有无破裂、倾斜、剥落，屋顶有无流水。

查出的隐患，应在雨季、汛期之前治理完毕。

在洪水期，顺流急下的巨大漂流物对下游的桥梁构成了极大的威胁。因此，首先要对桥梁上游沿河的根部被淘空的树木、竹林及洪水位以下的竹、木、柴、草和未系结牢固的竹、木排筏进行检查，并进行必要的处理。

对漂流物较多的河流，为避免漂流物撞击墩台，可在墩台前一定的距离处设置护墩体；其形式可根据水流的缓急、水位的高低、漂流物的多少、流量的大小等情况选择。一般有单桩、单排、束桩、双排、三角形等，材料有木、钢、石块、水泥混凝土等。

在漂流物未到达桥梁之前,应尽快打捞,一般可在桥梁上游河流转弯处将漂流物拉向河边,并用缆绳锚定。

在洪水期间,如发现有整排木排或特大流冰冰块时,可在上游采取爆破打散。

对空腹拱桥,特别是双曲拱桥的拱上立柱,经不起漂流物冲击,更应加强防护,确保桥梁安全。

当河床冲刷严重危及墩台基础时,除必要时在上游设置调治构造物外,还可根据河床水位的高低,在枯水期铺砌单层、双层块(片)石护底,或者采用沉柴排、沉石笼(可采用耐特龙塑料网石笼)、抛石块护基处理。

防止透水路堤淤塞是预防水毁的关键。如水流混浊或水中含有较多黏土颗粒时,应在上游设置过滤堰,如图 7-3 所示。

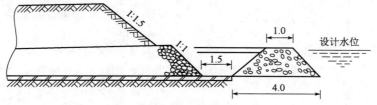

图 7-3 过滤堰(尺寸单位:m)

当水流中夹有较多树叶或杂草、地势平坦、沟底土质松软时,可用小木桩环绕进水口边打入土中,桩顶要露出最高水面 20cm 以上。木桩上用竹片或柳条编成弧形防护篱,以阻拦夹带物,如图 7-4 所示。

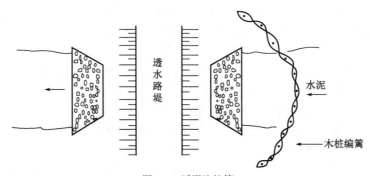

图 7-4 弧形防护篱

如水流中夹带砂质颗粒时,可在上游设置沉砂井来积砂,每次洪水后清除积砂一次。渗水路堤如不能满足泄水需要时,应根据流量改建为涵洞。

二、水毁抢修

在雨季和汛期,公路管理机构应组织人员对所辖区域公路进行昼夜巡视检查,对易毁的路段和构造物应设专门的抢护队伍守护,以便随时发现险情,及时采取措施。当洪水对公路发生破坏时,应进行紧急抢护,并做到以下几点:

(1)保证重点,照顾全面。
(2)先干线,后支线。

（3）先修通，后恢复，抢修与恢复相结合。

（4）先路基、桥涵，后路面工程。

（5）干线公路应随毁随修，力争水退路通，待雨季过后再进行恢复。

（6）乡级公路应由沿线乡镇积极抢修，尽快恢复通车，公路管理部门给予适当经费补助和必要的技术指导。

图7-5为水毁抢修现场的道路养护人员。

图7-5　水毁抢修现场的道路养护人员

1. 路基水毁抢修措施

对于因养护不够而发生的路基水毁，可以分析水毁原因，按照有关养护修理的要求进行修复。如路基发生塌陷，应迅速使用已备好的土料进行修补；如路基行车部分已泥泞难行，应将稀泥挖出，撒铺砂粒料维持通车。

对靠近河流、湖塘及洼地的路基，因洪水猛涨并且不断冲刷路基，致使路基发生塌陷时，可以根据具体情况，适当采用以下几种方法进行抢修：

（1）在受水冲刷的部分抛石块、沙袋、土袋等。

（2）当洪水冲刷，并有波浪冲向路基时，可在受水浪冲击的部分，用绳索挂满芦苇编成的芦排或带树头的柳树，以防水浪冲打。

（3）如果路基边坡已大部分塌陷，可以在毁坏部分，顺路方向每米打木桩一根，桩里面铺设秸秆或树枝，并填土挡水，或用草袋上砂石、黏土等材料填筑，如图7-6所示。

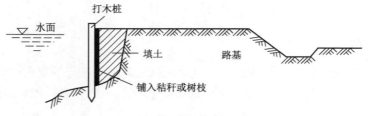

图7-6　打桩护路基

（4）当路堤有被洪水淹没危险时，可在临河一面的路肩上，用草袋或黏土筑成土埂临时挡水。

对于因漫水造成的路基水毁，可根据漫水的深度、路基宽窄、材料取运难易等，采用下面几种方法进行抢修：

（1）填土赶水法。当路基漫水长度不大，漫水深度 0.3m 以下时，可以直接从两头填土把水赶出，填土厚度要比现有水面再高出 0.3～0.5m。填土后先将表层夯实维持通车，或填砂砾、碎砖、炉渣等矿料，提高路基以维持通车。

（2）打堤排水法。当路基漫水较长，漫水深度在 0.5m 以下时，可在漫水路段的两侧路肩上，用草袋装土填起两道土堤，先把路基上面的水围起来，然后将土堤里面的水排除，露出原路面后，有的可以直接维持通车。如土壤湿软时可以先撒铺一层砂或碎砖、炉渣后，再维持通车，如图 7-7 所示。

图 7-7　打土堤排水

（3）打桩筑堤排水法。如果路基浸水深度在 1m 左右时，可采取打桩筑堤，每道堤必须先打两行木桩，间距和行距都是 1m 左右，木桩直径一般为 10～15cm。打好木桩后，在桩里面铺秸料，然后在中间填土压实，达到堤不漏水，最后把围起来的水从路上排出，并在原路上铺一层砂料、碎砖等维持通车。

2. 桥涵等构造物水毁抢修

对抗洪能力不足的桥梁，汛期应有专人负责查看，以便及时发现险情进行抢护，根据不同情况可采取下列措施：

（1）监视漂流物在桥下通过的情况，必要时用竹竿、钩杆等引导其顺利通过桥孔，防止其聚集在桥墩附近。堵塞在桥下的漂流物，必须随时移开或捞起。

（2）洪水时，如桥涵墩台、引道、护坡、锥坡或河床发生冲刷，危及整个构造物时，应采取抛块石、沉放沙袋或柴排等紧急措施进行抢护。但抛填不能过多，以免减少泄水面积而增大冲刷。在抛填块石时，可沿临时设置的木槽滑下，以控制抛填位置。

（3）遇有特大洪水，采取抢护措施仍不能保全的重要桥梁，在紧急情况下，经上级主管部门批准，可用炸药炸开桥头引道，以增加泄水面积，保护主桥安全度汛，如图 7-8 所示。

图 7-8　桥涵水毁抢修

当桥涵锥坡、路堤和导流坝等边坡被水浪冲击和水流冲刷时，应根据不同情况，因地制宜地采取下列防浪措施进行抢护：

(1) 土袋、石袋防浪。用草袋装入砂石料、黏土等（每袋只装其容量的 2/3），铺置于迎水坡上，袋口向里互相叠压。

(2) 芦排防浪。用芦苇编成芦排，铺置于迎水坡上，用竹条或绳索压住，并用小桩固定，用石袋压稳。

(3) 草席防浪。用普通草席铺于边坡上，下端坠系砂石袋，上端用绳索固定在堤顶的木桩上。

(4) 铁丝石笼防浪。用 8 号或 10 号铁丝编成铁丝笼，内装石块，置于迎水边坡上。

对于冲毁的路基、桥涵，需立即抢修便道便桥。便道便桥是维持通车的临时措施，能够保证在使用期间的行车安全即可。便桥可用打桩或石笼做桥墩，不宜过高，并应尽量省工省钱，以免增加施工困难和拖延时间，如图 7-9 所示。

图 7-9　抢修便道便桥

三、公路、桥涵抗洪能力的评定

每隔 3~6 年应对公路、桥涵进行一次抗洪能力评定。如遇设计洪水及超设计洪水年，宜结合水毁调查于当年进行一次抗洪能力评定。公路可根据水文、地质、路基、路面等条件基本相同的原则，划分成若干路段，按表 7-1 进行评定；桥涵以工程为单元，按表 7-2 进行评定。评定方法可采用现场检查、量测取得数据，按路段、桥涵原有技术等级标准，根据现行有关技术规范进行验算评定。当路段、桥涵抗洪能力评定为"强"时，进行正常养护；当路段、桥涵抗洪能力评定为"可"时，除正常养护外，应加强汛期病害观测，采取技术措施，防止病害扩大；当路段、桥涵抗洪能力评定为"弱"或"差"时，路段应针对病害情况分别采取修理、加固或改建等技术措施，桥涵应对照现行《公路技术状况评定标准》(JTG H20) 的规定确定其技术类别并采取相应的技术措施见表 7-1、表 7-2。

路段抗洪能力的评定标准   表 7-1

等级	评定标准	等级	评定标准
强	(1)路基坚实、稳定,高度达到设计计算高程;路面为半刚性基层、水泥混凝土或沥青混凝土等铺装路面。 (2)边坡稳定、平顺,无冲沟;坡度符合规定的高限值(缓);边坡有良好的防护加固。 (3)边沟、截水沟、排水沟完善,纵坡适度,无淤塞,水流畅通;进出口良好。 (4)支挡结构物布设合理、齐全、完整,无损坏,泄水孔无堵塞。 (5)防冲结构物布设合理、齐全,无损坏,冲刷符合设计	弱	(1)路基高度低于设计计算高程,达到或超过0.5m,高于次一技术等级的设计洪水高程,无明显沉降;路面为柔性基层、简易铺装路面。 (2)边坡有冲沟或少量坍塌,坡度接近规定的低限值。 (3)边沟、截水沟、排水沟有短缺,或淤塞量较大,或进出口有缺损,影响正常排水。 (4)支挡结构物短缺或损坏严重,但无倾斜、沉陷等变形。 (5)防冲结构物短缺,或基础冲空面积达10%~20%,或结构物局部断裂、沉陷,但无倾斜等变形
可	(1)路基坚实、稳定,高度低于设计计算高程0.5m;路面为半刚性基层、沥青碎石、沥青贯入式或沥青表面处治等简易铺装路面。 (2)边坡稳定、平顺,无冲沟;坡度不低于规定的低限值(陡);边坡有必要的防护加固。 (3)边沟、截水沟、排水沟完善,纵坡适度,有淤塞但易于清除;进出口良好。 (4)支挡结构物布设合理,有缺损但易于修理,泄水孔基本畅通。 (5)防冲结构物重点布设合理,基础冲空面积不超过10%,结构物无断裂、沉陷、倾斜等变形	差	(1)路基有明显沉陷,高度低于次一技术等级的设计高程;路面为柔性路面、砂石(无铺装)路面。 (2)边坡注连片,局部坍塌,坡度陡于规定的低限值。 (3)边沟、截水沟、排水沟应设而未设。 (4)支挡结构物应设而未设,或结构物断裂、倾斜、局部坍塌。 (5)防冲结构物应设而未设,或基础冲空面积在20%以上,或结构物折裂、倾斜、局部坍塌
强	(1)孔径大小:桥下实际过水面积满足设计排水面积,桥下净空高度、最小净跨符合规定。 (2)孔、涵位置合适,调治构造物设置合理、齐全。 (3)墩、台基础埋深足够,深基础的冲刷尝试线在设计冲刷线以上;浅基础已做防护,防护周边的基础深度线在设计冲刷线以上。 (4)墩、台无明显冲蚀、剥落	弱	(1)孔径大小:桥下实际过水面积小于设计排水面积20%以内,上部结构底高程与计算水位相同,或净跨小于规定10%~20%。 (2)孔、涵位置偏置,调治构造物短缺,或调治构造物有局部缺损,河床发生严重的不利变形。 (3)深基础冲刷线在规定的基底最小埋深安全值的30%~60%内;浅基础防护周边冲刷深度线在规定的基底最小埋深安全值的30%~60%内,或防护体损坏明显。 (4)墩、台有冲蚀剥、落露、筋,面积超过10%,钢筋严重锈蚀
可	(1)孔径大小:桥下实际过水面积满足设计排水面积,上部结构底高程与计算水位相同,或净跨偏小但不超过规定值的10%。 (2)孔、涵位置略有偏置,设置了调治构造物,其基础冲刷深度线在基底最小埋深安全值的30%以内,或调治构造物有局部缺损,河床无大的不利变形。 (3)深基础冲刷线在规定的基底最小埋深安全值的30%以内;浅基础防护周边冲刷深度线在规定的基底最小埋深安全值的30%以内,防护有局部缺损。 (4)墩、台有冲蚀剥落,面积小于10%,深度小于20mm	差	(1)孔径大小:桥下实际过水面积小于设计排水面积20%以上,上部结构底高程低于计算水位,或净跨小于规定20%以上。 (2)孔、涵位置偏置,无必要的调治构造物。 (3)深基础冲刷线在规定的基底最小埋深安全值的60%以上;浅基础未做防护,冲空面积在20%以上。 (4)墩、台冲蚀、剥落严重,桩有缩颈,砌体有松动、脱落或变形

注:计算水位已计入水、浪高等。

单元 7-2　公路冰害防治

公路冰害应根据以往治理情况，做好现场调查，分析、研究和制订预防或抢修措施，降低工程造价，提高治理效果，并对沿线冰害的预防和治理措施进行全面记录。在寒冷地区，河水冻结可对桥梁浅桩产生冻拔，使小桥涵形成冰塞引起构造物冻裂，解冻时大量流冰对桥梁墩台产生巨大冲击，以至形成冰坝，威胁桥梁安全；在地下水或地面水漫溢到地面或冰面时，逐层冻结而形成涎流冰。涎流冰覆盖道路，会造成行车道凸凹不平或形成冰块、冰槽等，严重影响行车安全；若堵塞桥孔则会挤压上部结构，导致损坏。

为防治桥基冻拔，可适当加大桩深。对于冻塞现象，除经常清除涵内冰冻外，必要时可适当加大孔径和涵底纵坡，或在上游采用聚冰池或冰坝等构造物。

为避免气温突变解冻的流冰对桥梁墩台、桩的冲击，一般可在桥位上游设置破冰体，并在临时解冻前，在桥位下游对封冻冰面用人工或爆破方法开挖冰池及时疏导。冰池长度为河宽 1~2 倍，宽为河宽的 1/3~1/4，且不小于最大桥跨，如图 7-10 所示。

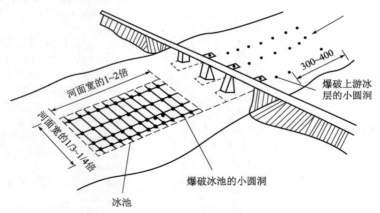

图 7-10　用开挖冰池的方法处理冰地块（尺寸单位：m）

如水面宽度小于 30m 时，冰池长度宜增加到水面宽的 5 倍，并在接近冰池下游开挖 0.5m 宽的横向冰沟。在危急时，应在下游将冰块凿开逐一送入冰层下冲走，在上游将流冰人工撬开或用炸药炸开予以清除。

公路上的涎流冰面积一般有数百平方米到数千平方米，有的可达数万平方米，其厚度一般为数厘米到数米。涎流冰主要分布在我国东北大、小兴安岭和长白山地区及西藏、川西、西北地区海拔 2500~3000m 以上的山地和高原上。

涎流冰可分为河谷涎流冰和山坡涎流冰。其中，河谷涎流冰主要危害桥涵，山坡涎流冰主要危害公路路面。

一、河谷涎流冰的主要防治措施

(1)桥梁上游如有大片地形低洼的荒地,可用土坝截流。

(2)河床纵坡不大的河流,可于初冬在桥下游筑土坝,使桥梁下游各约50m范围形成水池,水面结冰坚实后,在水池部位上游开挖人字形冰沟,以利集中水源。同时,挖开下游河床最深处的土坝,放尽池内存水,保持上下游进出口不被堵塞,使水从冰层下流动。

(3)于桥位上下游各30~50m的水道中部顺流开挖冰沟,用树枝柴草覆盖,再加铺土或雪保温,并经常检修,保持冰沟不被冻塞,于解冻时拆除。

二、山坡涎流冰的主要防治措施

(1)聚冰沟与聚冰坑。聚冰沟多用于拦截冲积扇沟口处的泉水涎流冰和地势较缓的山坡涎流冰;聚冰坑多用于水量较小、边坡不高的堑坡涎流冰如图7-11、图7-12所示。

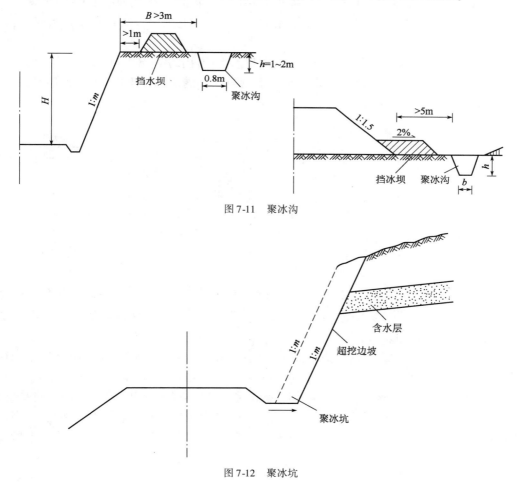

图7-11 聚冰沟

图7-12 聚冰坑

(2)挡冰墙。挡冰墙适用于涌水量不大的山坡涎流冰和挖方边坡涎流冰,用于阻挡和积聚涎流冰,防止其上路,如图 7-13 所示。

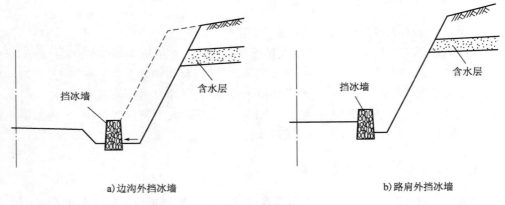

图 7-13　挡冰墙

挡冰墙一般用浆砌片石、块石筑成,高度须根据冰量而定,一般为 60~120cm,顶宽为 40~60cm。基础埋置深度按土质、积冰量及当地冰冻深度等情况确定。当积水量较大时,可与聚冰坑配合使用。

（3）挡冰堤。挡冰堤适用于地势平坦、涌水量不大、有山坡涎流冰和径流量不大的小型沟谷涎流冰。修筑在路基外,山坡地下水露头的下侧或沟谷内桥涵的上游,用于阻挡涎流冰,减小其漫延的范围,如图 7-14 所示。

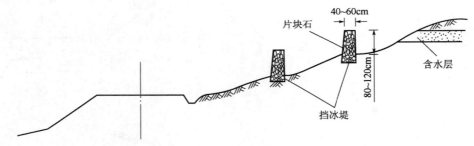

图 7-14　挡冰堤

山坡上的涎流冰,可采用柴草、草皮或石砌的长堤予以拦截。在沟谷内一般采用干砌石堤,以利于秋夏排水。挡冰堤的长、宽、高和道数按当地的地形及涎流冰数量确定,基础埋置深度按当地土质和冰冻深度而定。

（4）设置地下排水设施。这一措施适用于一般寒冷和严寒地区,常用的地下排水设施有集水渗井、渗池、排水暗管和盲沟等。必要时可在出口处设置保温措施或出口集水井。

（5）涎流冰清除。对流至路面的涎流冰要及时清除,可以撒布砂、炉渣、矿渣、石屑、碎石等防滑材料或氯化钙、氯化钠等盐类防冻剂,以防行车产生滑溜,并设置明显标志。当冰层在盐类物质和行车作用下变软时,应立即将冰层铲除,以防降温时重新冻结,并应重撒防滑材料。

单元 7-3　公路雪害防治

雪害有积雪和雪崩两种形式。积雪对公路的危害主要是影响行车安全,雪害严重时则会阻断交通。较严重的积雪,在我国多发于东北地区、青藏高原及新疆等地。山上大量的积雪突然沿山坡或山沟崩落下来,就会发生雪崩,在我国新疆及西藏的山区多有发生。大量的雪崩不仅能掩埋路基、阻断交通,还能击毁路上的行车及建筑物。

对雪害的防治,应通过全面的调查研究,查清雪害的成因与基本规律,了解现有防雪设施工作效果,保持防雪设施的完好,增添必要的防雪设施,以减少雪害对公路及交通的危害程度。

一、公路风吹雪害的形成

公路积雪与地形、地物及路基横断面形式、路基和风向夹角有关,见表 7-2。

积雪与地形、地物、路基横断面关系　　　　　表 7-2

积雪因素	地形、地物、路基横断面形式	积雪情况
地形	平原	不易积雪
地形	山地丘陵	(1)路基位于山脊背风侧易积雪。 (2)路基下风侧有突出障碍物易积雪。 (3)路基位于坡面整齐的迎风坡中的上部路线易积雪。 (4)位于背风或迎风的坡脚、地形有明显凹坡的路线易积雪。 (5)路基上、下风侧有导致积雪的凸出山嘴或土坎时易积雪。 (6)圆心位于山内侧的弯道上,当风向与路线大致平行时,弯道后半部积雪严重;当路线绕过小山嘴或低而平缓的山坡时,积雪更为严重。 (7)圆心位于山外侧的弯道上,特别是当公路绕进较深的山凹时,会产生严重的积雪
地形	沟谷地区	除风向与沟谷方向一致者外,一般不会参数积雪
地形	森林	不发生风吹雪现象
地形	建筑物稠密区	不发生风吹雪现象
地形	灌木丛、草墩、小土丘	易形成路基积雪
地形	草地	不产生积雪现象
路基横断面形式	路堤	(1)当路线与风向斜交或正交时,路基积雪与路堤高度及边坡坡度有关。 (2)边坡缓于 1:4 时,不易积雪。 (3)路堤高度大于 1m 时,不易积雪
路基横断面形式	路堑	(1)当风向与路线正交或斜交时,一般都会形成积雪。 (2)当路堑深度大于 6m 时,可减轻积雪现象。 (3)对深度较小的浅路堑,如采用敞开式横断面,可以防止积雪

续上表

积雪因素	地形、地物、路基横断面形式	积雪情况
路基与风向夹角	小于30°	不易积雪
	垂直或接近垂直	易积雪

二、风雪流的防护

1. 风雪流的防护措施

（1）设置阻雪设施，使风雪流通过路基时无大量雪的沉积。

（2）设置下导风板，以加大路基附近的贴地面风速，使风雪流通过路基时不沉积，并吹走路基上疏松的积雪，如图7-15所示。

图7-15　阻雪设施、导风板

（3）路线通过迎风或背风山坡的坡角处和距离坡度转折点5~10m处最易积雪；开阔地区低于该地平均积雪深度或草丛深度以上0.6m的路堤和深度小于6m的路堑也易积雪。在有条件的地方，可采取局部改线或提高路基高程的办法解决；否则，应根据实际情况增设相应的防雪措施。

（4）受风雪流影响的公路，路基边坡和路肩交接处应建成和保持流线型，清除公路两侧影响风雪流顺畅通过建筑物、草木和堆积物，公路养护材料应堆积在路外的备料台上，堆放高度不得高于路基的高程。受风雪流影响的路段，在路旁一定范围内不得植树。高速公路和一级公路的中央分隔带不得栽植和设置有碍风雪流通过的树木及构造物；防雪林带也应按规定的位置种植。

（5）在风雪流影响能见度的路段，为保障行车安全，应在公路一侧设置标柱或导向桩。设置间距在直线段一般为30~50m，弯道上可适当加密，在窄路、窄桥处应在两侧同时设置标柱。

（6）在冬季风吹雪次数频繁的平原和微丘荒野地区，可沿公路另建一条平行的辅道。开始降雪时，立即封闭主线，开放辅线，主线上的雪被清除后，开放主线交通，同时清除辅线的积雪，以备下次降雪时使用。平时对辅道予以必要的维修和养护，保持其良好的状况。

（7）防雪林带是防治风雪流的重要措施。其他防雪工程是配合防雪林带的辅助措施，防雪林带的树种可以选用以下品种：

①乔木:包括白榆、白杨、沙枣和白蜡等。
②灌木:包括沙拐枣、花棒、梭梭和柠条等。
③草:包括芨芨草、苜蓿和扫帚苗等。

防雪林带应指定专人养护管理,保证林木的成活和正常生长,并控制林带的高度和透风度使其保持最佳的阻雪状态。

2. 防风雪流设施的设置及养护要点

防风雪流设施包括下导风板、屋槽式导风板、防雪墙、阻雪堤和防雪栅等,其设置和养护要点如下:

(1)下导风板。下导风板设在公路的上风侧路基边缘,先埋设立柱,在立柱上部钉以木板或涂以沥青的铁丝网,使风雪流被阻挡,集中加速在下部缺口处通过,并吹走路上疏松的积雪。设置下导风板时应符合下列要求:

①控制板面的透风度。当风速较大时,透风度不大于35%;当风速较小时,透风度不大于25%。
②下口高度,背风时为1.0~2.2m,迎风时为1.0~1.8m。总高度不宜小于3m。
③两种风向交替作用的地方,可在路基两侧都设下导风板,组成双向导风板系统。
④雪季终止后,应对设施进行检修。活动式下导风板应在拆除后妥善保管,以备下次雪季用。

(2)屋槽式导风板。屋槽式导风板适宜于在山区背风山坡路段设置。雪季应进行维修,以保持结构完好。板面坡度与山坡自然坡度一致,并具有原设计要求的足够长度。

(3)防雪墙。防雪墙是设在公路上风侧的阻雪设施,可用木、石、土、树枝或雪块等筑成。设置时应符合下列要求:

①保持其高度不小于1.6m,与路基边缘的距离为其高度的10倍左右。
②迎风面尽量保持直立的形状,走向与风向垂直。雪量较大时,可平行设置多道防雪墙。如不符合上述要求,应在雪季前调整、补修。

(4)防雪堤。防雪堤设在雪阻路段迎风口一侧,距离路基15~20m,高度不低于1.6m,边坡为1:1,长度与雪阻路段同长,如图7-16所示。

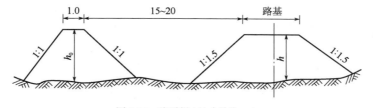

图7-16 防雪堤(尺寸单位:m)

(5)防雪栅。防雪栅的作用同防雪墙。一般用木材制成,有较大的透风度。设置防雪栅时应符合下列要求。

①保持高度为2~3.5m,栅栏与地面保持50cm的间距。
②迎风地形山坡坡度大于250时,不宜设置防雪栅。
③保证其阻雪后雪堤的末端与路基的距离不小于5m。

④防雪栅的透风度:在风速较小、移雪量较多、场地宽广的地段,宜用50%~60%;在风速较大、移雪量较少、场地狭窄的地段,宜用20%~30%。

⑤活动式防雪栅被埋2/3~3/4时,应及时拔出重新在迎风侧的雪堆顶部安放。

三、雪崩的防治

1. 雪崩的防治原则

(1)路线(特别是盘山公路)多次通过同一雪崩地带时,应尽量将公路改道。

(2)对危害公路的雪崩生成区,应于雪季前后,对防雪崩工程措施(如水平台阶、稳雪栅栏等)进行维修,保护森林、植被,以充分发挥稳定积雪体的作用。

(3)对雪崩运动区,要保持工程措施(如土丘、楔、铅丝网和排桩等)的完好,以减缓和拦阻雪崩体的运动。

(4)对雪崩的运动区与堆积区,应保持使雪崩体从空中越过公路的工程措施(如防雪走廊)或将雪崩体引向预定的堆雪场地的导雪堤等的完好。

(5)在大的雪崩发生前,制造一些小规模的"人工雪崩",化整为零,以减轻雪崩对公路的危害。

(6)各种防治雪崩的工程措施,都应注意保持原有植被和山体的稳定,避免造成人为的滑坡、泥石流与碎落塌方。

2. 防雪崩工程措施的设置及养护要点

1) 水平台阶

水平台阶是在公路侧面山坡上稳定积雪并阻拦短距离滑雪的工程设施,如图7-17所示。其养护应符合下列要求:

(1)水平台阶养护时,要经常整修台阶平面和坡面,并种草植树,保持其良好的稳雪能力。

(2)台阶平面宽度应保持在2m左右。

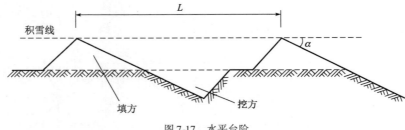

图7-17 水平台阶

2) 稳雪栅栏

稳雪栅栏是指为防止山坡上积雪的蠕动而沿等高线设置的防雪措施,如图7-18所示。稳雪栅栏的设置应符合下列要求:

(1)露出地面部分的高度H应保持大于该处的积雪深度。

(2)栅板宽与栅板间距均宜保持在10m左右。

(3)立柱的间距2m左右。

(4)栅板宽与坡面角度宜保持105°,斜支柱与坡面角度宜保持在35°~40°范围内,支撑点应位于立柱高的2/3处。

(5)最高的一排栅栏应尽可能接近雪崩的裂点及雪檐下方。

3)导雪堤

导雪堤是指为改变雪崩运动方向,使雪崩堆积到指定地点的防雪设施。导雪堤有土堤、浆砌石堤、铅丝笼石堤等结构形式,可根据当地沟槽坡度及施工条件选择使用。其设置应符合下列要求:

(1)与雪崩运动方向的夹角宜小于30°。

(2)堤体应及时进行维修,保持其原设计的抗冲击与摩阻力。

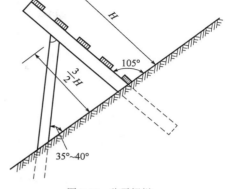

图7-18 稳雪栅栏

(3)导雪堤末端应保持有足够的堆雪场地。雪季前应进行检查并进行必要的清理。

4)防雪走廊

防雪走廊是在公路上修筑的构造物。其形式与明洞相似,能使雪崩雪从其顶上越过;也可防止风吹雪堆积。防雪走廊养护应符合下列要求:

(1)必须保持工程各部结构完好。

(2)防雪走廊与公路内侧的山坡应紧密连接。如有空隙,可用土石分层回填并夯实。

(3)保持防雪走廊上部沟槽中设置的各种防治发生雪崩的辅助设施及山坡植被的完好。

(4)走廊的顶盖倾角应尽量与山坡坡度一致,两者之间的夹角一般不宜超过15°。

5)导雪槽

导雪槽是在公路上修筑的构造物,内侧与山坡紧密连接,外侧以柱支撑,可使雪崩雪从其顶上越过的工程设施,适用于防治靠近公路一侧上方的小雪崩,根据实际情况可做成临时性或永久性。其设置和养护应符合下列要求:

(1)必须保持工程各部结构牢固完好。

(2)槽下净空应满足有关规定。

(3)导雪槽宜做成从内向外略倾斜。

6)阻雪土丘

阻雪土丘设在雪崩运动区的沟槽内,用土堆筑而成,如图7-19所示。

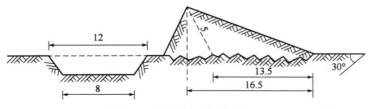

图7-19 阻雪土丘(尺寸单位:m)

阻雪土丘的养护应符合下列要求:

(1)保持宽 10~12m、长 15~20m,高于该沟最大雪崩峰面高度。若有损坏或几何尺寸不足,应及时修补。

(2)修补时不得在土丘下部或两侧取土。

7)楔

楔是存雪崩运动区下部和堆积区上部设置的楔状构造物群。楔的主要作用是分割、阻挡、滞留雪崩体。其高度应大于雪崩体峰面高度,可用木、石、水泥混凝土、金属等制成。其养护应符合下列要求。

(1)保持构造物完好。

(2)保证其高度大于雪崩峰面高度,不足时应及时加固。

8)铁丝网

铁丝网是指设在沟槽雪崩运动区的狭窄通道内,阻拦崩雪继续向下运动的设施。铁丝网设置和养护应符合下列要求:

(1)铁丝网宽度与沟槽同宽,但不宜超过 10cm,高度应大于雪崩峰面高度,支柱埋置深度不应小于 1m。

(2)网眼铁丝不得小于 8 号,网孔不得小于 6cm,支柱宜用型钢。

(3)雪季后应及时检修。

9)排桩

排桩作用同铁丝网,设置在较大的沟槽雪崩支沟口处或规模不大的雪崩沟槽内。排桩养护应符合下列要求:

(1)保持所有的桩体完好。

(2)高度应大于雪崩峰面高度。

3. 减缓或阻止雪崩体崩落措施

在雪崩体崩落前,可采取以下措施减缓或阻止其发生崩落:

(1)在雪崩生成区的积雪体上撒钠盐,以促使雪崩融化后形成整体,增加雪体强度,减轻雪崩的危害。

(2)用炮轰或人工爆破以损坏雪檐、雪屋的稳定性。也可在雪崩体坡面从两端用拉紧的绳索将下部的积雪刮去,使其上部失去支撑,制造小规模的"人工雪崩",以减轻雪崩的危害程度。

(3)阻止风雪流向雪崩生成区聚雪。

四、积雪路段雪害的防治

根据有关调查研究及现场观测资料的介绍,对公路积雪路段宜采取如下措施:

(1)放缓边坡。当路堤边坡的坡度小于 1:4 时,路提及其边坡上一般不会产生积雪现象。因此,如果当地条件允许,可将低于 1m 的路堤边坡改建成 1:4。

(2)提高路基。在平原地区,当路线走向与主导风向垂直或接近垂直的路段,风雪流绕越 1 m 高的路堤时则速度增加,雪粒不会落在路堤上。因此,对低于该地平均积雪深度或草丛深度为 0.6m 的路堤,应提高至 1 m 以上,如图 7-20 所示。

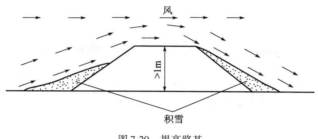

图 7-20 提高路基

(3) 加深路堑或改线。当路堑与风向垂直时,在浅于 2m 的路堑中将形成减速区,因而产生积雪现象。路堑越浅,积雪越快,如图 7-21a)所示;风雪流在深路堑中则产生回转气流使风速增加。所以,深度大于 6m 的路堑几乎不会出现积雪现象,如图 7-21b)所示。对于 2~6m 深的路堑,虽然也能形成一定的回转气流,但速度增加不大,因此会形成比较缓慢的积雪现象;对浅于 2m 的路堑,应根据当地情况采取加深路堑或改线的办法,以消除或减轻积雪的产生。

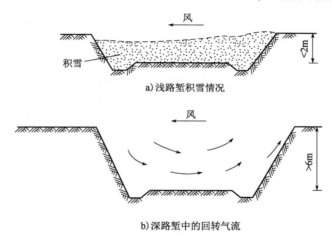

图 7-21 浅路堑积雪与深路堑中的回转气流

五、除雪

1. 除雪方式

(1) 人工除雪:如采用木制板、畜力拉刮板等方法进行除雪。

(2) 机械除雪:如采用平地机、推土机、除雪机、汽车或拖拉机带扫雪机械等方法进行除雪。

2. 除雪方法

(1) 每次除雪后都要及时清理有风雪流的路段,将雪抛弃到下风的路堤以外。

(2) 在冬春降雪或下雨后,如路面上有结冰现象时,应在桥面、陡坡、急弯、桥头引道、居民区和交叉道口处,首先撒铺一层砂、砂砾、石屑等防滑材料,以保证行车安全。

(3) 如积雪很厚,以至阻车时,为尽快恢复交通,应在路线中心清出一条车道,然后再继续清除路面两侧积雪。

3. 除雪人员及其他人员安全

（1）在立交桥、上跨桥上，作业人员要注意防止落下冰雪伤害到下面的行人。清理桥面积雪时，如果下面有车辆和行人通过，要采取预防措施，不使冰柱或积雪落下。

（2）桥面结冰往往会比道路其他部分早一些，如果使用警告标志，一定要使警告标志清晰。

（3）积雪融化后再度结冰，较原来降雪的危险性更大，因此，应尽可能排除桥面积水，不使其结冰。

（4）因冰雪造成的车辆事故可能会逐渐累积。因此，当一辆车阻碍道路交通时，应尽可能在远离事故地点，向驶近车辆的驾驶员发出警告。

（5）在路上除雪作业的养路工人及车辆，要注意自身安全，对前后车辆的驾驶员要发出适当警告，可设置闪光信号、布置信号旗手等来警示驾驶员，严防交通事故发生。

（6）除雪时要有出发和返回时间、人员、机械工作记录。如发现作业人员、机械没有按时返回，应及时派人寻找。

单元 7-4 公路沙害防治

在多风沙地区，沙害是公路的常见病害，如图 7-22 所示。其危害主要表现为风蚀和沙埋，其中尤以沙埋为主。治理风沙应贯彻"预防为主，防治结合；因地制宜，因害设防；先治标，后治本，标本兼治"的原则。

图 7-22　公路沙害

以工程措施防治沙害，能及时解决紧迫的路线通阻问题，是治标的措施。以植物措施防治沙害是治本的措施，但见效时间较长，一般应与治标措施结合进行。确定防治风沙的具体方案，应根据事先调查的流沙移动方式、方向、年移动距离、输沙量、沙丘形态、沙丘高度及风向、风速等，并在摸清其变化规律与综合分析的基础上，制订出防治风沙的最佳方案，以确保公路畅通。

一、风沙对公路的危害及防治对策

1. 路基风蚀

路基风蚀是指因表土被风剥蚀，使路基变窄变低，主要产生在突起的迎风面部位，如路肩、边坡上部等。

防治对策：可将路基表面进行封固，以抵抗风蚀。

2. 移动沙丘上路

移动沙丘上路是指沙丘在风力的反复作用下，以近似滚动的形式前进上路，形成堆状积沙。

对移动的沙丘可采用"固"和"阻"的对策加以控制。

3. 路基流沙堆积

路基流沙堆积是指风沙流遇路堤、路堑、取土坑、废土坑、沙障及其他地形突然变化处，贴地表的沙流分离，产生涡流，局部风速降低，使沙粒沉积，在公路上形成舌状或片状积沙。

防治对策：必须在清除一切障碍后，采用"输"或"导"的对策，适当使风速加大，以增加风沙流的输沙能力，使积沙顺利吹走。

二、防治沙害的措施

采用"固沙""阻沙""输沙""导沙"等措施防治沙害，应根据当地情况，各有侧重，配合使用。

1. 固沙

1）路基表面的固沙措施

为防止沙质路基遭风蚀，一般用柴草、土石或无机结合料（如水泥土、石灰土及水玻璃加固土等），有机结合料（如石油沥青土、煤沥青土等）进行固沙防护，在砂砾卵石丰富的地段，可平铺砾卵石或栽砌卵石后填砂砾来防护。

2）路旁沙丘的固沙措施

（1）采用各种材料（如柴草、土类和砂砾石等）作为覆盖物，将沙质表土与风的作用隔离。

（2）用柴草、黏土、树枝等材料设置成沙障，以减小地表风速，削弱风沙流活动能力，并阻挡部分外来流沙。可因地制宜，选用草方格沙障、黏土沙障、草把子沙障和树枝条高立式沙障等。图 7-23 为固沙展示。

3）植物固沙

植物固沙（生物防沙）是指利用植物的生态特点防止沙移并且达到沙漠稳固的一种措施，包括固结活动沙丘、阻沙、稳定边坡以及设置沙地林带。植物固沙应贯彻草、灌木、乔木相结合的原则，将沙固定并将风沙所夹带的流沙拦截下来，以达到最大的防风固沙效果。

图 7-23 固沙

(1)对年降雨量在 100mm 以上的地区,可以先播种草籽,待草生长后种植灌木,再植乔木。为保证草木成长良好,宜适当进行人工灌溉。

(2)对年降雨量低于 100mm 地区,如地表水或地下水的水源充足,按优选的方法开渠引水,将沙地分割包围。选择适宜树种,沿渠营造乔、灌防风混合林。被分割包围的沙地可灌水播草,使之在几年内草茂林密。

(3)适合沙漠造林的树种有以下几种:

①半灌木:如籽蒿、油蒿等。

②灌木:如梭梭、花棒、小叶锦鸡、柠条、沙拐枣、胡枝子、紫穗槐、黄柳、红柳等。

③乔木:如樟子松、油松、小叶杨、小青杨、新疆杨、胡杨、沙枣和旱柳等。

(4)受风沙危害的路段进行生物固定的作用范围,其上风侧不小于 500m,下风侧不小于 200m。在上述范围的四周应设立界桩,严禁采伐、放牧等一切有碍树木植被生长的活动。

(5)对风沙地区的原有植被,即使是稀疏矮小,也要严加保护,并进行必要的灌溉培育,进一步播草种树,扩大植被面积。

2. 阻沙

阻沙是指在适当位置设置若干沙障,以降低近地面的风速,减弱风沙流的作用,使沙粒沉积在一定的区域内,以防止或减轻其对公路的危害。

经常采用的阻沙工程措施(图 7-24)有以下几种:

(1)直立式防沙栅栏。用灌木枝条或玉米秆、高粱秆、芦苇等埋入沙内 30~50cm,外露 1m 以上;或者每隔 2m 钉木桩或混凝土桩,将植物杆条编成 1.5m×2m 的篱笆,固定在桩上。紧密不透风的篱笆减低风速的有效距离为其高度的 15~20 倍。其迎风侧积沙宽度为篱高的 2~3 倍,背风侧积沙宽度为篱高的 5 倍左右。当篱笆的孔隙率为 50% 时,迎风侧积沙甚少,背风侧积沙宽度为篱高的 12~14 倍。因此,从防风阻沙的作用来看,直立式防沙栅栏以紧密结构为宜。

(2)挡沙墙(堤)。

挡沙墙(堤)可利用就地沙土或沙砾修筑,一般高度为 2~2.5m,用沙修筑的需用土或沙砾封固,堤两侧的边坡坡度为 1:1.5~1:2,其阻沙量 V 与墙高 H 日及风向与路线的交角 α 的关系为:

图 7-24 阻沙

$$V = 4.5H^2\sin\alpha \tag{7-1}$$

阻沙设施也可采用栅栏和墙(堤)结合的形式,阻沙设施设置的道数及近路的一道与路基边缘的距离,应根据沙源数量、年风沙流量、风向与路线的交角等因素进行综合考虑。阻沙设施距路基边缘的最小距离一般不小于150m,并设置在上风侧,多道设施的间距应不小于设施高度的 15~20 倍。

3. 输沙和导沙

输沙和导沙是指借助人工构造物人为地改变地形,以加大地面风速,使路基两旁防护变成非堆积搬运地带,达到防沙的目的。其主要措施如下:

(1)修筑路旁平整带。将路基两旁 20~50m 范围内的一切突出物整平,并以固沙材料封固,有取土坑的,可以将坑作成弧形浅槽,如图 7-25 所示。

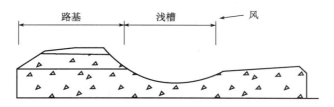

图 7-25 设有浅槽的路堤输沙

(2)下导风板。下导风板类似防雪栅栏,其板面宽度与下口间的高度以1:0.7 为宜。下导风板适用于风向单一、沙丘分布稀疏、移动快的低矮的沙丘、沙垄等造成的局部严重沙害。其设置长度应超过沙害路段的长度,以免两端出现舌状积沙。

(3)在路的迎风侧设置浅槽,借助于浅槽特有的气流升力以加大风速,如图 7-26 所示。图中 L/H 值控制在 10~20 的范围内,各变化点均应作成流线型;浅槽采用固沙封底。一般适用于沙源不大丰富且起伏不大的流动沙地,若沙源丰富,还可以在输沙槽外缘加设风力堤。

(4)将路堤做成输沙断面。当路堤高度低于 30cm 时,边坡坡度为 1:3;当路堤高度大于 30cm 时,风向与路线成锐角的,边坡度为 1:6,风向与路线成钝角的,边坡度为 1:8。路肩边缘做成流线型。

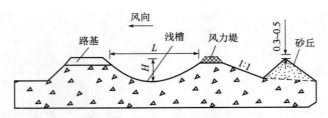

图 7-26　设有浅槽与风力堤的路基输沙(尺寸单位:m)

(5)路线与沙垄延长线锐角相交时,可在上风侧 30～40m 处设置大体与路线平行、尾部稍向外摆的沙障或导沙堤,稍微改变风沙流角度,以将风沙流导出路外。

(6)为减少积沙对公路的危害,可在公路设计上采取一些措施。例如,在经沙区最短的地方通过,在沙丘起伏不大的地段通过,路线走向宜与当地的主风向大致平行,尽量少用曲线,特别不宜用小半径曲线,必须设置时,只宜用在路堤地段,并将凸弧朝向主风向,采用适当高度的路堤等。

由于沙害情况比较复杂,各种工程设施如设置不当,容易造成更严重的沙害。因此,在设置新的防沙工程设施时,应先进行小规模的试验,并及时总结经验,逐步推广。

三、沙漠地区公路养护与维修要求

(1)加强全面养护。在养护好公路本身的同时,应加强公路防沙治沙设施的养护与维修。

(2)及时消除可能导致公路沙害的因素,加强对沙害隐患的防治。

(3)掌握养护路段的气候规律,加强风期的养护,若公路发生沙害应及时排除。

(4)对重大沙害路段的养护应集中力量,尽快排除因沙害引起的阻车现象。

(5)公路遭遇沙埋后,应及时清除干净,并将沙子搬运到公路下风侧的洼地或 20～30m 外地形开阔处摊平撒开,严禁堆弃在迎风面或路肩上。

(6)加强对沿线机械沙障、阻沙堤和下导风栅板等防沙设施的检查。如发现损坏,应及时维修、扶正及抽拔提高,或适当调整位置及必要时加设。

(7)对路基两侧栽植的草木应加强培育管理,对风蚀严重、根系裸露的应及时扶正,重新埋好,并做好浇水、补苗、除虫、整枝或间伐工作。

1. 公路防洪检查的内容主要有哪些?
2. 简述水毁预防工作内容。
3. 试述桥梁水毁防治。
4. 路面结冰防治措施是什么?
5. 路面防雪工作的措施有哪些?
6. 试述公路防沙治沙的原则。
7. 简述公路突发事件处置应急预案的主要内容。

模块 8
UNIT EIGHT

交通工程及沿线设施与人行道养护

 模块导读

三人行,必有我师焉。择其善者而从之,其不善者而改之。

交通工程及沿线设施是公路的重要组成,它关系着行车、行人的安全和交通的畅通,对提高公路服务性能、保障行车安全及畅通交通具有重要意义。因此,我们不仅要充分了解这些设施的种类、形式、功能、作用和设置要求,还必须对其加强经常性维修保养和管理,及时修复或更换损坏部分,以满足公路的各种功能要求。

交通工程及沿线设施包括交通安全设施,公路机电系统(监控系统、收费系统、通信系统、供配电系统),服务设施及养护房屋等。

人行道是指道路中用路缘石、护栏及其他类似设施加以分隔的专供行人通行的部分,一般宽度为 4m 左右。人行道从单个字解释:以人为本,行成于思,道法自然;从字面看可以解释为:人的行动规律。

本模块思维导图如图 8-1 所示。

 模块任务

(1)熟悉交通工程及 TCI 评定;
(2)掌握交通安全设施的养护;
(3)掌握公路机电系统与服务设施的养护;
(4)掌握城市道路人行道及其附属设施的养护。

 能力目标

(1)能计算交通工程及 TCI 评定;
(2)能叙述交通安全设施的养护方法;
(3)能叙述公路机电系统与服务设施的养护;

(4) 能叙述人行道及其附属设施的养护内容。

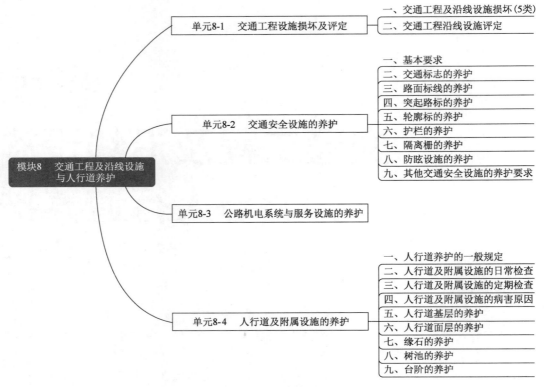

图 8-1　模块 8 思维导图

通过交通工程及沿线设施内容学习，了解新技术、新工艺、新规范下的行业发展，培养与时俱进、爱岗敬业、精耕细作精神。

单元 8-1　交通工程设施损坏及评定

一、交通工程及沿线设施损坏(5 类)

1. 防护设施缺损

防护设施缺损是指防护设施(如防撞护栏、防落网、声屏障、中央分隔带活动护栏和防眩板等)缺失、损坏或损坏修复后达不到技术要求。损坏应按处计算，损坏程度应按以下标准判断：

轻:轻度是指缺损长度小于或等于 4m。每缺损一处扣 10 分。

重:重度是指缺损长度大于 4m。每缺损一处扣 30 分。

2. 隔离栅损坏

隔离栅破损或损坏修复后达不到技术要求,损坏应按处计算,每缺损一处扣 20 分。

3. 标志缺损

各种交通标志(如指示标志、警告标志、禁令标志、里程牌、轮廓标、百米标等)残缺、位置不当或尺寸不规范、颜色不鲜明、污染、可变信息板故障等。损坏应按处计算,其中轮廓标和百米标应每 3 个损坏算 1 处,累计损坏不足 3 个按 1 处计算,每处扣 20 分。

4. 标线缺损

标线(含凸起路标)缺失或损坏,损坏应按长度(m)计算。每缺损 10m 扣 1 分,累计长度不足 10m 应按 10m 计算,评定时不应考虑车道数量的影响。

5. 绿化管护不善

绿化管护不善包括树木和花草等枯萎或缺失,绿化带未及时修剪或有杂物,路段应绿化未绿化。损坏应按长度(m)计算,每 10m 扣 1 分,累计长度不足 10m 按 10m 计算。

二、交通工程沿线设施评定

沿线设施技术状况应采用 TCI(详见单元 2-1)评定。TCI 应按式(8-1)计算:

$$TCI = \sum_{i=1}^{i_0} w_i (100 - GD_{iTCI}) \tag{8-1}$$

式中:GD_{iTCI}——第 i 类设施损坏的累计扣分,最高扣分为 100,按表 8-1 列示的规定取值;

w_i——第 i 类设施损坏的权重,按表 8-2 列示的规定取值;

i——损坏类型;

i_0——沿线设施损坏类型总数,取 5。

沿线设施扣分标准　　　　　　表 8-1

类型(i)	损坏名称	损坏程度	计量单位	单位扣分	权重(w_i)	备注
1	防护设施缺损	轻	处	10	0.25	
		重		30		
2	隔离栅损坏		处	20	0.10	
3	标志缺损		处	20	0.25	
4	标线缺损		m	0.1	0.20	每 10m 扣 1 分,不足 10m 计 10m
5	绿化管护不善		m	0.1	0.20	

沿线设施损坏调查表　　　　　　　　　　　　　　　表 8-2

路线编码名称：		调查方向：			起点桩号：				单元长度：				路面宽度：		
损坏类型	程度	单位扣分	权重 w_i	计量单位	百米损坏扣分										累计扣分
					1	2	3	4	5	6	7	8	9	10	
防护设施缺陷	轻	10	0.25	处											
	重	30													
隔离栅损坏		20	0.10	处											
标志缺损		20	0.25	处											
标线缺损		0.1	0.20	m											
绿化管护不善		0.1	0.20	m											

单元 8-2　交通安全设施的养护

　　交通安全设施主要包括交通标志、交通标线、突起路标、轮廓标、护栏（如波形梁钢护栏、水泥混凝土护栏、缆索护栏等）、隔离栅、防眩设施及其他交通安全设施（如里程碑、百米桩、道口标柱、公路界碑、防落网、锥形交通路标、公路防撞桶、减速垫、安全岛、平曲线反光镜、声屏障、示警标柱、示警灯等）。

　　随着公路交通事业的发展和科技的进步，公路交通安全设施新材料、新产品不断涌现，交通安全设施的种类和范围将会不断扩充，其保障公路交通安全的功能将会不断提高和完善。

一、基本要求

　　(1) 交通安全设施的养护内容包括检查、保养维护和更新改造。其中，检查包括经常性检查、定期检查、特殊检查和专项检查。

　　(2) 平时应加强日常巡查。经常性检查的频率不少于 1 次/月；定期检查的频率不少于 1 次/年；遭遇自然灾害、发生交通事故或出现其他异常情况时，应及时进行附加的特殊检查；设施更新改造之后，应进行全面的专项检查。

　　(3) 应结合设施特点，加强对交通安全设施的养护维修和更新改造。

　　(4) 交通安全设施的养护应满足设施完整和外观质量、安装质量、技术性能等各项质量的要求。

　　(5) 因交通事故、自然灾害或其他原因造成的设施损伤应及时进行修复。

　　(6) 采用常青绿篱和绿色植物进行隔离和防眩时，参照本公路绿化的相关规定进行养护。

　　(7) 对于事故多发路段和一些特殊路段，应结合公路安全保障工程的技术内容，及时改造完善各种交通安全设施。

二、交通标志的养护

1. 公路交通标志的养护要求

（1）应保持交通标志设置合理、结构安全、版面内容整洁、清晰。
（2）标志板、支柱、连接件、基础等标志部件应完整、无缺损且功能正常。
（3）标志应无明显歪斜、变形，钢构件无明显剥落、锈蚀。
（4）标志面应平整，无明显褪色、污损、起泡、起皱、裂纹、剥落等病害。
（5）标志的图案、字体、颜色等应符合相关标准要求。
（6）反光交通标志应保持良好的夜间视认性。

交通标志标牌养护如图 8-2 所示。

图 8-2　交通标志标牌养护

2. 公路交通标志的养护内容

（1）检查测试交通标志的有关质量要求。
（2）清除标志板面及其周围的污秽、杂草、杂物或树木等遮挡物，或在规定范围内挪移标志。
（3）修复变形、弯曲、倾斜的标志板和支柱，补涂剥落的防腐涂层，增补缺损的标志件，紧固松动的连接件。
（4）标志设置或版面内容存在误差时，应进行必要的变更。
（5）对破损的基础进行修补。
（6）对事故多发路段及特殊路段的交通标志，应进行必要的增补、更换。

三、路面标线的养护

现行《道路交通标线质量要求和检测方法》（GB/T 16311）中，将路面标线进行了分类：按标线材料种类分为溶剂型涂料标线、热熔型涂料标线、水性涂料标线、双组分涂料标线和预成型标线带标线；按标线功能分为普通型标线、反光型标线、突起结构型振动反光标线；按标线设置方式分为纵向标线和横向标线。

路面标线养护如图 8-3 所示。

图 8-3　路面标线养护

1. 路面标线的养护要求

(1) 具有良好的可视性,边缘整齐、线形流畅,无大面积脱落。
(2) 颜色、线形等应符合相关标准要求。
(3) 反光标线应保持良好的夜间视认性。
(4) 重新画设的标线应与旧标线基本重合。

2. 路面标线的养护内容

路面标线的养护内容主要包括清洁标线表面和标线的局部补画。具体的养护内容主要包括:

(1) 检查测速路面标线的有关质量要求。
(2) 清洁标线表面。
(3) 标线的局部补画。
(4) 事故多发路段及特殊路段标线的变更、增补。

四、突起路标的养护

突起路标是安装于路面的一种块状突起结构,一般与路面交通标线配合使用,设置在车行道的边缘线外侧或车行道分界线的虚线处。现行《突起路标》(GB/T 24725)中,根据不同的结构形式以及是否具有逆反射特性,将突起路标分为 A1 类、A2 类、A3 类。

突起路标的质量应符合现行《突起路标》(GB/T 24725)规定的要求。太阳能突起路标的质量应符合现行《太阳能突起路标》(GB/T 19813)规定的要求。

突起路标的平均寿命一般为 2 年左右,用于路侧边缘线、车辆较少碾压到的突起路标的寿命会稍长,尤其反光型突起路标的反光片更易破损。因此,突起路标的养护主要是对破损的突起路标进行更换,并及时清理突起路标可能对人、车等造成伤害的残渣。太阳能突起路标是一种特殊形式的突起路标,可以集主动发光和逆反射特性于一体。太阳能突起路标的养护主要是保持其 LED 发光器件的正常发光。

突起路标的养护如图 8-4 所示。

图 8-4　突起路标的养护

1. 突起路标的养护要求

(1) 突起路标应无严重的缺损。
(2) 破损的突起路标应不对车辆、人员等造成伤害。
(3) 突起路标应无明显的褪色。
(4) 突起路标的光度性能应保持其在夜间良好的视认性。

2. 突起路标的养护内容

(1) 检查测试突起路标的有关质量要求。
(2) 补装、更换缺损的突起路标。
(3) 修复或更换太阳能突起路标。
(4) 清理突起路标可能对人、车等造成伤害的残渣。
(5) 对事故多发路段及特殊路段增设或更换突起路标。

五、轮廓标的养护

轮廓标是设置于道路边缘,用于诱导视线的一种设施。轮廓标上具有逆反射体或逆反射材料,在夜间车灯的照射下显示出道路边缘的轮廓,对行车进行安全引导。现行《轮廓标》(GB/T 24970)中,轮廓标分为附着式和柱式两种。当路边有护栏等设施时,使用附着式轮廓标,轮廓标附设于设施之上;当路边无相关设施时,使用柱式轮廓标,轮廓标单独立于路侧。轮廓标的质量应符合现行《轮廓标》(GB/T 24970)的要求。

为保证轮廓标的夜间视认性,应对轮廓标的表面定期进行清洗,去除附着于其上的灰尘、油污等,尤其对安装在波形梁护栏上的附着式轮廓标,因其处于波形梁板凹进部分,雨水很难冲刷到其表面,自洁性较差,只有通过人工擦洗才能使其清洁。

轮廓标反射器如密封不好或受到损伤,雨水渗入其中,将使其逆反射性能大大降低甚至丧失其逆反射特性。因此,应加强对轮廓标的检查测试,若有缺损应及时进行更换和补充。轮廓标的养护如图 8-5 所示。

图 8-5 轮廓标的养护

1. 轮廓标的养护要求

(1) 轮廓标应进行表面清洗。
(2) 轮廓标应无缺损。
(3) 轮廓标应无明显的褪色。
(4) 轮廓标的光度性能应保持其在夜间良好的视认性。

2. 轮廓标的养护内容

(1) 检查测试轮廓标有关质量要求。
(2) 清洁轮廓标表面。
(3) 紧固轮廓标松动的连接件。
(4) 更换破损的轮廓标。
(5) 对事故多发路段及特殊路段增设或更换轮廓标。

六、护栏的养护

护栏是一种重要的交通安全设施,通常设置于公路两侧和中央分隔带,用于防止失控车辆越出路外或穿越中央分隔带闯入对向车道,同时吸收碰撞能量,保护车辆和司乘人员生命安全。

根据其材料和结构特性,护栏分为半刚性护栏、刚性护栏和柔性护栏。其中,半刚性护栏是一种连续的梁柱式护栏结构,具有一定的刚度和柔性。波形梁钢护栏是半刚性护栏的主要代表形式,是以波纹状钢护栏板相互拼接并由立柱支撑而组成的连续结构,主要由护栏板、立柱、柱帽、防阻块(托架)、紧固件等部件组成(图 8-6)。刚性护栏是一种基本不变形的护栏结构。水泥混凝土护栏是刚性护栏的主要形式,是以一定形状的水泥混凝土块相互连接而组成的墙式结构(图 8-7)。柔性护栏是一种具有较大缓冲能力的韧性护栏结构。缆索护栏是柔性护栏的主要代表形式,是以数根施加初张力的缆索固定于立柱上而组成的结构,主要由缆索、立柱、斜撑、锚具等部件组成(图 8-8)。

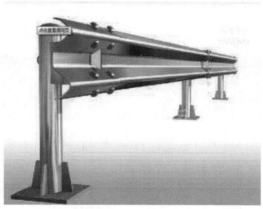

图 8-6　波形梁钢护栏

图 8-7　水泥混凝土护栏

图 8-8　缆索护栏

护栏的养护工作应保持护栏的结构合理、安全可靠。护栏各组成部件应完整、无缺损,波形梁钢护栏、缆索护栏应无明显变形、扭转、倾斜、松动,钢构件无明显锈蚀;水泥混凝土护栏应无明显裂缝、掉角、破损等缺陷。护栏质量应符合《公路波形梁钢护栏产品质量行业监督抽查实施规范》(JDCC 2020-3)及其他相关标准、规范的规定及设计要求。

1. 护栏的养护要求

1) 波形梁钢护栏的养护要求

(1) 保持波形梁钢护栏的结构合理、安全可靠。

(2) 护栏板、立柱、柱帽、防阻块(托架)、坚固件等部件应完整、无缺损。

(3) 护栏质量符合相关标准要求。

(4) 护栏的防腐层应无明显脱落,护栏无锈蚀。

(5) 护栏板搭接方向正确,螺栓坚固。

(6) 护栏安装线形顺畅,无明显变形、扭转、倾斜。

2) 水泥混凝土护栏的养护要求

(1) 保持水泥混凝土护栏线形顺畅、结构合理。

(2)水泥混凝土护栏应无明显裂缝、掉角、破损等缺陷。

(3)水泥混凝土护栏使用的水泥、砂、石、水、外加剂、钢筋等材料质量应符合相关标准、规范及设计要求。

(4)水泥混凝土护栏的几何尺寸、地基强度、埋置深度以及各块件之间、护栏与基础之间的连接应符合设计要求。

3)缆索护栏的养护要求

(1)缆索护栏各组成部件应无缺损。

(2)缆索护栏各组成部件应无明显变形、倾斜、松动、锈蚀等现象。

(3)缆索护栏使用的缆索、立柱、锚具等材料质量应符合相关标准、规范及设计要求。

2.护栏的养护内容

1)波形梁钢护栏的养护内容

(1)检查测试波形梁钢护栏的有关质量要求。

(2)清洗护栏表面,去除油污和污物。

(3)补充、更换缺损的波形梁钢护栏部件。

(4)紧固松动的连接螺栓和拼接螺栓。

(5)对破损的防腐涂层进行部分或全部重新防腐并进行除锈处理。

(6)矫正、修复或更换毁损的波形梁板、立柱等部件。

(7)对事故多发路段及特殊路段的波形梁钢护栏进行相应的调整、加固。

2)水泥混凝土护栏的养护内容

(1)检查测试水泥混凝土护栏的有关质量要求。

(2)修复破损、位移的水泥混凝土护栏。

(3)清洗水泥混凝土护栏表面的油污、污物。

(4)对事故多发路段及特殊路段的水泥混凝土护栏进行调整、加固。

3)缆索护栏的养护内容

(1)检查测试缆索护栏的有关质量要求。

(2)补充、更换缺损的缆索护栏部件。

(3)紧固松动的连接件。

(4)对锈蚀的缆索、立柱、锚具等进行更换或重新进行防腐处理。

(5)对事故多发路段及特殊路段的缆索护栏进行调整和加固处理。

七、隔离栅的养护

隔离栅是指设置于高速公路和一级公路的路侧,用于防止无关人员和牲畜进入、穿越,同时防止非法侵占公路用地的一种隔离设施。隔离栅主要由金属网片、立柱、斜撑、连接件、基础等部件组成。根据不同的金属网结构,隔离栅一般分为钢板网型隔离栅、焊接网型隔离栅、编织网型隔离栅及刺钢丝型隔离栅。

隔离栅质量应符合现行标准要求。隔离栅的养护质量,主要应侧重于保证隔离栅的完整无缺,其起到防止人畜非法进入的正常作用,以保障高速公路和一级公路上车辆的快速安全通行。

当隔离栅出现破损时,犬类等动物能轻易翻越并进入高速公路,行驶车辆可能造成因躲避动物而发生交通事故。因此,应重视对隔离栅的养护管理工作,如图8-9所示。

图8-9 隔离栅的养护

1. 隔离栅的养护要求

(1)应保持隔离栅的完整无缺,功能正常。
(2)隔离栅金属网片、立柱、斜撑、连接件、基础等部件无缺损。
(3)隔离栅质量应符合相关标准要求。
(4)隔离栅应无明显倾斜、变形,各部件稳固连接。
(5)隔离栅防腐涂层应无明显脱落、锈蚀现象。

2. 隔离栅的养护内容

(1)检查测试隔离栅的有关质量要求。
(2)修复破损的隔离栅金属网片。
(3)安装、紧固缺损或松动的连接件。
(4)修补立柱或基础。
(5)对严重锈蚀的隔离栅部件进行除锈、防腐处理或更换。

八、防眩设施的养护

防眩设施是指为防止对向车辆的灯光对驾驶员的眼睛造成眩光,保障安全行驶而在公路的中央分隔带安装的一种设施。防眩设施目前一般使用防眩板,由金属、塑料、玻璃钢等耐候性较好的材料制作而成,也有利用中央绿化带作为防眩设施的。防眩板的防眩功能主要取决于防眩板的宽度、安装高度和安装间距。防眩设施养护工作的重点是补装、修复或更换缺损的防眩设施,保持设施的完整和正常的防眩功能,如图8-10所示。

防眩设施质量应符合现行标准要求。

1. 防眩设施的养护要求

(1)防眩板、防眩网等防眩设施应完整、清洁,具有良好的防眩效果。
(2)防眩设施应安装牢固,无缺损。
(3)防眩设施应无明显变形、褪色或锈蚀。

（4）防眩设施的质量应符合相关标准要求。

图 8-10　防眩设施的养护

2. 防眩设施养护的内容

（1）检查测试防眩设施的有关质量要求。
（2）清洁防眩设施表面的油污、赃物。
（3）补装、修复或更换缺损的防眩设施。

九、其他交通安全设施的养护要求

随着公路建设的发展和新技术、新材料的不断涌现，交通安全设施也在不断推陈出新，更加趋于合理和完善。除以上标志标线、护栏等外，目前现有的其他交通安全设施主要有里程碑、百米桩、道口标柱、公路界碑、防落网、锥形交通路标、公路防撞桶、减速垫、安全岛、平面曲线反光镜、声屏障、示警标柱等。应根据其设施特点采取相应的养护手段，保持交通安全设施的清洁完整和功能正常，使其符合有关标准、规范的质量要求。

锥形交通路标、公路防撞桶的质量应符合现行标准的要求，里程碑、百米桩、道口标柱、公路界碑、防落网、减速垫、安全岛、平曲线反光镜、声屏障、示警标柱等质量应符合相关的标准和规范要求。其中，示警标柱是设置在漫水桥和过水路面两侧以及平原区 4m 以上、山岭区 6m 以上高路堤和危险路段两侧，以标明公路边缘和线形的标志。

其他交通安全设施的养护要求

（1）应保持里程碑、百米桩、道口标柱、公路界碑、防落网、锥形交通路标、公路防撞桶、减速垫、安全岛、平曲线反光镜、声屏障、示警标柱等交通安全设施的清洁完整和功能正常。

（2）应选择恰当和可行的方法对里程碑、百米桩、道口标柱、公路界碑、防落网、锥形交通路标、公路防撞桶、减速垫、安全岛、平曲线反光镜、声屏障、示警标柱等交通安全设施进行养护。

交通安全设施的养护要点表 8-3。

交通安全设施养护 表 8-3

类 别	养 护 要 点
跨线桥	(1)每年检查1~2次,有严重自然灾害或被车辆碰撞时,应及时检修。 (2)若发现桥面、台阶损坏,油漆剥落、磨损、褪色,应及时修复,结构部分损坏应按设计补修。 (3)应及时清除桥面杂物和积雪,做好日常保洁工作。 (4)其结构性的修理养护工作同桥梁养护
地下通道	(1)每月定期检查有无漏水等异常,排水道及排水机械是否完好,照明及防范设施有无损坏。 (2)经常清扫,定期粉饰;对照明、排水、防范设施等实行例行保养,避免通道内积水。 (3)对其路面的养护问题同路面养护
护栏	(1)每季度检查结构有无损坏、变形、脱漆、锈蚀,拉索有无松弛,护柱缺失。 (2)经常清除周围杂草、积物,脱漆应修补。 (3)由自然灾害及交通事故造成损坏或变形,应按原样修复,护柱损坏丢失应补充更换。 (4)路基路面高程变化后,护栏高度应予以调整。 (5)严重锈蚀的金属护栏应予以更换。 (6)涂有油漆的护栏或护柱,应定期重新刷油漆,周期可按当地气候、油漆质量决定,一般1~2年一次
隔离栅	(1)除日常巡视外,每季度定期检查一次,看结构有无损坏、变形、污秽或张贴广告、启事,是否有油漆脱落、金属生锈现象。 (2)广告、启事应定期清洗污秽,每2~4年重新刷油漆,损坏按原样修复
标柱	经常检查有无缺损、歪斜,并保持位置正确,油漆鲜明,若有缺损应及时补缺
反光镜	(1)经常检查反光镜位置、方向、角度是否正确,支架有无倾斜,镜面有无污秽和损坏。 (2)及时清除镜面污秽及反光镜周围杂草等遮蔽物,保证位置、方向、角度正确
照明	(1)日常巡视时应检查亮灯情况,灯罩、电杆、灯具安装情况,对存在的问题应及时予以解决。 (2)对车辆事故造成的损坏,应马上予以处理;暴风、台风、地震后应检查检修孔的排水情况,检查配电盘及电源线的引入线情况;涂漆情况,发现问题及时解决。 (3)定期检查,一般一年左右一次,应对设备安装、检查孔的排水、配电盘状态、油漆、照明等进行全面检测
防眩板	(1)除日常巡视外,应定期检查,如防眩板是否完整、缺失,金属材料是否脱漆生锈。 (2)一般每年一次除锈、涂漆,如发现缺损应及时补缺
隔声设施	除日常巡查外,应定期检查隔声墙板是否有破损,有无污秽或张贴广告、启事,如有,应清除或修复破损。
交通信号	(1)应经常清除信号灯上污秽,灯泡如有损坏应及时更新。 (2)应经常检查信号灯和操作台之间以及计算机之间通信线路,注意接头是否良好,线路是否老化。 (3)对操作盘式计算机应按操作规程要求经常检测
中央分隔带	日常巡查时,注意及时清除中央分隔带杂草污秽、积水。中央分隔带上树木、防眩设备的养护见有关规定;路缘石若损坏严重应及时更换

单元 8-3 公路机电系统与服务设施的养护

公路机电系统包括监控系统、收费系统、通信系统、供配电系统等,其维护质量标准根据现行《公路工程质量检验评定标准 第二册 机电工程》(JTG F80/2)中规定执行。

(1)定期对监控系统的地图屏、投影显示屏、计算机系统、区域控制器、匝道控制器、车辆检测器、可变信息标志、闭路电视、气象检测仪、交通调查数据采集设备,照明、风机、消防喷淋等设备的控制系统的工作环境、状态和性能进行检查、检测和维护。

(2)应定期对收费系统的车道控制器、闭路电视、对讲系统、显示器、键盘、IC(磁)卡发卡机、IC(磁)卡读写器、票据打印机等收费车道亭内设备和电动栏杆机、费额显示器、摄像机、手动栏杆、电源线、雨棚信号灯、车道通信灯、雾灯、车辆检测器、不停车收费系统的路侧读写单元、天线控制器等设备进行检查、检测和维护。公路机电系统示例如图8-11所示。

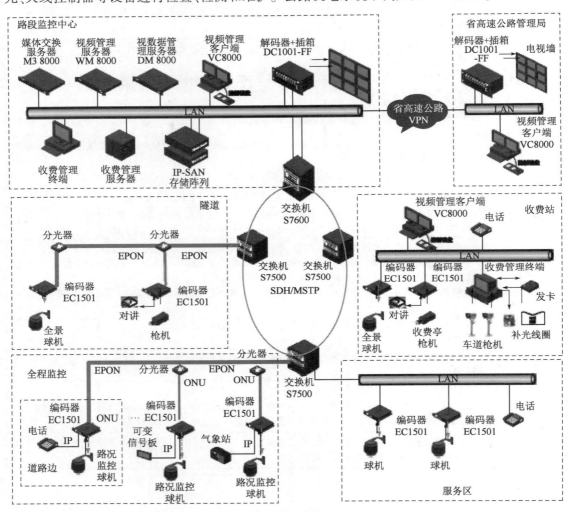

图8-11 公路机电系统示例

(3)应定期对通信系统的光电缆传输线路、数字传输系统(包括准同步系列PDH,同步字系列SDH)、数字程控交换机、IP网络设备、紧急电话系统和无线通信系统进行检查、检测和维护。

(4)应定期对公路专用的供配电系统(包括高压配电装置、电力变压器、低压配电装置、配电线路和照明设备等)进行检查、检测和维护。

(5)应认真做好公路机电系统的检查、检测和维护工作记录。

公路机电系统各设备的检查、检测及维护的主要项目和周期见《公路养护技术规范》(JTG

H11)附录Ⅰ。

服务设施是指公路为过往车辆和司乘人员提供停置、加油、维修和食宿、休息等服务的服务区设施,以及长途客车停靠站、停车场等。服务设施既包括服务区、停车区和收费站、加油站等的土建及附属设施,也包括公共汽车停靠站等设施。服务设施的配置应符合相关规范要求。

现行《公路工程技术标准》(JTG B01)中,将交通工程及沿线设施分为 A、B、C、D4 级。其中 A 级适用于高速公路,B 级适用于一级公路、二级公路作为干线公路时,C 级适用于一级公路、二级公路作为集散公路时,D 级适用于三级公路、四级公路。现行《公路工程技术标准》(JTG B01)规定,A 级、B 级应设置服务区、停车区和公共汽车停靠站;C 级、D 级可根据需要设置加油站、公共厕所等设施。

服务设施的养护应符合下列要求:
(1)及时清扫场地,清除场内杂物,清理疏通排水设施。保持服务区内环境的整洁卫生。
(2)定期检查消防设备的数量及完好情况;灭火器药剂必须定期更换。
(3)服务区内的道路、房屋、立体交叉、交通标志和标线、绿化、通信等设施的养护与维修,参照《公路养护技术规范》(JTG H11)中有关章节的规定执行。

单元 8-4　人行道及附属设施的养护

人行道是指道路中用路缘石、护栏及其他类似设施加以分隔的专供行人通行的部分,如图 8-12 所示。在城市里人行道是非常普遍的,一般街道旁均有人行道。有些地方的人行道与机动车道之间隔着草地或者树木。在乡村人行道比较少。在发达国家许多地区的法律要求人行道上移除所有不便利残疾人使用的设施,因此在过马路的地方人行道专门降低到马路同一个水平,以便轮椅过马路。人行道作为城市道路中重要的组成部分之一,随着城市的快速发展,其使用功能已不再单纯是行人通行的专用通道,它在城市发展中被赋予了新的内涵,对城市交通的疏导、城市景观的营造、地下空间的利用、城市公用设施的依托等方面都发挥着重要的作用。

图 8-12　人行道效果图

人行道养护包括基层、面层、无障碍设施、缘石、树池、台阶等的养护。此外,对人行道及其附属设施应经常巡查。

1. 人行道养护的一般规定

(1) 表面应平整,无障碍物,无积水,砌块无松动、残缺,相邻块高差应符合要求。

(2) 路缘石和台阶应稳定牢固,不得缺失。

(3) 树池框不得拱起或残缺。

(4) 人行道上检查井不得凸起或沉陷,检查井盖不得缺失。

(5) 路名牌和指示牌等公用设施应设置在人行步道的设施带范围内。

(6) 无障碍坡道及盲道设置应符合现行《无障碍设计规范》(GB 50763) 和《无障碍设施施工验收及维护规范》(GB 50642) 的规定。

2. 人行道及附属设施的日常检查

1) 人行道检查的内容

(1) 道面及侧石顶面是否完整,道面有无积水。

(2) 道面砌块及侧石是否牢固,砌块间缝宽及相邻砌块间高差是否符合要求。

(3) 道面纵横坡是否符合原设计要求,侧石外边线是否直顺。

(4) 道面铺砌块及侧石是否完整。

(5) 道面上的树穴位置是否正确。

2) 附属设施检查的内容

(1) 附属设施的位置是否正确,有无被路树遮蔽的现象。

(2) 附属设施的表面是否清洁、齐整。

(3) 各种立柱是否竖直、稳定。

(4) 金属构件表面的油漆是否完好。

(5) 绿带式中央隔离带的侧石是否稳固、直顺、完整,绿带内是否整洁,树枝有无影响行车或遮挡交通标志。

(6) 墙式及垛式防护栏的结构是否稳固、有效。

(7) 各类交通标志牌字迹是否清晰、完整。

3) 其他设施检查的内容

(1) 场内各种设备及设施是否齐全完好,其性能是否符合设计要求。

(2) 场内道面是否坚固、平整,场内排水是否通畅,地面有无积水。

(3) 场内的绿地、绿树和花坛的布置是否合适,是否美观、大方。

3. 人行道及附属设施的定期检查

对城市人行道及附属设施的定期检查属详细检查,每月进行一次。定期检查要使用测量工具详细地检查人行道及附属设施存在的病害,并同时做好检查内容的记录,发现病害应及时修复。定期检查的内容及其标准如下:

(1) 人行道面上的坑槽(包括树穴边缘人行道缺损),其深度大于 20mm 应予以修复。

(2) 人行道面上的 1m² 范围内深度大于 20mm 时,则应及时修复。

(3) 人行道上的错台、预制板与侧石、板与板之间的高度大于 10mm 时应予以修复。

(4) 人行道上拱起，低点与高点之差大于 30mm 时应及时修复。

(5) 人行道上的各类井框高于或低于人行道 20mm 时应进行修理。

(6) 人行道路面残缺损坏长度超过 400mm 时应进行修复。

(7) 侧平石的损坏长度超过 400mm 时应及时修复。

(8) 各类路（名）牌的垂直偏差超过 50mm，字迹不清晰，玻璃钢路名牌脱落，混凝土路名牌等严重缺损、露筋时，应及时修复。

(9) 护栏的垂直偏差超过 50mm、油漆大面积脱离时需要修复。

4. 人行道及附属设施的病害原因

1) 人行道病害原因

预制混凝土板常见病害有坑槽、沉陷、高低差、平整度、井框高差；整体铺装人行道常见病害有坑槽、沉陷、井框高差、脱皮、裂缝等，如图 8-13 所示。

图 8-13　人行道病害

人行道病害的主要原因包括：

(1) 预制块混凝土人行道板受雨水冲刷，嵌缝料流失造成板块的松动以及由基层土壤流失造成的沉陷、坑槽、板块出现高低差及井框高差等。

(2) 整体铺装的人行道板受雨水冲刷造成基层土壤流失，在水的不断侵蚀下，面层产生裂缝。裂缝扩大后造成坑槽、沉陷。

(3) 施工期间因基层没有夯实，密实度达不到要求，造成路面沉降，形成沉陷、裂缝和高低差。

(4) 各类井框周围，因施工覆土没有达到标准密实度，发生局部沉降，形成井框高差。

(5) 整体铺装，人行道板因抹面等工序没有处理好而造成裂缝、脱皮等现象。

(6) 在人行道上停放重车、堆积重物而形成人行道坑槽和裂缝。

2) 侧平石病害原因

(1) 施工过程中因侧平石不牢固，使用后造成倾倒、沉降。

(2) 在使用过程中，因重型车辆撞击造成侧平石的沉降、残损、断裂等。

(3) 由于侧平石成品质量有问题而出现的裂缝、蜂窝等病害。

侧平石病害如图 8-14 所示。

3) 路名牌病害原因

(1) 路名牌因遭日晒雨淋或受烟熏造成字迹模糊,难以辨认。
(2) 路名牌因施工中不牢固,没有达到规定要求而造成倾斜或倒落。
(3) 路名牌在使用中因悬挂重物或受车辆碰撞造成损坏及倾倒。

路名牌病害如图 8-15 所示。

图 8-14　侧平石病害　　　　　　　　图 8-15　路名牌病害

5. 人行道基层的养护

人行道基层养护应遵循下列要求:

(1) 人行道面层砌块铺装时,应设置满足强度要求的基层。
(2) 当人行道下沉和拱胀凸起时,应对基层进行维修。
(3) 当采用其他材料维修基层时,其强度不应低于原基层材料。
(4) 基层维修不应采用薄层贴补。
(5) 冬期进行基层维护不宜采用石灰稳定类和水泥稳定类材料,否则应采取防冻措施。

6. 人行道面层的养护

(1) 面层养护应包括下列内容:
① 砌块填缝料散失的补充。
② 路面砖松动、破损、错台、凸起或凹陷的维修。
③ 沉陷、隆起或错台、破损的维修。
④ 检查井沉陷和凸起的维修。
(2) 振捣成型、挤压成型的面层砌块和加工的石材可用作人行道面层的铺装。
(3) 若发现人行道面层砌块松动应及时补充填缝料,充填稳固;若垫层不平,应重新铺砌。
(4) 面层砌块缝隙应填灌饱满,砌块排列应整齐,面层应稳固、平整,排水应通畅。
(5) 垫层材料可采用干砂、石屑、石灰砂浆、水泥砂浆等。
(6) 面层养护应符合下列规定:
① 面层砌块应具有防滑性能,其材质标准应符合表 8-4 的规定。

人行道面层砌块材质标准　　　　　　　　　　　　　　表 8-4

项　目	技 术 要 求
抗弯拉强度(MPa)	不低于设计要求
抗压强度(MPa)	≥30
对角线长度(mm)	±3(边长>350mm)，±2(边长≤350mm)
厚度(mm)	±3(厚度>80mm)，±2(厚度≤80mm)
边长(mm)	±3(边长>250mm)，±2(边长≤250mm)
缺边掉角长度(mm)	≤10(边长>250mm)，≤5(边长≤250mm)
其他	颜色一致、无蜂窝、露石、脱皮、裂缝等

②当面层砌块发生错台、凸出、沉陷时，应将其取出，整理垫层，重新铺装面层，填缝；修理的部位应与周围的面层砌块砖相接平顺。

③对基层强度不足产生的沉陷或破碎损坏，应先加固基层，再铺砌面层砌块。

④砌块的修补部位宜大于损坏部位一整砖。

⑤检查井周围或与构筑物接壤的砌块宜切块补齐，不宜切块补齐的部分应及时填补平整。

⑥盲道砌块缺失或损坏应及时修补；提示盲道的块型和位置应安装正确。

⑦人行道在养护维修中应满足排水要求。人行道维修如图 8-16 所示。

图 8-16　人行道维修

7. 缘石的养护

缘石的养护应遵循下列要求：

(1)缘石应保持清洁。冬季应及时清除含有盐类、除雪剂的融雪。

(2)混凝土缘石应保持稳固、直顺，当发生挤压、拱胀变形时应调整并及时勾缝。

(3)更换的缘石规格、材质应与原路缘石一致。

(4)道路翻修、人行道改造时，砌筑缘石应采用 C15 水泥混凝土做立缘石背填。

(5)对花岗石、大理石类缘石的维修养护，其缝宽不得小于 3mm，最大缝宽不得超过 10mm，如图 8-17 所示。

(6)缘石标准应符合表 8-5 的规定。

缘石标准　　　　　　　　　　　　表 8-5

项　目	技术要求
抗弯拉强度(MPa)	不低于设计要求
抗压强度(MPa)	≥30
长度(mm)	±5
宽度与厚度(mm)	±2
缺边掉角长度(mm)	<20,外路面、边、棱角完整
其他	颜色一致,无蜂窝、露石、脱皮、裂缝等

8. 树池的养护

树池的养护应遵循下列要求:

(1) 人行道树池尺寸应根据步道宽度确定,且不宜小于 1m×1m。

(2) 未绿化的人行道应预留树池,边框与路缘石的距离宜大于 300mm。

(3) 树池边框应与人行道相接平顺;

(4) 当混凝土树池出现剥落、露筋、翘角或拱胀变形时,铸铁类和再生塑料类的树池出现断裂或缺失,应及时维修更换,如图 8-18 所示。

图 8-17　路缘石维修

图 8-18　树池维修

9. 台阶的养护

若台阶破损或失稳时,应及时维修,维修台阶每阶高度应一致。台阶顶面应具有防滑性能。

1. 交通工程及沿线设施有哪些?
2. 公路交通安全设施有哪些?
3. 公路交通标志如何分类?
4. 路面标线的养护要求是什么?
5. 人行道常见的病害有哪些?
6. 人行道与侧平石日常养护的内容是什么?

模块 9 UNIT NINE
道路绿化与环境保护

 模块导读

绿水青山就是金山银山。

公路绿化是绿化国土的重要组成部分,是公路建设和养护中的一项重要内容,其能稳固路基、保护路面、美化路容、改善环境、减少噪声、舒适行旅、诱导汽车行驶,同时也是防风、防沙、防雪、防水害的重要措施之一。

公路绿化按其绿化的位置、作用和性质划分,主要分为防护林、风景林和美化沿线景观的小型园林、花圃、草坪等。

公路绿化应贯彻"因地制宜、因路制宜、适地适树"的方针,科学规划,合理选择绿化植物品种。

市政道路绿化为居民日常生活提供长期环境效益和生态效益。市政道路绿化具有狭义和广义之分。狭义上仅指城市道路绿化,广义上则包括城市干道、居住区、公园绿地和附属单位等各种类型绿地中的道路绿化。

本模块思维导图如图 9-1 所示。

 模块任务

(1) 熟悉公路绿化工作;
(2) 熟悉公路环境保护工作;
(3) 了解市政道路绿化特点。

能力目标

(1) 能描述公路绿化的目的和范围;
(2) 能叙述公路绿化的规划及要求;
(3) 能说明树木的栽植与管护要求;
(4) 能描述公路及沿线设施周围环境保护要求;
(5) 能描述市政道路绿化养护内容。

思政目标

通过我国道路绿化知识学习,增强环境保护意识,培养人与自然和谐共生理念。

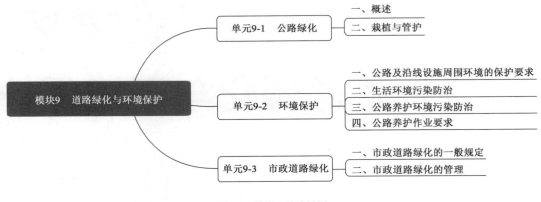

图9-1　模块9思维导图

单元9-1　公路绿化

一、概述

1. 公路绿化范围

公路绿化的范围包括公路两侧边坡、中央分隔带及沿线空地等一切可绿化的公路用地,以及利于绿色的乔木、灌木及花、草合理覆盖的工程,如图9-2所示。

图9-2　公路绿化设计

2. 公路绿化目的

(1) 利于路基的稳定,防止雨水冲刷。
(2) 保护路面,调节温度和湿度。
(3) 利于诱导机动车辆安全行驶。
(4) 防止公路环境污染,降低行车噪声。
(5) 丰富道路两侧景观,有利于驾驶员、乘客及沿线居民的身心健康。
(6) 扩大国土绿化面积,改善生态环境。

3. 公路绿化规划

公路绿化规划应根据公路等级、沿线地形、土质、气候环境和绿化植物的生物学特性,以及对绿化的功能要求,结合地方公路绿化规划进行编制。新改建公路的绿化工程应与公路主体工程设计、施工、验收同步进行。

4. 公路绿化要求

对于公路绿化栽植成活率、保存率指标,不同类型区应分别符合下列要求。

(1) 平原区:成活率达 90% 为合格,95%(含)以上为优良;保存率达 85% 为合格,90%(含)以上为优良。
(2) 山区:成活率达 85% 为合格,90%(含)以上为优良;保存率达 80% 为合格,85%(含)以上为优良。
(3) 寒冷草原区及沙、碱、干旱区:成活率达 75% 为合格,80%(含)以上为优良;保存率达 70% 为合格,75%(含)以上为优良。

公路绿化植物应定期进行修剪、整形,加强病虫害防治。

5. 公路绿化方针

公路环境保护应贯彻"预防为主、防治结合、综合治理"的方针,保护、改善、提高公路环境质量。

二、栽植与管护

(1) 不同等级和不同路段公路绿化要求:

① 高速公路、一级公路的中央分隔带宜种植灌木、花卉或草皮。服务区应结合当地环境、景观要求,另行设计,单独实施。

② 二级及二级以下公路,宜采用乔木与灌木相结合的方式,并充分体现当地特色。

③ 平面交叉在设计视距影响范围以内,不得种植乔木;在不影响视线的前提下,可栽植常绿灌木、绿篱和花草。

④ 小半径平曲线内侧不得栽植影响视线的乔木或灌木,其外侧可栽植成行的乔木,以诱导汽车行驶,增加安全感。

⑤ 立体交叉分割形成的环岛,可选择栽植小乔木或灌木,实现丛林化。互通式立体交叉的匝道转变处构成的三角区内,应满足通视要求。

⑥ 隧道进出口两侧 30~50m 范围内,宜栽植高大乔木,尽可能形成隧道内外光线的过渡

段,以利车辆安全行驶。

⑦桥头或涵洞两头5~10m范围内,不宜栽植乔木,以免根系破坏桥(涵)台。

(2)不同类型地区的公路绿化要求:

①山区:应实施具有防护功能的绿化工程,如防护林带、灌木、草皮护坡等,如图9-3所示。

②平原区:应栽植单行或多行的防护林带,如图9-4所示。

图9-3　山区绿化　　　　　　　　　　图9-4　平原植被

③草原区:应在线路两侧栽植以防风、防雪为主的防护林带,如图9-5所示。

④风沙危害地区:以营造公路防风、固沙林带为主,栽植耐干旱、根系发达、固沙能力强的植物品种,如图9-6所示。

图9-5　草原区植被　　　　　　　　　　图9-6　风沙危害地区植被

⑤盐碱区:应选择抗盐、耐水湿的乔木、灌木品种,配栽成多行绿化带,如图9-7所示。

⑥旅游区:通往名胜古迹、风景区、疗养休闲区、湖泊等地的公路,应注重美化,营造风景林带,可栽植有观赏价值的常绿乔木、灌木、花卉及珍贵树种和果树类,如图9-8所示。

(3)公路绿化植物的栽植应符合现行《公路工程技术标准》(JTG B01)中关于公路建筑限界的规定,乔木和灌木的株行距可根据不同的树种、冠幅大小选择。

(4)绿化植物成活后到郁闭前,应加强抚育管理,及时检查、补植、浇水、除草、松土、施肥、整形等。

绿化植物冠幅投影面积与绿化占地面积之比达到0.6以上时为郁闭。绿化植物郁闭后,应及时修剪抚育,促进其生长和发育健壮,形状优美,透光适度,通风良好,减少病虫害的发生,适时开花结果。应定期修剪草皮,保持草高不超过 150mm,避免叶茎过长,影响排水,遮挡阳光,通风不良,诱发病虫害。

图 9-7　盐碱区植被

图 9-8　旅游区植被

(5)加强公路绿化巡查,根据各类绿化植物病虫害发生、发展和传播蔓延的规律,及时采取相应防治措施,保障绿化植物正常生长。每年春季或秋季,宜在乔木树干上距地面 1～1.5m 高度范围内刷涂白剂,如图 9-9 所示。

图 9-9　绿树涂白

刷涂白剂的目的是预防病虫害侵染,增添公路美观。涂白剂的配制方法:生石灰 5kg + 石硫合剂原液 0.5kg + 盐 0.5kg + 动物油 0.1kg + 水 20kg。

防治绿化植物病虫害应以预防为主,开展生物、化学防治与造林措施相结合进行综合防治,应贯彻"治早、治小、治了"的防治方针,严格苗木检疫制度,消灭越冬虫卵、蛹、烧毁落叶虫卵、虫茧,及时消除衰弱、病害植株。

(6)绿化公路的乔木、灌木、花草及防护林、风景林等,不宜在较长路段内采用同一绿化植物品种,应分段轮换栽植不同品种,以减少病虫害的传播和蔓延。

(7)严格遵守《中华人民共和国森林法》,任何单位和个人不得擅自砍伐、破坏公路绿化。公路绿化符合下列情况之一者,方可履行报批手续经批准后采伐或更新:

①公路路树过密且不宜移植,需进行抚育采伐的。

②经有关部门鉴定,树木确已进入衰老期或品种严重退化的。
③公路改建或加宽需采伐原有公路绿化的。
④公路树木发生大规模病虫害,经有关部门鉴定确需采伐或更新的。
⑤生长势弱,效果差,影响路容路貌的。

(8)公路绿化采伐证须按有关规定程序办理。经批准采伐公路绿化,必须按采伐证规定的树种、数量、路线长度,在规定的时间内采伐,不得超量或超期采伐。公路改建需采伐的树木,如有移植价值,应尽可能移植利用。路树经采伐形成的空白路段应在其后的第一个绿化季节及时补植,并加强管护。严禁无证采伐。但在非常时期,如遇战备、救灾、水毁抢修等特殊情况,为保障公路通行,可先行砍伐,后补办有关手续。

(9)为了掌握公路绿化的发展变化情况,积累资料,应建立公路绿化档案。

单元 9-2　环境保护

环境是人类赖以生存、繁衍和发展的基本条件。人类环境包括自然环境和社会环境。环境保护是我国的一项基本国策。为了避免公路建设和养护作业所产生的环境污染和对生态环境的破坏,必须切实做好公路环境保护工作,如图 9-10 为美丽的广西合那高速公路(合浦县到那坡县)。

图 9-10　广西合那高速公路(合浦县到那坡县)

公路环境保护应以防为主,在工程设计开始即从主观上考虑环境保护问题,以免引起环境破坏和污染,进而保护环境。

公路改建工程设计应妥善处理好主体工程与环保措施间的关系,尽可能从路线方案、指标的运用上合理取舍,而不应过多地依赖环境保护设施来弥补。当公路工程对局部环境造成较大影响时,应进行主体工程方案与采取环保措施间的多方案比选。

环境保护标准是指国家颁布的环境保护质量标准,如现行《环境空气质量标准》(GB 3095)、

《地表水环境质量标准》(GB 3838)等。技术指标是指对环境保护总体设计原则量化的某些设计指标,如线位距环境敏感点的最小距离、乡村地区通道一般间距、路基填(挖)控制高度等。

一、公路及沿线设施周围环境的保护要求

公路及沿线设施周围环境的保护要求如下:

(1)公路环境保护应与公路建设和养护相结合,开发和利用环境。

(2)公路环境保护应体现经济效益、社会效益,各种环境保护设施应做到因地制宜、技术可行、经济合理。

(3)公路养护工程应以维护生态、降低污染、保护沿线环境为目标,对施工与营运期产生的污染应采取相应的处治措施。

(4)对位于自然保护区、水源保护地、森林、草原、湿地和野生生物及其栖息地的公路,养护作业时应妥善处理施工废料、废水。废方弃置应注意保护自然水流形态,避免阻塞河道水流或造成水土流失。废水不得直接排入饮用水体和养殖水体。

自然保护区、水源保护区、湿地系指国家有关行政主管部门明文划定的且规定有相应的范围、级别的区域。野生生物主要指《国家保护植物名录》中的植物与《国家重点保护野生动物名录》中的动物。对生态环境提出保护方案主要指植物防护或工程防护方案,如尽可能减少对原有地表植被的破坏,减少工程的开挖面与覆盖面,设置绿化带,将路面径流引出或筑砌挡墙、排水沟、改路堤为桥等。图 9-11 为张北草原天路。

图 9-11 张北草原天路

(5)增强生态保护和水土保持意识,保护生态资源,少占土(耕)地,做好公路用地范围内的水土保持工作;对边坡、荒地的水土流失,应做好治理工作。

二、生活环境污染防治

生活环境是指人们正常生活工作的环境,包括人类食用生物的生长环境,如水产养殖水体等。保护环境目的是保护人们的身体健康和正常生活、工作。

公路养护应注意防治下列生活环境污染。
(1)养护施工作业噪声对声环境的污染。
(2)拌和站(场)的烟尘、施工扬尘、路面清扫扬尘对环境空气的污染。
(3)公路服务区等的生活污水、路面径流、施工废水和废渣等对水环境的污染。
(4)养护施工中的废弃物对环境的污染。

三、公路养护环境污染防治

公路养护环境污染防治是指对公路养护作业产生的噪声、废料、废气、污水等生活环境污染的防治。公路养护环境污染防治应采取下列有效措施：
(1)积极试验和采用无污染或少污染环境的新工艺、新技术、新产品。在路面养护施工中，应积极推广再生、快速修补等环保工艺，减少工程废料。
(2)环境空气污染防治应结合景观绿化，选择有吸附或净化能力，适合当地气候、土壤条件的花草、灌木和乔木。在用地许可时，宜种植多层次的绿化林带。
(3)沥青混合料一般应集中场站搅拌，其设备污染物排放应符合现行标准的有关规定。
(4)石灰、粉煤灰等路用粉状材料运输和堆放应有遮盖，有条件时混合料应集中并搭棚，减轻对空气、农田的污染。
(5)养护作业应考虑对施工路段及便道适时洒水，减轻扬尘污染。
(6)公路服务区、停车区等产生的废水排放应符合现行《污水综合排放标准》(GB 8978)的有关规定。

四、公路养护作业要求

公路养护作业应采取有效措施，减少对生态环境、水环境、声环境、环境空气、社会环境等的影响，并注意保护公路沿线文物古迹。

公路养护环境保护工作，主要指生态环境、水环境、声环境、环境空气、社会环境的保护工作，同时应加强已有环保设施及其他公路沿线设施的清洁工作。
(1)生态环境保护：包括保护重要生态系统及生物资源，保护基本农田、水土保持等。
(2)水环境保护：包括保护水体不受公路路面径流水污染，科学处理施工废水，如机修废水、含油污水，防止施工中的弃土、弃渣等固体废物直接排入水体等。
(3)声环境保护：主要指控制环境噪声污染。《中华人民共和国环境噪声污染防治法》指出："环境噪声污染，是指所产生的环境噪声超过国家规定的环境噪声排放标准，并干扰他人正常生活、工作和学习的现象"。
(4)环境空气保护：主要指防治养护作业产生的扬尘、沥青烟尘等大气污染物对环境空气的污染，防治运送施工物料车辆排放的废气对环境空气的污染。
(5)社会环境保护：现行《公路建设项目环境影响评价规范》(JTG B03)中提及，社会环境包括社区发展、居民生活质量、基础设施、矿产资源利用、土地利用、旅游资源、文物资源、城镇建设等。公路建设和养护作业，应尽可能保护社会环境不受施工破坏和影响。

单元 9-3　市政道路绿化

一、市政道路绿化的一般规定

1. 市政道路绿化原则

（1）道路绿化应根据城市性质、道路功能、自然条件、城市环境等，合理地进行绿化。道路绿化应结合交通安全、环境保护、城市美化等要求，选择种植位置、种植形式、种植规模，采用适合的树种、草皮、花卉。

（2）道路绿化应选择能适应当地自然条件和城市复杂环境的乡土树种。选择树种时，要选择树干挺直、树形美观、夏日遮阳、耐修剪，能抵抗病虫害、风灾及有害气体等的树种。

（3）道路绿化设计应处理好与道路照明、交通设施、地上杆线、地下管线等关系。

2. 市政道路绿化基本概念

（1）道路绿地：道路及广场用地范围内的可进行绿化的用地，可分为道路绿化带（又包括分车带绿地、人行道绿地、路侧绿地、街道小游园绿地）、交通岛绿地、广场绿地和停车场绿地。图 9-12 为市政道路绿地名称示意图。

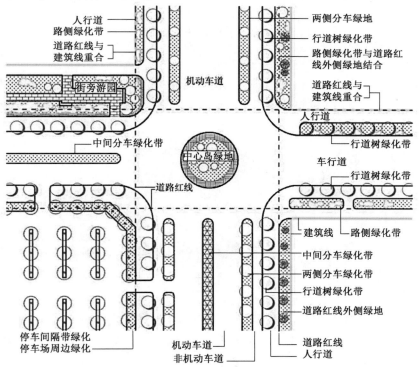

图 9-12　市政道路绿地名称示意图

(2) 道路绿地率:道路红线范围内的各种绿带宽度之和占总宽度的百分比。

(3) 分车绿化带:车行道之间可以绿化的中央分隔带,其位于上下行机动车道之间的为中间分车绿化带,位于机动车道与非机动车道之间或同方向机动车道之间的为两侧分车绿化带。

(4) 行道树绿化带:布设在人行道与车行道之间,以种植行道树为主的绿化带。

(5) 路侧绿化带:在道路侧方,布设在人行道边缘至道路绿线之间的绿化带。

(6) 交通岛及交通岛绿地:交通岛是指为便于管理交通而改置的一种岛状设施,一般可用混凝土或砖石围砌,高出路面十余厘米,并可绿化。交通岛包括道路交叉口的中心导向岛、路口上分隔进出车辆的导向岛、高速公路上互通式立体交叉干道与匝道围合的绿化用地及宽阔街道中供行人避车的安全岛。交通岛绿地分为中心岛绿地、导向岛绿地和立体交叉绿岛。

(7) 广场、停车场绿地:广场、停车场用地范围内的绿化用地。

(8) 装饰绿地:以装点、美化街景为主,不让行人进入的绿地。

(9) 开放式绿地:绿地中铺设游步道、设置座椅等,供行人进入游览休息的绿地。

3. 我国城市道路的绿地率指标

根据我国《城市道路绿化规划与设计规范》(CJJ 75—1997)规定,道路绿化应确保达到以下标准:

(1) 园林景观路绿地率不得小于40%。

(2) 红线宽度大于50m的道路绿地率不得小于30%。

(3) 红线宽度在40~50m的道路绿地率不得小于25%。

(4) 红线宽度小于40m的道路绿地率不得小于20%。

4. 城市道路的绿化带横断面类型及绿化特点

城市道路横断面组成与道路的性质和功能密切相关,道路横断面多种多样,一般是由车行道[包括机动车道(快车道)和非机动车道(慢车道)]、人行道、中央分隔带(绿化带)等组成,如图9-13所示。

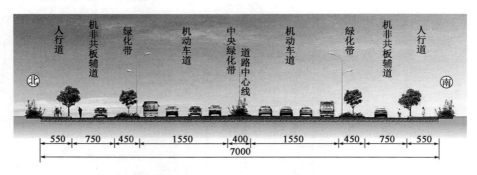

图9-13 城市道路横断面示意图(四板五带式)(尺寸单位:cm)

目前,我过城市道路横断面主要有4种形式,俗称为一块板、二块板、三块板和四块板。其相应的绿化形式见表9-1。

道路绿化带横断面形式及应用特征　　　　　　　　　　表 9-1

道路断面类型	车行道（条）	中央分隔绿化带（条）	人行道绿带（条）	应用特征
一板二带式	1（机动车与非机动车道不分）	—	2	适用于机动车交通量不大的次干道和居住区道路，机动车与非机动车混行，以路面划线组织交通或不做划线标志
二板三带式	2（机动车与非机动车道不分）	1（道路中间）	2	适用于机动车交通量大而非机动车流量较少的地段，可减少车辆对向行驶时相互的影响，但仍未解决机动车与非机动车的混行问题
三板四带式	3（1条机动车道，2条非机动车道）	2（机动车与非机动车之间）	2	有利于解决机动车道与非机动车道的混行问题，适用于机动车交通量大、车速要求高、非机动车多的地段，道路红线一般在40m以上
四板五带式	4（2条机动车道，2条非机动车道）	3（有时绿化带被栏杆或隔离墩代替）	2	适用于大城市的交通干道，各种车辆均单向行驶，保证了行车安全，但用地面积较大，建设投资大；适用于机动车速度高、交通量大，非机动车多的情况。一般道路红线宽度在50m以上

　　（1）在干道上，可采用规则式冠形，将树体修剪成杯状形或开心形。行道树的主干高度，在同一条道路上应保持一致，树体大小尽可能整齐划一，避免因高低错落不等、大小粗细各异而影响景观效果。

　　（2）快慢隔离带是道路绿化的重点，应结合自身宽度、有无地下管线进行规划设计。宽度为2 m以下或有地下管网的，以色叶灌木和宿根花卉为主；宽度在2~4m且无地下管网的，可采用灌草结合的方式，做灵活多样的大色块；宽度为4m以上且无地下管网的，除灌草结合外，还可配以小型乔木。

　　（3）中央分隔带一般不成行种植乔木，避免干扰驾驶员视线，树冠过大的树种也不宜选用。隔离带内可种植修剪整齐，具有丰富视觉韵律感的大色块模纹绿带。绿带内树种选择不宜过多，色彩搭配不宜过艳，以低矮花灌木配以草坪、花卉的种植为主。

　　（4）林荫带兼顾观赏和游憩功能，以方便市民步行和休息为前提，可参照公园、游园、街头绿地进行乔、灌草、花的合理化配置，可设置园林游步道，点缀各种雕塑小品、坐凳等，充分发挥其观赏和休闲功能。

二、市政道路绿化的管理

1. 树木管理

　　（1）栽植绿化植物应按照道路绿化工程设计及任务大小，合理组组和安排劳力、机具，做好整地、划线、定点、挖坑；及时选苗，随起苗随运输，在春、秋或雨季适当时期进行栽植。栽植应符合下列要求：

①选苗：应选择适合当地环境条件、观赏价值较高、发育正常的优壮苗木，要求具有良好顶牙，根系发达、有较多的须根，没有病虫害和机械损伤等。

②用乔木、灌木绿化道路，应采用明坑栽植。坑径比根幅大 10cm，坑深比根长大 20m 以上，以使苗根充分舒展。属于无性繁殖的树种，也可埋干栽植。

③防护林的栽植，应按"因地制宜、因害设防"的原则进行。用于防洪的林带应密植；防风、防雪林带的透风系数以 30% 为宜，防沙林带的透风系统不超过 20%。护林带的垂直分布应保持一定的密度。防护路基、边坡的灌木丛或经济林应密植，或者与小乔木混栽。

④移植较大苗木或珍贵树种、果树等，应带土球栽植。土球直径为苗木直径的 10 倍以上，并将土球包装整齐不松散，以保成活。

⑤栽植苗木时，在干旱季节或干燥地区，栽前应浇水泅坑，栽后立即浇透水，半月之内，再浇透水 2~3 次。

⑥乔木栽植后，应及时扶正，封土和刷白。

⑦当天栽不完的剩苗应假植好，注意多浇水的次数。

(2) 绿化植物成活后到郁闭（绿化植物冠幅投影面积与绿化占地面积之比，达到 0.6 以上时力郁闭）前，应加强抚育管理。按下列规定及时检查、补植、浇水、除草、松土、施肥、修剪和防治病虫害等：

①在干旱季节和干燥地区，应及时进行人工浇水。浇水量和次数根据墒情确定。

②除草和松土：在春、夏植物生长旺盛季节，除草、松土应结合进行。松土深度随植物种类、大小而定，以 5~6cm 为宜，应除掉杂草根系，注意不损伤绿化植物根系。在风沙较大的地区，可不松土。

③对土壤瘠薄、生长不良的绿化植物，尤其是那些果树和珍贵苗木种类，应分期施肥，以促进生长。

④各类苗木如栽后枯死，应及时补植。补植的苗木，应与原栽植苗木的种类相同，其规格应大于原植苗木规格。对于已基本成材的行道树，除株距大于 20m 补栽后不影响生长者外，可不补栽。

⑤根据各类绿化植物病虫害发生、发展和传播蔓延的规律，及时进行检查，一旦发生病虫害，应采取相应防治措施，确保绿化植物正常生长。

(3) 绿化植物郁闭后，为了促进其生长和发育健壮、形状优美、透光适度、通风良好，减少病虫害的发生，适时开花结果，应及时修剪抚育。修剪时期，应在秋季植物落叶后或春季萌芽前进行，并符合下列要求：

①修剪时，主要应将乔木、灌木的枯枝、病枝、弯曲畸形枝、过密枝以及已侵入公路建筑限界、遮挡交通标志、影响视距的枝条及时剪除。修枝切口应平滑，并与树干齐平，防止损伤树干、高杈突出和树冠大小不一。

②在交通比较繁忙的路段以及风景游览区的绿化植物或风景林带，应根据不同树种及其特性进行修剪。大树应剪成伞形或椭圆形；靠近大城市及游览区，可剪成球形、塔形。在一定路段内树木冠形宜相同，使其整齐、美观。绿篱应剪成长方形或梯形。对果树则应按其特性和要求进行修剪。

③分蘖强的灌木丛应每年割条一次，新植灌木，次年应全部割掉，以利分蘖。对有特殊防护作用的灌木或乔灌木混栽林，割条时不应削弱其防护功能。

④根据花卉植物的生长发育规律修剪，促进开花结果。

⑤草皮的修剪，随草的种类和生长环境不同而异。草高不超过15cm，以免叶茎过长，影响排水，遮挡阳光，通风不良，诱发病虫害。

（4）每年秋季或春季，可在树干上距地面1~1.5m高处刷涂白剂，以防病虫侵害。

（5）在靠近村镇、风景游览区和风沙较大路段的新植乔木类，应设置支撑架、护栏架（围）、树池和包扎树干等，防止人畜损坏、风摇，以保成活率和保存率。在采用各种保护方法时，都应注意与环境协调。

（6）防治绿化植物病虫害应以预防为主，开展以生物、化学防治与营林措施相结合的综合防治方法。如若发现病虫害，应贯彻"治早、治小、治了"的防治方针，严格苗木检疫制度，保持绿化地面卫生，坚决消灭越冬虫卵、蛹、烧毁落叶虫婴、虫茧，及时清除衰弱、病害绿化植物，更换新的绿化植物。

（7）绿化道路的乔木、灌木、花草及防护林、风景林等，不宜在较长路段中采用同一绿化植物品种，应根据情况分段轮换栽植不同品种，以减少病虫害的传播和蔓延。

（8）为了掌握道路绿化的发展变化情况，积累资料，应建立道路绿化档案。从绿化、美化工程竣工验收时开始，进行调查登记，统计养护里程、已绿化里程以及绿化植物栽植成活率和保存率。道路绿化美化工程档案应由业务主管领导和专职技术人员审核并签字。

2. 立交桥绿化的管理

对立交桥绿化的管理，应区别于道路绿化的管理。立交桥的绿化相对集中，数量较大，品种较多，因场地内植物品种丰富而管理难度更大。

（1）坚持中耕除草。原则上不使用除草剂化学药品除草，以免影响有关绿化植物的成活与生长。

（2）夏季抗旱是保证绿化质量的关键措施之一。

（3）由于立交桥各地块土壤状况不一致，管理过程中必须结合每块地的具体情况确定管理办法。例如，有的除草次数可少些，有的松土次数必须多一点，有的浇水抗旱次数要多点，等等。

总之，对立交桥绿化的管理必须加强，但为了减少人员进场次数，可将多种管理程序集中安排，尽量延长每天的工作时间，以减少进场天数，人员安排必须合理。

3. 绿化效果与管理

绿化效果的好坏与管理成正比关系，只有比较精细、认真的管理，才能保证有好的绿化效果。道路绿化效果与坚持不懈的集中管理分不开。在实施管理之前，工程技术人员必须对道路各段的树木生长状况、土质状况、气候情况、道路状况有明确了解，确定恰当的因地制宜的管理方法。例如，填方护坡，受风多，树木、土壤失水较多，重点是抗旱和防寒害；挖方护坡受风少，树木较填方护坡和平地处的生长好，重点是防虫害；平地的居中，既要注意抗旱防寒，又要注意防虫害。另外，道路绿化还必须注意防止人为破坏，要加强宣传，多作解释。

1. 试述公路绿化的范围。
2. 简述公路绿化的方针。
3. 公路树木的栽植要求有哪些?
4. 环境保护应符合的要求有哪些?
5. 市政道路绿化布置的要求有哪些?
6. 如何进行道路绿化的管理?

模块 10 UNIT TEN
高速公路养护技术与安全作业

 模块导读

于安思危,危则虑安。

高速公路是专供汽车分道分向高速行驶,并全部设置立交、全部控制出入的公路,采用较高的技术标准和较完善的交通工程设施,反映公路的最新、最高技术水平。高速公路一般具有标准高、质量好、设计车速高、承载与通行能力大、运输成本低、使用寿命长、交通事故少等特点,具有快速、安全、舒适、全天候连续运行的功能。因此,高速公路的养护必须做到快速、高效、保证质量和安全,避免养护作业影响车速或中断交通,造成不必要的经济损失。

本模块思维导图如图 10-1 所示。

 模块任务

(1) 熟悉高速公路养护的基本知识;
(2) 掌握高速公路的养护与维修;
(3) 熟悉养护作业的安全管理。

 能力目标

(1) 能描述高速公路养护工作的任务、内容及分类;
(2) 能叙述高速公路的养护任务;
(3) 能说明养护作业安全管理的要点。

 思政目标

通过高速公路养护与巡查新技术学习,践行科技创新,深化交通强国理念。

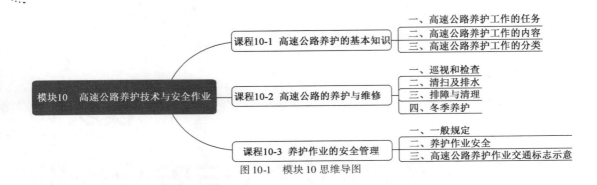

图 10-1　模块 10 思维导图

单元 10-1　高速公路养护的基本知识

一、高速公路养护工作的任务

高速公路养护的目的是通过有针对性的及时养护,使高速公路及其设施经常处于良好的技术状态,从而保证高速公路具有快捷、畅通、舒适、安全、经济、美观的使用功能。图 10-2 为高速公路维修养护。

从上述目的出发,高速公路养护的主要任务包括如下:

(1)进行路况及管理设施调查,通过管理数据库,建立高速公路及设施的综合评价体系。

(2)根据高速公路及其设施的运营状况,制订可行的养护计划和规划,实施有针对性的及时养护,保证高速公路健全的服务功能。

(3)不断探索新的养护技术与管理措施,积极采用新技术、新材料、新工艺、新设备,以最经济的方式达到最佳的养护效果。

(4)努力推行并建立合理、高效的机械化养护方式,不断提高机械配备率和机械作业的占有率,保证高速公路养护的速度与质量。

(5)建设一支能适应高速公路现代化养护的管理队伍,变被动养护为主动养护、变静态养护为动态养护,达到养护的高标准、高质量、高效率、高机动性的要求。

图 10-2　高速公路维修养护

二、高速公路养护工作的内容

高速公路养护工作涉及的内容十分广泛,但归纳起来,大致可分为如下几个方面。

1. 为保持路况及设施完好而进行的日常维护保养

高速公路日常维护保养是确保高速公路正常使用功能的重要手段,它具有经常性、及时性、周期性的特点。高速公路日常维护保养一般包括路基路面保养、桥涵隧道保养、沿线设施保养、机电设备保养、绿化保养等。日常维修保养作业具有点多、线长、面广、分散,以及移动作业等特点,往往受自然因素影响较大。在施工组织上一般采用专项责任承包或分段综合承包等方式,这样可以更好地落实责任,提高养护质量和考核力度。

日常维护保养是高速公路养护资金使用的主要方面。

2. 为加固完善道路及运营设施而进行的专项工程

专项工程是在保证交通的情况下进行的规模性养护施工,是对高速公路及其附属设施的一般性磨损和局部损坏进行修理、加固、更新、完善的作业,是针对不同养护对象提出的具有保护作用的维护措施。这些工作对于防止高速公路及运营设施的后期损坏、减少日后长期费用的支出往往具有重要意义,在实际养护中常被列入专项工程计划,由专业施工队伍实施。

高速公路专项工程会随着高速公路使用年限的增长而逐年增多,根据资金状况对其进行合理预测与安排,是不断保证高速公路服务水平的重要一环。

3. 为恢复或改进原设计功能而进行的大修工程

高速公路大修工程是指高速公路及其附属设施已达到其服务年限,必须进行应急性、预防性、周期性的综合修理,使之全面恢复原设计状态或根据高速公路发展的要求进行的局部改善工程。高速公路大修工程内容包括重建或增建的防护工程、整段路面的改善工程、增建小型立交或通道、大中桥梁改善、沿线设施的整段更换、房屋建筑的改造、监控收费系统的改造以及站区广场的改造等。这些项目一般按年度做出规划,在养护费用中列支。

4. 对沿线景观、绿地的绿化美化和环境保护

绿化美化是高速公路养护工作的重要内容之一。这项工作一般包括沿线中央分隔带及边坡的绿化养护、站区及办公环境绿化养护、服务区绿化养护、沿线特殊景点的绿化养护,以及苗圃的保养等。它对于提高沿途景观效果,改善司乘人员的视觉印象,表现地区人文环境,体现高速公路运营管理水平等都有着不可低估的作用。高速公路的绿化美化工作一般都列入高速公路日常维修、保养与专项工程之中,并根据高速公路工作的需要有计划地完成。

此外,做好环境保护是高速公路养护的重要内容。其中,噪声控制设施生态保护设施,以及结合绿化进行的绿化美化工程等是高速公路环保养护的重点。

5. 灾害及恶劣气候条件下的抢修及应急对策

高速公路在运营过程中,会遇到不良灾害天气的侵害,如飓风、暴雨、山洪、冰雪、地震和岩体滑塌等。这些情况尽管发生的机会较少,但造成的危害很大,往往会使高速公路运营工作陷入瘫痪。因此,对上述危害做好充分的物质准备,制订切实可行的抢修预防和快速反应机制,是高速公路养护工作不可缺少的重要内容之一。重大灾害造成的路基路面损害、桥涵结构物损害的修复,依据其工程量的大小一般都列入高速公路大修工程的范围。此外,在冰雪等恶劣条件下,尽快改善通行条件,减少高速公路不必要的封闭,则是高速公路养护工作经常遇到的

问题,处理是否及时也将直接影响着高速公路的社会效益和经济效益。

6. 沿线机电设施的维护与管理

机电设施的维护与管理是高速公路养护区别于一般公路养护的重要特征,也是保证高速公路正常运营的不可缺少的重要环节。机电设施的维护一般包括监控系统维护、收费系统维护、通信系统维护、通风照明系统维护、供配电系统维护以及消防等。这些工作往往具有技术要求高、程序复杂、危险性大等特点,维护人员须经培训后或持有专业证书方可上岗作业,特别是在执行规范和规章方面,有着较严格的要求。

除此之外,高速公路养护工作还涉及有关机械设备管理、作业安全管理以及养护技术管理等很多内容,这些内容构成高速公路养护的保障体系,是不可缺少的重要组成部分。

三、高速公路养护工作的分类

高速公路养护工作按照不同的表述方式有很多种分类。在通常情况下,常见的分类方法有如下几种。

1. 按养护对象及部位分类

这种分类方法具有单一性特征,养护对象所指也很明确,特别适合于有针对性地制订养护措施,研究养护工艺。但由于高速公路养护对象十分广泛,如路面养护、路基养护、桥梁与涵洞养护、通道养护、隧道养护、隔离栅养护、紧急电话养护、标志标线养护、收费设备养护、房屋养护等,因此这种分类也有冗杂之嫌。

2. 按养护性质及规模分类

这种分类方法兼顾了养护的工程性质、规模大小、技术难易程度等综合因素,采用的是我国《公路养护技术规范》(JTG H11—2009)中的分类方法。这种分类方法便于养护管理部门较好地安排计划与资金,合理地进行施工组织。

该方法将高速公路养护工程分为日常维修保养、专项工程和大修工程三大类。在实际工作中,由于高速公路还增加了交通工程设施,监控、通信、照明、收费设施等更多的养护内容,管理部门一般会将这些养护内容按其性质、规模、技术状况等纳入上述三大类别之中进行统计和管理。

3. 按养护手段及方式分类

这种分类方法主要从养护的手段入手,将高速公路养护划分为机械养护和人工养护两大类。这种分类方法较适用于考察高速公路机械化养护的比率和机械化程度的高低,是高速公路养护的一种方向性指标。它不仅具有统计学上的意义,而且对于具体的机械管理、设备租赁、养护规划等部门都有着实际的管理意义。今后,随着高速公路养护市场的逐步成熟,这种分类很可能形成新的社会化养护分工,其意义会更加深远。

4. 按养护系统与专业分类

这种分类方法是在按养护对象分类的基础上进一步归纳后形成的专业分类方式,如道路桥梁养护、交通工程设施养护、机电设备养护、绿化景观养护等,主要侧重于不同专业的养护分工。

按系统和专业进行养护分类,将有利于高速公路各专业部门的职能管理,既在管理上有专业侧重,又便于进行专业间综合协调,从而保证了高速公路养护管理的宏观调控,是一种较好的高速公路行政管理的分类方式。

除此之外，就高速公路养护管理而言，可能还会有其他分类方法，但无论采哪种分类方法，其根本目的都是为管理的内容服务。对上述分类有一个基本的了解，可以不断改进管理行为，提高运营管理效益。

单元 10-2　高速公路的养护与维修

一、巡视和检查

高速公路巡视和检查的目的是及时发现公路及其附属设施的损坏情况和影响交通的路障，制止违章建筑和侵占路产、路权的行为；掌握、收集公路路况和交通信息，以便主管部门及时作出处理。

巡视和检查可分为日常巡视、夜间巡视、定期检查和特殊检查4种。图10-3为现代化高速公路巡查手段。

图 10-3　高速公路巡查

1. 日常巡视

日常巡视指平常为了掌握公路路况和交通运行状况等而进行的巡视。

（1）巡视方法：巡视人员在进行巡视准备工作时，应认真检查巡视车辆和通信联络设备的技术状况，核查巡视交接班记录，制订巡视方案。在巡视过程中，巡视车辆应按规定开启示警灯具，车速一般控制在40km/h。巡视人员要注意掌握公路技术状况的变化，并对重点结构物和路段的巡视情况做好记录。巡视结束后，巡视人员应整理巡视日记，做好交接班工作。

（2）巡视内容：巡视路基、路面、桥涵、隧道等构造物及绿化、沿线设施的完好程度，检查路障以及与路政管理工作有关的内容。巡视的重点是路面和路障。

（3）巡视频率：每天不少于一次。

2. 夜间巡视

夜间巡视指为了检查夜间照明和标志、标线的技术状况而进行的巡视。每月进行一次。巡视人员每次巡视结束后，应做好记录，对发现的问题提出处理意见。

3. 定期检查

定期检查指为了掌握高速公路及其附属设施的技术状况，制订养护工程计划和评定公路使用质量而实施的检查。

(1)检查项目:路基、路面、桥涵、隧道等构造物及绿化、沿线设施等。

(2)检查频率:依据检查项目的重要性、使用年限、损坏程度和交通量大小等因素,由高速公路养护管理部门拟定。

4.特殊检查

特殊检查指发生大的洪水、台风、地震等自然灾害和有可能对高速公路及其附属设施造成较大破坏的异常情况时所进行的检查。

(1)检查内容:包括处于危险路段的路基、路面、桥涵、隧道等构造物及沿线设施。

(2)在进行特殊检查时,应携带通信设备和安全标志,以便及时沟通情况,采取应急措施;应检查沿线养护单位的材料、设备、技术力量和抗灾能力,为合理制订防灾措施、恢复原有技术状况提供决策依据。

(3)特殊检查结束后,检查人员应及时就检查情况做出专题报告。

二、清扫及排水

1.路面清扫

(1)路面清扫应以机械作业为主。清扫频率根据公路状况、交通量大小及其组成、环境条件及机械效率等因素而定。

(2)机械清扫路面时留下的死角,应用人工辅助清扫。

(3)为了防止清扫作业产生灰尘污染环境,危及行车安全,清扫机械应配备洒水装置。

(4)路面清扫后的垃圾不得随意倾倒,应运至指定地点或垃圾场进行处理。

(5)当路面被油类物质或化学药品污染时,应清洗干净,必要时用中和剂或其他材料处理后再用水冲洗。

(6)进行路面清扫作业时,应保障交通安全和畅通,宜选择在交通量小的时候进行作业。清扫车应有明显的作业标志。

(7)桥面及隧道内路面的清扫,应与高速公路路面清扫要求一致,但应适当加大隧道内路面的清扫频率。

(8)北方地区还需做好冬季路面除雪防滑。

2.其他设施的清扫(理)

(1)桥梁伸缩缝内的杂物应及时清除。

(2)交通标志及标线受到污染后,应及时清扫(洗),标志牌面应定期擦拭。

(3)高速公路收费广场和服务区应经常清扫,保持整洁、美观。

(4)中央分隔带内的杂物应及时清除,保持路容整洁。

(5)隧道内壁和装饰材料应视污染程度,采用洗涤剂刷洗,或用机械喷水冲洗,每年不少于两次。

(6)高速公路的照明设施、报警装置、通信监控设施,应及时清除污物,定期擦拭。

(7)高速公路的排水设施应经常保持其排水功能完好,明沟或暗沟应定期清除杂物或疏通;集水井或沉淀池内的泥污应在泥浆固结前予以排除。

3. 高速公路的排水

高速公路的排水是为了最大限度地减轻水对公路的危害。养护时,应注意对排水设施的检查和维修,充分发挥排水系统的功能。

(1)对设有集中排水设施的中央分隔带的集水井、横向排水管,应经常清淤及维修,保持排水畅通。

(2)雨季前后应对拦水缘石及泄水槽进行检查维修,保持其完好,连接处应平顺,无裂缝。对未设置拦水缘石及泄水槽的路段,宜通过养护手段逐步完善。

(3)如果高速公路的路面局部积水,应针对积水原因,采取及时清扫、整平路面及增设排水设施等相应措施。

(4)雨季前应对高速公路的路堤、路堑边坡的防护和排水设施进行检查,及时维修损坏部分。当路堤边坡出现冲沟或缺口时,宜选用与原路基相同的填料填筑夯实;在路堑段应将截水沟内积水引至坡外,如有淤塞,应及时清除。

(5)雨后应采取措施,排除高速公路互通立交区内的积水。

(6)所有从排水设施中排出的水,不得冲毁农田或其他建筑物,还应注意不污染环境。

三、排障与清理

排障与清理指排除、清理由自然灾害、异常气候、交通事故、故障车辆、丢弃物或堆积物等所造成的交通障碍及行车不安全因素,如图10-4所示。

图10-4 高速公路排障

高速公路管理机构必须健全通信联络系统,配备专用车辆,组建排障、清理专业组。专业组主要有下列任务:

(1)收集、分析、处理各种信息,随时做好出动准备。

(2)制订各种排障与清理处理方案的作业程序和应急措施。

(3)保证各种机械、设备处于完好状态,并储备各种所需材料。

(4)在最短的时间内排除路障、清理现场、保持畅通。

交通事故及故障车辆的排障与清理,应遵循下列规定:

(1)当发生交通事故或阻塞时,到达现场的人员必须迅速地向有关部门发出信息,报告准确地点、事故车辆状况、阻塞程度、人员伤亡、路产损失等。

（2）当车辆因故障停放在行车道或匝道上时，排障人员接到信息后应立即行动，将故障车辆牵引至紧急停车带，然后对其提供服务。经过处理仍不能行驶的车辆，必须牵引（或装运）离开高速公路。

由于自然因素所造成障碍的排除与清理：洪水、台风、地震等自然灾害发生后，高速公路管理部门应迅速组织人力、物力、机械设备，清理现场，排除路障，恢复交通。

四、冬季养护

高速公路冬季养护作业的重点是除雪防滑，如图10-5所示。

图10-5　高速公路除雪防滑

1. 除雪

冬季除雪应根据气象资料、路面结构、沿线条件、降雪量、积雪深度、气温、危害交通范围等条件，确定除雪计划。

高速公路应注重桥面、坡道、弯道、匝道、收费广场等重点区段的除雪。

除雪前的准备工作应符合下列要求：

（1）除雪机械设备的准备。在冬季来临之前，必须将除雪机械设备维修好，并储备必要的配件、融雪剂、防滑料。每次除雪后，应立即对除雪机械设备进行保养、修理，以备下次使用。

（2）为了有效地进行冬季作业，应对路面、路肩、桥头、桥梁伸缩缝等予以整修，以便除雪机械充分发挥作用。

（3）因除雪机械种类较多，为有效地发挥其功能，应对驾驶员及操作人员进行定期或特殊作业培训。

（4）收集气象信息。除雪作业分为新雪除雪、压实雪处理。除雪作业应以清除新雪为主，应加强交通管制，以最快的速度随时清除，防止路面积雪被压实。

2. 路面防冻、防滑

（1）路面冻结的因素主要包括：

①压实雪由于温度低，冻结在路面上。

②融化的雪水由于低温再结冰。

③初冬和冬末由于降雨后温度低引起冻结等。

(2)防冻及防滑措施:
①使用盐或其他融雪剂,使路面上的结冰点降低。
②使用砂等防滑材料或与盐掺和使用,加大车辆的车轮与路面间的摩擦系数。
③防冻、防滑料施撒时间主要根据气象条件(降雪、风速、气温)、路面温度监测器、巡回信息等来确定施撒时间。一般可在一开始下雪时就开始撒布融雪剂(或与防滑料掺和),或者估计在路面出现冻结前 1~2h 撒布。
④撒布次数。防止路面结冻时,通常撒布一次即可;除雪作业时,撒布次数可和除雪作业频率一致。

单元 10-3　养护作业的安全管理

一、一般规定

(1)公路养护维修作业必须保障养护维修作业人员和设备的安全,以及车辆的安全运行。在进行养护维修作业前,应制订安全保障方案。

(2)公路养护维修作业单位应建立安全管理制度,实施对养护维修作业人员的安全培训和教育。养护维修作业人员必须接受安全技术教育,遵守各项安全技术操作规程。

(3)公路养护维修作业单位或经营单位应加强养护维修作业安全的管理。各级公路管理机构应加强对养护维修作业安全的监督和检查。

(4)养护维修作业的安全设施在未完成养护维修作业之前应保持完好,任何人不得随意撤除或改变安全设施的位置,扩大或缩小控制区范围,以保证养护维修作业控制区的安全,如图 10-6 所示。

图 10-6　高速公路养护作业安全

二、养护作业安全

(1)凡在公路上进行养护维修作业和管理的人员必须穿着带有反光标志的橘红色工作

制服。

（2）公路路面养护维修作业应按作业控制区交通控制标准设置相关的渠化装置和标志，必要时应指派专人负责维持交通。在可能发生山体滑坡、塌方、泥石流及高路堤、陡边坡等路段进行养护维修作业，必要时应设专人观察险情，严防安全事故发生。

（3）养护维修作业人员应在控制区内作业和活动，养护机械或材料不得堆放于控制区外。

（4）在公路桥梁、涵洞、隧道养护现场，应专门设置养护维修作业的交通标志。在桥梁栏杆外侧和桥梁墩台进行养护维修作业时，必须设置有效的安全防护设施，作业人员必须系安全带。

（5）在隧道内进行养护维修作业时，除遵守上述一般规定中的第(4)条以及养护作业安全规定中的第(3)条之外，还应遵守以下规定：

①养护施工路段内的照明应满足要求，并设置必要的安全设施。

②注意观察和控制隧道内的有害气体浓度，做好通风工作。

③隧道内禁止存放易燃易爆物品，严禁烟火。

④电子设施等对维护安全有特别要求的，应按相关安全规程执行。

（6）特殊条件下的养护维修作业应符合下列要求：

①高温季节实施养护作业，应按劳动保护规定，采取防暑降温措施，并适当调整作息时间，尽可能避开高温时段。

②冬季养护维修作业时应采取保温防冻等安全防护措施，作业时应加强交通管制，并对作业人员、作业机械加强防滑措施。

③雨季养护作业应做好防洪排涝工作，加强防水、防漏电、防滑、防坍塌等措施。

④大雾天不宜进行养护维修作业，当必须进行抢修作业时，应采取封闭交通，并在安全设施上设置黄色施工警告灯号等安全设施。

⑤夜间养护维修作业，现场必须设置符合操作要求的照明设备。

（7）进行山区养护维修作业时，应遵守下列规定：

①在视距条件较差或坡度较大的路段进行养护维修作业，必要时应设专人指挥交通，作业控制区应增加有关交通安全设施。

②控制区的施工标志应与急弯标志、反向标志或连续弯标志等并列设置。

③在同一弯道不得同时设置两个或两个以上养护维修作业控制区。

④养护维修作业人员在作业时应戴安全帽。

（8）清扫、绿化养护及道路检测作业，应遵守下列规定：

①严禁在能见度差（如夜间无照明设施、大雾天）的条件下进行人工清扫。

②高速公路和一级公路路面清扫应以路面清扫车进行机械清扫路面为主，二级及二级以下公路路面清扫可以机械清扫和人工清扫相结合；当进行人工清扫路面时，应采取安全防护措施。

③凡需占用车道进行绿化作业时，必须按作业控制区布置要求设置有关标志。

④高速公路、一级公路中央分隔带、边坡绿化浇水作业时，浇水车辆尾部应安装发光可变标志或按移动养护维修作业控制区布置。

⑤道路检测车、路面清扫车、护栏清洗车等在高速公路、一级公路进行道路性能检测和作业时，当运行速度低于50km/h时，应按临时定点或移动养护维修作业控制区布置，或在设备

尾部安装发光可变标志。

（9）加强养护维修机具的操作安全防范和维修保养。养护机械的操作、维修和保养按有关规定执行。

（10）公路养护维修作业控制区为公路养护维修作业所设置的交通管理区域，分为警告区、上游过渡区、缓冲区、工作区、下游过渡区和终止区等6个区域。各项养护维修作业控制区的布置和长度应保证公路养护维修作业人员、设备和过街车辆的安全。

①在作业控制区的6个分区中，警告区是最重要的一个分区。

警告区是指从作业控制区起点设置的施工标志到上游过渡区之间的路段，从最前面的施工标志开始到工作区的第一个渠化装置为止，用于警告车辆驾驶员已经进入养护维修作业路段，按交通标志调整行车状态。

警告区长度应保证车辆驾驶员在到达工作区之前，有足够的时间改变行车状态。

警告区最小长度是保证驶入警告区的车辆减速至工作区规定的限速所需要的警告区路段的最短长度。

②当工作区包含了一条或多条车道时，就需要封闭工作区所包含的车道。为了防止车流在改变车道时发生突变，需要设置一个改变车道的过渡区，以使车流的变化缓和平稳。过渡区一般有上游过渡区和下游过渡区两种。

①上游过渡区是指保证车辆平稳地从封闭车道上将横向过渡到缓冲区旁边非封闭车道的路段。

②下游过渡区是指保证车辆平稳地从工作区旁边的车道横向过渡到正常车道的路段。若下游过渡区设置得当，将有利于交通流的平稳。下游过渡区的长度只需要保证车辆有足够的路程来调整行车状态即可，一般可按30m取值。

在利用对向车道来转移本方向车流的情况下，本方向车道的下游过渡区实际上就是对向车道的上游过渡区，因此其设置要求与上游过渡区相同。

③缓冲区是指上游过渡区和工作区之间的一个路段，其设置主要考虑假设行车驾驶员判断失误，有可能直接从过渡区闯入工作区，造成人员伤害和设备的损坏。设置缓冲区可以提供一个缓冲路段，给失误车辆有调整行车状态的余地，避免发生严重的事故。在缓冲区内，一般不准堆放东西，也不准养护维修作业人员在缓冲区内活动或工作。为了更有效地保护养护维修作业人员，在过渡区与缓冲区之间，可以设置防冲撞装置，以加强防护作用。

④工作区是养护维修作业的施工操作区域，既是养护维修作业的工作场所，也是养护维修作业人员工作、堆放建筑材料、停放施工设备的地方。为了保证安全，在工作区与开放交通的车道之间要有明确的隔离装置。工作区的长度一般根据养护维修作业或施工的需要而定。工作区的布置，还应考虑为工程车辆提供安全的进口和出口。

⑤终止区是设置于工作区下游调整车辆行车状态的路段。其设置目的是为通过或绕过养护维修作业地段的车辆提供一个调整行车状态的路段。在终止区的末端应设置有关解除限速或超车的交通标志，这样可使驾驶员明白已经通过了养护维修作业地段，并恢复正常的行车状态。

（11）养护维修作业安全设施的设置与撤除应遵守以下程序：

①当进行养护维修作业时，应顺着交通流方向设置安全设施。

②当作业完成后，应逆着交通流方向撤除为养护维修作业而设置的有关安全设施，恢复正

常交通。

③根据养护维修作业的情况,为养护维修作业而临时设置的交通标志,主要有警告标志、禁令标志、指示标志和施工区标志。交通标志的设置,除应符合现行《道路交通标志和标线》(GB 5768)的规定外,在养护维修作业时,还应根据具体情况设置于专门的位置,并尽可能利用公路可变信息板,配以图案或文字说明。

④在弯道、纵坡处进行养护维修作业时,应根据实际情况增设交通标志。

⑤当工作区在道路右侧时,交通标志宜设在车道右侧或工作区上游车道上。当工作区在道路靠中央分隔带一侧时,交通标志宜设在中央分隔带护栏外侧或绿化带上。

三、高速公路养护作业交通标志示意

高速公路养护作业交通标志示意如图10-7、图10-8所示。

S——警告区;
Ls——车道封闭上游过渡区;
Lj——路肩封闭上游过渡区;
H——缓冲区;
G——工作区;
Lx——下游过渡区;
Z——终止区。

▬▬▬ 可变信息标志牌或导向牌
✥ 标志牌
● 锥形交通路标
▭▭▭ 附设施工警示灯的护栏
▨▨▨ 养护维修工作区
⇒ 车流行驶方向

图10-7 区域划分号和图例说明

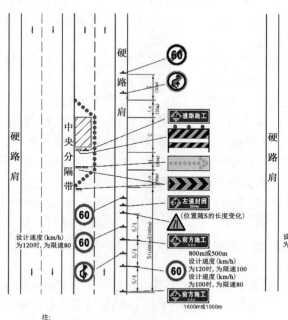
a) 不改变交通流方向的内侧车道封闭养护维修作业

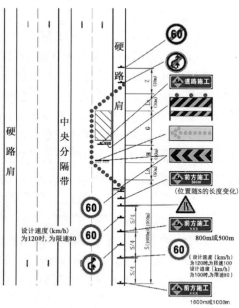
b) 不改变交通流方向的外侧车道封闭养护维修作业

图 10-8

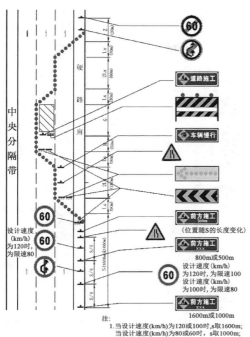

c) 不改变交通流方向的单向三车道养护维修作业

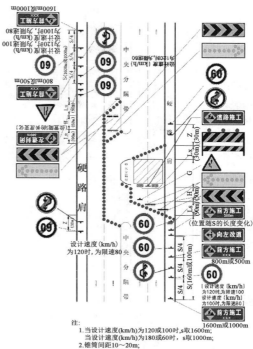

d) 改变交通流方向的单向两车道养护维修作业

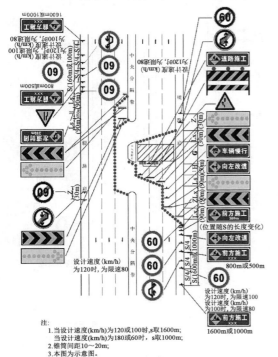

e) 改变交通流方向的单向三车道养护维修作业

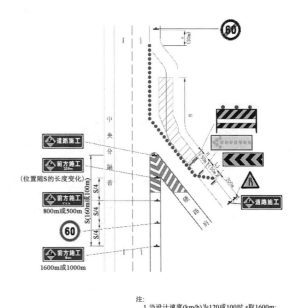

f) 立交进口匝道附近养护维修作业(1)

图 10-8

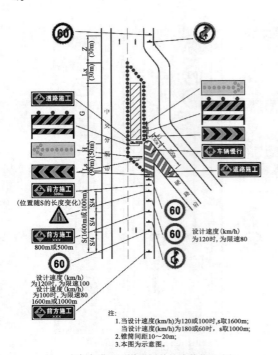

g) 立交进口匝道附近养护维修作业(2)

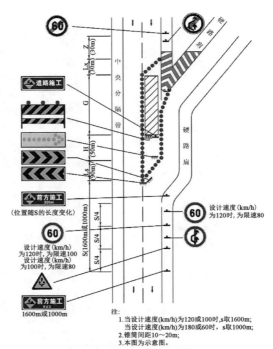

h) 立交出口匝道附近养护维修作业(1)

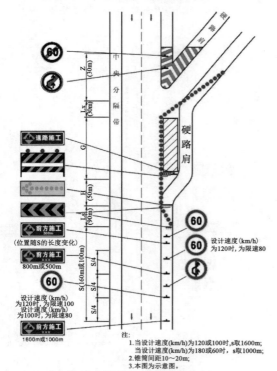

i) 立交出口匝道附近养护维修作业(2)

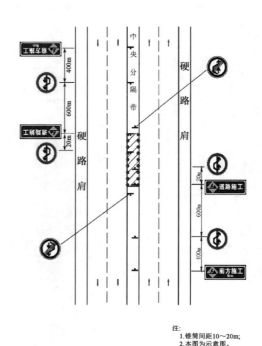

j) 中央分隔带封闭养护维修作业

图 10-8

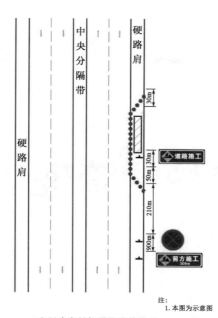

k) 硬路肩封闭养护维修作业

图 10-8 高速公路养护维修作业交通标志示意图集

1. 试述高速公路养护管理的任务、内容及分类。
2. 简述公路养护作业安全的一般规定。
3. 试述养护作业安全管理的重点是。

模块 11
UNIT ELEVEN
公路养护的管理

 模块导读

单丝不成线,独木不成林。

为了加强对公路养护工作的管理,确保完成公路养护所规定的任务,建立健全完善的公路养护管理的组织机构和人员配备是十分重要的。

公路养护技术管理是公路养护管理的重要组成部分。它既是公路养护管理部门合理组织设计、施工、养护的重要方式,也是为了不断提高养护技术水平,采用先进的新技术、新材料、新设备,提高劳动生产率,提高工程质量,降低原材料消耗和保证安全生产,全面完成养护任务的关键一环。

公路养护生产管理是对其日常生产活动的计划、组织和控制,以及与工程项目生产密切相关的各项管理工作的总称。生产管理的任务就是运用组织、计划、控制的职能,把投入生产过程的各种生产要素(如人力、资金、材料、机具、信息等)有效地结合起来,形成有机体系,按照最经济的方式,保质、保量、安全、按期或提前完成施工的任务。

公路养护管理是一门综合学科,它既不同于公路专业学科,也与管理学科有区别,它是两者的有机结合。在公路养护管理系统中不但涉及公路专业知识,还涉及管理学科中的基本知识及计算机等学科的知识。

本模块思维导图如图 11-1 所示。

 模块任务

(1)了解公路养护管理的组织机构;
(2)熟悉公路养护的技术与生产管理;
(3)熟悉公路路政管理;
(4)熟悉公路养护管理系统。

 能力目标

(1)能描述公路养护管理的组织机构、人员配备、生产组织方式;

(2) 能叙述公路路政管理的作用特点及任务和方法；
(3) 能说明公路养护管理系统组成功能及发展状况。

 思政目标

通过公路养护管理学习，结合实际问题，培养诚实守信、沟通协作、以人为本的理念。

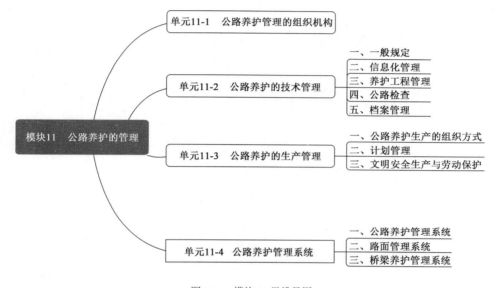

图 11-1　模块 11 思维导图

单元 11-1　公路养护管理的组织机构

　　经过多年的实践与发展，我国各省市都已建立起一套行之有效的公路养护管理的组织机构。目前，我国大多数省市采用将高速公路和其他等级公路分开管理的组织模式。高速公路管理基本采用省级设高速公路管理局，一条或几条高速公路一起设高速公路管理处的组织模式，见图 11-1。其他等级公路基本采用省级设公路管理局（各省市的名称略有差别）、地（市、区）设管理处（或公路分局）、县（包括县级市）设公路段三级公路养护管理机构，见图 11-2。随着市场经济的不断发展，在不影响公路养护管理组织机构大框架的前提下，很多省市还探索了不同的公路养护管理模式。

　　尽管我国公路养护管理实现了三级管理，但随着经济的发展以及我国开展的管理体制改革，目前的管理工作范畴和具体内容也发生了与时俱进的变化，例如，取消养路费（费改税）之后，养护资金的申请与使用要纳入国家或地方财政预算管理。非政府财政投资建设的公路的养护资金来源于投资方。因此，在养护管理工作源头——养护资金方面发生了很大的变化，这也使得组织管理机构内部要进行相应的调整等。

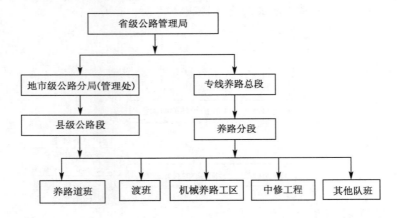

图 11-2　高速公路养护管理组织机构

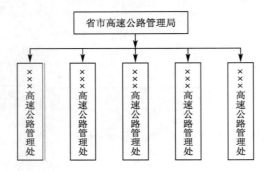

图 11-3　公路养护管理组织机构

公路养护管理的基本流程是：下一级公路管理部门进行公路技术状况检查与评定，根据公路技术状况和工程规模，提出下一年度公路养护与管理的年度计划安排，并向上一级公路管理部门提交计划申请；上一级派技术人员进行现场考察、评估与完善后，将计划申请再向其上一级申报，直至省级公路养护管理部门派技术人员对各地市的计划申请逐项进行评估，进而提出省级公路网下一年度养护项目计划和养护资金预算方案，并向省级财政部门申请下一年度的养护资金；获得批复后，按财政部门实际拨款额度实施年度养护计划（按法律法规要求进行招投标）。

我国公路养护将逐步向市场化方向发展，养护工程将逐步实现全面招投标制（包括日常维护）。因此，目前的管理组织机构将来还会逐步发生变化，其主要职能将是公路技术状况管理、养护计划管理、养护维修方案审查、养护工程招投标、养护工程质量过程管理、养护工程质量验收等。

单元 11-2　公路养护的技术管理

公路养护技术管理的基本任务是要严格地贯彻和执行国家有关公路建设的技术政策、标准、规范、办法和相应的安全规章、操作规程、管理条例,以提高公路养护的质量和做到安全生产。

公路养护技术管理应严格控制和考核各项经济技术指标,做好交通情况调查、路况登记、工程检查与验收、建立路况技术档案和计算机数据库,健全基层管理制度,加强安全生产管理。

公路养护技术管理的目标、任务、内容和方法见表 11-1。

公路养护技术管理目标、任务、内容和方法　　　　　表 11-1

目　标	主要任务	管理内容	管理方法
质量第一 安全生产	(1)完成改善工程任务。 (2)培养技术队伍。 (3)科研与科技情报。 (4)提高好路率。 (5)防护自然灾害	(1)基层制度。 (2)技术资料档案。 (3)公路定期检查。 (4)工程检查验收。 (5)安全管理。 (6)交通情况调查	(1)开展技术革新。 (2)做好技术指导。 (3)按基建程序办事。 (4)健全技术责任制。 (5)加强检查验收。 (6)实行技术民主。 (7)建立技术档案

一、一般规定

(1)公路养护应加强技术管理,严格遵守和贯彻执行有关公路技术标准、规范和规程,以提高公路养护质量和服务水平。

(2)公路养护技术管理的内容包括公路养护信息化管理、养护工程管理、公路检查和档案管理等。

(3)公路养护技术管理应本着服务及保畅的原则,大力推行技术创新与制度创新,不断提高公路养护技术水平和管理水平。

(4)各级公路管理机构应建立健全公路养护管理制度,领先现代科技手段,逐步建立公路养护信息化管理平台。

二、信息化管理

在 2001 年全国公路普查后,交通部运输建立了《全国公路数据库系统》(HDBS),并在此基础平台上,陆续推出了《中国国家公路数据库系统》(HDBS GIS 部级版)以及《公路养护投资分配系统》《HDBS 公路档案管理系统》《HDBS 公路养护评价决策管理系统》《HDBS 公路养护业务管理系统》等应用系统。各省(区、市)应按照交通运输部统一部署和要求,逐步建立完善本省(区、市)公路数据库系统,并借此研发符合本省(区、市)实际的各类应用系统。

(1)公路养护技术管理应建立公路数据库作为基础平台,所有公路基本信息采用计算机进行储存和管理、各地公路管理机构应根据现行有关公路数据库标准的要求,逐步建立完善省、区(市)、县各级公路数据库系统。

(2)公路数据库的内容应包括公路几何数据、路面结构数据、公路养护历史数据、交通量和轴载数据、桥涵及路基防护构造物数据、安全保障工程设施数据、绿化植物数据、路域环境数据等基本数据资料,以及路面结构强度、路面破损、路面平整度和路面抗滑等路面数据和交通事故数据。

(3)公路基本数据采集以公路竣工文件为主要依据,并结合现状调查进行。当公路大修或改建后,数据应及时进行更新。路面状况数据应现场采集,并应尽量采用高效检测仪器进行数据采集。

(4)公路数据信息包括文字信息等。数字信息和图片信息等。数据的采集和整理以路段(一般为1km)为单位。路域环境信息除文字信息和数字信息外,宜每百米拍摄一张全景式数码照片作为图片信息存入数据库。路域环境图片信息也可用前方图像系统采集的连续录像信息代替。

(5)各地应创造条件在公路数据库的基础平台上,根据需要建立起地理信息系统(GIS)以及路面管理系统、桥梁管理系统、隧道管理系统、公共信息服务系统等应用系统。

三、养护工程管理

(1)各级公路管理机构应定期组织对公路路况进行调查,正确地评价和掌握公路技术状况,并通过动态分析各种病害产生的原因、机理和变化规律,科学地预测路况发展趋势,为养护工程决策提供科学依据。

(2)养护工程应引入竞争机制,推行招投标制度、工程监理制度和合同管理制度,对于大、中修工程,应由具有相应资质的单位进行施工和监理。对于改建工程,应按照工程建设管理的规定,对设计、施工和监理实行招投标制度。对改建工程项目的设计、施工、监理及竣工验收等,应按照新建工程项目的建设管理规定执行。

(3)各级公路管理机构应严格养护工程管理程序,完善重大工程项目的报批和审查制度;对技术难度较大的工程项目,应组织专家进行技术论证。

(4)公路大修或改建。工程项目,应由具有相应资质的设计单位进行勘测设计,并且在养护工程设计时,应充分考虑当前车辆超载的实际情况,对车辆轴载情况进行检测,并根据实测结果进行路面结构设计。

(5)各级公路管理机构应加强对养护工程的中间检查。

(6)养护工程完工后,必须符合以下条件才能接养:

①经竣工验收为合格工程。

②公路编号、命名及相应的交通工程及沿线设施系统设置规范、完善。

③各项竣工文件、档案资料齐全。

四、公路检查

各级公路管理机构应坚持和完善公路检查制度,定期地对公路进行检查,及时、准确地掌握公路路况质量和使用品质,评价和考核公路的运营性能及公路养护生产和管理工作成效。

(1)各级公路管理机构公路检查的频率,按照检查内容和要求的不同,并参考多年的惯例而定:

①交通运输部在2000年明确规定,每5年组织一次全国性公路检查。

②省级公路管理机构应每年至少组织一次检查。

③地(市)级公路管理机构可根据本辖区管理公路里程分布情况及本级对公路养护目标考核的要求,每半年组织一次检查或每个季度组织一次检查。

④县级公路管理机构应每月组织一次检查。

(2)公路检查的内容包括公路技术状况、日常养护情况、养护工程实施情况、养护计划和管理制度的执行情况等。

公路检查应做到科学、合理,考核评定应客观、公正,检测手段应先进、准确;应对公路主要技术指标进行全面检测或抽检,客观地评价公路路况和养护水平。公路检查的评价标准按现行《公路技术状况评定标准》(JTG 5210)执行。

当公路因遭受洪水、台风、积雪等自然灾害毁坏或人为破坏,造成交通中断时,沿线养护道班(工区、站)应调查了解情况,并迅速向县级公路管理机构报告;受损线路为国省干线时,应立即上报到省级公路管理机构,国道应上报交通运输部。

应加强对收费公路,特别是经营性收费公路的监督检查,以保障收费公路的服务水平。

多雨地区或公路水毁多发地区的公路管理机构,应加强雨季公路检查。

五、档案管理

公路养护档案工作应贯彻执行《中华人民共和国档案法》和《中华人民共和国档案法实施办法》,并符合《交通档案管理办法》的有关规定,既要执行交通行业档案管理的制度、规范、标准,又要接受所在地区档案行政管理部门的业务指导与监督。

1. 公路养护档案管理

1)公路养护档案管理规定

(1)公路养护档案工作应遵循"统一管理、分级负责"的原则。

(2)公路养护应严格执行工程档案管理有关规定,公路工程所形成的档案应及时归档,并由档案管理部门实行集中统一管理,不得由承办部门和个人分散保存。

(3)应建立档案管理制度,由专人负责管理。

(4)公路养护工程的计划、统计、审计、机械设备、设计文件、竣工档案等信息资料,应按相应的管理规定进行管理。

(5)建设单位应对养护工程原工程档案组织设计、施工单位据实修改、补充和完善。对改变的部位,应当重新编制工程档案,并在工程验收后 3 个月内向相应的档案管理部门移交。

(6)应积极采用先进技术,逐步实现档案管理现代化。

(7)公路养护档案应对小修保养、中修工程、大修工程和改建工程分别立卷归档。

2)公路养护档案分级管理

(1)地(市)级及县级交通主管部门(公路管理机构)负责管理所在辖区内公路的全部基础档案资料。

(2)省(市、区)交通主管部门(公路管理机构)负责管理全省(市、区)县级以上(含县级)公路的全部基础档案资料。

(3)各省(市、区)也可根据当地实际情况确定分级管理范围。

(4)公路小修保养档案应包括以下内容:

①路况登记资料。

②检查与验收资料。

(5)中修工程档案应包括以下内容:

①工程合同和造价文件。

②施工大纲及批复。

③技术交底和会议纪要。

④工程施工过程资料。

⑤施工质量控制资料。

⑥竣工图表。

⑦工程总结及工程竣工验收报告。

(6)大修工程档案应包括以下内容:

①工程合同和造价文件。

②施工组织设计、监理大纲及批复。

③技术交底和会议纪要。

④工程施工过程资料。

⑤施工质量控制资料。

⑥竣工图表。

⑦工程总结及工程竣工验收报告。

(7)改建工程档案内容:应按现行《公路工程竣(交)工验收办法与实施细则》(1511 41483)中的规定,包含综合文件、决算和审计文件、监理资料、施工资料和科研、新技术资料等 5 方面内容。

2. 档案的整理

档案的整理应符合下列要求:

(1)公路养护技术档案应每年按照档案要求分类整理,装订成册,编好目录,分类归档。案卷可采用装订与不装订两种形式。文字材料必须装订;既有文字材料,又有图纸的案卷应装订。装订应采用线绳三孔左侧装订法,应整齐、牢固,便于保管和利用。

(2) 立卷应遵循工程文件的自然形成规律，保持卷内文件的有机联系，便于档案的保管和利用。档案资料立卷可按照工程项目立项、设计、施工准备、施工、竣工验收顺序，对各参建单位移交的全部案卷进行系统整理排序。

(3) 档案资料应进行科学组卷，每单位工程为一卷，如文件材料多时可分为若干册。文字材料按事项、专业顺序排列。同一事项的请示与批复、同一文件的印本与定稿、主体与附件不能分开，并按"批复在前、请示在后，印本在前、定稿在后，主体在前、附件在后"的顺序排列。图纸按专业顺序排列，同专业图纸按图号顺序排列。既有文字材料又有图纸的案卷，文字材料排前，图纸排后。

(4) 卷内文件排列顺序一般为封面、目录、文件材料部分。封面应具有工程名称、开竣工日期、编制单位、单位负责人、技术主管、技术负责人、卷、册、编号。文件材料部分的排列：①管理性文件按问题重要程度排列；②项目技术性文件材料应按现行《公路工程竣（交）工验收办法与实施细则》（151141483）的有关编制要求规定排列。

(5) 文件应字迹清楚、图样清晰、图表整洁，签字盖章手续完备。工程文件应采用耐久性强的书写材料（如碳素墨水、蓝黑墨水），不得使用易褪色的书写材料（如红色墨水、纯蓝墨水、圆珠笔、复写纸、铅笔等）。工程文件的纸张应采用能够长期保存的韧力大、耐久性强的纸张。图纸采用计算机出图，竣工图应是新图。计算机出图必须清晰，不得使用计算机出图的复印件。

3. 档案的保存与使用

(1) 公路养护档案保存可分别按短期、长期和永久 3 种保存期限进行分类排列。

①公路定期检查资料、县级及县级以下公路大中修工程资料可作为短期保存档案资料进行保存。

②乡级及乡级以下公路的基础资料、县级公路改建工程资料、国省干线公路的大中修工程资料可作为长期保存档案资料进行保存。

③县级及县级以上公路的基础资料、国省干线公路的改建工程资料和各级公路桥梁、隧道等建筑物应作为永久保存档案资料进行保存。

④各省（市、区）也可根据当地的实际情况，按照有利于保存、利用的原则，确定短期、长期、永久保存的档案资料的类型。

(2) 档案的保存与使用应符合下列要求：

①加强档案的保存与管理，遵循"统一管理、分级负责"的原则。

②档案保管分别按永久、长期和短期 3 种期限进行系统排列。

③安放档案的档案室管理应贯彻"预防为主，防治结合"的方针，认真做好防盗、防火、防光、防潮、防尘、防污染、防有害生物等"七防"工作。

④坚持库房检查制度和库房温湿度记录制度，注意调节和控制库房的温湿度，确保档案的安全。

⑤档案管理部门应建立定期检查库存档案和设备制度，并做好检查记录。对破损和字迹模糊或变质的档案，应及时修补或复制。对库存档案发现可疑情况或者发生意外事故，应及时进行检查。

⑥档案的使用应遵循"严守国家机密、禁止涂改抽拆、切勿私自携出、不得转借散失、妥善

保护案卷、用毕及时归还"的原则。

档案库房(含胶片库、磁带库)的温度应控制在14℃～24℃,有调节设备的库房温度日变化幅度不得超过1℃～2℃;相对湿度应控制在45%～60%;配有调节设备的库房湿度日变化幅度不得超过±5%;保存母片的胶片库温度应控制在13℃～15℃,相对湿度应控制在35%～45%。

4. 电子档案

加大档案数字化建设力度,使养护档案基础工作与数据建库扩容紧密结合,使档案数据库信息量包括全宗级、案卷级、文件级目录数据和各种专题档案目录数据,并逐步向全文数据发展。

(1)设计图纸应数字化保存。

(2)应建立动态公路设施基础数据库,做好路面管理系统、桥梁管理系统、隧道管理系统、基础数据库的软件备份及数据更新和备份。

(3)应做好文字、数据、影响记录等电子文件的保存和维护,逐步实现技术档案电子化。

(4)应保证电子文件信息安全。

(5)逐步建立档案信息化检索体系。

公路档案管理如图11-4所示。

 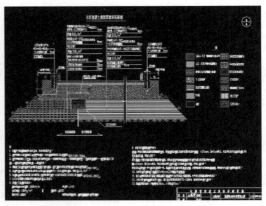

图11-4 公路档案管理(纸质与电子)

单元11-3 公路养护的生产管理

一、公路养护生产的组织方式

(1)公路改善与大中修工程,其生产组织方式与公路基本建设工程相似,采用内部竞标或对外公开招标的方式进行。

(2)小修保养工程,由于具有点多、线长、面广、作业分散等特点,一般采用包干负责制组织施工，把养路责任与个人利益相结合。有条件的地区应采用公开招标或内部竞标的方式，选择养护生产企业，并对养护单位的管理实现合同管理。

包干负责制一般有全面包干负责制和局部包干负责制两种形式。

（1）全面包干负责制：以一个行政区域某一干线公路范围为单位，组织相应的养护机构，对所辖范围的公路养护工作负全部责任。具体做法：省级公路管理局对地市公路局、地市公路局对县级公路分局（段）、县级公路分局（段）对道班定里程、定养护等级、定人员编制、定材料消耗、定使用经费、定生产任务指标、定奖励办法、定检查评比。

（2）局部包干负责制：以某一单项工作进行包干负责的制度。范围一般较小，可以落实到人，制定养护定额，养护投资实行计量支付。目前局部包干负责制一般包括以下几种形式：

①干部分片包干制。
②养路队（道班）分段保养负责制，如路面、桥涵专业队等形式。
③养路队（道班）分工负责制，如路基分段包给个人等形式。
④绿化管理负责制。
⑤主要养护机械单项核算制。
⑥县级公路分局（段）对养路队（道班）实行合同制。

包干负责制在实施过程中必须建立和执行"小修保养工程保修制度"，明确规定保修期限、责任、处理办法等。

二、计划管理

1. 公路养护计划管理的任务和作用

公路养护工程计划管理是指从事公路养护的各级部门通过计划来组织、协调其生产、技术、财务活动的一种综合性管理工作。做好计划管理工作，可以大幅度地提高劳动生产率，合理地使用人力、物力、财力，取得显著的经济效益。

公路养护计划管理的任务主要包括如下：

（1）确保完成上级下达的公路小修保养、大中修、改善工程的任务，提高好路率，消灭差等路，不断提高公路技术标准，完善公路沿线设施。

（2）合理地组织和安排公路局与生产班组的人力、物力和财力，在认真做好综合平衡的基础上，积极挖掘公路局与道班的生产潜力，采用先进的养护技术和科学的管理方法。

（3）结合管养路段的自然条件、技术状况和资金的可能，在计划安排上应贯彻"先重点路线、后一般路线，先小修保养、后大中修和改善"的原则，做到任务平衡，人力、物力安排得当。

公路养护计划包括制订长远规划，编制、执行、检查年度、季度、月（旬）作业计划。按计划内容公路养护计划可分为公路保养小修计划、大中修工程计划、改善工程计划、公路绿化计划、养护经费收支计划、劳动工资（包括民工建勤）计划、物资供应计划等。通过计划的编制，可使各级公路养护部门明确各个时期内的任务和奋斗目标，调动各级职工的积极性；制订劳力、材料、机具计划，为完成任务提供可靠依据，并按计划要求预先做好各项准备工作，及时进行调度、平衡，保证养护工程的顺利完成。辽宁省维修改造工程计划统计图如

图 11-5 所示。

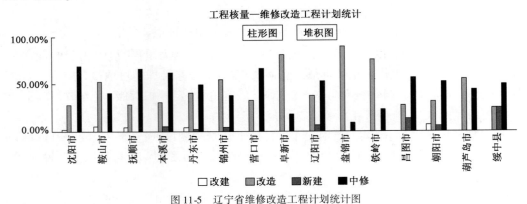

图 11-5 辽宁省维修改造工程计划统计图

2. 计划编制的内容与方法

1) 远景规划

远景规划是指超过一年以上较长时期的计划,如3年、5年、10年规划等。养路远景规划是一个粗线条的指标性计划,只突出几个较大的指标,作为主观奋斗目标。制订养路远景规划,要有高瞻远瞩的眼光,要能预见国内外形势发展的趋向,要掌握国民经济发展规律和对公路发展的要求;根据客观规律的变化,提出编制养路远景规划的项目和指标。

公路远景规划的编制可分以下3步进行:

①搜集和整理资料。主要是搜集有关公路发展的经济调查资料和现有公路技术状况的基本资料。经济调查资料要向工矿、农村、水电、铁路、水运和汽车运输等部门了解情况,摸清各个部门的远景设想以及对公路发展的要求,特别集中地反映在交通量和载重汽车的吨位上,以便考虑公路设计标准。此外,还要搜集有关部门的建设对公路干线干扰的资料,以便考虑公路的局部改线方案。现有公路技术状况的基本资料包括线路、里程、技术等级、桥涵状况、载重标准、水淹地段、历史水毁特征和交通量等情况,以及国内外公路发展水平和科技发展水平等。

②整理和分析各项调查资料,编制公路发展的远景规划,并要求其与国民经济的发展要适应。公路管理部门要争取主动,公路技术改造目标要走在国民经济发展之前,真正起到先行的作用。在一条路线或一个站程之内,应按同一技术标准要求进行全面改造,以适应交通运输的需要。

③反复调整、综合平衡、紧抓落实。实现远景规划,首先要有足够的资金。根据需要与可能的原则,积极筹集公路技术改造所需的资金,使编制规划落实在可靠的基础上。

2) 年度计划

公路养护年度计划是在计划年度内全部养护生产、经营活动的实施方案,是养路工作最主要的综合性计划。它既是养护远景规划的具体化,又是季度计划、月度计划的依据。

年度计划的具体编制过程大体可以分以下三个阶段进行。

(1) 收集资料。除了《公路养护技术规范》(JTG H10)中规定的各级公路部门应进行的路况调查登记和交通量调查统计工作等外,还应搜集以下各项资料,作为编制下一年度计划的主要依据:①本年度计划执行情况和预计年末完成情况;②远景规划要求考虑安排项目的资料;

③预计下年度养路资金情况;④急待进行的(主要是一季度)工程项目的调查资料;⑤需要补充的生产能力和技术革新措施的资料;⑥小修保养年公里预算定额资料等。

(2)编制计划草案。公路养护年度计划在年度开始前制订,在制订新的年度计划时,首先要对上一年度计划执行的情况进行全面分析研究,它是制订新年度计划的基础。编制新年度计划时必须遵照国家关于公路养护工作的方针、政策,根据公路的整体规划,综合上一年度计划项目,具体安排落实。编制计划时,一般是按照"先重点线路,后一般线路;先小修保养,后大中修和预留水毁等预备费用,如还有可能,再行安排改建和提高项目"的原则。

(3)上报审批计划。公路养护年度计划由省级公路管理部门进行汇总平衡,并经省级交通部门审定和省级计划部门批准。

3) 月度计划

月度计划是指为了保证年度计划的实现,防止产生前松后紧等不平衡情况发生而制订的重要计划。养护单位包括基层班组,为了适应气候对公路的影响,主要采用月度作业计划来指导生产。月度计划根据自然条件、运输需要、物资供应、机械调度、劳力安排、资金分配等情况编制。月度计划编制内容应紧密配合年(季)度计划。月度计划应更具体,更切合实际,它的施工进度安排力争提前,不宜推迟;它是年(季)度计划的具体化,并作必要的调整和补充,使各项生产工作有条不紊地进行,更好地发挥计划指导生产的积极作用。公路管理部门的各个职能科室或有关人员都应根据职能范围,围绕养路年度计划安排及当时的具体情况,在每月初制订月度作业计划并付诸实施。月末进行检查小结,并按规定汇总上报。

3. 小修保养计划的编制

公路工程小修保养计划是指导和控制小修保养生产的主要依据。

1) 小修保养生产计划内容

(1)产量指标:公路养护里程和小修保养工程数量和工作量。

(2)质量指标:包括好路率、综合值、实现优等路和消灭差等路指标,以及各单项工程质量标准和要求。

(3)小修保养工程年公里成本和单项工程成本。

(4)主要材料消耗。

(5)主要机械台班消耗。

(6)员工出勤率和直接生产率。

(7)主要机械完好率和利用率。

(8)为完成任务、实现进度、保证质量、降低成本应采取的技术组织措施和安全生产措施。

2) 计划的编制

(1)小修保养年度计划的组成文件如下:

①文字说明:对计划编制所作的必要说明。

②小修保养路况计划表:主要包括各等级(优、良、次、差)的计划里程,计划好路率、计划综合值、消灭差等路的计划里程数。

③小修保养工程进度计划表:主要包括工程项目、工程量、全年分季度完成的工程量和工作量。

④小修保养工程材料使用计划表:主要包括材料名称、本年度计划用量、分季度使用量。

⑤小修保养工程机械使用计划表:主要包括材料名称、本年度计划用量、分季度使用量。

⑥小修保养劳动力计划表:主要包括道班人数、计划出勤率、计划出勤天数、计划出工日数、计划直接生产利用率、计划直接生产工日、全年计划总用工数、分季度用工数。

⑦小修保养完成各项经济技术指标措施计划表:主要项目包括计划达到的指标与要求、计划实施方案和内容的说明、负责实施的人员等。

以上各表均按路线并按道班填列。

(2)年度计划的编制方法:小修保养年度生产计划由县公路分局负责编制,将全县各条公路上各道班的计划内容统一汇总编制;年度计划编制完成后,应与年度预算一起上报审查批准。

3)小修保养季度生产计划的编制

(1)季度计划的组成。季度计划包括:季度好路率计划表、季度工程计划表、季度材料使用计划表、季度机械使用计划表、季度劳动力措施计划表、季度技术组织措施计划表。

(2)季度计划的编制方法。季度计划是落实年度计划的基础。县公路分局根据上级批准的年度计划,结合生产实际情况,编制季度小修保养生产计划。在编制季度计划时,可按实际情况对年度计划进行调整。季度计划应按规定时间上报,批准后方可贯彻执行。

4)小修保养月份生产计划的编制

(1)月份计划的内容。月份计划是以道班为单位按旬分列的。某个道班月份生产计划表中主要包括好路率计划、工程计划、机具使用计划、劳动力计划和工程进度计划。

(2)月份计划的编制方法。月份计划是实施性的生产计划。县公路分局于上月下旬(25日)在路况检查评定(自检)的基础上,根据批准的季度计划和实际路况进行编制。县公路分局于月末前下达到道班,并报上级部门备查。

5)旬作业计划的编制

旬作业计划由道班根据县公路分局下达的月份生产计划编制。各道班根据旬作业计划,每天将次日的生产安排公布在布告牌上,以利于作业计划的贯彻执行。

4.现代化计划管理简介

现代化计划管理是相对于目前大量应用的生产型管理中的计划管理而言的,它包括预测技术、决策技术、全面计划管理(含目标管理)以及公路养护ABC分析法等。为了促进公路养护生产的计划管理向现代化计划管理方向过渡,现仅介绍其基本知识。

1)预测技术

(1)基本概念。

预测技术是指对尚未发生或目前还不明确的事物进行预先的估计和推测,是在现时对事物将要发生的结果进行探讨和研究的一种技术。预测技术在公路养护管理中经常使用,如怎样才能准确地估算出拟建公路的远景交通量;怎样确定与工农业、人口、综合运输能力等因素相适应的公路网密度;公路在使用年限内是否会达到预期的经济效益,等等。

(2)基本原理。由于预测对象受到多种偶然因素的影响,所以常常使预测对象的发展表现得杂乱无章,似无规律可循。但是,这种偶然性始终受其内部隐蔽规律支配。在进行预测时,人们一般借助于以下几项原则:惯性原则、类推原则、相关原则、概率推断原则。

2）决策技术

（1）决策的定义。决策是对未来的行为确定目标，并从两个以上可行方案中选择一个合理方案的分析判断过程。正确的决策产生正确的行为，得到好的结果；错误的决策产生错误的行为，得到坏的结果。同样条件下，决策水平的高低，往往会产生完全不同的结果。

（2）决策方法。决策可以分为确定情况下的决策和不确定情况下的决策。其中，不确定情况下的决策根据所掌握数据资料的不同，又可分为风险型情况下的决策和完全不确定情况下的决策。

（3）决策原则：

①确定性决策问题。这类问题有时很简单，如贷款修路，当有几个利率方案可供选择，当然选用利率低的方案来决策即可。

②风险型决策问题。风险型决策的标准有期望值标准、机会均等的合理性标准和最大可能性标准。

③完全不确定性决策问题。在进行这种决策时，选择最佳方案的准则有悲观原则、乐观原则和最小后悔原则。

3）全面计划管理的概念

公路施工企业的全面计划管理是指在国家统一指导下，结合建筑市场的需求情况，根据企业现代化生产客观规律的要求，对企业的生产经营活动制订全员性的综合管理。它要求企业各部门、各环节的各项工作都要计划化，要对企业生产经营活动的全过程实行计划管理，要使企业的全体人员都要关心和参与计划的制订和执行。

4）确定公路养护重点的 ABC 分析法

ABC 分析法是将公路养护工程任务（路段、桥、涵等）分为 A、B、C3 大类，其中 A 类数量最少，但属于急需修理或养护的任务；B 类数量较多，但需要修理或养护的程度次于 A 类；C 类数量很多，但需要修理或养护的程度次于 B 类，由此来确定修理或保养工程任务的先后次序的方法。

公路养护 ABC 分析法分两种：第一种为按实际交通量分类法，第二种为评分分类法。

三、文明安全生产与劳动保护

文明安全生产是指按照社会化大生产的客观要求，科学地从事企业生产的一切活动。企业从事一切生产活动都应当讲文明、讲科学、讲安全，如图 11-6 所示。

道路文明安全施工如图 11-7 所示。

1. 文明施工

1）文明施工教育

企业应通过文明施工教育，使施工现场人员掌握文明安全生产知识，提高对文明安全生产的思想认识，使施工现场人员成为有高度责任感和事业心、具备科学技术知识和管理知识、能够严以律己的劳动者。养护作业人员进行养护作业时，应当穿统一的安全标志服；利用车辆进行养护作业时，应当在公路作业车辆上设置明显的作业标志。现场管理员工应统一着装、佩挂证卡，并应自觉遵守工地的各项规章制度和劳动纪律，杜绝"三违"现象。

图 11-6 文明安全生产

图 11-7 道路文明安全施工

2) 文明管理

文明管理指养护管理的科学化和民主化。养护管理的科学化是指建立文明施工管理和监督管理网络，推行现代管理方式，建立和贯彻一整套科学管理和生产的规章制度，包括各项责任制、工艺规程、设备维护与检修规程、安全技术规程等。养护管理的民主化是指充分发挥职工管理企业的积极性和创造性。

3) 文明环境

文明环境指保持养护工程的工地、作业区、机器、设备等整洁、舒适和安全。

(1) 施工单位应按照场地总平面图设置各项临时设施，做到布局合理。在养护作业区应按规定进行适当的交通控制，应在工地边设置明显的标志牌，标明工程项目名称、工程概况、建设单位、设计单位、监理单位、施工单位、项目经理和技术负责人的姓名，开、竣工日期等。

(2) 施工现场作业区道路平整；施工机械设备应保持状况良好、停置整齐；施工材料堆砌有序、存储合理规整。

(3) 作业区道路和现场按工程需要有足够的照明设施；施工电源集中布置，统一接线，专人负责，并定期检查。

(4) 工地现场外观应做到"三洁"（施工场地整洁、生活环境清洁、施工产品美观洁净）；施工范围内基本无废料、垃圾和油垢，应做到工完、料尽、地清；办公室、作业区、仓库等场所内部应整洁;生活区中的食堂、供排水、浴室、医务室、宿舍和厕所应符合卫生通风照明等要求;职工宿舍内外应保持洁净、卫生;施工产品符合规范要求,外观洁净、美观。

(5)工地禁烟区内应严禁吸烟,禁止边作业、边吸烟。

(6)遵守国家有关环境保护规定,避免和降低灰尘等对周围环境的污染。

2. 安全生产

在生产过程中,要坚持"安全第一、预防为主"的安全生产方针,切实做到"生产必须安全,安全促进生产",保证人和机器设备在生产中的安全。

1)施工现场安全管理规定

(1)施工现场必须具备良好的施工环境和作业条件,实现安全生产,避免发生人身伤亡事故和工程事故。进入施工现场的所有人员必须遵守施工现场安全管理规定。

(2)施工现场安全生产实行项目经理负责制。应建立健全工地安全组织保障体系,制定和完善安全管理制度,采取各项安全防护措施,确保施工正常进行。

(3)施工现场所有施工人员必须经过上岗前安全教育;应备有各个工种安全生产手册或安全生产须知,使从事施工活动的职工都具备本工种的安全常识,不断增强安全防范意识。特种工种须经过专业培训,持证上岗。

(4)进入施工现场的所有人员,应穿戴和使用有关防护用品、用具。

(5)施工现场应设置必要的提示、警示、警告等各种安全防范标志。

(6)施工现场必须杜绝违章指挥、违章作业、违反劳动纪律的"三违"行为。

(7)施工现场必须做好防火、防电、防爆和防坠落等防护工作。

①必须遵守国家有关消防规定,各种消防设施配置齐全,并由专人负责,经常检查和定期更换。油库、易燃品存储等重点防火区域禁止火源进入。

②供电线路布设及施工用电必须遵守有关安全用电的规程和规定,应避免妨碍作业和交通。

③炸药、高压气瓶等易爆品的使用和管理必须遵守国家有关安全规定,并保持足够的安全距离,确保作业安全。

④高处作业必须遵守有关作业规程,设置必要的安全防护网或防护栏杆。特殊情况下应使用安全带。

(8)施工现场应建立健全完善的机具设备例保、检修制度,保证机械设备正常安全运作。

2)小修保养生产中的安全工作

(1)路上作业应在作业区两端设立明显警告标志及挡栅,安排专人进行交通指挥,夜间应配装红灯信号警告;施工路段设置的便道应加强维护;在正线上作业留出的行车道应有足够的安全宽度和会车处。

(2)雨季施工和水上水下作业,应与有关气象、水文台站建立全天情报联系,以便采取应变措施,做到有备无患。

(3)遇有道路毁坏中断,应立即设置路障,并通知交通管理部门或登报通告阻、通日期及相应措施。

3)公路养护生产中应注意的安全问题

(1)严禁采用底脚挖土方法(俗称"挖神仙土",即在下面掏空,使土自动塌落的操作方法),以免塌土伤人。

(2)撬除悬岩、陡坡上松动的石块时,要系好安全带。不可站在石块的下方,并忌用力过猛,以防人随石下,发生危险。

(3)铁锤、铁锹及十字镐等带柄工具,要随时检查木柄是否松动、伤折,以防脱落伤人。

(4)凡皮肤受伤、呼吸系统及面部等暴露部分患病的职工,不得参加熬油、喷洒等直接接触沥青的工作。

(5)沥青加热时要防止溢锅烫伤及引起燃烧,现场须设置灭火器、消防砂、湿麻袋等消防器材,以防不测。

(6)各类脚手架和跳板必须牢固、稳定、不起翘。

(7)拆下的模板、脚手板等木料,不得随地乱丢,木板所带的钉子要及时拔除。

(8)桩锤未放下或桩锤起落时,禁止撬移桩架。

(9)雨季、汛期作业,应与气象、水文站保持联系,以便及早采取措施,加以防范。如遇洪水突然袭击,应迅速组织力量将机具设备和材料转移到安全地点。

3.劳动保护

劳动保护是为了保护劳动者在生产过程中的安全与健康而进行的组织管理工作,以及为此而采取的一系列技术措施。它专指对劳动者在劳动生产过程中的安全与健康方面的保护,如图11-8所示。

图11-8 劳动保护

1)劳动保护的任务

(1)保证安全生产,防止工伤事故和职业病发生。

(2)合理确定工作时间和休息时间,注意劳逸结合。

(3)对女工实行特殊保护。

(4)开展工业卫生工作。

2)劳动保护的内容

(1)安全技术。为了消除企业生产中引起伤亡事故的潜在因素,以及为了保证工人在生产中的安全,而必须采取的各种技术措施,称为安全技术。

(2)工业卫生。为了改善生产劳动条件,避免因生产活动可能引起地对职工健康的危害,避免有毒、粉尘、噪声、振动,防止职业病的发生而采取的各种技术组织措施,称为工业卫生。

(3)劳动保护制度。劳动保护制度指为切实做好安全文明生产和保障职工身体健康而建立的一系列安全生产政管理知生产技术管理制度。劳动保护制度由两方面内容组成：一是属于生产行政管理方面的制度，如安全生产责任制、安全教育制度、安全生产监督检查制度、工伤事故调查分析处理制度、卫生保健制度等；二是属于生产技术管理方面的制度，如安全操作规程、设备维护制度等。

3）油路养护中的劳动保护工作

（1）对患有皮肤病、眼病、喉病、面部或手部有破伤以及对沥青有过敏感染的人员，不应担任沥青（特别是煤沥青）的加工、运输和操作等工作。

（2）对运油、熬油、洒油、摊铺等工序，凡经常接触沥青的人员，其外露皮肤需涂上防护油膏，应穿长袖、长裤工作服、戴口罩、帆布手套、护目眼镜等，并用干毛巾围裹颈部。用手摇洒布车洒油的人员还需戴上鞋罩。

（3）接触沥青的人员在上下班时，还需点眼药水一次，以保护眼睛，眼药水的品种及点滴标准由医生决定。

（4）每天工作完毕，应将防护用品除下，脸和手用肥皂洗净，再擦一些润滑脂。若皮肤或手已染有沥青，应立即用松节油洗净，不宜使用汽油、柴油等油类擦洗。

（5）如果被沥青灼伤时，应立即将黏在皮肤上的沥青。用酒精、松节油或煤油等擦干净，再用高锰酸钾溶液或硼酸水洗伤处，必要时请医务人员治疗，事故严重的应立即报告医务人员进行急救。

在施工现场或拌和厂、加热站等处，都需配备灼伤防暑等药品，以备急需。如气候炎热，工地不仅应保证供应茶水及清凉饮料，还应采取相应的防暑降温措施。

单元 11-4　公路养护管理系统

一、公路养护管理系统

公路养护部门所涉及的工作内容很多，包括路基、路面、桥涵和公路沿线附属设施的养护以及水毁防治与绿化等，这些日常的养护和维护工作并不是单独、独立地存在，而是互相联系的。公路养护是指对正在使用期间的公路构造物和附属设施进行保养、维修和改善，以期达到在公路使用年限内提供有足够的行车安全性、乘车舒适性和环境美观性；管理则是利用已采集到的和公路档案记录的数据信息，根据目标对各种要素进行协调、控制后作为判断和决策的依据。公路数据信息是指路基、路面宽度、路面结构形式、公路行政、技术等级、设计年限、交通量等基本数据。

在一般情况下，公路养护管理的目标有以下两种：

（1）利用有限的养护资金，维修哪些路段可产生较大的经济、社会效益；

（2）为使整个公路网保持在可接受的服务水平，需要有多少养护资金。

系统是指各要素之间相互制约、相互联系的有机整体。公路的要素根据系统研究的内容而定，可以是路基、路面、附属设施，也可以是沥青路面、水泥混凝土路面等。所以说，公路养护管理系统是将公路日常养护的各项工作综合进行考虑,按照系统的观点用最少的养护费用使公路、桥梁及附属设施和外部环境在使用年限内满足行车的基本要求。

就养护工作的内容来看,每一项目的养护工作都需涉及很多内容。例如,仅在路基养护工作中就要考虑路肩、边沟、边坡、排水沟、截水沟以及挡土墙、护坡和路基的塌方、滑坡、道路翻浆等工作内容。在公路养护系统建立的初期,如果将影响养护工作的所有内容都考虑进去,势必造成系统过于庞大和繁杂,从而使系统无法进行正常的运行。

另外,对于某些养护公路,初期主要的研究对象是养护资金需求量大且对行车有直接影响的工作内容。从国内外养护工作的经验来看,路面养护在日常养护中资金需求量所占的比例最大,所以国内外在养护管理系统研究初期都是从路面养护工作着手,使其逐步完善,然后将路面养护管理的方法逐步推广到其他养护工作。公路养护管理系统各要素之间的相互联系如图11-9所示。

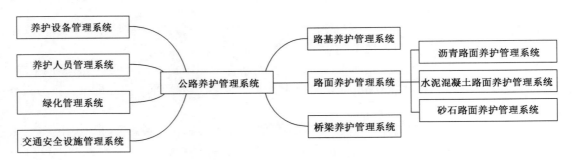

图11-9 公路养护管理系统及其子系统

按照系统、科学的观点,一个大的系统可以由几个子系统构成,这些子系统又可以分为若干个次一级子系统。路面养护管理系统是公路养护管理系统的一个子系统,而沥青、水泥混凝土和砂石路面养护管理系统又是路面养护管理系统的一个子系统。在下面的知识讲解中将重点阐述路面养护管理系统、桥梁养护管理系统,它的研究方法可以推广应用到其他的分项系统中去。

二、路面管理系统

1. 路面管理系统的发展现状

路面管理技术的研究始于20世纪70年代初期的北美。美国在经历了大规模的公路建设后,面临着大量的、同时到来的路面养护工作。为了准确地了解公路网的破坏状况,把有限的养护资金分配到最需要养护的路段上,研究人员开发了路面破损数据检测设备,建立了数据库,制定了评价方法、标准和优化排序模型。这种以计算机为工具的路面管理技术被称为路面管理系统(Pavement Management System),PMS。20世纪80年代以后,路面管理系统的内容得到了扩充,技术也初步成熟。

美国在AASHO(美国国家公路与运输协会标准)路面管理系统指南中,把路面管理系统定义为:用于决策者在公路评价、养护中寻求投资有效分配方案的工具。

澳大利亚道路研究所把路面管理系统定义成:用于优化利用路面养护可用资源,包含信息采集、信息分析和方案决策的管理方法。

路面管理系统是一个复杂的决策系统,它涉及道路工程、工程经济、系统工程、计算机等方面技术,是与道路规划、设计、施工、养护、评价和研究各种活动相关的、协调的、综合统一的集合。路面管理系统是现代化养护决策技术的核心,其目的是使管理部门通过这样一个平台能有效地使用资源(包括资金、劳力、机械设备、材料、能源等),以最低的资源消耗,提供并维持在预定使用期限内具有足够服务水平的路面。

我国第一次接触路面管理系统是1983年交通部(现为交通运输部)组织实施的中国与英国政府间的科技合作项目。引进了英国的BSM路面管理系统。在辽宁营口市试点应用的基础上,结合当时国内公路养护管理的特点,基于BSM技术和构架,在1985年,我国研究开发了第一套具有中英混合技术的PMMS路面养护管理系统,并在福建龙岩和云南试点应用。PMMS在研究过程中得到了英国海外开发署和项目执行单位伯明翰大学及英国运输研究所(TRL)等国际机构的支持,它的意义在于为我国通过国家科技攻关项目大规模研究路面管理系统提供经验和培训人才。

为全面研究路面管理系统新技术,1986年交通部科技司委托交通部公路科学研究(院)所主持研究了"七五"国家重点科技攻关项目"干线公路路面养护评价成套技术",项目研究历时5年,50多位有经验的工程技术人员加入了研究和实验工作。在实施"七五"国家重点科技攻关项目"干线公路路面养护评价成套技术"过程中,为了及时吸收国外的经验和新技术,1988年交通部科技司委托交通部公路科学研究(院)所,组织了世界银行HDM-III公路设计与养护模型在云南的引进与推广试点工作(1988—1990)。出于同样的目的,1989年交通部公路司委托交通部公路科学研究(院)所,组织实施了芬兰路面管理系统在山东省济宁市的引进与试点应用工作(1989—1990)。通过深入的理论研究和大量的野外道路试验,在充分吸收国外新技术和成熟经验的基础上,交通部公路科学研究(院)所在项目参加单位的支持下,依托"七五"国家重点科技攻关项目"干线公路路面养护评价成套技术",于1990年研究开发成功了具有我国自主知识产权的"干线公路路面管理系统(Pavement Management System for China Highways,CPMS)"CPMS数据关系如图11-10所示。

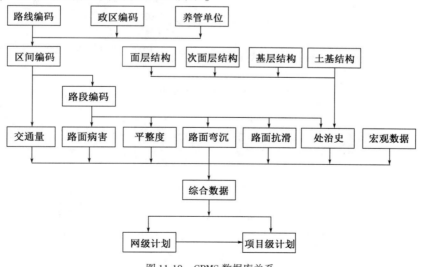

图11-10 CPMS数据库关系

CPMS 包含了对沥青、水泥和砂石路面的养护管理,其主要作用是协助公路管理部门实施以下工作:

①路况评价分析。包括路面使用性能和交通量等各种道路因素的评价分析。
②养护需求分析。预测各年度的路面大中修养护费用和养护措施。
③养护投资分析。分析不同投资水平对路面使用性能的影响。
④养护资金优化分配。
⑤公路养护计划编制。

为了推进我国公路养护管理现代化,1991 年,交通部决定依托"八五"和"九五"国家重点新技术推广项目"干线公路路面管理系统(CPMS)推广应用"项目,利用 10 年的时间,在全国分二批、有计划地全面推广应用了 CPMS 成套技术。

从 1983 年开始,经过 20 多年的技术引进、关键技术攻关研究、自主技术开发和系统的推广应用,我国在公路检测、公路管理与养护技术方面取得了长足的发展,研究成果覆盖了路面快速检测技术、检测装备、公路评价技术、养护决策技术和相关的标准规范。

2. 路面管理系统组成

综合的路面管理系统从功能上划分一般由数据采集系统、数据库管理系统、评价决策系统,综合演示分析系统 4 个部分组成。其中,数据采集系统为硬件系统,后三个子系统为软件系统。不同的组成部分有不同的作用,按照实现手段可将路面管理系统划分为路面管理硬件系统和路面管理软件系统。路面管理系统组成如图 11-11 所示。

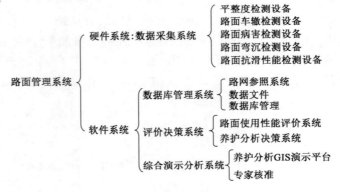

图 11-11　路面管理系组成

1)数据采集系统

路面管理系统决策的依据是大量、精确的数据信息。数据信息的取得依赖于高效、快速地检测设备。数据采集设备和采集方法的研究在路面管理系统的应用中占有很大的比重。

(1)PCI

根据《公路技术状况评定标准》(JTG 5210)规定的要求采用多功能快速检测设备,如图 11-12、图 11-13 所示。

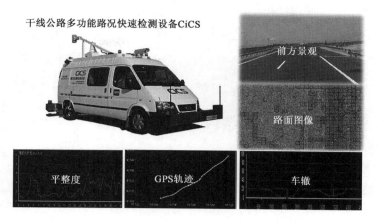

图 11-12 自动化检测车

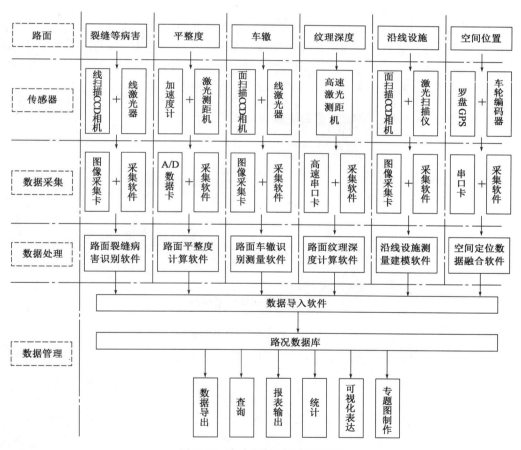

图 11-13 自动化检测车系统框架图

路面自动化检测车路面图像采集系统由线扫描 CCD 相机、GPS 与车轮编码器组合定位模块和辅助光照明 3 个部分组成。由辅助光照明系统消除环境光干扰,通过车身尾部线扫描 CCD 相机对路面进行高速连续拍摄,得到路面图像数据,检测数据可直接传输到计算机,通过车载计算机实时存储,如图11-14所示。

图 11-14　路面病害识别示意图

对路面图像采用自动识别结合人机对话方式判断病害类型、圈定病害范围。对于现有快速采集设备(无论国内国外),对于路面裂缝等病害的自动识别都还处于较低水平,对于特殊情况下,能达到较好识别水平,但是对于绝大部分情况,需要人工干预。

(2) RQI

自动化检测车激光平整度测量系统由2个激光测距器和2个加速度计组成,分别安装于车辆两后车轮前方,通过测量路面距离和加速度计采集的车辆颠簸情况得出路面纵断面各点的相对高程,测量精度为±0.1mm。根据检测结果进行分析,通过采用加速度计惯性补偿的国际平整度计算方法,计算 IRI(单位为 m/km),如图 11-15 所示。

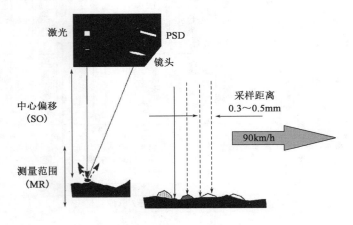

图 11-15　IRI 数据采集原理示意图

路面平整度检测数据通过报表系统,根据标准中规定的算法,直接生成检测路段的 RQI 结果,并进行优良率统计。

(3) RDI

路面自动化检测车激光车辙测量系统由安装于车身后部的 2 套线激光发射器和车辙 CCD 相机组成,在同步控制器的触发控制下对道路变形进行测量。通过对车辙 CCD 相机拍摄的线激光在路面上的形变情况进行取点分析可以检测出左右车辙深度等信息,如图 11-16 所示。

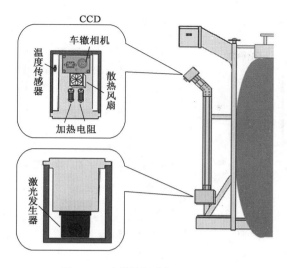

图 11-16　车辙数据采集原理示意图

(4) 前方景观测量系统

前方景观测量系统能够按一定距离间隔(10~100m)采集道路前方图像,图像清晰不失真,所有拍摄图像可数字化存于大容量数字存储介质,以供实时或后台软件处理。系统由两台逐行扫描彩色摄像机组成,相机分辨率为 1392×1040。可调查的道路设施包括交通标志牌、道路标线、隔离栅、绿化带、电线杆、护栏、桥梁、隧道等。通过前方景观测量软件量测沿线设施几何尺寸。从而统计得到沿线设施技术状况,如图 11-17 所示。

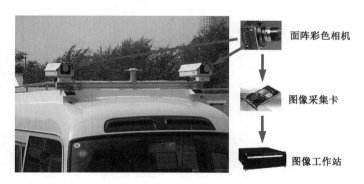

图 11-17　前方景观数据采集结构示意图

2) 数据库管理系统

路面管理系统是借助于计算机技术进行路面养护评价、预测、分析和决策的计算机辅助系统,数据库系统是路面管理系统的基础。系统所需各种路况数据以不同的方式采集后输入计算机,通过数据库加以处理和管理,为系统的评价、决策提供所需的数据。数据库系统一般由路网参照系统、数据文件和数据管理 3 部分组成,如图 11-18 所示。

3) 评价决策系统

系统以《公路技术状况评定标准》(JTG 5210)等相关规范为依据,按照数据库组织结构,分析、统计、采集数据,计算评价指标,将评价结果导入数据库,再根据评价结果对路段、区间、路线和路网进行养护分析决策,实现养护需求分析、养护性质分析、养护方案分析、养护造价预算分析及养护预测分析。

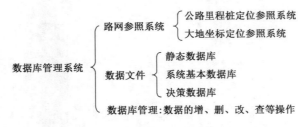

图 11-18 数据库管理系统组成

(1) 养护需求分析技术

养护需求分析采用了决策树方法:决策树是一种呈树状的图形工具,其基本原理是用决策点代表决策问题,用方案分枝代表可供选择的方案,用概率分枝代表方案可能出现的各种结果,通过对各种方案在各种结果条件下的计算比较,为决策者提供决策依据,最终使纷繁复杂的决策问题变得简单、明了,并且有理有据;用数据说话,形成科学的决策,避免单纯地凭经验、凭想象而导致的决策上的失误。养护决策树如图 11-19 所示。

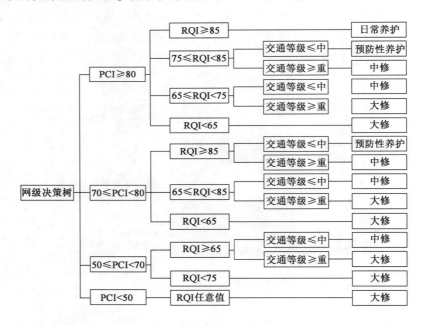

图 11-19 养护决策树

① 决策树是按照指标的重要程度从前到后排序;决策时各指标按照决策树流程执行,对个别指标不符合决策树范围规定的特定路段应视具体路况及病害特点具体分析,提出养护建议。

② 考虑工程施工连续性,将公路等级及交通等级相同、路面技术状况相近、主要病害类型相近的相邻评价单元进行合并,形成养护设计单元。合并单元时,建议大修、中修路段合并均不少于 3 个评价单元(3km)、预防性养护段落合并不少于 10 个评价单元(10km),当存在需要

特殊处理的路段或单千米养护性质过于分散的路段时,基本设计单元长度可不受上述限制。设计单元合并时,若遇到个别评价单元与相邻评价单元路况差异较大,无法进行合并时,可根据处治病害严重程度"就高不就低"的原则,将病害严重程度轻的路段合并到病害较重的设计单元中。

(2)项目优先度排序技术

采用多种决策指标对路段进行综合排序,先对路段的处治对策进行选择,再对各个路段进行排序,排序的结果可以反映各路段路面养护的迫切性和综合重要度。

目前采用的优先排序原则如下:

①主要考虑交通量、PCI、RQI 3 个因素。

②交通量越大、损坏越严重的路面越优先;同一交通等级时,PCI 小的项目优先。

③交通量比 PCI 高一个优先级。

(3)路面使用性能衰变规律预测技术

沥青路面使用性能评价是路面养护、经济分析及路面管理系统重要组成部分。它直接影响路面的养护对策和养护资金的投入,为了在时间和空间上优化分配给定的养护预算,确定最佳的路面养护方案,必须结合实际的路面技术状况进行模型参数拟合和路面使用性能的预测。国内外有多种专业预测分析模型,如上海同济大学孙立军教授及其课题组提出的预测模型:

$$\mathrm{PCI} = \mathrm{PCI}_0 \{1 - \exp[-(A/y)^B]\} \tag{11-1}$$

A,B 模型参数,可用下列方程表达:

$$A = \lambda \{1 - \exp[-(\eta/l_0)^\zeta]\} \quad (\text{寿命因子}) \tag{11-2}$$

$$\lambda = a_1 h^{b1} ESAL^{c1} \tag{11-3}$$

$$\eta = a_2 h^{b2} ESAL^{c2} \tag{11-4}$$

$$\zeta = a_3 h^{b3} ESAL^{c3} \tag{11-5}$$

$$B = a_4 h^{b4} ESAL^{c4} l_0^d \quad (\text{形状因子}) \tag{11-6}$$

式中: h——新建路面面层厚度(cm);

ESAL——标准轴次/(天·车道);

l_0——初始弯沉(0.01mm);

λ、η、ζ、a、b、c、d——回归系数;

y——路龄。

式(11-1)中存在两个待定的参数 A 和 B,其数值可由观测数据回归得到。分析模型中两个参数的物理意义可知,A 可视为路面的使用年限,定义为寿命因子,一般取值在 2~20 为宜;B 可视为模型的形状因子,一般取值在 0.2~2.0 范围内变化。

(4)中长期养护规划技术

中长期养护规划的目的是预估网级道路未来 5 年的技术指标变化趋势,它的执行步骤分以下三步:一是预测,二是截断,三是重新预测。采用前述的预测模型:参数 A 和参数 B 从表 11-2 中读取,读取时需要根据某条道路的静态数据做匹配。

PCI 模型参数表　　　　　　　　　　　　　　　　　　　　表 11-2

ID	参数 A	参数 B	匹配到的静态属性值
1	11.5	1.15	沥青,半刚性,高速公路或一级公路
2	14.2	0.59	沥青,半刚性,二级公路
3	13.7	0.62	沥青,半刚性,三级公路或四级公路
4	15.6	0.55	沥青,碎砾石,高速公路或一级公路
5	16.94	0.46	沥青,碎砾石,二级公路
6	14.33	0.52	沥青,碎砾石,三级公路或四级公路
7	20	1	水泥

匹配规则如下:

①参数确定后,首先计算该条道路的当前使用年份 y:

$$y = \frac{A}{\left[-\ln\left(1 - \frac{PCI}{100}\right)\right]^{\frac{1}{B}}} \quad (11\text{-}7)$$

②令年份为 $y+1, y+2, y+3, y+4, y+5$,并分别带入式(11-1),得到之后 5 年的 PCI 预测值,见表 11-3。

近 5 年的 PCI 模型参数表　　　　　　　　　　　　　　　表 11-3

ID	参数 A	参数 B	匹配到的静态属性值
1	11.5	1.15	沥青,半刚性,高速公路或一级公路
2	14.2	0.59	沥青,半刚性,二级公路
3	13.7	0.62	沥青,半刚性,三级公路或四级公路
4	15.6	0.55	沥青,碎砾石,高速公路或一级公路
5	16.94	0.46	沥青,碎砾石,二级公路
6	14.33	0.52	沥青,碎砾石,三级公路或四级公路
7	20	1	水泥

③在②中,如果某一年($y+1, y+2, y+3, y+4, y+5$)的值低于表 11-4 中所规定的值,则将其后若干年的数据置为空,并令后一年的 PCI 为 100,再其后 n 年的值则根据式(11-1)进行重新预测,预测的年份值取为 n。注意:必须要近 5 年的 PCI 有低于表 11-4 中的数值时,才执行步骤③。

最低维修标准表　　　　　　　　　　　　　　　　　　　表 11-4

道 路 等 级	PCI 最低可接受值
高速公路或一级公路	75
二级公路	75
三级公路	70
四级公路	65

④根据计算出网级道路的 PCI 衰变规律并画图,即可得到中长期养护规划图(PCI),如图 11-20 所示。

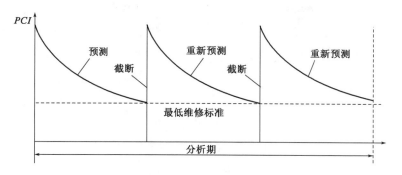

图 11-20　一个分析期内的中长期养护规划图

根据以上规则模拟两条公路决策过程见表 11-5。

模拟两条公路决策　　　　　　　　表 11-5

道路编号	面层类型	基层类型	道路等级	当前 PCI
12	沥青	半刚性	高速公路	99
23	水泥		一级公路	80

根据式(11-7),编号为 12 的道路,其路龄 y 的计算值为 3.047(年),编号为 23 的道路,其路龄 y 的计算值为 12.426(年)。将当前年份 y 分别加 1、2、…、5,代入式(11-1)得到近 5 年的 PCI 预测值见表 11-6。

近 5 年的 PCI 预测值　　　　　　　　表 11-6

道路编号	后 1 年($y+1$)	后 2 年($y+2$)	后 3 年($y+3$)	后 4 年($y+4$)	后 5 年($y+5$)
12	96.42	92.44	87.72	82.77	77.89
23	77.45	75	72.65	70.41	68.26

编号为 12 的道路,由于近 5 年内其 PCI 未低于表 11-4 中规定的值,故在中长期养护规划中,其值不会改变;对于编号为 23 的道路,由于其第二年的值低于表 11-4 中规定的值,故令其预测第三年的值为 100,并从第四年根据预测模型公式重新预测其 PCI,最终得到这两条路的 PCI 中长期养护规划表,见表 11-7。

两条路的 PCI 中长期养护规划表　　　　　　　　表 11-7

道路编号	后 1 年($y+1$)	后 2 年($y+2$)	后 3 年($y+3$)	后 4 年($y+4$)	后 5 年($y+5$)
12	96.42	92.44	87.72	82.77	77.89
23	77.45	75	100	100	99.87

(5)全寿命周期费用分析技术

全寿命周期费用分析是以经济分析原理为基础来评价可选投资方案的长期经济效益的一种技术,它考虑了比选投资方案的初始修建费以及未来的管理费用、用户费用和寿命期内的其他相关费用。其目的是为投资消耗确定最佳值,即获得满足所要求性能目标下的长期费用最低的方案。

目前采用的费用分析方法是"现值法",即把分析期内发生在不同时间的费用和效益按某一预定的贴现率转换为现在的费用和效益,以便于在共同的基础上进行比较。总造价 ZZJ(不包含用户费用)和总费用 ZFY(包含用户费用)计算公式如下:

$$ZZJ_{x_1,n} = IC_{x_1} + \sum pwf_{i,y}RC_{x_1,y} + \sum pwf_{i,t}MC_{x_1,t} - pwf_{i,n}SV_{x_1,n} \tag{11-8}$$

$$ZFY_{x_1,n} = IC_{x_1} + \sum pwf_{i,y}RC_{x_1,y} + \sum pwf_{i,t}(MC_{x_1,t} + UC_{x_1,t}) - pwf_{i,n}SV_{x_1,n} \tag{11-9}$$

式中: $ZZJ_{x_1,n}$ ——方案 x_1 在分析 n 年内的总造价;

$ZFY_{x_1,n}$ ——方案 x_1 在分析期 n 年内的总费用;

IC_{x_1} ——方案 x_1 的初期修建费;

$RC_{x_1,y}$ ——方案 x_1 在不同使用性能期末的改建费;

$MC_{x_1,t}, UC_{x_1,t}$ ——方案 x_1 在 t 年的养护费、用户费;

$SV_{x_1,n}$ ——方案 x_1 在分析期末的残值;

$pwf_{i,y}, pwf_{i,t}, pwf_{i,n}$ ——贴现率 i、年份 y_i、t、n 的现值系数, $pwf_{i,x} = 1/(1+i)^{yi}$;

$pwf_{i,t} = 1/(1+i)^t, pwf_{i,n} = 1/(1+i)^n$。

寿命周期费用分析的现金流量图如图 11-21 所示。寿命周期费用计算框图如图 11-22 所示。通过寿命周期分析即可选择出最经济合理的路面结构厚度组合和罩面改建方案。

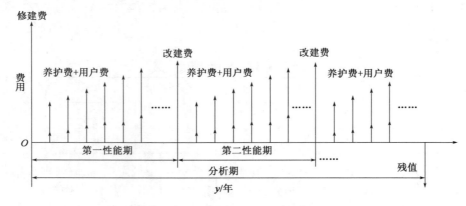

图 11-21 寿命周期费用分析的现金流量图

全寿命周期费用分析技术从理论上讲是可行的,但其中的某些费用难以计量或获取,因此,其计算结果的有效性往往大打折扣,很难全面推广应用。例如,"用户费用"中的轮胎消耗费、车辆运营费、延误费、行程时间费、事故费等难以计量和获取。

4)综合演示分析系统

近些年来,计算机软件工业的发展大大地促进了路面管理系统的发展。GIS 技术应用于交通运输领域,形成了 GIS 的专门分支 GIS-T。基于 GIS 的管理系统的基础工作是空间数据库的建立,即对管理对象进行数字化,完成基础地形图和属性连接。

利用 GIS 技术,将评价决策结果放置路网、数字化电子地图的平台下进行查询、演示,并在该系统下由专家组对养护决策结果进行核准。

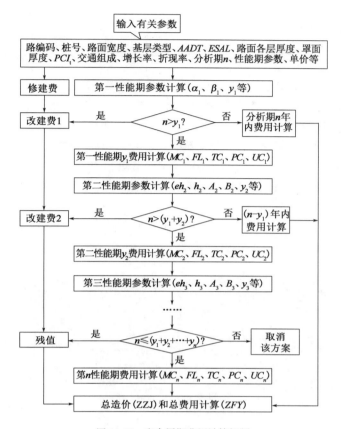

图 11-22　寿命周期费用计算框图

核准结果的基本流程：

(1) 选择系统中建议大中修养护的路段。

(2) 结合前方采集图像，判断路面大中修方案的决策结果是否合理和准确。

(3) 如果对路面大中修方案决策结果有疑问，查看 PCI、RQI、PSSI、RDI 等信息；如果对 PCI、RQI、PSSI、RDI 等数据有疑问，进一步查看 PCI、RQI、PSSI、RDI 的详细数据，尤其是路面图像和识别结果，找出路面大中修方案决策结果不准确的原因。

(4) 根据分析结果，调整路面养护方案。

综合演示分析系统主要功能包括以下 8 个方面。

(1) 综合展示方面：改变了综合展示的传统模式。

(2) 路网管理方面：提升了路网管理的可视化程度。

(3) 公路资产方面：提升了公路资产管理精细化水平。

(4) 公路检评方面：丰富了公路技术状况数据、统计分析和形象展示的方式。

(5) 辅助决策方面：为大中修决策提供了科学依据。

(6) 养护管理方面：提升了养护管理的效率和深度。

(7) 工程管理方面：提升了工程项目的管理水平。

(8) 防汛应急方面：提高了应急指挥调度的效率。

三、桥梁养护管理系统

1. 概况

由于桥梁的初期投资大、使用期长、养护资金投入集中,所以,如何科学地分配庞大的维修改建资金,特别是在资金普遍不足、养护需求得不到全部满足的情况下,如何将资金投入到最需要、最重要的地方,将显得尤为重要。

国外桥梁养护管理系统诞生于20世纪60年代,经过70年代的发展,80年代逐步完善,90年代得到了推广应用。20世纪80年代中期,我国一些地区初步建立了桥梁的数据库,但没有对养护的经济性及效益进行分析。1991年由北京公路科研所与河南省公路局联合开发的桥梁养护管理系统比较全面地就桥梁养护工作的数据采集、养护对策、养护费用、优先排序及养护计划、计算机处理进行了研究开发,它的研究成果为我国今后桥梁养护系统的开发打下了良好的基础。图11-23为中国公路桥梁管理系统CBMS3000。

图11-23 中国公路桥梁管理系统CBMS3000

从1998年起,我国部分省市的高速公路管理部门相继开始使用由交通部公路科学研究所开发的高速公路桥梁管理系统(China:Expressway Bridge Management System,CBMS)。该系统现已在山西太旧、江西昌九、福建泉厦、河北石安、海南东线及广东多条高速公路上运用。广东、江西、山西、海南省高速公路管理养护部门已全面完成数据的采集、录入及系统的各功能调试工作,并已经将桥梁管理系统所提供的数据、计算分析结果作为养护的辅助依据。

CBMS基于桥梁结构工程、病害机理、检测技术和数据采集技术,运用计算机系统所提供的数据处理功能、评价决策方法和管理学理论,对现有桥梁进行状况登记、评价分析、投资决策和状况预测。建立CBMS能够全面地收集、储存和处理各类桥梁数据资源,通过CBMS提供的各个模型和功能的运行,用户可以直观地了解现有桥梁的过去、当前和将来若干年内的营运状况,从而合理地安排有限的养护资金,及时、经济、有效地对桥梁进行养护和维修,达到延长桥梁使用寿命、充分发挥桥梁的运营效能、确保交通运输安全畅通的目的。CBMS组成如图11-24所示。

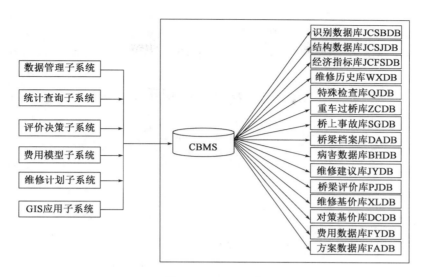

图 11-24　CBMS 组成

2. CBMS 数据库

CBMS 数据库主要由桥梁静态数据、桥梁动态数据、文档、图像以及维修加固数据等资料库组成，它是桥梁养护与维修、安全评价的依据。

1）数据库的建立

数据的采集与录入以及建立数据库是 CBMS 极其关键的一环。数据采集质量直接影响着整个 CBMS 运行效果，因此，必须非常重视数据库的建立工作。

数据采集及录入过程应遵守规定的编目、编码进行，并重点掌握数据库设置、各种数据字段的类型、长度、含义、归属、编码字段的编码规则及代码转换技术。对已损失的内业资料要进行补充或通过实测加以修订。在外业数据采集中，对桥梁病害评价代码要正确理解和把握，保证数据的完整与准确。

2）数据库的功能

（1）利用数据库，能迅速、正确地查出所需的资料。若发现输出的某些资料有错误，可以用编好的程序进行修正。

（2）按需分类输出资料。管理人员可根据自己工作的需要调出各种资料，进行桥梁维护系统的相关分析，进而评估不同维护方法的效果。

（3）提供将来工程的基本参考资料。数据库所存储的资料除了为桥梁维护工作提供依据外，还可为桥梁未来的改建或建设其他桥梁提供设计参考资料。

3. CBMS 结构及功能设置

1）CBMS 结构

交通运输部推广应用的 CBMS 采用结构设计，以菜单方式调用。CBMS 结构共分以下4层：

（1）总控制层。该层的作用是提供 CBMS 版本信息，对下层进行调用。

（2）子系统层。子系统层由数据管理、基本应用、统计处理、图形图像、评价对策、维修计划和费用分析7个系统组成,该层由总控层调用。

(3)模块层。模块层由若干管理模块组成,受对应的子系统调用。

(4)功能层。功能层设有100余项独立处理功能块,处理某项具体工作,各功能块由相应的上层模块调用。

CBMS采用层层调用、层层返回的结构方式,结构清晰,各功能相互独立,便于系统维护和功能扩展,如图11-25所示。

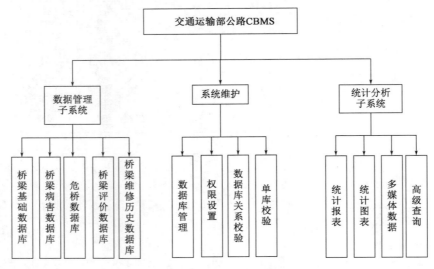

图11-25　CBMS功能模块设计

2)CBMS功能设置

CBMS采用ORACLE关系数据库,建有桥梁静态、动态、文档和加固方法等4个数据库、13个库文件、155项数据字段,与C语言嵌套建有数据管理、评价对策等7个子系统,100余项功能。按其特点CBMS功能可分为以下6个方面:

(1)数据管理功能。CBMS提供了很强的数据管理功能,可进行数据输入、修订、查询、删除、校验、备份、重装、传输等处理,这些操作通过"数据管理产系统"实现。

(2)日常事务处理。提供固定检索、任意查询、快速制表、输出桥卡、汇总一览表、定检表以及各种统计功能,满足日常管理工作的需要。

(3)图像管理功能。提供彩色图像扫描、编辑、分类显示和印刷输出,通过图像信息决策,直观、清晰,一目了然。

(4)编制桥梁维修检查计划功能。CBMS根据数据采集所提供的维修检查建议,编制桥梁维修计划、特检计划和定期计划,输出结果按桥梁病害程度、桥龄长短、路网交通量及道路类别等关键字排序。

(5)提供维修费用估价功能。CBMS建立多种维修方法基价,用户输入工程量就可估算所需费用。

(6)评价对策功能。CBMS提供了桥梁使用功能评定及加固对策、人工智能处理子系统。桥梁使用功能评定是根据桥梁的结构缺损状况、荷载承重足够性和桥面交通适应性3个方面,同时考虑交通量、道路类别、绕行距离等条件来评价。通过对桥梁现状评定,以确定桥梁对路网的适应程度,从而为桥梁的维修改造计划的制订提供依据。CBMS 采用了 AHP 层次分析和模糊评判两种评定方法。这两种方法均为系统工程中较为有效的方法。其中,AHP 层次分析法的评价结果以分数的形式表达(CBMS 中采用 100 分制);模糊评判以模糊数学为理论基础,其结果采用等级形式表示(CBMS 采用 1~5 等级制)。

1. 试述公路养护管理的组织机构。
2. 简述公路养护管理机构中养护技术负责人的主要职责。
3. 公路养护生产的组织方式是什么?
4. 为什么要实行劳动保护?
5. 公路路政管理的任务有哪些?方法主要有哪些?
6. 公路路政管理的实施过程中主要有哪些手段?
7. 简述公路管理系统的内容。
8. 公路管理系统都有哪些作用?
9. 简述桥梁管理系统框架。

参 考 文 献

[1] 中华人民共和国行业标准.公路养护技术规范:JTG H10—2009[S].北京:人民交通出版社,2010.
[2] 中华人民共和国行业标准.公路技术状况评定标准:JTG 5210—2018[S].北京:人民交通出版社股份有限公司,2019.
[3] 中华人民共和国行业标准.公路沥青路面养护技术规范:JTG 5142—2019[S].北京:人民交通出版社股份有限公司,2019.
[4] 中华人民共和国行业标准.公路水泥混凝土路面养护技术规范:JTJ 073.1—2001[S].北京:人民交通出版社,2001.
[5] 中华人民共和国行业标准.公路桥涵养护规范:JTG H11—2004[S].北京:人民交通出版社,2004.
[6] 中华人民共和国行业标准.公路隧道养护技术规范:JTG H12—2015[S].北京:人民交通出版社股份有限公司,2015.
[7] 中华人民共和国行业标准.公路养护安全作业规程:JTG H30—2015[S].北京:人民交通出版社股份有限公司,2015.
[8] 中华人民共和国行业标准.城镇道路养护技术规范:CJJ 36—2016[S].北京:中国建筑工业出版社,2016.
[9] 中华人民共和国行业标准.城市桥梁养护技术标准:CJJ 99—2017[S].北京:中国建筑工业出版社,2018.
[10] 周传林.公路养护技术与管理[M].北京:机械工业出版社,2015.
[11] 武鹤.公路养护技术与管理[M].北京:人民交通出版社,2013.
[12] 沈艳东.公路养护技术与管理[M].北京:北京邮电大学出版社,2014.
[13] 徐会忠.城市道路养护与维修[M].北京:中国建材工业出版社,2018.